权威·前沿·原创

皮书系列为
"十二五""十三五""十四五"时期国家重点出版物出版专项规划项目

BLUE BOOK

智库成果出版与传播平台

湖南蓝皮书
BLUE BOOK OF HUNAN

2024年湖南产业发展报告

REPORT ON INDUSTRY DEVELOPMENT IN HUNAN
(2024)

湖南省社会科学院
（湖南省人民政府发展研究中心）

钟　君　侯喜保　邓子纲　等／著

社会科学文献出版社
SOCIAL SCIENCES ACADEMIC PRESS (CHINA)

图书在版编目(CIP)数据

2024年湖南产业发展报告/钟君等著.--北京：社会科学文献出版社，2024.12.--（湖南蓝皮书）.
ISBN 978-7-5228-4590-6

Ⅰ.F269.276.4

中国国家版本馆CIP数据核字第20245MN144号

湖南蓝皮书
2024年湖南产业发展报告

著　者/钟　君　侯喜保　邓子纲　等

出　版　人/冀祥德
组稿编辑/桂　芳
责任编辑/陈　颖
责任印制/王京美

出　　版/社会科学文献出版社·皮书分社（010）59367127
　　　　　地址：北京市北三环中路甲29号院华龙大厦　邮编：100029
　　　　　网址：www.ssap.com.cn

发　　行/社会科学文献出版社（010）59367028
印　　装/天津千鹤文化传播有限公司

规　　格/开　本：787mm×1092mm　1/16
　　　　　印　张：23.25　字　数：382千字

版　　次/2024年12月第1版　2024年12月第1次印刷

书　　号/ISBN 978-7-5228-4590-6
定　　价/168.00元

读者服务电话：4008918866

▲ 版权所有 翻印必究

湖南蓝皮书
编委会

主　任　钟　君
副主任　汤建军　王佳林　侯喜保　谢兵良　蔡建河
编　委　陈　军　杨　畅　邓子纲　罗黎平　马美英

《2024年湖南产业发展报告》

撰稿人 钟　君　侯喜保　邓子纲　袁建四　蒋　学
　　　　陶庆先　周海燕　刘　琪　郑自立　张鹏飞
　　　　黄永忠　肖琳子　刘　晓　王　凡　曹前满
　　　　史常亮　高立龙　唐　清　曾召友　林杰辉
　　　　郑谢彬　廖卓娴　陈旺民　李银霞　刘海涛
　　　　周亚兰　李　素　李锦璇

主要作者简介

钟　君　湖南省社会科学院（湖南省人民政府发展研究中心）党组书记、院长（主任），十三届省政协常委，研究员、博士生导师，文化名家暨"四个一批"人才，享受国务院政府特殊津贴专家。2016年5月，作为科学社会主义研究的专家代表，参加习近平总书记主持召开的哲学社会科学工作座谈会并发言。曾担任中国社会科学院办公厅副主任、中国社会科学杂志社副总编辑、中国历史研究院副院长，永州市委常委、宣传部部长，曾挂职担任内蒙古自治区党委宣传部副部长。主要研究领域为马克思主义大众化、中国特色社会主义、社会主义意识形态理论等，代表作《马克思靠谱》《治大国若烹小鲜：引领新时代的36个妙喻》《共铸中华民族现代文明》《实事求是思想发展史论纲》《公共服务蓝皮书》《社会之霾——当代中国社会风险的逻辑与现实》《融变鼎新：文化和科技融合的理论透视》等，在《马克思主义研究》《求是》《人民日报》《光明日报》等报刊发表论文近百篇，多次获省部级优秀科研成果奖励。参与编写《习近平新时代中国特色社会主义思想学习纲要》、中组部干部学习教材等权威理论读物，先后担任《思想耀江山》《思想的旅程》《当马克思遇见孔夫子》等电视理论节目主讲嘉宾。

侯喜保　湖南省社会科学院（湖南省人民政府发展研究中心）党组成员、副院长（副主任），研究员。历任岳阳市委政研室副主任、市政府研究室副主任、市委政研室主任，湖南省委政研室机关党委专职副书记、党群处处长、宁夏党建研究会专职秘书长（副厅级，挂职），岳阳市第七届市委委员，湖南省第十一次党代会代表。主要研究方向为宏观政策、区域发展、产业经济，先后主持"建设世界级产业集群""促进市场主体高质量发展""'发挥一带一部'

区位优势 落实'三高四新'战略""把长沙打造成全球研发中心城市""推动湖南在中部地区崛起中奋勇争先"等重大课题研究，多篇文稿在《求是》《人民日报》《光明日报》《中国党政干部论坛》《红旗文稿》《中国组织人事报》《新湘评论》《湖南日报》等央省级刊物发表。

邓子纲 湖南省社会科学院（湖南省人民政府发展研究中心）产业经济所所长、研究员，湖南省"芙蓉计划——高端智库领军人才"，湖南省"121"创新工程人才。主要研究方向为工业经济、文化产业、工商管理。近年来，主持纵向课题40多项，其中国家社科基金课题2项，在《人民日报（理论版）》《科学社会主义》等权威报刊、CSSCI及以上期刊发表论文60余篇；所撰论文和研究报告获得省部级及以上领导肯定性批示80多项，进入省政府文件50余项。

摘　要

本报告提出，湖南现代化产业体系的"四梁八柱"成长迅速，产业规模日益壮大、产业链条不断完善、科技成果转化能力进一步提升、市场主体持续扩大、企业发展势头强劲，为全省经济高质量发展厚植了有潜力、有前景的发展沃土。但整体还存在结构不优、科创不强、改革不深等挑战，发展过程中仍面临综合实力亟待提升、产业链韧性不够充足、科创能力仍需强化、体制机制还需进一步理顺、要素支撑还需进一步提升等诸多问题。因此，要巧借国家一系列政策的东风，充分发挥竞争优势，加快产业转型升级、腾笼换鸟的步伐：优化产业整体空间布局、推动全产业链升级、以科技创新引领产业创新、加快产业链延链补链强链、推动产业结构迭代转型升级、提升生产技术水平和优势产品供给能力、促进开放型经济扩能升级、塑造和谐共生的产业发展环境、持续加强交流协作、打造近悦远来的开放格局，激发湖南产业的"新活力"，在未来激烈的发展竞赛中夺得"杆位"。

关键词： 中国式现代化　现代化产业体系　产业图谱

Abstract

This report indicates that the "four beams and eight columns" of Hunan's modern industrial system are developing rapidly, with growing industrial scale, improving industrial chain, further promoting the transformation ability of scientific and technological achievements, market players continue to expand, and the potential head of the enterprise development is strong, which has planted fertile soil with potential and prospects for the province's high-quality economic development. However, the overall structure is not optimal, science and innovation are weak, and reform is not profound. And other challenges remain. The development process is still facing the comprehensive strength needs to be improved urgently, the resilience of the industrial chain is inadequate, the ability of scientific innovation still needs to be strengthened, the institutional mechanisms need to be further straightened out, element support has room for further improvement, and so on. Therefore, we should leverage a series of national policies to give full play to the competitive advantage, expedite industrial transformation, and upgrade the pace of cages for birds: Optimize the overall spatial layout of industry, promote the upgrading of the whole industry chain, drive industrial innovation through scientific and technological advancements, accelerate the industrial chain to extend the chain to supplement the chain and strengthen the chain, and promote the iterative transformation and upgrading of the industrial structure, improve the level of production technology and the supply capacity of advantageous products, promote the expansion and upgrading of an open economy and create a harmonious and symbiotic industrial development environment, continue to strengthen exchanges and cooperation, to create a near-far open pattern to stimulate the "new vitality" of Hunan's economy and give the province the "pole positioning" in the fierce competition for future development.

Keywords: Chinese-style modernization; Modern industrial; System industry map

目 录

Ⅰ 总报告

B.1 中国式现代化进程中的湖南产业图谱深化研究
　　…………………………………………… 侯喜保　邓子纲 / 001

Ⅱ 传统产业篇

B.2 湖南打造现代石化万亿产业对策研究
　　…… 湖南省社会科学院（湖南省人民政府发展研究中心）课题组 / 026
B.3 湖南省推动绿色矿业高质量发展研究报告………… 刘　晓 / 040
B.4 湖南食品加工产业高质量发展调研与思考………… 陶庆先 / 060
B.5 推动湖南轻工纺织迈向产业链和价值链中高端研究……… 蒋　学 / 077

Ⅲ 优势产业篇

B.6 湖南工程机械转型升级发展研究报告
　　…… 湖南省社会科学院（湖南省人民政府发展研究中心）调研组 / 094
B.7 推动湖南轨道交通装备产业高质量发展的对策建议
　　…………………………………………… 郑谢彬　李锦璇 / 116
B.8 以全产业链引领推动湖南现代农业产业高质量发展……… 史常亮 / 132

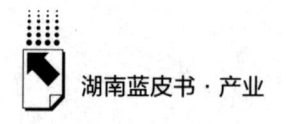

B.9 湖南文化旅游产业高质量发展对策研究
　　…… 湖南省社会科学院（湖南省人民政府发展研究中心）调研组 / 145

Ⅳ 新兴产业篇

B.10 湖南数字产业高质量发展对策建议 ………… 曾召友 / 166
B.11 湖南省新能源产业高质量发展研究 ………… 肖琳子 / 177
B.12 推动湖南大健康产业高质量发展 ……………… 曹前满 / 200
B.13 湖南争创世界一流空天海洋产业集群研究 …… 王　凡 / 225

Ⅴ 未来产业篇

B.14 湖南发展人工智能产业研究 …………………… 廖卓娴 / 243
B.15 加快培育和发展湖南生命工程产业 …………… 黄永忠 / 261
B.16 以量子科技开辟湖南省未来产业发展新赛道
　　…… 湖南省社会科学院（湖南省人民政府发展研究中心）调研组 / 278
B.17 以前沿新材料构建湖南省科技版图的新引擎 … 陈旺民 / 291

Ⅵ 创新篇

B.18 湖南科创平台建设的现状分析及对策建议 …… 郑自立 / 306
B.19 用好供应链金融这一战略性工具的对策建议
　　…… 湖南省社会科学院（湖南省人民政府发展研究中心）调研组 / 316
B.20 湖南有效降低全社会物流成本对策研究
　　…… 湖南省社会科学院（湖南省人民政府发展研究中心）调研组 / 323
B.21 湖南产业园区高质量发展：成效、挑战与应对 … 林杰辉 / 337

皮书数据库阅读使用指南

CONTENTS

I General Report

B.1 A Deepening Study of Hunan's Industry Map in the Process of Chinese-style Modernization *Hou Xibao, Deng Zigang* / 001

II Traditional Industry Sections

B.2 Research on a Contemporary Petrochemical Trillion Sector in Hunan Province *Subject Group of Hunan Academy of Social Sciences* / 026

B.3 Research on Building Green Mining Industry in Hunan Province *LiuXiao* / 040

B.4 Investigation and Thinking on the High-quality Development of the Food Processing Industry *Tao Qingxian* / 060

B.5 Promote Light Industry Textiles to the Industrial Chain and Value Chain in the High-end research *Jiang Xue* / 077

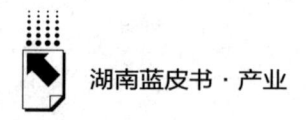

III Advantage Industry Sections

B.6 Hunan Construction Machinery Transformation and Upgrading Development Research Report
  Research Group of Hunan Academy of Social Sciences / 094

B.7 Countermeasures and Suggestions Promoting the High-quality Development of the Hunan Rail Transit Equipment Industry
  Zheng Xiebin, Li Jinxuan / 116

B.8 Highlight the Whole Industrial Chain to Lead and Promote the High-quality Development of the Modern Agricultural Industry
  Shi Changliang / 132

B.9 Promote the High-quality Development of the Hunan Cultural Tourism Industry *Hunan Academy of Social Sciences* / 145

IV Emerging Industry Sections

B.10 Countermeasures and Suggestions for High-quality Development of Digital Industry in Hunan Province
  Zeng Zhaoyou / 166

B.11 Research on the High-quality Development of the New Energy Industry in Hunan Province *Xiao Linzi* / 177

B.12 Promote the High-quality Development of Hunan's Big Health Industry *Cao Qianman* / 200

B.13 Research on Striving for World-class Aerospace and Marine Industry Cluster *Wang Fan* / 225

CONTENTS

V Future Industry Sections

B.14　Research on the Development of Artificial Intelligence
　　　　Industry in Hunan Province　　　　　　　　*Liao Zhuoxian* / 243

B.15　Accelerating the Cultivation and Development of the Life
　　　　Engineering Industry in Hunan Province　　　*Huang Yongzhong* / 261

B.16　Accelerate the Development of Quantum Science and
　　　　Technology to Open up a New Track for Future Industrial
　　　　Development in Hunan Province
　　　　　　　　Research Group of Hunan Academy of Social Sciences / 278

B.17　A New Engine for Building the Science and Technology Layout in
　　　　Hunan Province with Frontier New Materials　　*Chen Wangmin* / 291

VI Innovation Sections

B.18　Current Situation Analysis and Countermeasures of Hunan
　　　　Science and Technology Innovation Platform Construction
　　　　　　　　　　　　　　　　　　　　　　　　Zheng Zili / 306

B.19　Countermeasure Suggestions for Utilizing Supply Chain
　　　　Finance as a Strategic Tool
　　　　　　　　Research Group of Hunan Academy of Social Sciences / 316

B.20　Countermeasure Research on Effectively Reduces the Whole Society's
　　　　Logistics Cost in Hunan Province
　　　　　　　　Research Group of Hunan Academy of Social Sciences / 323

B.21　High-quality Development of Hunan Industrial Park: Achievements,
　　　　Challenges and Countermeasures　　　　　　　*Lin Jiehui* / 337

总报告

B.1
中国式现代化进程中的湖南产业图谱深化研究*

侯喜保　邓子纲**

摘　要： 在推进中国式现代化的进程中，现代化产业体系是其重要抓手。现阶段，湖南"4×4"现代化产业体系呈现产业体系不断完善、产业生态不断优化、科技创新硕果累累、要素保障日益完善、招商引资成效显著，发展势头日趋向好的态势。但仍有一系列的瓶颈成为产业进一步成长的"拦路虎"，主要体现在产业质效不够高、科创动能不够强、体制机制改革不够深、产业整体结构不够优。为进一步释放产业发展活力，要从因地制宜培育塑造新质生产力、

---

* 本文为湖南省社科基金重点课题：做强马栏山视频文创产业园研究（课题编号：22ZDB041）；省社科基金重大课题：文化和科技融合的价值引领研究（课题编号：24ZWA37）的阶段性研究成果。
"湖南产业图谱"：指以传统产业、优势产业、新兴产业、未来产业为四大领域，每个产业领域下又包含四种产业类型，构成湖南"4×4"产业图谱：现代石化、绿色矿业、食品加工、轻工纺织为4大传统产业，工程机械、轨道交通、现代农业、文化旅游为4大优势产业，数字、新能源、大健康、空天海洋为4大新兴产业，以及人工智能、生命工程、量子科技、前沿材料为4大未来产业。
** 侯喜保，湖南省社会科学院（湖南省人民政府发展研究中心）党组成员、副院长（副主任），研究员，主要研究方向为宏观政策、区域发展、产业经济；邓子纲，湖南省社会科学院（湖南省人民政府发展研究中心）产业经济所所长、研究员，主要研究方向为工业经济、文化产业、工商管理。

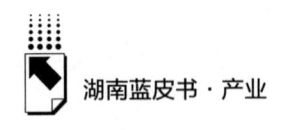

加快产业链延链补链、推动产业结构迭代转型升级、营造和谐共生的产业发展环境、打造近悦远来的联动格局、优化整体空间布局等方面出发，凝聚湖南的产业血脉，进一步提升产业的龙头带动作用。

关键词： 现代化产业体系　"4×4"产业图谱　科技创新　中国式现代化　湖南省

习近平总书记在湖南考察期间，要求湖南在打造国家重要先进制造业高地、具有核心竞争力的科技创新高地、内陆地区改革开放高地上持续用力。湖南省委十二届七次会议指出，健全提升产业链供应链韧性和安全水平制度，持续用力打造国家重要先进制造业高地。当下阶段，湖南要着力打造自主可控、安全可靠、竞争力强的现代化产业体系，取得系列标志性成果。但也要清醒地认识到，现有体系存在产业结构不够优质、科技创新已到达瓶颈等严峻挑战。为进一步推动中国式现代化蓝图不断落地，需要继续深化"4×4"产业图谱，坚持高质量发展导向、集群式发展方向，推动产业锻造新实力、科技创新汇聚新动能、开放发展实现新跨越。

一　现代化产业体系的基本内涵、先进经验及现实意义

本文从现代化产业体系的定义与特征、影响因素等方面挖掘现代化产业体系的具体含义，以美国、德国、日本等发达国家构建现代化产业体系具体路径的先进经验为参考，为深化湖南"4×4"产业图谱提供借鉴与启示，以更好地把握湖南现代产业体系的发展模式和发展脉络。

（一）现代化产业体系的基本内涵

首先，对现代化产业体系的相关研究进行梳理，厘清相关概念与影响因素，分析现代化产业体系的经济效应。

1. 现代化产业体系的定义与特征

随着现代化产业体系概念的提出和被广泛认同，理论界与实务界都开始对

现代产业体系的内涵进行讨论和探索。① 刘钊将现代产业体系拆分为现代和产业体系两个部分，指出现代是指时间上的概念，而产业体系则是由国民经济各产业部门之间的相互关系联结而成的整体，因而现代产业体系是产业体系在经历不同的发展阶段时，功能持续优化的外在表现。② 党的十九届五中全会提出，"加快发展现代产业体系，推动经济体系优化升级"，并要求"坚持把发展经济着力点放在实体经济上"。党的二十大报告明确提出"中国式现代化，是中国共产党领导的社会主义现代化"，强调要"建设现代化产业体系"，其中"坚持把发展经济的着力点放在实体经济上"的核心要求没有变。唐龙认为，要精确把握产业体系的"现代性"特征，努力培育、壮大战略性新兴产业，持续推进技术创新、开放合作和产业化的融合发展。③ 芮明杰表示，现代产业体系是一个具有低碳、环保等特征的体系，其发展与环境友好和城市发展是不可分割的。④

2. 现代化产业体系的影响因素

冯文娜和杨蕙馨认为技术突破是促使产业体系调整与优化的直接动力，而市场主体行为则是产业体系发生演变的内源动力。⑤ 魏庆文的研究同样认为创新对现代产业体系的演进具有驱动效应，并指出其中间机制是技术、组织管理以及制度这三个方面的创新。⑥ 芮明杰和杨悦的研究表示，影响产业体系现代化建设的因素众多。其中，较为重要的因素有消费者需求变化、科技发展、要素基础条件、生态环境、产业政策以及人口结构等。⑦

3. 现代产业体系经济效应相关研究

对于现代产业体系产生的经济效应方面的研究，目前只有杜宇玮⑧、范合

---

① 王一钦：《我国现代产业体系构建的驱动要素及经济效应研究》，吉林大学博士学位论文，2022。
② 刘钊：《现代产业体系的内涵与特征》，《山东社会科学》2011年第5期。
③ 唐龙：《科技创新推动新型工业化促进经济发展方式转变》，《重庆行政》（公共论坛）2012年第6期。
④ 芮明杰：《构建现代产业体系的战略思维、目标与路径》，《中国工业经济》2018年第9期。
⑤ 冯文娜、杨蕙馨：《论推进我国现代产业体系渐进式着力点》，《中州学刊》2015年第4期。
⑥ 魏庆文：《基于强度折减法的高边坡稳定性分析》，《四川建筑》2018年第3期。
⑦ 芮明杰、杨悦：《产业发展与结构转型研究 大公司主导变革：我国产业结构战略性调整的新思路、新政策——基于产业链重构视角》，上海财经大学出版社，2015。
⑧ 杜宇玮：《高质量发展视域下的产业体系重构：一个逻辑框架》，《现代经济探讨》2019年第12期。

君和何思锦①以及徐鹏杰等②少数学者进行了较为细致的探讨。杜宇玮③通过对现代产业体系与高质量发展之间关系的研究，发现现代产业体系通过优化经济结构、调整收入分配、实现区域协调发展以及改善区域生态环境等机制，能够提升区域经济增长整体的质量与效率、公平性、平衡性甚至可持续性，进而推动经济的高质量发展。范合君和何思锦④同样研究了现代产业体系对于经济发展的影响，他们认为现代产业体系有利于实现经济的可持续发展，并且经济政策的不确定性和政府中的人才数量在其中发挥着调节作用。徐鹏杰等⑤发现推进产业体系的现代化建设有助于区域实现共同富裕。

（二）现代化产业体系发展路径的先进经验

对美国、德国、日本等发达国家先进经验进行梳理，可找准湖南现代化产业体系建设的发力点与着力点。

1. 资本驱动型的美国模式

美国产业发展进程表现出产业协调、产业集聚、要素市场发达等特点，这为产业稳定发展、产业体系现代化建设提供了有利条件。一是依托资本建立产业智库。美国产业智库聚焦制造业数字化、人工智能、5G技术等多个不同产业，为美国产业发展的谋篇布局进行前瞻性研究。充足的资金是智库稳定健康发展的重要保障，也是智库保持客观、独立的重要前提。目前，美国产业智库已经形成了多元化的资金来源渠道，包括：政府拨款、项目收入、基金会和企业的资助、个人捐助。例如布鲁金斯学会有超过60万的捐助人，美国传统基金会有超过50万的捐助人。二是用资本手段刺激技术创新。美国政府积极引导金融资本流向集群内的初创企业，以激发投资主体的兴趣。比如，美国商务部2010年在"区域

---

① 范合君、何思锦：《现代产业体系的评价体系构建及其测度》，《改革》2021年第8期。
② 徐鹏杰、杨宏力、韦倩：《我国共同富裕的影响因素研究——基于现代产业体系与消费视角》，《经济体制改革》2022年第3期。
③ 杜宇玮：《高质量发展视域下的产业体系重构：一个逻辑框架》，《现代经济探讨》2019年第12期。
④ 范合君、何思锦：《现代产业体系与经济可持续发展——基于经济政策不确定性与政府人才数量的调节作用》，《中国流通经济》2021年第12期。
⑤ 徐鹏杰、杨宏力、韦倩：《我国共同富裕的影响因素研究——基于现代产业体系与消费视角》，《经济体制改革》2022年第3期。

创新战略计划"中设立"种子基金"项目,旨在推动大学、基金公司、地区经济开发机构、企业和非营利机构等成立集群投资基金,对集群内生物医药、水技术、清洁能源、先进制造、自然资源等领域的高成长、初创型企业进行股权投资,有效营造了集群创新创业氛围。三是利用资本促进对外贸易拓展。资本和劳动力要素的集聚,为企业工业化生产提供充足的劳动力要素供应和资本积累,东北部成为美国制造业的集聚中心。在工业化初期,利用外资、引进先行工业化国家的先进技术和人才等,加速了美国工业化进程。18世纪中期至19世纪初,美国贸易总量占世界的近1/3,在国际贸易中的主导地位日益显现。

2. 技术驱动型的德国模式

一直以来,德国都把实体经济和生产性服务业的发展视为本国经济发展的重心,坚持走专业化与技术化的发展道路。一是通过政策制定促进技术创新。德国政府对于产业的技术研究与开发工作,一直都给予了肯定和支持的态度。具体表现在,其一是早在1951~1962年,联邦德国先后成立了研究联合会、原子能委员会以及科学研究部等高新技术研发部门。其二是通过制定多项计划、战略和法律制度,如《自主研究计划》《德国高新技术战略》《2021年生物产业计划》《信息与通信服务法》《反不正当竞争法》,对本国产业技术创新进行了整体的规划和专业的指导,从而确保了市场技术创新活动的有序开展。其三是对高新技术产业的创新活动进行了大量的补贴。数据显示,2006~2009年,德国政府向包括纳米和生物等在内的17种产业投入了120亿欧元,[①] 为高端技术产业的创新提供了资本支持。二是依托企业主体地位促进创新。德国政府为了改善本国中小企业的生存环境,出台了多项扶持计划,为其国内的中小企业创造了友好的发展环境,从而为德国中小企业的繁荣奠定了基础。据统计,在2016年,全球一共有2734家企业被评为"隐形冠军",其中德国就有1307家。这些拥有"隐形冠军"称号的企业数量虽然占德国全部企业数量的比例还未达到1%,其出口总额的贡献率却高达70%。[②]"隐形冠军"型企业让德国在许多产业内掌握了关键性生产技术,使得德国对外贸易产业在全球产业链中处于高端水平,大大增强了该国现代产业体系的核心竞争力。三是注重新

---

① 王一钦:《我国现代产业体系构建的驱动要素及经济效应研究》,吉林大学博士学位论文,2022。
② 王一钦:《我国现代产业体系构建的驱动要素及经济效应研究》,吉林大学博士学位论文,2022。

兴产业的技术创新。德国在完成引进和吸收以纺织、煤炭、钢铁、机器制造等行业为代表的第一次产业革命带来的技术成果的同时，积极投入以化学和化工、电气、汽车制造等行业为代表的第二次工业革命，将两次工业革命中的技术进步一并推进，实现了在化工、电气、汽车等新兴工业部门的技术突破，促使这些新兴部门走在世界前列，从而使后起国家的优势充分展现，进而实现了赶超。

3. 政策引导型的日本模式

日本推行"跟进型"现代产业体系建设模式，通过制定强有力的产业政策，已逐步构建起极为发达的现代产业体系。一是精准动态调整产业发展政策。日本政府根据不同时期国内产业发展状况制定和实施不同的产业政策，引导企业的生产和经营方向，而且在金融、财政税收、技术上给予支持，以促进产业结构升级。战后初期，日本实行"倾斜生产方式"，将有限的资源统一使用，向煤炭产业倾斜后又逐渐扩展到其他产业。20世纪50年代，日本成立日本开发银行、日本进出口银行、中小企业金融公库等政策性金融机构，为企业提供融资支持。二是政策主导引进先进技术产品。在与欧美国家经济差距较大的情况下，日本制定和实施《外资法》，鼓励企业引进先进的外国技术。在经济高速增长时期，日本引进的外国技术成倍增多。企业根据实际情况对这些技术加以改良和创新，并生产出更加满足市场需求的产品，从而缩短了日本赶超欧美国家的进程。三是高位引领选准发展赛道。2016年，日本首次提出"社会5.0"（Society 5.0）概念，指出要最大限度地应用现代通信技术，通过虚拟与现实空间的高度融合，解决经济社会问题，拥有一个"超智能社会"。此后，围绕"社会5.0"愿景，日本先后发布《未来投资战略2017：为实现"社会5.0"的改革》《新产业结构蓝图》《未来投资战略2018：迈向社会5.0和数据驱动型社会的变革》，以及《集成创新战略》《统合创新战略2020》《科学技术白皮书》等一系列政策措施，内容涉及生命健康、人工智能、生物技术、量子技术、尖端材料制造、能源与环境、自动驾驶汽车等未来产业的系统布局。在"社会5.0"愿景的牵引下，日本通过推动前沿技术创新与未来产业发展来满足社会需求。

（三）建设现代化产业体系的现实意义

1. 建设现代化产业体系是推动高质量发展的必然要求

实现高质量发展的关键是要推动经济质的有效提升和量的合理增长。建设以实体经济为支撑的现代化产业体系，能够为实现经济质的有效提升和量的合理增长提供坚实的物质技术基础。在新发展阶段，我国要素的比较优势和资源环境的约束条件等都发生了重大的趋势性变化，传统产业发展动力难以支撑经济的高质量发展。推动经济高质量发展，需要持续优化生产要素配置，推动质量变革、效率变革、动力变革，提升产业基础能力和产业链供应链现代化水平，最终依托的是现代化产业体系。

2. 建设现代化产业体系是构建新发展格局的坚实基础

构建新发展格局，必须坚持以国内大循环为主体，增强国内大循环内生动力和可靠性，提升国际循环质量和水平，统筹推动国内国际双循环相互促进。其关键在于实现经济循环的畅通无阻、供需两端的动态平衡。归根到底有赖于各产业有序衔接、产业运行安全稳定，形成自主可控、安全可靠、竞争力强的现代化产业体系。

3. 建设现代化产业体系是建设现代化经济体系的重要内容

现代化产业体系建设致力于形成创新引领、协同发展的产业体系，锻长板、补短板、强基础，打造系统完备、高效实用、智能绿色、安全可靠的现代化基础设施体系，引领发展战略性新兴产业和未来产业，实现实体经济、科技创新、现代金融、人力资源协同发展，不断提高科技创新在实体经济发展中的贡献份额，不断增强现代金融服务实体经济的能力，不断优化人力资源支撑实体经济发展的作用，这是现代化经济体系的核心内容。

4. 建设现代化产业体系是加快形成新质生产力的产业载体

现代化产业体系是构成新质生产力最鲜明的产业载体。新质生产力形成的过程，就是对产业体系进行系统性重塑的过程。新质生产力是生产力所包含的劳动者、劳动资料、劳动对象的全面跃升，包括劳动者知识和技能的提升，作为先进生产力最重要标志的生产工具科技水平的跃升，以及人们所改造的劳动对象范围的极大扩展。同时，新质生产力是劳动者、劳动资料、劳动对象组合方式的优化和创新性配置。这些都在客观上引领和推动了产业体系向高质量、高效率、可持续方向发展，赋能产业转型升级，有力支撑现代化产业体系建设。站在新起点上发展新质生产力，要紧紧围绕构建现代化产业体系，筑牢实体经济之基、强化创新驱动之本、激发经营主体之力。

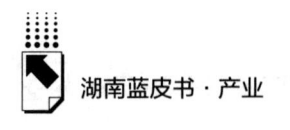

二　湖南省现代化产业体系建设的现状与亮点

产业兴则百业兴，产业强则经济强。近年来，湖南现代化产业体系的图谱逐渐明晰，在湖南经济中起到了"独当一面"的作用，为全省经济高质量发展厚植了有潜力、有前景的发展沃土，取得了不错的成绩。

（一）产业体系不断完整

目前，湖南"4×4"现代化产业体系矩阵日趋稳定成熟，各个产业竞相蓬勃发展，活力日益旺盛。

1. 规模效益持续向好

2024年1~8月，湖南省规模工业增加值同比增长7.2%，高于全国1.4个百分点。传统产业转型升级进展顺利，新兴产业茁壮成长，其余产业布局稳步推进。以钢铁材料产业为例，其2023年实现营收2927.57亿元，支持湘潭市先进钢铁材料产业集群、衡阳市钢管及深加工产业集群创建为省级先进制造业产业集群，指导并推荐潭娄衡先进钢铁材料产业集群参加国家级集群竞赛；轨道交通装备产业2023年集群总产值突破1600亿元，株洲轨道交通装备产业本地配套率达80%以上；新能源产业上，2024年1~7月实现营收3364亿元，完成年度目标的48.1%，整体势头稳中向好。

2. 招大引强不断走实

产业体系各个领域重点项目开工进展顺利，岳阳乙烯炼化一体化、涟钢冷轧硅钢两个项目上半年完成投资17亿元。新比亚迪电子二期项目合作签约，中国航空研究院长沙分院、航天一院湖南分院、航天科工十院专用装备研制基地、天回科技液体火箭动力研制基地等一批航空航天领域重大项目落地湖南；全省新开工文旅项目共82个，总投资298.96亿元，327个重大在建文旅项目完成投资488.81亿元；3个新能源重点项目上半年完成投资208亿元，广汽埃安新能源汽车项目基本建成，新能源动力和储能产业基地项目完成年度计划投资的92.42%，数字经济重点项目全面铺开。邵虹基板玻璃项目第二条生产线点火，爱尔东方眼谷正式开园，引进瑞生医疗等12家企业。

3. 空间布局优化拓展

在省内，统筹推进"一核两副三带四区"，产业区域特色更趋鲜明，与"4×4"结合更加紧密。长株潭地区轨道交通装备、新能源、数字产业、文化旅游等产业不断做大做强；洞庭湖生态经济区现代石化、新能源、大健康、文化旅游等产业加快发展；湘南地区大力发展文化旅游、前沿材料等主导产业；大湘西地区食品加工、文化旅游等产业发展迅速。

（二）产业生态不断优化

政府服务产业水平日益提高、手段日益丰富，产业体系内各领域生长环境日益提升。

1. 涉企服务不断贴心

抢抓国家"两新"工作机遇，在新能源汽车、轨道交通、文化旅游等领域报送一批设备更新项目，争取超长期国债支持。指导麒麟信安服务器操作系统通过国家安全可靠测评、长沙比亚迪半导体通过国家"窗口指导"。时代新材、株洲变流获评国家制造业单项冠军。建立固态电池企业用能白名单，支持企业建设分布式光伏、用户侧储能，降低用能成本。设立湖南省自贸试验区长沙片区、湘西等生物医药创新服务站，为企业提供产品注册、审评审批、资料审核等"一站式"前置咨询指导服务。加大对涉工程机械产业、企业经济违法犯罪依法打击力度，执结案件1428件，执行到位金额6.97亿元。

2. 顶层设计持续发力

产业体系的扶持政策针对性更加明显，优势产业、新兴产业等围绕各个方面，形成自身的发展战略，有针对性地制定政策。在数字经济产业方面，采取了颁布《湖南省数字经济促进条例》，起草《湖南省数据条例》，完善强化招商引资、省属国有资本战略性新兴产业发展、先进计算和音视频产业发展的政策实施等具体措施。

3. 要素保障日益坚实

强化以电力为基础的能源支撑，"宁电入湘"进展顺利，永州电厂、平江电厂、荆门—长沙—南昌特高压交流工程等重大项目建成投产。加速推动算力、算法、算据、算网"四算一体"融合发展，总算力提升到4000PF，排全国第4位、全球第6位，省内网间访问时延降低90%以上，中部唯一的大数据交易所投入运营。金融服务实体经济方面，"金芙蓉基金"成立，"耐心资本"在湖南开

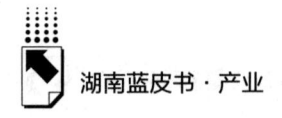

花结果，在"走找想促""送解优"行动中与中小企业服务"一张网""湘企融"平台相结合。各重大科技创新平台，集聚高层次人才1600余人。2024年，"三尖"创新人才工程面向全国重点实验室、国家技术创新中心、国家制造业创新中心和省实验室等，直接遴选"拔尖""荷尖"人才128人。

（三）科技创新硕果累累

因地制宜培育新质生产力，各个产业科创硕果累累，为现代化产业体系提质增效提供了核心竞争力。

1. 重大平台支撑进一步筑牢

针对优势产业即将到达"天花板"、未来产业基础薄弱等问题，布局一批重大平台，国家医学中心、工程机械国家制造业创新中心进展顺利。推动全球量子研发中心、国家先进轨道交通综合试验基地、大飞机地面动力学试验平台等重大创新平台落地湖南。加快建设一批计算产业生态创新中心和重大疾病研究中心。航空发动机冰风洞装置一期完成建设，TS实验室、建筑节能和绿色建造中心、石化新材料院士专家工作站投入运营，代谢性疾病等3个国家临床医学研究中心顺利通过评估。

2. 核心技术取得诸多进展

湖南推动量子科技、人工智能、前沿材料、生命工程等产业创新发展取得新进展，全省高技术产业、高技术制造业投资较快增长。① 支持工程机械、轨道交通装备企业承担国家级重大科技创新项目。推动将"高精度电子光路系统关键技术研究与验证"等一批科技项目纳入十大技术攻关、重点研发计划和关键产品"揭榜挂帅"项目。生物医药用高端机器人本体耐腐蚀涂层技术、磁浮列车160km/h全自动驾驶方案等技术攻关取得突破，全球最大功率的永磁直驱重载货运电力机车在株洲下线。顺应智能化、绿色化、融合化的发展趋势，立足音视频装备、新型显示、北斗、人工智能等湖南省优势、特色产业，打造具有国际竞争力的数字产业集群。

3. 科技成果转化能力进一步提升

利用科技成果转化提升传统产业效益，帮助新兴产业布局建设功率半导体

---

① 郑旋：《湖南加快构建现代化产业体系》，《湖南日报》2023年11月14日。

与显示技术、固态电池材料、高性能纸基功能材料及制品等一批中试基地，开展新能源、新材料领域科技创新成果路演活动 30 余场。打通科技的项目化、项目的成果化、成果的产品化、产品的产业化、产业的链群化、链群的园区化、园区的生态化全过程环节，针对短板、弱项、堵点、卡点作出适应性改革。

（四）市场主体持续壮大

现阶段，抓住企业、产业、产业链、产业生态四个着力点，发挥龙头企业引擎作用，着力培育"链主、链长、链生态"。

1. 市场主体规模日趋庞大

湖南经营主体实现量质齐升。截至 2024 年 6 月底，全省实有经营主体发展到 733.05 万户，同比增长 8.26%。其中，工业企业同比增长 10.97%，"四上"企业同比增长 12.6%；1~6 月，全省新增 A 股上市企业 4 家、专精特新企业 1552 家、国家级制造业单项冠军企业 24 家。

2. 龙头企业引领发展

2024 年中国企业 500 强中有 6 家湘企上榜，有 3 家营收超千亿元，湖南钢铁跻身世界 500 强。在 2024 年中国最具价值品牌 500 强报告中，湖南 10 个品牌入选，分布在工程机械、钢铁、医疗、电子信息、银行、轨道交通、传媒、零售等领域，品牌总价值超 4000 亿元。

3. 中小微企业蓬勃发展

2024 年上半年，全省中小企业增加值 9830.81 亿元，同比增长 4.8%，增速比地区生产总值增速快 0.3 个百分点，增加值占地区生产总值的比重为 40.1%。在工信部公布的 2024 年中小企业特色产业集群名单中，新认定 100 个国家级中小企业特色产业集群。湖南 7 个集群上榜，新增数量居中部第一位。截至 2023 年底，湖南已累计培育 15 个国家中小企业特色产业集群"国家队"，数量居全国前列、中部第一位。

三 湖南省"4×4"现代化产业体系建设存在的问题短板

湖南省"4×4"现代化产业体系建设成效显著，但由于外部环境变化，也面临一些瓶颈制约，主要表现为：产业链韧性还不够充足、创新动能有待提升、市场改革仍需深化、产业结构不断优化。

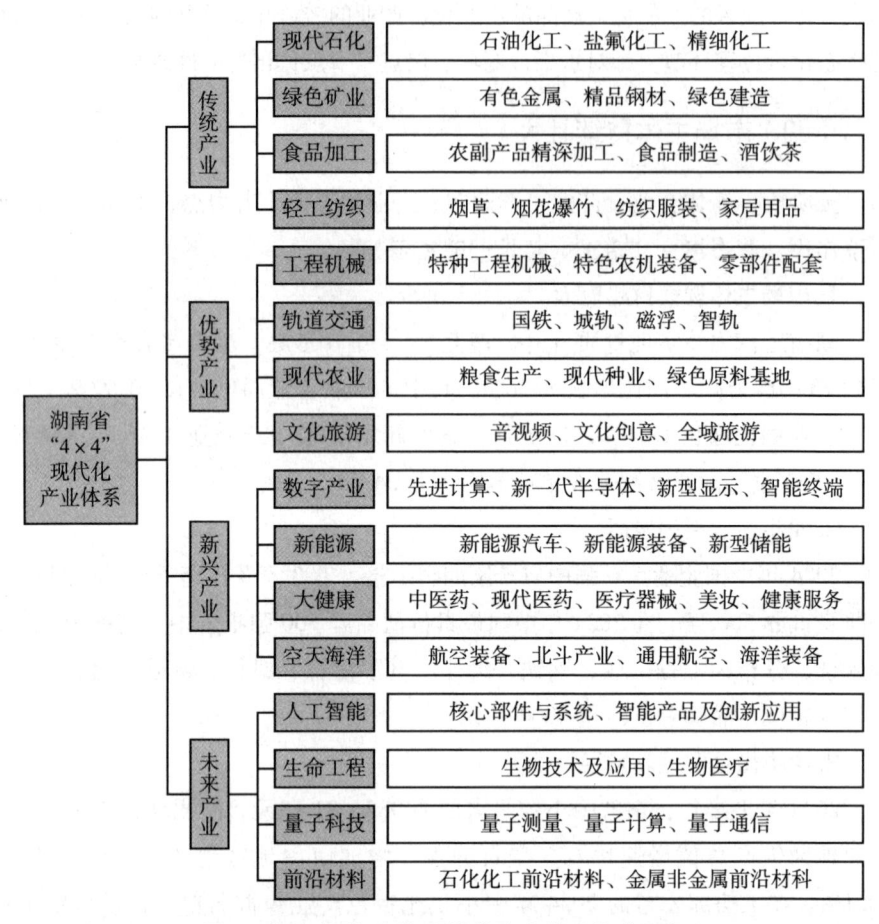

体系	类别	领域	构成
湖南省"4×4"现代化产业体系	传统产业	现代石化	石油化工、盐氟化工、精细化工
		绿色矿业	有色金属、精品钢材、绿色建造
		食品加工	农副产品精深加工、食品制造、酒饮茶
		轻工纺织	烟草、烟花爆竹、纺织服装、家居用品
	优势产业	工程机械	特种工程机械、特色农机装备、零部件配套
		轨道交通	国铁、城轨、磁浮、智轨
		现代农业	粮食生产、现代种业、绿色原料基地
		文化旅游	音视频、文化创意、全域旅游
	新兴产业	数字产业	先进计算、新一代半导体、新型显示、智能终端
		新能源	新能源汽车、新能源装备、新型储能
		大健康	中医药、现代医药、医疗器械、美妆、健康服务
		空天海洋	航空装备、北斗产业、通用航空、海洋装备
	未来产业	人工智能	核心部件与系统、智能产品及创新应用
		生命工程	生物技术及应用、生物医疗
		量子科技	量子测量、量子计算、量子通信
		前沿材料	石化化工前沿材料、金属非金属前沿材料

图 1　湖南省"4×4"现代化产业体系构成示意

资料来源：湖南省商务厅。

（一）产业链韧性不够充足

四大领域产业仍待提质增效、核心竞争力仍稍显不足，需要在各产业领域内不断挖潜。

1. 产业链存在痛点堵点

部分新兴产业的产业链韧性不够强,新能源产业,永州、郴州锂资源丰富,引进了一些企业,但和省内现有的正极材料企业之间还没有形成良性互动。未来产业核心零部件配套仍有短板,如人工智能产业上工业芯片、传感器、高性能伺服电机和驱动器、可编程控制器(PLC)、机器人的精密减速器等大多数还是依赖进口。

2. 产业融合度不够高

首先,产业治理处于"九龙治水"的局面,例如大健康产业中,各地出台的生物医药发展政策不一,没有延续性,导致产业整体处于由单一救治模式向"防治养"模式转变的初级阶段。其次,创新和产业融合度低,人工智能、大数据应用场景总体不够深入,主要应用场景集中在智能制造、智能交通、电子政务智能管控等领域,农业、轻工业等领域应用程度相对较低。

3. 要素供给制约链群壮大

虽然湖南陆续出台一系列政策方案,加大了金融支持,但企业仍缺少"源头活水",例如湖南金融机构对中小企业授信多为短期担保类贷款,且金额有限,难以完全解决资金短缺问题;此外,湖南用能贵的问题仍需解决;高端人才短缺让未来产业扩张缺少智力支持,目前湘籍院士多,在湘院士少。2023年,新增的两院院士中湖南籍有13人,排名全国第一位,湘籍两院院士总人数达到185人,排名全国第四位。

(二)创新动能有待提升

新质生产力的培育力度仍需加大,未来产业、新兴产业面临技术制约风险,需要尽快突破科创瓶颈。

1. 科技成果转化不通畅

高校与地方产业之间的对接渠道不畅,缺乏有效对接机制,科研导向与市场需求不能密切结合,导致许多成果在产生之初便由于偏离市场而难以转化。成果转化协调对接机制不完善,成果转化服务机构能力有待提升,部分单位未建立符合科技成果转化人员的岗位管理和分类考核评价制度,影响相关主体开展成果转化工作的积极性。优势学科和特色产业结合不紧密,中试环节投入不足,企业吸纳承接和转化运用科技成果的能力普遍不强,高校科技成果省内转

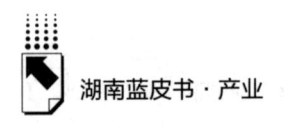

化的效益有待提高。

2. 重大科创平台较为欠缺

目前，中部地区安徽、湖北各拥有1个国家实验室，而湖南在国家实验室上依然是空白。合肥已建成全超导托卡马克、稳态强磁场、同步辐射光源等3个国家重大科技基础设施，武汉拥有脉冲强磁场实验装置以及精密重力测量2个国家重大科技基础设施，湖南省尚未布局。经与海南、江苏、广东同层次的实验室比较，湖南省"四大实验室"目前能级仍显不足，评选国家实验室的硬实力依然不够充分。

3. 关键技术仍有"卡脖子"风险

主要体现在未来产业还未掌握"核心科技"，以人工智能产业为例，硬件设施方面，智能算力资源建设仍依赖国外GPU硬件，成本高且存在断供风险，特别是在高端芯片、关键部件、高精度传感器方面，依赖于国外供应商，英伟达、高通、英特尔等国际巨头仍然垄断全球高端芯片业务。算法和基础理论方面，湖南省核心算法及专利较少、硬件研发能力薄弱，大模型行业应用也主要依赖国外开源通用大模型，这些都制约着湖南省人工智能和产业融合的发展。

（三）市场改革仍需深化

仍需在高水平建设社会主义市场经济体制上发力，以进一步为企业提供良好的体制机制支撑。

1. 政策落实不够有力

政策"含金量"有待提升。有的政策缺乏"干货"，拉动作用尚未充分发挥，比如周边省份湖北、广东等联合本地车企出台购车补贴硬核政策，对湖南省形成虹吸效应。政策"执行力"还有短板。有的政策细则亟待完善，有的政策因兑现门槛高而执行难。有的政策执行标准存在地区间、企业间差距，导致部分市州内卷、恶性竞争，加重地方负担，助长企业"短期套利"心态。

2. 营商环境不够优良

各级地方政府出台了不少惠企政策，积极优化湖南省民营经济营商环境，但政策延续性不足。有些地区或行业的行政机关存在不当干预市场行为，有的执法尺度不统一、自由裁量权不规范，造成行政执法事实上的不公平；有的地方政府对民营企业各类名义的检查偏多，甚至有的地方"索拿卡要"问题依然存在。行政权力监督难以落实到位，不敢监督、不能监督的现象依然存在。

3. 竞争机制不够完善

与国有企业相比，湖南省民营企业难以完全公平参与市场竞争。例如民营企业进入重大基础设施、公共服务等领域仍存在市场准入"隐形门""玻璃门"问题；招标投标过程中亦存在"重公轻私"的现象，对民营企业设置不合理限制条件和隐形壁垒；民营企业无法享有与国有企业同等的政策帮扶，在融资方面临渠道窄、门槛高、审批环节多、获贷时间长等难题；部分执法部门对待民营企业比国有企业要求更严苛，有时出现重检查、重处罚等倾向。

（四）产业结构不够优化

湖南仍需用好自身的资源禀赋，兑现未来产业、新兴产业上仍有的巨大发展潜力，逐步摆脱路径依赖，挖掘更多优质的经济增长点。

1. 未来产业布局不够系统

当前，国内不少省区市已经出台了未来产业的专项行动计划或实施方案，积极抢占未来竞争新优势。例如湖北省制定实施了《湖北省加快发展量子科技产业三年行动方案（2023—2025年）》，提出要依托"链长—链主—链创"融合发展机制，以超常规行动和创新性举措，加快推进全省量子科技产业跨越式发展。合肥制定了《合肥市量子信息产业发展规划（2020—2030年）》，在创新支持、成果转化、场景建设方面多管齐下，加速量子科技成果从"落地生根"到"开花结果"。但湖南省迄今为止尚未出台有关人工智能、量子科技产业专项行动计划或发展规划。

2. 新兴产业面临"未强先衰"

以新能源产业为例，湖南省储能产业链主要集中在正负极与电解液的前端，在后端电芯与电池组装上存在薄弱环节，后端企业占比仅为40%，而江西与湖北可达80%以上；湖南省集群生产成本占整条产业链价值的60%，却仅获得45%的利润。空天海洋产业上，通航产业优势侧重于传统通航研发制造，研发、制造、运营、服务等全产业链存在较多短板空白，90%的传统通航运营企业处于亏损状态，亟待形成成熟的商业模式和盈利模式。

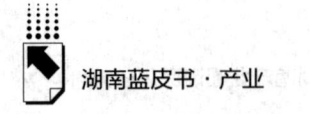

3. 亟须走出传统产业路径依赖

与全国总体水平相比，湖南省出口产品仍以钢材等劳动密集型产品为主，对传统产业依赖性强。例如现代石化产业正面临油头大、化身虚、产业链价值不高、业态过于依赖炼化产业的"两头在外"发展窘境，工程机械、轨道交通产业也面临着严峻的"天花板效应"。

四 高质量推进湖南省"4×4"现代化产业体系建设的政策建议

锚定二十届三中全会和省委十二届四次以来历次全会精神，对各产业进行全链条整合与集群深度数字化转型，践行"智改数转"与商业模式创新，应用新技术、使用新要素，产生新业态、发展新经济，推动产业新旧动能变革。[①]让图谱内各产业与新质生产力"新""新"相伴，产业链"心""心"相连，不断提升产业"发展韧劲"和"进取冲劲"。

（一）优化产业整体空间布局

以五大片区为支撑，深入实施区域重大战略和区域协调发展战略。以立足区域特色优势、突出协同联动发展为原则，因地施策制定发展策略，在战略腹地、产业备份基地建设等方面善作善成。发挥各地比较优势进行分工合作，注重空间精准化和政策连续性，全盘优化省内现代化产业体系空间布局。

1. 长株潭地区

推动已有4个国家级集群向世界级迈进，创建先进能源材料国家级先进制造业集群，加快省内上下游产业链布局，布局前沿和未来产业。重点支持长沙发展人工智能、数字产业、大健康等产业；株洲重点发展轨道交通、空天海洋、先进硬质材料等产业；湘潭重点发展绿色矿业、食品加工等产业。

2. 洞庭湖地区

以洞庭湖生态经济区全方位对接长江经济带、长三角一体化发展，发展

---

① 杨梦洁：《新时代中部地区现代化产业体系建设：新经验、制约因素、突破路径》，《区域经济评论》2024年第4期。

长株潭产业链配套产业，支持岳阳发挥通江达海优势，建设港口型国际物流枢纽，构建"1+3+X"现代化产业体系，巩固延伸港口物流、现代农业及绿色食品加工、文体旅游三个优势产业，培育壮大先进装备制造、循环经济、医药健康等新兴产业和前瞻布局生物制造、氢能等未来产业。益阳重点发展食品加工、轻工纺织、前沿材料等产业。

3. 大湘西地区

围绕巩固脱贫攻坚成果，大力发展特色产业，推动共同富裕取得新进展。支持邵阳重点发展大健康、数字经济等产业；支持怀化打造国际陆港，对接西部陆海新通道，重点发展大健康、现代石化产业；支持张家界、湘西自治州深入挖掘生态优势，整合沿线景点资源，大力发展文化旅游、大健康、食品加工等产业。

4. 湘南地区

发挥承接产业转移示范区平台功能，深度融入粤港澳大湾区经济布局，打造新兴产业承接带和科技产业配套基地。支持郴州加速布局锂电池产业，发展绿色矿业、数字经济、空天海洋等产业；永州发展食品加工、大健康、前沿新材料等产业，建设粤港澳大湾区优质农副产品供应基地。支持衡阳培育壮大新能源、绿色矿业、现代石化等产业，前瞻谋划前沿材料等未来产业。

5. 湘中地区

支持娄底加快打造"材料谷"，重点发展绿色矿业、前沿材料、工程机械等产业。推动娄底建成"1112"现代产业集群，即1个1000亿级企业（涟钢），1个2000亿级以上产业集群（精品钢材及薄板深加工）、1个500亿级以上产业集群（娄星区固废资源综合利用）、2个200亿级以上产业集群（先进陶瓷、工程机械及汽车零部件）。出台切实可行的产业发展规划，"一业一策"推进产业链强链延链补链，各产业链市直牵头单位要常态化提请市级牵头领导研究解决产业链上存在的困难和问题，根据区域布局引导各县市区、娄底经开区特色化差异化发展。

（二）以科技创新引领产业创新

湖南省委十二届四次全体会议指出："要加快构建富有湖南特色和优势的现代化产业体系。大力推进具有核心竞争力的科技创新高地建设，推动关键核

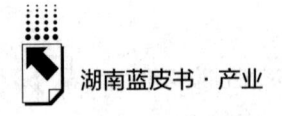

心技术攻关和成果转化。"因此,要健全因地制宜发展新质生产力体制机制,健全促进实体经济和数字经济深度融合制度,强化科技创新引领作用,全力攻克一批"卡脖子"技术、推动大平台大装置尽快破零,为产业提供充足底气。

1. 加快核心技术攻关

加快推进省"十大技术攻关"项目实施,突破现代化产业体系中一批原创性引领性技术,重点围绕航空航天"五基"关键技术、北斗信息安全及应用以及人工智能基础理论、科学智能、具身智能、城市大模型等前沿领域,就下一代模型架构和训练方法等战略性领域进行技术攻关。坚持应用导向和需求牵引,加强与行业部门和用户紧密对接,推动相关部门、地方、企业和科研院所强化信息共享与政策衔接,加快构建跨部门、跨领域、跨地区的关键核心技术联合攻关机制。充分运用"揭榜挂帅"、产业链协同创新行动等方式,推动固态电池、先进钢铁、高端化学药、医疗器械、快速磁浮等技术攻关与创新产品突破,支持由蓝思科技等龙头企业承担国家和省级重大科技战略任务。

2. 夯实高能级科技创新平台

把国家实验室、大科学装置等重大平台"破零"纳入全省十大技术攻关项目之中。以"赛马"机制对"4+4"科创工程进行动态更新,对标对表湖南省人工智能、前沿材料等未来产业动态,对竞争力不足、成长性不够的内容适时予以淘汰、更新。建立量子科技、人工智能、生命工程、前沿材料等未来产业创新平台培养清单,加快长沙全球量子研发中心、中国长城量子实验室等平台建设,着力提升芙蓉实验室(精准医学)、岳麓山实验室(生物种业)、人类干细胞国家工程研究中心等重大创新研发平台的源头创新能级,聚焦性能、安全、伦理、适配等方面,建设国家级大模型测试验证与协同创新中心,并鼓励大模型创新企业依托中心开展相关测试评估,支持湖南相关主体主导或参与国家大模型相关标准制定。

3. 加强科技成果转化应用

依托中南大学、湖南大学等顶尖高校,组建未来产业预见专家团队,开展产业技术预见,形成未来产业技术清单,以白皮书等形式动态发布,进一步推进未来技术的科技成果转化。持续推进技术转移示范机构、科技企业孵化器、众创空间建设,在关键核心技术领域建设一批科技成果转化中试平台(基地),争创以长株潭为核心的国家科技成果转移转化示范区,开展科技成果评价试点，优化科技成果转化流程。落实"湖南省高校科技成果转化能力提升计划"，推动高校科技成果转化与技术转移基地建设。支持开展高校和科研院所职务科技成果单列管理试点，推动建立完善科技成果转化资金管理及收益分配细则规范。

4. 加大人才供给力度

省内高校应对照"4×4"现代化产业体系所涵盖的16个产业类型，在学历层次和学科（专业群）类型方面定好位，主动对接产业需求，动态调整服务面向，提高人才供给能力，为现代化产业体系构建提供充分的智力支持。根据产业新动态、新业态、新模式，以及岗位需求的新知识、新技能、新素养，探索开展课程体系重组，促进学科交叉融合，设置一批新农科、新工科、新医科、新文科特色学科（专业群），确保人才素质结构符合产业岗位新要求。

（三）加快产业链延链补链强链

针对"4×4"产业矩阵内各产业链的堵点、断点，有针对性地进行谋划，加快延链补链步伐，增强产业链韧性。

1. 加强链主企业培育

图谱内不同产业按照十亿、百亿、千亿三个等级，每年摸排潜力企业清单，制定专项措施支持企业上台阶。加强新兴产业、未来产业重点领域龙头企业培育，聚焦量子芯片、量子计算软件、酶制剂、合成生物技术、基因产业等细分领域，重点培育发展中国长城科技集团湖南分公司、中国电子科技集团第四十八研究所、长沙量子测量产业技术研究院、长沙北斗产业安全技术研究院、华大基因（长沙）等重点企业。积极争创一批国家级"小巨人"企业，认定一批省级专精特新企业，形成大企业"顶天立地"、中小企业"铺天盖地"发展格局。

2. 强化"双链驱动"形成"筑链集群"

参考广东党委、政府领导为"链长"、龙头企业和行业协会为"链主"的"双链式"模式，针对湖南省主要先进制造业门类，完善省市两级链长（群主）+企业链主（群主）决策机制，做好产业链（集群）图谱清单、龙头企业和重点项目表、创新体系、生产力布局、招商清单、综合公共服务平台和信息数据共享机制，优化科技强链（群）、招商补链（群）、服务稳链（群）和

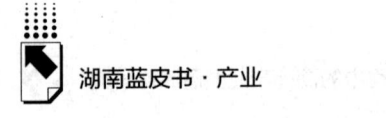

协同延链（扩群）的顶层设计工作。"链主"企业要强化引领，在技术攻关、产品推广、产销合作、标准制定、质量管理、品牌创建等方面发挥示范作用，带动产业链整体竞争力提升。

3. 加速资金向产业链汇聚

加大"白名单"项目贷款投放力度，全力做好金融"五篇大文章"，一方面，通过优化信贷结构，确保资金精准流向实体经济，特别是未来产业、科技创新等领域；另一方面，简化贷款审批流程，提高服务效率，让好项目能够更快获得资金支持。积极探索风险补偿机制，既要重视"投"，更要重视"退"，通过提高政府支持产业发展资金的周转率来提高资金使用效益，鼓励其大力支持白名单项目发展，进一步优化金芙蓉产业投资基金，进一步加强金融服务产业体系能力建设。

4. 推进产业链自主可控

实施招大引强工程，针对各个产业链的短板弱项有针对性地招商引资，不断拉长产业链条。加强对保民生促稳定、行业关键核心技术等重点领域产业链供应链的跟踪监测、分析和预警，增强市场调控、应急保供工作的预见性和提高有效性。支持产业链重点企业建立关键零部件、重要生产资源供应链风险预警系统，全面梳理供应链断供缺供的风险隐患，出台供应链替代备选方案，完善采购、储备和替代机制，有效对冲和规避全球供应链风险。面向大模型研发和应用等重点产业链应用环节，支持湖南本土企业开展规模化应用和验证。支持打造智能芯片软硬适配体系，降低企业适配成本。在湘建设智能芯片和软硬件适配测评中心，将符合条件的软硬适配相关产品纳入首批次、首版次的支持范围。

（四）推动产业结构迭代转型升级

不断改造提升传统产业、巩固延伸优势产业、发展壮大新兴产业、前瞻布局未来产业，令传统产业与优势产业焕发生机，新兴产业与未来产业不断开花结果。

1. 全力推动数智化转型

实施"灯塔工厂"行动，对获批省级智能制造标杆车间、智能制造标杆企业的给予奖励，鼓励总结湖南省不同类型制造业企业数字化改造的成功做法和成效，为其他企业转型升级提供参考。强化以算力为代表的新基建支撑，坚持"算力、算法、算据、算网"一体推进，做强做大数字经济、北斗规模应用等优势核心产业，培育发展低空经济、智能计量衡器、功率半导体产业、新型显示产业、电子元器件、智能终端等特色优势关联产业，全力打造国家绿色智能计算产业先导区、全国智能计算自主创新策源中心。

2. 优化产业发展机制

建立未来产业发展领导小组，由省委、省政府主要领导担任组长，省科技厅、省发改委、省工信厅等主要领导担任组员，定期研究湖南省未来产业发展事项，出台未来产业专项政策。起草《关于培育未来产业发展的指导意见》等政策文件，根据应用基础研究、技术研发创新、产品应用示范等不同阶段，分别制定相应的支持政策。加强未来产业主要领域风险防控前瞻性研究，利用数字化技术对相应的具体场景进行模拟分析和路径推演，对前沿技术研究过程中可能出现的各类风险及时预判与设计应对方案。

3. 推动各产业之间相互融合

瞄准量子科技、人工智能等未来产业，强化在先进计算、智能制造等领域的应用场景建设，逐步推进未来产业在国防军工、工程勘探、防震减灾、智慧城市等领域的产业化应用。在新材料模拟、量子启发式人工智能等领域建设示范性应用场景，带动新一代储能电池、人工智能、信息安全、靶向药物和新型疫苗等领域产业升级。制定未来产业场景建设清单，遴选发布"量子+""北斗+"等融合示范应用场景，促进数字技术与实体经济深度融合。在新兴产业例如大健康产业上，要健全以"医、药、养、健、管"为核心的大健康产业体系。新能源产业上，推进"新能源+新型储能"融合发展，扩大发电侧、电网侧、用户侧储能应用场景，加快培育稳定的新能源领域储能市场。

4. 推动制造业与服务业协同

围绕全省"4×4"现代化产业体系，以产业链龙头企业、行业骨干企业、专精特新企业、平台型企业等为主体，全面推进两业"嵌入式""强链式""延伸式"融合，放大"湖南制造+湖南智造+湖南服务"耦合效应，拓展产业发展空间。创新发展服务业态，实现产品制造向"产品+服务"转变，积极拓展价值链两端，实现制造与应用双促进。

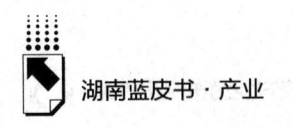

（五）塑造和谐共生的产业发展环境

党的二十届三中全会指出："必须更好发挥市场机制作用，创造更加公平、更有活力的市场环境，实现资源配置效率最优化和效益最大化。"因此，要积极优化硬环境、软环境、人文环境以及法治环境，让产业内各个主体聚焦主责主业，安心生产经营。

1. 夯实基础环境硬支撑

硬环境上，要强化以电力为基础的能源支撑。加快"宁电入湘"工程、抽水蓄能等重大电力保供项目建设，推进外电入湘通道建设，加快清洁能源建设。强化以算力为代表的新基建支撑。坚持"算力、算法、算据、算网"一体推进，发挥长沙国家级互联网骨干直联点赋能作用，完善国家超级计算长沙中心运行服务体系，抓实数字湖南公司数据要素运营，加快国家工业互联网大数据湖南中心建设，打造全国先进绿色算力枢纽。强化以运力为关键的综合交通基础设施支撑。完善"三纵五横四网多点"综合交通网络布局，加快畅通呼南、渝长厦等高铁通道，积极推动湘桂大运河纳规建设，完善"一枢纽，多重点，广延伸"港口体系，加快形成"二枢三干十一支"民用运输机场网。更好发挥城陵矶港全省唯一国家一类水运口岸和"三区一港五口岸"开放平台优势，着力打造城陵矶枢纽港，大力引导"公转水"。

2. 提升政务营商软环境

有效落实存量政策，推进出台湖南民营经济促进条例，推出增量政策，对重点产业链实行"一行一策"，加强"两重""两新"等政策对接协调。进一步提高政策措施的针对性、有效性，确保政策制定与执行无缝衔接。深入开展"两重""两新"送解优专项行动，动员广大干部深入企业、深入基层，开展全覆盖走访、全方位服务。进一步优化园区发展环境，深化"五好园区"建设，推进"放管服"改革，深化涉企审批服务"一照通"改革。加快推动减税降费工作，鼓励对涉政府行政审批的第三方评价服务设置优惠指导价；延续和优化税费优惠政策，加快小微企业留抵退税政策实施进度。高度重视民营企业应收账款拖欠问题，摸清拖欠账款底数，突出中小微企业和困难企业群体，协同相关部门扎实做好清欠工作。

3.营造重商亲商的人文环境

实施新时代民营企业家培养计划,大力弘扬优秀企业家精神和光彩精神,鼓励引导企业家做爱国敬业、守法经营、创业创新、回报社会、共同富裕的典范。积极推荐思想政治强、行业代表性强、参政议政能力强、社会信誉好的民营企业家作为人大代表、政协委员人选。加大对包括湖南龙头民营企业在内的优秀民营企业和企业家的宣传力度,弘扬新时代湘商精神,传播社会正能量。全面贯彻落实竞争中性原则,保证各类市场主体在平等条件下竞争。

4.打造刚柔并济的法治环境

在全省范围内统一行政执法规范,全面清理整顿以"自愿"为名向企业和企业家摊派的捐款、赞助等要求。落实初微不罚执法,持续推行柔性执法、精准执法、温度执法,对现代化产业体系内迸发出的新技术、新产业、新业态、新模式等领域实施包容审慎监管。严厉打击"逐利执法"、钓鱼执法。按照二十届三中全会"保证各种所有制经济依法平等使用生产要素、公平参与市场竞争、同等受到法律保护,促进各种所有制经济优势互补、共同发展"的原则,贯彻落实少捕慎诉慎押刑事司法政策,对民营企业家涉案人员能不捕的不捕、能不诉的不诉、能不判实刑的不判实刑,能不继续羁押的及时予以释放或变更强制措施。

(六)打造近悦远来的开放格局

提升开放型经济的发展水平、促进开放体系提质增效,推动省内外区域协调发展,将产业体系融入全国大格局中。

1.促进开放型经济扩能升级

注重提升各产业整体国际化水平,抓紧推进和实施制造业领域外资准入等改革措施。支持湖南自贸区等开放平台对标国际高标准经贸规则,聚焦投资、贸易、金融、科技、数据等重点领域,稳步推进规则、规制、管理、标准等制度型开放,加快形成贸易投资合作的新机制新模式。培育发展海外仓、数字贸易等外贸新业态新模式,积极在岳阳等地发展航运金融、航运交易、海事法律等高端港航服务业。发挥湖南"一带一部"区位优势,积极融入"一带一路"建设,统筹湖南自贸区、中非经贸深度合作先行区建设,用好中非经贸博览会平台资源,积极适应国际形势新变化。完善"湘企出海+"综合服务平台,鼓

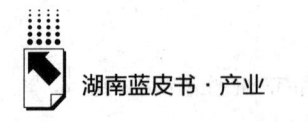

励龙头企业开展高质量跨国并购，利用海外要素资源提升对"走出去"企业的公共服务能力，开展国际产能合作，重点推动工程机械、轨道交通、新能源等优势产能"走出去"。

2. 进一步扩大招商引资规模

大力实施"项目大谋划、谋划大项目"行动，定向开发一批省级重大招商引资项目。实施全球招商顾问计划，拓宽招商引资渠道。建立完善与外资企业、在华外国商务机构、商协会常态化交流机制。依托湘商会以及华人华侨团体等，优化全球招商网络。加强与粤港澳投资促进机构合作，开展联合招商。支持各地积极开展联合招商、驻点招商、以商引商，以市场化方式建立健全服务工作站。常态化开展"互联网+"招商，组织"云推介""云洽谈""云签约"等活动。落实国务院关于规范招商引资若干措施要求，坚持原地倍增，聚焦新能源、人工智能、生命工程、数字经济等重点领域，加大营商环境招商、产业生态招商、全要素招商力度，定向开发一批省级重大招商引资项目，积极对接粤港澳大湾区建设、长江经济带发展等国家战略，承接产业、资金、技术转移辐射。

3. 融入全国统一格局

建立国家重大项目与现代化产业体系产品对接平台，推动现代化产业体系产品与国家重大项目对接。组织省内企业参加重大博览会交易会，帮助企业加强产品推介、寻求合作机遇，提高市场影响力。积极加强省际协商，共同推进环境治理、基础设施对接、市场统一，加快融入沿江产业发展链。全面对接粤港澳大湾区建设，以泛珠三角区域合作、湖南—粤港澳大湾区投资贸易洽谈周、湖南异地商会等为平台，大力发展飞地经济，推动形成梯度发展、分工合理、优势互补的产业协作体系。深化湘琼合作，争取签订湘琼两省政府合作框架协议，重点推进现代农业科技合作、湘琼先进制造业合作产业园建设等。

4. 持续加强交流协作

搭建未来产业交流平台，高质量筹办世界计算大会，支持国防科技大学与中国长城科技集团承办中国计算机学会量子计算大会，加强未来产业各个领域的国际国内交流合作。牵头组织国际大科学计划，参与国际、国内标准制定和技术规范建设，提高在全球、全国人工智能、量子科技、生命工程等未来产业中的影响力与话语权。深化长沙与上海、北京等地协同开展未来产业重大项目和前沿技术联合攻关，实现错位竞争、融合发展。

中国式现代化进程中的湖南产业图谱深化研究

表 1 湖南省现代化产业体系布局

一级产业	二级产业	一核			两翼						多点					布局该产业的地方数量（个）
		长沙	株洲	湘潭	岳阳	衡阳	邵阳	常德	张家界	益阳	郴州	永州	怀化	娄底	湘西自治州	
A:传统产业	A1:现代石化	★★			★★★	★★★										5
	A2:绿色矿业	★★	★★★	★★	★★	★★★					★★		★★		★★	8
	A3:食品加工	★★★	★★		★★★	★★		★★★	★★	★★★	★★★	★★★		★★★	★★★	10
	A4:轻工纺织	★★	★★		★★		★★★	★★					★★★			7
B:优势产业	B1:工程机械	★★★	★★★								★★			★★★		6
	B2:轨道交通		★★★													1
	B3:现代农业	★★	★★	★★★	★★★	★★	★★	★★★		★★★	★★★	★★★	★★	★★	★★	11
	B4:文化旅游	★★★	★★★	★★★	★★★	★★★	★★★	★★	★★★	★★	★★★	★★	★★★	★★	★★★	14
C:新兴产业	C1:数字产业	★★★	★★			★★	★★★	★★								6
	C2:新能源	★★★	★★★	★★★	★★						★★★	★★	★★			8
	C3:大健康	★★★	★★★	★★★	★★	★★	★★		★★★		★★★	★★	★★★		★★	12
	C4:空天海洋	★★	★★		★★	★★					★★					4
D:未来产业	D1:人工智能	★★★									★★					2
	D2:生命工程	★★★														1
	D3:量子科技	★★★														1
	D4:前沿材料	★★★	★★		★★	★★					★★			★★		6
各产业市州布局数量（个）		15	11	7	10	8	6	7	4	4	8	6	7	4	5	

注：核心产业★★★，重点产业★★。
资料来源：湖南省人民政府门户网站。

传统产业篇

B.2
湖南打造现代石化万亿产业对策研究[*]

湖南省社会科学院（湖南省人民政府发展研究中心）课题组[**]

摘　要： 现阶段，湖南省现代石化产业明星"云集"，但仍要解决"规模不大"之困；产品实力"硬核"，但仍要解决"结构不优"之困；转型升级"给力"，但仍要解决"路径依赖"之困；科创硕果"累累"，但仍要解决"保障不力"之困。建议在技术革新、安全低碳、人才会聚、服务保障上下功夫，画好"油头"，为"万亿产值"打下坚实基础；挺立"化身"，为核心产业打造中流砥柱；振奋"材料尾"，扛起"发展龙头"重担。同时提出，在"技术革新"上作文章，提升"含新量"；在安全低碳上作文章，提升"含绿量"；在"人才会聚"上作文章，提升"含智量"；在"服务保障"上作文章，提升"含实量"。

---

[*] 本文为省社科基金重点课题：做强马栏山视频文创产业园研究（课题编号：22ZDB041）；省社科基金重大课题：文化和科技融合的价值引领研究（课题编号：24ZWA37）的阶段性研究成果。

[**] 课题组组长：钟君，湖南省社会科学院（湖南省人民政府发展研究中心）党组书记、院长（主任）、研究员，主要研究方向为马克思主义大众化、中国特色社会主义、公共服务；副组长：侯喜保，湖南省社会科学院（湖南省人民政府发展研究中心）党组成员、副院长（副主任）、研究员，主要研究方向为宏观政策、区域发展、产业经济；执行组长：邓子纲，湖南省社会科学院（湖南省人民政府发展研究中心）产业经济所所长、研究员，主要研究方向为工业经济、文化产业、工商管理；成员：陈旺民、唐清、孙龙图、周海燕、唐苗苗。

关键词： 现代石化　产业体系　新质生产力　转型升级

党的二十届三中全会指出，要进一步解放和发展社会生产力。习近平总书记在湖南考察时强调，湖南要在打造"三个高地"上持续用力。现代石化产业在省委十二届四次全会明确的"4×4"现代化产业体系建设中排名首位，既是湖南老牌传统产业，其下游延伸到新材料产业，又代表了新兴产业乃至未来产业的发展方向，是促进湖南生产力进一步解放，实现高质量发展的重要抓手。因此，要打造国家重要先进制造业高地，就必须结合湖南省产业布局，加快打造现代石化万亿产业链，为构建现代化产业体系、培育和发展新质生产力提供重要支撑。课题组以习近平总书记考察湖南重要讲话和指示精神为指引，锚定"持续用力"的主攻重点，深入岳阳、衡阳、郴州等地调研，广泛借鉴山东、浙江及湖北、江西等省份的先进经验，科学分析湖南省现代石化的现状，深入剖析产业面临的突出问题，提出对策建议。

一　奋楫扬帆、万亿产业长征之路行稳致远，但仍面临四大难题

经多年发展，目前湖南石化产业拥有完整的产业体系和一批优质企业，产业发展方兴未艾，但要建成万亿现代石化产业核心基地，还需破解四个难题。

（一）产业明星"云集"，但仍要解决"规模不大"之困

一是优质企业不断汇聚。近年来，湖南培育出一批主业突出、核心竞争力强、发展潜力足的市场主体，涌现了以湖南石化为代表的百亿营收龙头企业，海利化工和东方雨虹等30余家营收过10亿元骨干企业，52家国家"专精特新"小巨人企业，5家制造业单项冠军企业以及13家上市公司。[①] 此外，湖南中创、长炼新材、昌德新材、湖南邦弗特和湖南聚仁等一批化工新材料高新技术企业特色突出、潜力巨大。

---

① 本文所有数据，如无特殊说明，均为课题组调研数据。

二是产业集群成色十足。以岳阳绿色化工高新区（云溪）为依托的石油化工及新材料产业链，以松木经开区、衡东经济开发区等为依托的盐卤化工产业链，以宜章氟化学循环工业集中区等为依托的氟化工产业链，以洪江高新技术产业开发区为依托的精细化工新材料产业链已初具规模。其中怀化洪江区精细化工新材料特色产业集群被纳入湖南省中小工业企业特色产业集群，岳阳绿色化工产业集群、衡阳盐卤化工产业集群被纳入湖南省先进制造业集群培育对象。

三是重大项目纷至沓来。2022年，湖南石化己内酰胺项目入选湖南省十大产业项目；2023年，岳阳乙烯炼化一体化、衡阳建滔化工产业升级项目入选，其中炼化一体化项目为十大产业项目之首。2024年，湖南省公布重点建设项目和第一批省重点前期工作项目名单，岳阳乙烯炼化一体化项目、湖南石化年产100万吨连续重整联合装置项目、年产17万吨高性能环氧树脂装置建设项目入选。龙头项目的到来使"原料—基础材料—功能新材料—制造业"的产业梯度逐步成型，"油头化身新材料尾"现代石化产业发展新格局进一步夯实。①

但由于国家战略和石化产业布局调整以及湖南"缺煤无油少气"的能源格局，湖南原油加工量仅占全国的1%左右，在全国各省区市中排名中下游，上游炼化产业逐渐丧失在全国的优势。对比先进省份，湖南省石化产业缺乏龙头企业，营收规模不大，利润贡献率较低，在全国同行中排名较靠后。2023年，湖南省石化行业实现营业收入仅2315亿元，利润仅为130亿元，同比仅增长0.3%。产值在全国各省区市中列第16位，在中部六省中排名第5位，仅为全国排名第一位的山东省的10%，甚至不及山东滨州一市的营收（2338亿元）。现代石化龙头企业严重稀缺，中国石化500强企业数量仅为浙江的12.7%、山东的7.76%，科技创新型中小企业较少。此外，受自然环境等因素所限，湖南原油加工量为903.8万吨，仅为全国的1%左右。

（二）产品实力"硬核"，但仍要解决"结构不优"之困

一是品质好，基础化学品势头强劲。湖南石化锂系聚合物打破国外垄断，产能居亚洲第一位、全球第二位，综合技术水平全球领先；环氧树脂产量占据国内市场30%的份额；航煤辐射西部邻近省份。湖南丽臣的无色烷基苯磺酸

---

① 刘永涛、周磊、彭展等：《超级石化项目，为湖南带来什么》，《湖南日报》2024年1月4日。

布局上海、东莞，主导国内市场。二是口碑好，合成化工原料引领行业趋势。时代新材生产的非轮胎特种橡塑复合材料制品市场份额全国第一。湖南石化的炼油化工催化剂占全国市场的34%，在亚洲规模最大、品种最全。湖南安淳的制氢系列催化剂和郴州高鑫铂业的贵金属催化材料产业，在行业内占有突出地位。三是效益好，化工新材料日渐强大。湘江涂料的产品涵盖国家标准的18大类，是中国最大的汽车涂料制造商之一。株洲飞鹿是轨道交通工程及装备涂料领域第一家上市企业。以湖南松井、湖南邦弗特、湖南久日新材等骨干企业为支撑形成的湖南光固化涂料产业链居国内领先地位。湖南海利的高效低毒农药系列产品畅销国内外，建滔化工、建衡实业等的盐氟化工产品优势明显。

然而，湖南省正面临"油头大"、"化身虚"、产业链价值不高、业态过于依赖炼化产业的"低端拥挤、高端短缺"窘境①，乙烯炼化等上游产业在湖南石化产业布局中占据核心地位，而化工新材料相关布局所占比例较小；在产业链的中下游，一些国内紧缺的特种工程塑料、高性能聚烯烃树脂、高强度纤维、功能性膜材料、高端电子化学品供给不足。主要产出在湖南石化组成第一链结的"燃料与化工基础材料"、第二链结"功能材料"，但价值链高端的第三链结"复合材料"、第四链结"化学制品"尚有巨大的发展潜力亟待开发出来。

（三）转型升级"给力"，但仍要解决"路径依赖"之困

一是"化工围江"顺利破局。深入贯彻落实习近平生态文明思想和"守护好一江碧水"等重要指示精神，加快推进沿江化工企业搬迁改造。湖南提前2年完成城镇人口密集区45家危化品企业搬迁改造任务；需搬迁、关闭的85家沿江化工企业已基本完成，有效消除"一江一湖四水"的环境污染风险。自2020年起，岳阳坚持"生产"为"生态"让路，有计划、分步骤推进沿江化工生产企业搬改关。长江沿线新增化工企业一律向岳阳绿色化工高新区集中，近年来，共关闭16家产品技术含量相对较低、市场竞争力不强的化工企业，19家市场前景好、产品技术含量高的化工企业搬迁至岳阳绿色化工高新区。二是"安全红线"日益牢固。2023年，全省各级化工园区开展安全专项整治，督促企业自主排查，交办问题隐患整改形成闭环，以产业园区（化工

---

① 谢卓芳、向超：《向绿而行，冲刺万亿现代石化产业集群》，《湖南日报》2024年8月21日。

园区）为重点，突出危险化学品重大危险源管理、特殊作业管控等重点环节，采取"消地协作""市州交叉""园区交叉""执法+专家"模式，持续深入排查危险化学品领域重大风险隐患，严防重大安全风险。全年发现安全隐患2000余项，打好了石化产业安全生产翻身仗。三是"智能化转型"成效初显。聚仁化工新材料、东方雨虹等龙头企业已建立数据中控室和智能生产线，实现己内酯等产品的生产管控一体化、供产销存一体化、财务业务一体化，为现代石化智能化转型打下了良好基础。

然而，受石化行业突发环境事故和应急安全事故舆论持续影响，一些职能部门仍有谈"化"色变的顾虑，对化工产业、企业和项目"层层加码"设置审批条件。目前，湖南省仅认定化工园区15个，全国占比仅为2.1%，在各省区市化工园区数量排名中居并列第20位、中部第6位。相比之下，山东、江西等省份出台规定进一步细化化工园区管理，变"堵"为"疏"，科学化解了风险，较好地兼顾了发展与安全。

（四）科创硕果"累累"，但仍要解决"保障不力"之困

一是底子好，科研平台坚实有力。目前，省内拥有中国石化苯乙烯类热塑性弹性体重点实验室等共性技术研发平台，具备从小试、中试到工业化生产的成套技术开发能力。当前岳阳全市石化行业拥有授权专利780项，国家和省科技进步奖60项，合成橡胶综合技术、己内酰胺生产技术世界领先，科技创新对企业效益贡献率达70%以上。二是成效好，科研智力支持力量强大。构建"研究院+研究院有限公司+基金+基地+产业联盟"五位一体、具有专业特色的科技成果转化模式，组建湖南省高性能环保助剂工程技术研究中心等各类应用研发平台，绿色多功能助剂合成、ε-己内酯及其衍生物工业化生产等关键技术取得显著成效。三是前景好，企业技术创新成绩优异。湖南石化建成国内首套10万吨/年HPPO法环氧丙烷工业试验装置，在国内率先开发出SEPS，其在高纯氢氧化铝上打破跨国公司技术封锁，时代新材生产的超高压用芳纶替代国外进口。

然而在用能等要素保障方面仍有明显不足。因电价"有点贵"等因素，偶有断电并引发安全生产风险。因工业用地"有点紧"，导致已认定化工园区承接用地不足，严重制约行业发展，截至2024年5月，岳阳市两大化工园区核定总面积31.08平方公里，剩余可用土地仅5.3平方公里；衡阳市松木化工

片区的认定面积仅为3平方公里左右；郴州宜章氟化学循环产业开发区面积仅为2.5平方公里。湖南的现代石化产业人才数量与浙江、广东等地相比之下"有点少"，导致在现代石化产业技术攻关上智力支持不够充足。

二 瞄准产业链、精准补链强链延链，因地制宜培育发展新质生产力

习近平总书记强调，要因地制宜发展新质生产力。湖南省应瞄准新赛道优化产业链，按照二十届三中全会塑造发展新动能新优势的要求，补齐短板弱项，培育扩大先进产能，为加快塑造新质生产力注入磅礴动能。

（一）画好"油头"，为"万亿产值"打下坚实基础

一是用乙烯产业筑"底气"。乙烯生产上，推动岳阳乙烯炼化一体化工程2026年底投产，项目建成后将形成1000万吨炼油、100万吨乙烯产能。按照"五好园区"建设要求，依托乙烯项目，着力将湖南岳阳绿色化工高新区打造成为千亿园区。建立对乙烯项目的定期调度机制，坚持按"一个项目、一个政策、一个专班"的标准全方位服务，有针对性地开展延链工作。深度对接中国化学、中石化、巴斯夫、万华化学等战略投资者。依托HDPE等产品引进塑料加工企业等下游企业，按大宗产品60%就近延链转化计算，可新增产值500亿元以上，其他小批量产品就近延链可新增产值50亿元以上，将乙烯产品与现有产品进行耦合带动新增产值450亿元以上，通过延链累计新增产值1000亿元。二是用己内酰胺产业提"朝气"。加快推动湖南石化60万吨/年己内酰胺搬迁与升级转型发展项目达产达效。预计己内酰胺产品外卖部分与佛山佛塑科技合资建设项目及副产品深加工利用带动一级下游企业新增产值200多亿元，重点引入锦程高科、佛塑科技等纺丝、织布、吹膜企业，带动二级下游企业新增产值270亿元以上，预计共新增产值500亿元。三是用催化剂产业塑"锐气"。重点发展聚烯烃等化工催化剂产品。利用湖南石化催化剂产业基础，全力争取中石化集团的化工催化剂项目布局在岳阳绿色化工高新区内。大力发展车用三元催化剂和脱硝催化剂生产、回收和再生利用全产业链。针对三元催化剂产业链相关企业展开招商，发展铂等贵重金属和稀土涂层等车用三元催化

剂全产业链。全力招引吸引雅宝、Grace、UOP等相关领域行业龙头企业到园区投资建厂。

（二）挺立"化身"，为核心产业打造中流砥柱

一是以精细化工产业凝血脉。依托望城经开区、洪江高新区（洪江区）、津市高新区等园区，推进海利高新技术产业基地、利尔化工等重大项目建设，巩固高端涂料、农药、酶制剂等特色优势，推动基础化工原料向化工新材料延伸发展。持续优化涂料产品结构，重点发展水性涂料等环境友好涂料品种，严格限制和逐步淘汰油性涂料等落后产能。适应航天航空、新一代信息技术、先进储能等新兴产业的发展，大力发展集装箱、钢构防锈涂料，高性能粉末涂料、风电风片涂料等功能性专用涂料品种。二是以盐氟化工壮筋骨。依托衡阳松木经济开发区、宜章经开区、湘乡经开区等重点园区，以建滔（衡阳）实业、湘衡盐化、建衡实业、恒光化工为龙头，重点发展含氯、硫、氨等基本化工原料和功能材料，积极发展氯碱工业、纯碱工业及与化工关联的轻工工业，大力开发电子级双氧水、硫酸、盐酸、高纯氨和新型水处理剂、高端无机盐产品。主要依托中化蓝天、湖南有色等企业，加快特色氟化工全产业链发展，打造百亿级氟化工"黄金产业"集群。推动盐氟化工与石化融合发展，加快发展高品质聚氯乙烯、环氧氯丙烷、聚甲醛、三氟氧乙烯等盐基有机化工、有机氟化工产业链。三是以生物化工产业强根基。以玉米、秸秆等生物基材料，重点发展糠醛等纤维素衍生物、生物基戊二胺等产品，延伸发展生物可降解高分子材料，布局纤维素制乙醇和乙二醇等项目，推广生物法长碳链二元酸、微生物酶法丙烯酰胺等生物催化转化技术，建立碳素循环利用绿色经济新模式。

（三）振奋"材料尾"，扛起"发展龙头"重担

一是深度嵌入，增强细分市场发展能力。重点加快空白品种产业化，提高已有品种质量水平。以"提篮子选菜"的思路对标长三角、粤港澳重点石化企业招商，推动岳阳、衡阳等省内重点城市与"链主"企业进行联合招商，明确化工新材料等产品的延链方向、应用领域和招商重点企业。利用湖南石化特种环氧树脂被列入2024年十大技术攻关项目契机，大力发展高固含量、高稳定性、高适用性的水性环氧树脂及固化剂，尽快突破上游关键配套原料的供应瓶颈。二

是融合贯通，提升化工新材料和专用化学品水平。围绕航空航天、电子信息、新能源汽车、轨道交通、节能环保、医疗健康以及国防军工等行业对高端化工新材料的需求，努力突破一批关键化工新材料及关键配套原材料的供应瓶颈。重点发展特种工程塑料、热塑性弹性体、高性能合成纤维、功能性膜材料等先进高分子材料，建设全球规模最大的年产100万吨"岳阳特色尼龙城"，推动岳阳低碳新能源化工新材料产业等重点项目尽快投产。重点发展电子化学品、绿色表面活性剂等专用化学品，引进培育中国天辰等一批新材料龙头企业。三是多位一体，加强产业链上下游协同。采用优先供应、技术合作、利益捆绑等体制机制，完善产业链上下游供应体系。推进石化产业与工程机械、轨道交通、新能源汽车、新一代信息技术、生物医药等战略性新兴产业深度融合，通过互为上下游合作预计增加2000亿元的优质产能，将洪江高新区等新兴化工园区打造成为百亿园区（见图1）。

三 提质增效、善作善成，打造湖南现代石化产业万亿产业

按照二十届三中全会构建支持全面创新体制机制的要求，进一步深入贯彻落实习近平总书记"以科技创新引领产业创新"的重要讲话和指示精神，坚持科技引领、创新驱动，对标未来产业谋划新赛道、新产品，聚焦招引核心企业和重大项目，高水平整合优质资源和产业要素，向万亿产业不断进军。

（一）在"技术革新"上作文章，提升"含新量"

一是依托"人工智能"，打造"数字车间"。按照二十届三中全会"健全促进实体经济和数字经济深度融合制度"的部署，从数字化基础建设、生产制造数字化能力建设、安全数字化管理能力建设、产品储运销数字管理能力建设四个方面出发[①]，坚持科技赋能实体产业，通过"机器人+智能工厂"，加快智能机器人在石化产业上下料、加工、焊接、打磨、装配、物流、码垛、分拣、检验检测等各类垂直细分环节的应用，在湖南石化等龙头企业中率先以场

---

① 徐晨光、张燕、杨彦等：《数字石化化工与碳安全》，《化工进展》2024年第10期。

湖南现代石化产业链

产业链上游 — 炼化一体化

- 产业领域及龙头企业：
  - 乙烯生产：中石化湖南石油化工有限公司
  - 己内酰胺：中石化湖南石油化工有限公司
  - 催化剂生产：中国石化催化剂有限公司长岭分公司
- 重要技术：芳烃制苯；蒸汽裂解制乙烯
- 重要项目：
  - 乙烯生产：100万吨/年乙烯炼化一体化项目
  - 己内酰胺：60万吨/年己内酰胺
  - 催化剂生产：中国石化催化剂有限公司长岭分公司MOF催化剂中试项目

产业链中游 — 化工产品

- 产业领域及龙头企业：
  - 盐氟化工：建衡实业、恒光化工、湘衡盐化
  - 精细化工：湖南海利高新技术产业集团有限公司
  - 生物化工：湖南岳阳凯米尔生物科技有限公司
- 重要技术：生物降解塑料研发；四氯乙烯研发；生物材料单体制备技术
- 重要项目：
  - 盐氟化工：湖南福氢含氟新材料项目
  - 精细化工：海利高新技术产业基地
  - 生物化工：比德生化二期项目

产业链下游 — 化工新材料

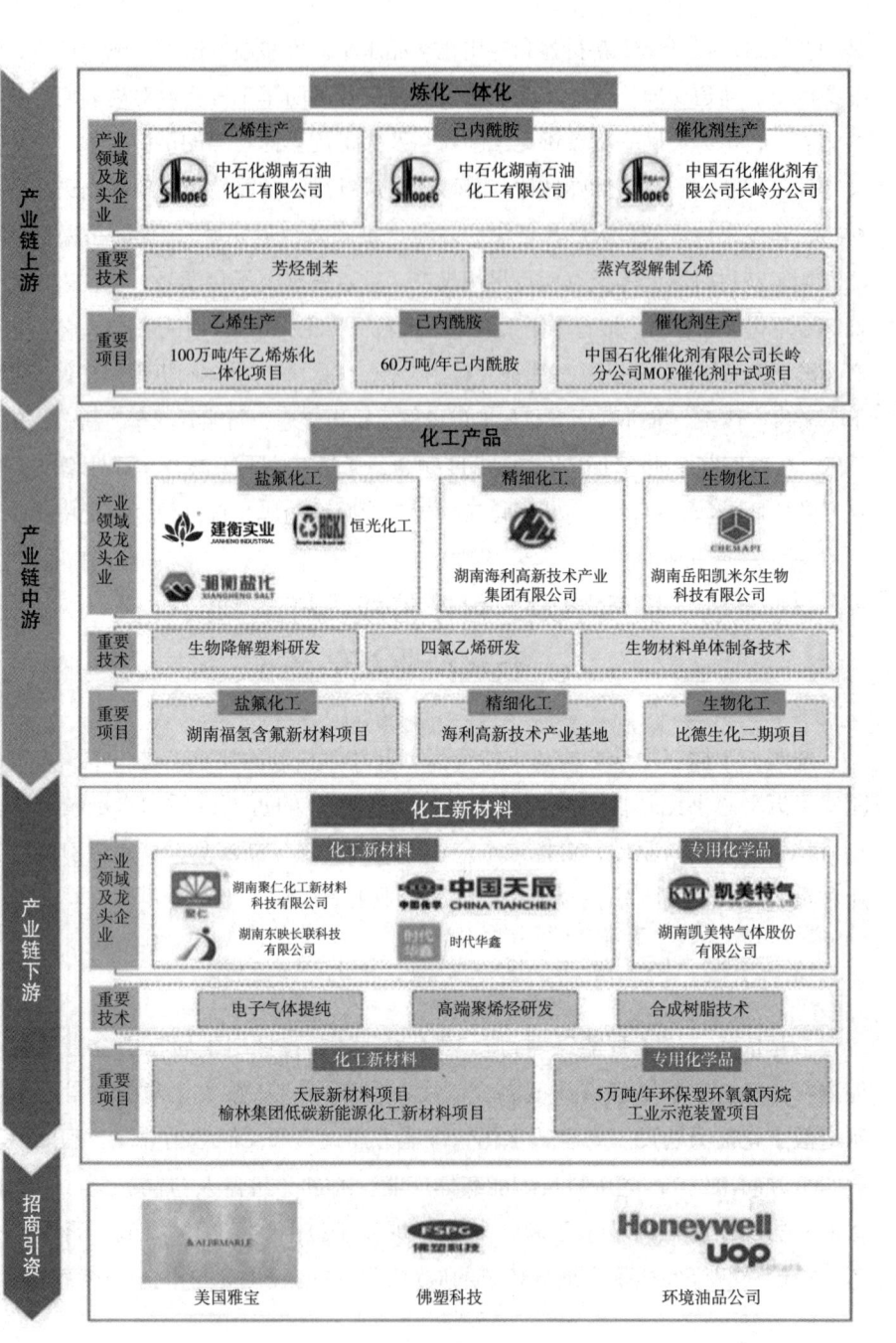

- 产业领域及龙头企业：
  - 化工新材料：湖南聚仁化工新材料科技有限公司、湖南东映长联科技有限公司、中国天辰、时代华鑫
  - 专用化学品：湖南凯美特气体股份有限公司
- 重要技术：电子气体提纯；高端聚烯烃研发；合成树脂技术
- 重要项目：
  - 化工新材料：天辰新材料项目；榆林集团低碳新能源化工新材料项目
  - 专用化学品：5万吨/年环保型环氧氯丙烷工业示范装置项目

招商引资：美国雅宝、佛塑科技、环境油品公司（Honeywell UOP）

图1　湖南现代石化产业链

景化方式推动化工新材料数字化车间、智能工厂、智能生产线建设。依托人工智能设备智能感知平台（PRIDE）、全流程智能运行管理与控制系统（OMC）、全流程智能质量监控平台（Q-Lab）及流程工业过程模拟与设计平台（APEX）四大基座等实现平台技术跨越整合，全面助推传统工厂、智能工厂向智慧工厂的转型蝶变。二是突破"关键技术"，补齐"科创短板"。提高关键领域自主创新能力，强化企业科技创新主体地位，加快g线光刻胶（436nm）、特种气体和表面活性剂、新型高安全高端饲料添加剂、农药医药中间体、信息用化学品等化工产品和新材料等关键技术攻关，争取全部纳入未来湖南十大攻关技术范畴。利用设备更新政策红利，大力推进石油化工、化工新材料、精细化工、盐化工、氟化工、钡化工等行业关键共性技术集成创新，提高技术装备水平与产品开发迭代速度。立足湖南省在己内酰胺及高强度橡塑复合材料、高功能绿色环保涂料、高性能催化材料、高效能农用化学品等细分领域的比较优势，不断提升生产技术水平和优势产品供给能力，进一步提升湖南省现代石化产业发展能级。三是巧借"科研之风"，构筑"创新阵地"。完善石化产业政产学研协同创新网络，为核心高校和企业搭建创新平台，发挥湖南大学、中南大学等网络核心节点的引领带头作用，推动石化产业高质量发展。[①] 全力办好湖南省石化新材料院士专家工作站等科研平台，支持具有自主核心技术的开源社区、平台和项目发展，促进开放式、平台化创新。大力支持湖南石化、岳阳长兴、宇新能源等龙头企业牵头组建产业技术创新联盟，打造区域性国家现代石化创新中心。推动形成"领军企业+产业园区+大院大所"协同创新模式，打造大中小企业创新协同、产能共享、供需互通的产业创新生态。

（二）在"安全低碳"上作文章，提升"含绿量"

一是在生产环节上"清洁化"。加强固废绿色化处置，加强污染物在线监测和联网管理。指导企业采用先进适用的清洁生产工艺技术，推动工艺升级和绿色化改造。尽快推广换热网络优化、蒸汽动力优化等节能措施，加强系统能

---

① 高珊珊、李勋来：《石化产业政产学研创新网络结构研究——基于石油和化学工业联合会科学技术奖的实证分析》，《管理现代化》2023年第3期。

量优化，优先通过节能挖潜提升产能质量。① 加强挥发性有机物排放控制，鼓励石化园区建设设备管线泄漏检测与修复（LDAR）管理平台。严格废水排放双控，针对高盐、高氨氮等难处理废水开展先进技术示范。二是在产能布局上"绿色化"。从碳培训、碳核算、碳金融、碳工程和碳交易等五个环节形成完整的现代石化碳产业链，确保湖南石化化工碳安全。严格落实"三线一单"生态环境分区管控要求，有序推动石化化工行业重点领域节能降碳，鼓励企业以化固碳。重点抓好己内酰胺产业转型升级搬迁、岳阳地区炼化一体化两大支柱项目，把破解"化工围江""化工围城"难题的工作举措转化为落实"守护好一江碧水"的生动实践。以"三个区分开来"原则保护化工及其他产业的一线干部，凝聚共识合力。三是在底线把控上"安全化"。牢牢守住项目审批安全红线。严格按照国家发展改革委《产业结构调整指导目录》要求，聚焦氯碱、合成材料等重点领域，加快研究制修订行业规范和标准。依法依规淘汰落后产能，坚决遏制高耗能、高污染、低水平项目盲目发展。加大石化安全知识宣传力度，消解谈"化"色变的惯性思维。依托数字化设备，当好催化剂、氧化剂等石化产品的"数字安全管家"，提升石化"智安"水平。

（三）在"人才会聚"上作文章，提升"含智量"

一是选材引才，建设高水平特色专业智库。以"芙蓉人才""三尖人才"为重点，强化本土人才培育提升，对主持重大科研项目、承担重点工程、推动先进技术成果转化、具有较大发展潜力的优秀人才给予重大项目资助。针对重大高端化工项目创新创业政策支持力度不够、常规程序无法满足快速引进急需的顶尖人才（团队）等问题，采取"一事一议"方式引才，通过所得税优惠、子女教育优待服务等措施，充实高端人才梯队。二是育才优才，提升一线人员素质水平。推动中南大学、湖南大学、湖南理工学院等高校及有关职业学院设立相关专业、培养专业技能人才，建议在湖南理工学院等院校设立现代石化研究的二级学院，由省教育厅、省财政厅等给予相应支持。推动湖南石化、东方雨虹、湘衡盐化等骨干企业与院校和科研机构开展深度合作，提升

---

① 戴宝华、赵祺：《我国石化产业碳中和路径展望》，《石油炼制与化工》2024年第1期。

产学研水平。建议借鉴安徽经验实现科技成果向"先赋权、后转化"的转变。三是留才用才,优化人才发展机制。鼓励企业优化人力资源管理水平,探索以管理、专业技术、技能操作等为依据,使不同类型人才可在纵向的技术路线与横向的管理或技能操作路线之间"自由切换",形成纵横贯通、内联外畅的人才发展和使用流动机制。鼓励企业实施骨干员工持股、超额利润分享、跟投等中长期激励政策,增加人才的获得感、认同感、幸福感。

(四)在"服务保障"上作文章,提升"含实量"

一是"压实"产业要素保障。完善产业要素市场制度和规则,优先保障乙烯、己内酰胺、盐氟化工等重点建设项目用地、用能、环境容量指标等要素资源。对项目用地审批、规划许可、施工许可等流程实行并联审批,实现审批事项精简、要件共享、流程优化、效率提升。统筹全省能耗总量指标,优先保障重点建设项目用能,支持重点建设项目能耗单列。对被纳入重点招商引资项目清单管理的石化产业项目,在用地、环保、能源、金融、人才和出入境便利等方面加大支持力度。依托城陵矶港、虞公港的航运优势,重点扶持恒阳化工等企业,推进石化产业物流平台建设,加快石化物流仓储基地与专业化泊位建设。切实降低现代石化物流的仓储和管理成本。指导各有关市州深挖污染物减排潜力,采用区域有偿调剂、指标互换、提前预支等方式,为保障重点建设项目总量指标提供支撑。二是"夯实"产业金融支持。推进组建省级现代石化产业投资基金,用足用好湖南省产业引导基金等政府引导基金。以"产业链重点企业+金融服务专班"为抓手,组织金融机构对接重点企业,引导金融机构提供差异化、场景化、针对性的金融产品和服务。鼓励具有核心科技的企业发行企业债券,利用企业上市、股权融资、融资租赁以及技术项目转让等多种形式,解决企业资金问题。三是"做实"产业政策引导。以产业政策为抓手,更好发挥市场机制作用,创造更加公平、更有活力的石化产业市场环境,实现资源配置效率最优化和效益最大化。建议将现代石化产业链链长调整为岳阳市委主要负责同志,以更好发挥岳阳的牵引作用,统筹全省现代石化产业一体化发展。积极推行现代石化"链长+链主+链创"常态化互动机制,支持链主企业联动链上企业完善技术、服务等平台体系,推动各类产业链创新机构和平台市场化运营。充分发挥湖南现代石化产业协同创新研究院等咨询机构、行业协会、产业联盟等组织的专业支撑作用,协调解决实际困难及诉求,推动惠企政策落实落地(见表1至表3)。

表1　湖南现代石化产业相关基金

序号	基金名称	投向领域	组建时间	基金规模	备注
1	衡阳市产业投资基金	盐卤化工(包括精细化工)等	2018年	总规模60亿元以上	衡阳市政府出资15亿元作为产业引导基金,通过与其他社会资本合作设立子基金
2	岳阳市财金泰有产业投资基金	石油化工、食品加工、电子信息、装备制造、电力能源等	2021年	一期规模5亿元	岳阳市财金高新产业投资有限公司、岳阳市城市建设投资集团有限公司等共同发起成立
3	株洲市先进产业集群发展母基金	高分子新材料与精细化工等13条标志性产业链	2022年	首期规模50亿元	由株洲市政府牵头,湖南财信金融控股集团有限公司、株洲市属国有企业作为主发起人共同发起设立

表2　湖南现代石化产业链技术摸底

技术领域	现有技术	技术攻坚目标
炼化产业(上游)	己内酰胺生产成套技术、异丙苯法环氧丙烷技术、芳烃制苯技术	原油制化学品与重油催化裂解技术、分子炼化与智能炼化技术、合成气制烯烃、芳烃技术
化学品生产(中游)	生物柴油研发技术、UPSSS级氢氟酸、含氟医药、农药中间体等	生物柴油、生物航煤、燃料乙醇等液体燃料技术,生物质高效制氢技术,生物沼气及其选择性转化等生物质气体燃料技术,以及生物基不饱和长链二元酸等关键平台化学品合成技术
化工新材料(下游及延伸)	酯化法环己酮新技术工业化、浆态床蒽醌法制双氧水弹性体、高性能环氧树脂制造	高端聚烯烃、高性能纤维、电子化学品等生产制造、废塑料化学回收与化学循环技术

表3 湖南现代石化产业链企业发展

产业领域	现有企业	目标招引企业
炼化产业（上游）	湖南石化、中国石化催化剂有限公司长岭分公司、聚成化工、岳阳兴长等	恒力集团、盛虹集团、中化工程、中国航空油料集团、环球油品、东明石化、旭阳控股、海科控股、东恒石油、汇丰石化、垦利石化、洲际油气、中景石化等
化学品生产（中游）	中创化工、希杰（湖南）尤特尔生物科技、海利高新、建滔（衡阳）实业、湘衡盐化、建衡实业、恒光化工、凯米尔生物、泽丰农化、湘茂医药化工、康利医药、亚王医药、恒鑫气体、东方雨虹、湘江涂料等	北京颖泰嘉和、多氟多新材料、扬农化工、国药集团、兄弟科技、三棵树涂料、重庆化医、华泰集团、兴柏农业、一帆生物科技等
化工新材料（下游及延伸）	聚仁化工、东映长联、凯特美气、凯门新材料、中顺新材料、利华通环保科技等	明冠新材料、晶瑞电子材料、Grace、万华化学、佛塑科技、中国天辰、三房巷集团、金岭集团、星辉环保材料、华特气体等

B.3
湖南省推动绿色矿业高质量发展研究报告*

刘 晓**

摘　要： 湖南省绿色矿业作为"4×4"现代化产业体系中布局的三个万亿产业之一，其绿色发展与转型升级不仅对湖南省打造万亿绿色矿业至关重要，更是破解矿产资源开发与环境保护之间矛盾的关键。湖南省矿产资源丰富，矿业作为传统优势产业为国家建设和地方经济发展作出了重要贡献。经过多年的技术积累，湖南省矿业在全国乃至全球范围内展现了较强的竞争力。然而，湖南省绿色矿业发展中仍存在上游矿山建设的绿色转型与生态修复问题、中下游产业链建设的技术创新与突破问题，以及多部门之间的协调联动机制尚不健全等问题。为此，本报告提出发展建议：一是强化源头管理与治理，推动绿色矿业的可持续发展；二是聚焦全产业链建设，促进绿色矿业产业链的高质量发展；三是提升生产效率，发展绿色矿业新质生产力；四是培育领军企业，增强矿业领域的核心竞争力。

关键词： 绿色矿业　产业转型　全产业链　高质量发展　湖南省

党的二十届三中全会通过的《中共中央关于进一步全面深化改革、推进中国式现代化的决定》明确指出，要完善生态文明基础体制，健全生态环境治理体系，健全绿色低碳发展机制，加快经济社会发展全面绿色转型。在此背景下，推动绿色矿业发展不仅是响应国家政策号召的重要举措，更是湖南省万亿级产业崛起的关键所在。矿业作为湖南省重要的基础原材料产业，在长期支撑和服务全省乃至全国经济社会发展以及国防工业建设中发挥了重要作用。随着现代高新技

---

* 本报告部分数据资料得到了湖南省自然资源厅、湖南省科技厅的支持与帮助，在此致以诚挚感谢。

** 刘晓，博士，湖南省社会科学院（湖南省人民政府发展研究中心）区域经济与绿色发展研究所副研究员，主要研究方向为区域经济与绿色发展。

术产业的迅猛发展，矿业向产业链上下游延伸，已成为支撑高端装备制造、信息技术、新能源、新材料等战略性新兴产业发展的重要原材料和科技先导产业，其转型升级和绿色发展在推进湖南省经济社会发展中的战略地位日益突出。绿色矿业是湖南省"4×4"现代化产业体系布局中的三个万亿产业之一，不仅是传统矿业转型升级的方向，还有助于提升湖南省现代产业体系的竞争力，对于培育发展新质生产力、打造"三个高地"、建设美丽湖南具有重大意义。

一 万亿产业在崛起，绿色矿业基础更加扎实

近年来，随着一系列政策措施的实施，湖南省绿色矿业取得了一定的成就，为万亿级产业的崛起奠定了坚实的基础，矿业的转型升级也在稳步推进，为经济的发展提供了强大的动力。

（一）矿产资源绿色发展成为产业发展强有力的后盾

1. 丰富的矿产资源为产业链延伸提供强大支撑

湖南省矿产资源丰富，截至2023年底，共发现各类矿产124种（计亚种157种），其中已探明储量的矿产93种（计亚种124种）。在探明储量的矿产中，锰、钒、钨、锡、锑、铋、铌、铍、锆、铼、轻稀土、普通萤石、重晶石、玻璃用脉石英等矿产保有资源储量居全国前3位，锂、铟、钽等矿产资源储量居全国前5位。矿山现状勘查深度500米以浅探获的各类矿产资源潜在经济价值10万亿元以上，其中金、钨、锡、铅、锌等22种矿产在2000米以浅预测资源是已查明资源储量的3~10倍以上。全省已开发利用矿产80种（含未探明储量的矿种及亚矿种），矿山企业1025家，矿山从业人员76908人，自产矿石量20652.2万吨，矿山企业工业总产值360.81亿元，矿产资源的储备及开发力度不断加强，为矿业产业链发展提供强大支撑。

2. 绿色矿山建设促使矿业向规模化、规范化和高效化方向发展

一是绿色矿山建设成效显著。湖南省积极推进绿色矿山建设，发布了《湖南省绿色矿山管理办法》，制定了《湖南省绿色矿山建设三年行动方案（2020—2022年）》，并提出完善绿色矿山标准体系，确保新建矿山从规划、

设计、建设到运营均符合绿色矿山的标准。截至2022年底，拥有国家级绿色矿山60座，省级绿色矿山319座，全省大、中型生产矿山基本建成绿色矿山，绿色矿山占生产矿山的96%，绿色矿山建成数位居中部第一、全国第二。二是矿业资源整合与结构持续优化。湖南省为推动矿业绿色转型和发展，实施了"关、停、并、转"等一系列措施，通过优化矿产资源开发利用结构，减少对环境的影响，提高资源利用效率，促进矿业的可持续发展。截至2024年7月底，湖南省共有矿山共计1838座，其中大型544座、中型241座、小型1053座，中大型占比42.7%，相对2020年矿山总数减少了44.9%，小型矿山减少了57.6%，而大型矿山占比提高了17.1个百分点（见表1）。三是矿山生态修复尾矿治理上有典范。省自然资源厅积极践行"绿水青山就是金山银山"理念，编制并实施了《湖南省历史遗留矿山生态修复实施方案（2022—2025年）》，明确了全省矿山生态修复的目标、任务和重点工程，并开展了大规模生态修复行动。截至2023年12月，全省完成177座污染防治攻坚战历史遗留矿山和有责任主体废弃矿山生态修复任务，修复历史遗留矿山面积4140.04公顷、有责任主体废弃矿山面积2463.85公顷。

表1 2020~2024年湖南省矿山规模类型变化

单位：座

年份	矿山	大型矿	中型矿	小型矿
2020	3335	418	430	2487
2021	2412	477	242	1693
2022	2176	477	251	1448
2023	1913	503	244	1166
2024（7月）	1838	544	241	1053

资料来源：湖南省自然资源厅。

3. 战略性矿产找矿突破行动促进产业链向高新技术产业延伸

近年来，湖南省相继印发了《湖南省战略性矿产找矿突破行动实施方案》《湖南省新一轮找矿突破战略行动装备更新工程实施方案》等一系列文件，主攻金、锑、锂、钨、锡、铌、钽、钒等8个战略矿种，推动战略性找矿重点突破，持续加大对高新技术产业至关重要的战略性矿产资源勘查投入，并积极引导社会资本参与矿产勘查，2021~2023年，省地质矿产勘查总投入8.82亿元，战略性矿产勘查投入3.60亿元，其中财政投入1.07亿元，社会投资2.53亿元，开展战略性矿产勘查项目115个。2023年，成立由省财政厅、地质院、有色产业投资集团等多家单位共同组建的省级地勘基金，成功推进桂阳县辉山坪高岭土矿等4个涉锂矿权的出让。

（二）绿色矿业细分领域强链补链延链有支撑

1. 有色金属产业绿色转型与技术创新齐头并进

湖南省有色金属产业在开发与利用方面已有良好的产业基础，形成了以有色金属为主导产业的省级以上产业园16个，聚集了湖南有色集团、中化、中金、五矿集团、中国稀土、株冶、株硬、华菱、岳化集团等一批大型采选冶和深加工企业。截至2023年底，湖南省有色金属全行业实现营业收入2583.97亿元，同比增长3.7%；有色金属行业规模工业增加值增速为24.4%，高于全省规模工业增加值增速19.3个百分点。同时有色金属产业作为传统产业在转型升级和产品突破方面取得了显著进步，如郴州永兴县凭借出色的清洁生产技术和废料循环利用模式，每年产出白银4000多吨、黄金10多吨，获批国家中小企业特色产业集群，开创稀贵金属循环经济发展的"永兴样板"。株洲硬质合金集团的盾构刀具产品成功应用于大国重器"聚力1号"盾构机，球齿产品成功应用于我国深地科学探索"深地一号"项目；湖南中创空天研发生产的铝合金高品质锻件被用于"引力一号"运载火箭，有力助推制造业强国建设。

2. "钢"需结构分化与集群优势凸显

2022年，全省钢铁行业营收稳定在2100亿元，约占全国钢铁行业营收的2.5%，粗钢产量居全国第15位。2023年，全省生产生铁2180.78万吨、粗钢2415.55万吨、钢材2890.83万吨、同比下降4.2%，铁合金131.79万吨、同比增长18.1%。湖南省在湘潭建成全球最大单体宽厚板生产基地、在衡阳建成全球最大单体无缝钢管生产基地、在娄底建成亚洲最大单体中薄规格高端热处理板材加工基地，形成优势互补、差异发展的潭衡娄先进钢铁材料集群。2023年，潭衡娄先进钢铁材料集群实现营收2927.57亿元，规模以上企业达291家，形成了"粗钢—高强钢/耐磨钢—工程机械零部件、汽车板""粗钢—硅

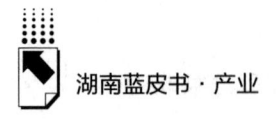

钢基板—高牌号硅钢—新能源汽车硅钢""特高压交流变压器用硅钢"产业链，综合实力稳居行业第一方阵。

3. 绿色建造蓬勃发展

湖南省是全国首个也是目前唯一一个被住房和城乡建设部确定为绿色建造试点的省份，拥有首批绿色建造试点城市 2 个（长沙、株洲）、首批国家智能建造试点城市 1 个（长沙）以及首批国家装配式建筑示范城市 2 个（长沙、吉首）。其中，装配式建筑已形成涵盖设计、生产、施工、运维等各环节的技术体系，企业数量多门类齐、产能足，产业发展居中部第一位。绿色构配件年生产能力达到 3500 万平方米，居全国第四位，拥有国家级装配式建筑产业基地 20 家、省级 55 家；陶瓷产业，在株洲醴陵已形成集原料、装备、制造、物流于一体的完整产业链，以高压电瓷、日用瓷为主，电子陶瓷、新型环保陶瓷、高温耐磨陶瓷、工艺瓷等产品为辅的发展格局。在娄底形成以电子陶瓷为主、耐磨耐热陶瓷为辅的产业特色，建有国家电子瓷产品质量监督检验中心（娄底）等多个国家及省部级创新研究、检测与标准化平台。绿色建造的发展离不开建材行业提供的坚实的物质基础和技术支持，2023 年，湖南建材行业规模以上企业实现营业收入 2772.25 亿元，占全国建材工业总量的 5.0%；实现利润总额 129.01 亿元，增速高于全国 21 个百分点；全省建材行业规模工业增加值增速为 0.7%，比全国规模以上建材工业增加值增速高 0.2 个百分点。

（三）产业转型创新取得显著成就

1. 矿业勘探技术有突破

湖南省矿业技术创新取得显著成就，省内高校和科研机构在矿山和成矿区带深边部资源勘探技术、海洋矿产资源探采装备与安全技术等方面实现了多项关键技术的突破。中国五矿长沙矿冶研究院成功研发全球首台 6000 米级智能电驱动深海采矿重载车辆平台，由国家能源集团朔黄铁路公司与中国中车株洲电力机车有限公司联合研制，并在湖南株洲正式下线的全国首台新型智能重载电力机车等"首"字号、"最"字号科研成果相继问世，为中国深海矿产资源的勘探、采集和输送提供了强有力的技术支持，为湖南省在深海矿产资源开发领域赢得了先机。

2. 创新技术与创新平台持续壮大

2023年,全省有色金属行业共有50项成果获得"中国有色金属工业科学技术奖",湖南柿竹园有色金属有限责任公司不断加强科研技改,"柿竹园法"是唯一以企业命名的科技成果,先后4次获国家科技进步奖二等奖,成为全国多金属矿综合利用典型。潭衡娄先进钢铁材料集群拥有国家级创新平台8个,国家级专精特新"小巨人"企业24家,14项科研成果获国家科技进步奖,主导或参与制定国家标准122个。湖南钢铁集团的"高强度工程机械用钢稀土夹杂物调控及应用关键技术"等19项核心技术达到国际领先水平。获年度冶金科技进步奖8项,其中,湘钢"第三代超大输量低温高压管线用钢关键技术开发及产业化"项目获特等奖。

3. 产业链整合与大型集团化发展成为趋势

在全球关键矿产资源的争夺日益激烈以及经济形势复杂多变的背景下,通过资源整合与规模效应,可以显著提升整个产业链的运营效率和市场竞争力(见图1)。湖南黄金集团通过并购湖南省内的多家矿山企业,整合资源,形成了从勘探、开采到加工、销售以及相关的技术研究和服务的完整产业链。湖南省矿产资源集团是2024年8月经湖南省委、省政府批准,以原湖南有色产业投资集团有限责任公司为主体组建成立,共拥有全资、控股子公司57家(含两家上市公司:湖南黄金、湖南白银),旨在整合湖南的矿产资源产业链,并通过多项技术攻关项目,推动矿产资源开发的技术创新。湖南省钢铁集团由省内湘钢、涟钢、衡钢三大钢铁企业联合组建而成,以"一业为主,集群发展"为中长期战略,通过优化产业结构,强化核心竞争力,实现了显著的经济效益。2023年,湖南钢铁集团营收为333.448亿美元,全年营收同比增长7.2%,连续三年入选《财富》世界500强榜单。钢铁集团持续以技术创新推动品种结构调整,推进产业价值链向中高端迈进,2023年,重点高效产品销量占比达63%,同比提高3个百分点,80个钢种替代进口①。

---

① 《湖南钢铁集团连续三年入围世界500强》,湖南省人民政府网,http://www.hunan.gov.cn/hnszf/hnyw/sy/hnyw1/202408/t20240806_33421926.html,2024年8月6日。

图 1　绿色矿业产业重点企业示意

资料来源：湖南省商务厅《湖南省"4×4"现代化产业体系招商信息册》，2024年5月。

二　绿色矿业转型升级面临的主要问题

（一）矿山绿色转型与生态修复面临多重挑战

1. 矿山企业面临设备老化、管理粗放与人才匮乏

矿山企业在转型过程中，面临着设备陈旧与更新成本高、管理方式粗放以及专业人才短缺等多重难题。一方面，矿山开采所需的大型设备不仅初始投资巨大，而且随着技术的快速进步，设备的更新换代需要巨额资金，这使得许多矿山企业尤其是小型矿山缺乏对新技术的投资和对老旧设备的更新；另一方面，矿山企业在开采技术方面受到限制，加之管理方式相对粗放，导致部分矿产资源的开采率较低，并缺乏精细化管理手段和技术支持，导致资源的不合理分配和生产效率低下，如全省萤石资源丰富，但受开采技术等因素制约，开采程度均较低，尤其是伴生矿床，开采率不到12%，资源优势转化为产业优势、经济优势的动能不强。此外，矿山企业在引入新技术和优化管理方面遭遇人才瓶颈，特别是在智能化、自动化技术的应用以及现代化管理方面，专业人才的匮乏严重制约了企业的进一步发展。这些问题相互交织，成为矿山企业迈向高效、安全和可持续发展的主要障碍。

2. 绿色矿山建设成本较高

矿山企业的绿色转型需要大量的绿色技术研发和生产设施投入，需要巨量的资金作为支撑，受当前经济下行和发展绿色矿山双重压力，矿山企业在转型过程中存在收益不确定、不稳定以及绿色转型产生的额外成本问题，极有可能损害矿山企业的正常运转甚至危害矿山企业生存。条件好、实力强的大中型矿山，在政府和部门的强力推动下，矿业开发利用工艺装备和技术水平不断进步，矿产资源节约集约利用程度不断提高，绿色矿山建设较为顺利；而小型矿山企业，规模小、融资难度大、技术创新门槛高、管理人才短缺等问题成为主要障碍。同时，剩余的应建未建的生产矿山，普遍存在证照不齐（主要是证照办理延续不能无缝衔接）、先天条件不足、历史遗留问题较多、用地用林手续无法办理等，这些均成为深化矿业绿色发展应重点解决的问题。

3. 矿山生态修复环保监督问题压力较大

当前修复的矿山只是湖南省众多废弃矿山中的一小部分，全省仍有大量历史遗留废弃矿山亟待修复，需要政府相关政策支持与监督。《湖南省人民政府办公厅关于全面推动矿业绿色发展的若干意见》等，明确提出将绿色矿山建设纳入湖南省各级政府真抓实干激励考核，各级环保督察也将绿色矿山建设作为督察重点，加大政府对矿业企业的监管力度，确保企业严格遵守环保法规和标准，减少违规行为，但也导致市州、县市区自然资源主管部门和矿山企业面临庞大的考核和督察压力。如中央环保督察组对湖南省的生态环境保护工作进行定期督察，重点关注矿山生态修复等历史遗留问题，其进驻和反馈意见对湖南省的矿山生态修复工作形成了强有力的监督压力；为应对中央、省市各级的考核或督察，个别地区存在不顾实际、突击建设等情况；此外，部分矿山企业对绿色矿山建设的重要性认识不足，存在"只开不保"，影响了绿色矿山建设的推进，建设质量也难以保证。

（二）产业链产品创新与突破面临压力

1. 产品产量减少，产业下行压力较大

湖南省是有色金属大省，绿色矿业中的有色金属全行业主要产品产量呈下滑趋势。2023年，10种有色金属产量212.56万吨，同比下降7.4%。其中，铅产量99.16万吨，同比下降11.8%；锌产量75.72万吨，同比下降6.5%。在稀有金属方面，除黄金产量同比略有增长外（同比增长0.7%），白银产量同比下降10.8%。加工产品下降幅度较大，铜材产量40.31万吨，同比下降12.3%；铜合金产量3.60万吨，同比下降50.9%；铝合金产量73.62万吨，同比下降7.0%；锌合金产量35.43万吨，同比下降1.6%。钢铁产业在营收和原材料方面面临"双重"压力，钢铁原材料的铁矿石对外依存度依然较大，如娄底钢铁的铁矿石资源对外依存度超过80%；受政府投资收紧、房地产行业不景气等因素影响，2023年全省粗钢、钢材、钢结构均有所下降，分别同比下降7.5%、4.2%、6.6%，与此同时有部分海洋、交通行业和机械行业高端钢铁产品不能满足需求，成为下游行业"卡脖子"的产品。

2. 缺乏关键核心技术，产品附加值较低

一是大企业顶天立地不够。缺乏主营收入超1000亿元和主板上市企业，专精特新"小巨人"企业不多。如在娄底国家级专精特新企业仅三泰新材一家，缺乏创业板上市企业，除涟钢、VAMA、冷钢、利钢等，其他每户规模以上工业企业年主营收入平均3亿元。二是深加工产业链不长不深不精，附加值较低。全省矿业产业链中，采矿和选矿环节占比高达70%以上，而精深加工环节占比不足30%，表明湖南矿业在产业链上主要集中在上游原材料生产，而下游的深加工环节发展滞后，如有色金属在高端合金材料、稀土新材料等精深加工产品方面的生产能力有限，大部分产品仍以初级冶炼品或半成品形式输出，附加值较低。钢材在信息化、智能化方面的一些关键设备、关键元器件、关键软件等方面仍依赖进口，几乎所有高端的检测分析设备仍然依赖进口。绿色建造的装配式建筑方面，重大项目以政府工程为主，在技术创新方面的问题需要政府部门给予支持，自主创新动能不够。先进陶瓷方面，生产的产品主要是以低价值元件供应二级或三级部品部件供应商，以中低端电子陶瓷为主，技术门槛不高，同质化竞争造成市场占有率虽高但行业整体利润偏低。如娄底市先进陶瓷产业链两头在外，原材料主要依靠外购，产品主要集中在陶瓷元件，部件制造、产品应用企业不足。三是要素支撑能力不强。湖南省用电、物流成本偏高，而有色金属、钢材等均属于高耗能行业，自2019年湖南省对转供电终端一般工商业用电实行最高限价0.9011元/千瓦时，用电成本明显高于周边兄弟省份。同时，湖南面临大宗物流支撑不足，如娄底钢铁所需原材料多依赖于进口，面临2500万吨以上铁矿石等原材料输入、1000万吨级钢铁产品输出的大宗物流需求，而陆路运输导致其吨钢成本较其他钢厂高出近200元，显著降低了市场竞争力。

（三）部门间联动协调的制度和机制尚不完善

全省矿业产业逐步形成了以优势矿产为主导、多矿种并举的产业结构，绿色矿业产业链得以延伸和升级，但部门联动协调不够导致深化改革遭遇攻坚挑战，动力与执行力显现疲态。

1. 在绿色矿山建设方面缺少管理协调机制

目前，我国已初步建立起国家、省、市、县"四级联动、企业主建、第三方评估、社会监督"的绿色矿山建设工作机制，绿色矿山评价指标涉及矿区环境、资源开发方式、资源综合利用、节能减排、科技创新与智能矿山、企业管理与企业形象6项一级指标以及24项二级指标、100项三级指标，建设过程中涉及自然资源（林业）、生态环境、应急管理、交通和水利等多个部门，实际上具体工作主要由自然资源部门单独推进，各部门之间要求不同、管理重点不同且缺少协作机制，使得部门间信息共享不畅，难以形成工作合力，从而形成"建设过程中其他部门参与不多，建成后其他部门却重点关注，用放大镜看待绿色矿山存在的问题"的情形，导致自然资源部门难以统筹协调解决矿山企业绿色矿山建设过程中和建成后所遇到的难题。如道路硬化涉及自然资源建设用地督查，全封闭料仓建设以及污水排放、扬尘、噪声等涉及生态环境检查，矿山安全生产涉及应急管理检查，排水系统涉及水利标准规范等不同的部门，评价标准的不统一导致单项评价可以通过而综合评价易出现问题，制约了矿山绿色建设和治理进程。同时部门职责划分不明确或协调不力，导致出现监管盲区，非法采矿、乱采滥挖等违法行为依然存在。

2. 绿色矿业涉及链条较多，部门协调需加强

绿色矿业是"4×4"现代化产业体系中需要改造提升的传统产业，与狭义的绿色矿业不同，湖南省现代化产业体系中绿色矿业共包含有色金属、精品钢材、绿色建造和实施战略性找矿突破行动四个部分，精品钢材包括硅钢、薄板、宽厚板，绿色建造则包含装配式建筑陶瓷、玻璃、水泥石材等。其中有色金属是湖南省传统产业，产业链条情况相对比较清晰完整，主要与自然资源厅、工信厅联系较为紧密，而精品钢材和绿色建造则较为复杂，在2024年2月印发的《重点产业倍增计划推进机制方案》中，共有11个现代化产业体系新增长点工作专班，绿色矿业中的先进钢铁材料和装配式建筑均属于11条重

点产业链中的2条，且分别作为传统产业领域和新兴产业领域的重点产业链来推进，牵头部门分别为工信厅和住建厅，而绿色矿业中的其他内容如陶瓷、玻璃等没有包含在内。由此可见，绿色矿业在湖南现代化产业体系中的内容较为庞大，涉及多条产业链，且不同产业链涉及的牵头厅局也有所不同，从而导致湖南省"4×4"现代产业体系中的绿色矿业的总体情况并不全面，总体营收不清晰，不同部门对绿色矿业的了解也只是其中一部分，绿色矿业涉及的部门之间应加强协调联系，尤其是自然资源厅和工信厅应该建立起良好的协调、协同机制，推进绿色矿业全面统筹发展。

三 深化产业链系统性改革，构建全球竞争力战略布局

根据2023年《湖南省人民政府办公厅关于切实提高矿产资源保障能力深入推进矿业绿色高质量发展的若干意见》，到2035年，湖南努力打造10个具有竞争力的千亿矿业产业集群，形成矿业绿色高质量发展新格局。在该目标下，全省需要加强矿产资源勘查和有效供给，推动矿业绿色发展、集群发展、安全发展、竞合发展。

（一）强化源头管理与治理，推动绿色矿业可持续发展

1. 优化资源开发，推动绿色矿山建设

优化矿产资源开发布局，鼓励国家战略性矿产、湖南省优势矿产及项目建设、民生发展所需矿产的开发利用。禁止开采可耕地砖瓦用黏土矿，限制高硫高灰煤和钒、石膏、硫铁矿开采，全面退出对环境影响大的汞矿和单一利用石煤开采。鼓励和支持矿山企业采用先进的开采技术、清洁生产技术和废弃物处理技术，推广智能矿山建设，利用大数据、云计算、物联网等信息技术手段提升管理效率。同时，实施矿区生态环境综合治理，推广生态修复技术，实现开采与生态保护的协调发展。设立专项资金支持绿色矿山建设，探索绿色金融产品和服务，吸引社会资本参与生态环境治理。

2. 强化矿山企业环境监管体系，助力可持续发展

加强矿山企业环境监管，加大日常监管和执法力度，通过多方措施共同构

建全面、科学的环境监管体系，确保矿山企业在开采和生产过程中有效减少对环境的影响，实现生态保护与经济发展双赢。建立湖南省矿山环境监管机构，配备专业的环境监测和执法人员，负责对矿山企业的环境行为进行检查和督导。引入智能化监测系统，通过大数据和遥感技术实时监测矿区的环境变化，及时发现和处理环境污染问题。同时加强公众参与及信息公开，建立矿山环境信息公开平台，增加环境监管的透明度和加大社会监督力度。

3. 积极稳妥推进矿业权出让改革，提升资源管理水平

推进矿业权出让改革，确保矿业权出让的公平、公正和透明，提高矿业开发的资源利用效率，促进矿山企业的环境责任落实，推动矿业的可持续发展。优化矿业权出让流程，提高透明度和效率。强化自然资源、环保、安全监管等部门之间的协作机制，实现信息共享和协同审批，通过简化审批程序、优化申请材料要求，建立矿业权出让信息公开平台等，实时发布出让公告、申请情况和审批结果。同时加强对出让过程的监督，确保各项程序公平、公正地执行，防止不当操作和腐败行为。

（二）聚焦全产业链，促进绿色矿业产业链高质量发展

1. 产业链上游加强矿产资源勘查

重点勘查开发湘东北、湘西北、湘中、湘南、雪峰弧形带等五个成矿区带的矿产资源。在湘东北成矿区重点勘查开发金、铅、锌、稀有金属、普通萤石、高岭土、长石、饰面用花岗岩、矿泉水等矿产，通过科技创新和绿色开采技术，提升资源利用效率，推动相关产业链延伸；在湘西北成矿区重点勘查开发铅、锌、锰、水泥用灰岩、方解石、滑石、地热、矿泉水等资源，特别注重地热和矿泉水等环保型矿产资源的开发，同时对传统矿产资源加大绿色转型力度和高效利用；在湘中成矿区重点勘查开发锑、金、铅、锌、饰面用花岗岩、方解石（碳酸钙）、长石、海泡石等矿产，继续巩固锑矿等传统优势矿产地位的同时，积极拓展对金、铅、锌等多金属矿产的勘查与开发，促进矿业多元化发展；在湘南成矿区重点勘查开发钨、锡、铅、锌、稀土、石墨、普通萤石、高纯石英、方解石（碳酸钙）、地热等矿产，进一步巩固全国重要有色金属和稀土矿产基地地位；在雪峰弧形成矿带重点勘查开发金、锑、钨、铜、重晶石、高纯石英等矿产，同时注重生态环境保护和矿区治理工作（见表2）。

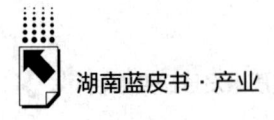

表 2 湖南矿产资源勘查开发保护布局

区域布局	重点矿种	具体规划
湘西北	铅、锌、锰、水泥用灰岩、方解石（碳酸钙）、滑石、地热、矿泉水	落实湘西地区开发各项优惠政策，支持区内矿产资源勘查开发同乡村振兴有效衔接，接续推进脱贫地区发展。优化常德市石门-临澧石膏矿、湘西州花垣鱼塘寨-民乐锰铅锌等矿区开发利用布局，发展特色饰面石材、方解石等产业，推动区域地热、矿泉水资源开发与旅游等特色产业相结合，支持龙头企业延长锌、锰等矿产品产业链，形成具有特色的产业集群
湘东北	金、铅、锌、稀有金属、普通萤石、高岭土、长石、饰面用花岗岩、矿泉水	充分发挥长沙市、株洲市、岳阳市经济、技术、人才优势，积极布局战略性新兴产业，加大关键核心技术创新，提高矿业现代化程度。加强区内热液型金矿、伟晶岩型锂铌钽稀有金属矿勘查，统筹株洲市醴陵官庄金矿、岳阳市平江万古-黄金洞金矿新增上表资源开发，支持株洲市铁矿资源整合，勘查开发玻璃用砂岩、高岭土、长石、饰面用花岗岩等产业发展所需资源，打造长沙市宁乡灰汤温泉、岳阳市华容南山矿泉水等特色品牌，加强区内稀土矿、钨矿资源保护
雪峰弧形带	金、锑、钨、铜、重晶石、高纯石英	支持和引导区内产业集聚发展，培育矿业发展新动能，打造矿业经济持续健康发展重要增长极。加大区内热液型金钨锑矿床勘查力度，重点开发怀化市沅陵沃溪深部金锑钨矿、洪江铲子坪金矿、新晃贡溪重晶石矿带、溆浦硅石矿（高纯石英）、益阳市安化渣滓溪深部锑钨金矿、桃江板溪锑矿等优质资源，提高资源综合利用水平，合理利用益阳市赫山区优质矿泉水，加强区内钨矿资源保护
湘中	锑、金、铅、锌、饰面用花岗岩、方解石（碳酸钙）、长石、海泡石	依托区内钢铁、铅锌、锑等采选冶产业基础，积极发展精深加工，提升产业链供应链现代化水平，形成资源深加工产业集群。加快衡阳市、娄底市保留煤矿升级改造，提高衡阳市常宁水口山铅锌多金属矿、邵阳市新邵龙山金锑矿、隆回杏枫山金矿、娄底市冷水江锑矿等有色、贵金属矿绿色勘查开发程度，积极推进区内煤炭、有色金属矿集区生态治理修复，发展先进钢铁材料、先进有色材料、先进化工材料、先进非金属和复合材料等产业

续表

区域布局	重点矿种	具体规划
湘南	钨、锡、铅、锌、稀土、石墨、普通萤石、高纯石英、方解石(碳酸钙)、地热	把握矿业转型绿色发展改革试点契机,充分发挥承接产业转移示范区平台功能和绿色矿业发展示范效应。重点勘查与花岗岩小岩株关系密切的有色金属(钨锡钼铋铅锌矿)及稀土、稀有金属矿,重点开发郴州市桂阳黄沙坪-宝山铅锌多金属矿、苏仙区柿竹园钨锡钼铋多金属矿、宜章瑶岗仙钨矿、临武香花岭锡矿、北湖鲁塘石墨矿、永州市零陵锰矿、江华姑婆山稀土矿等大中型矿床,兼顾区内丰富的宝玉石、硅石、方解石(碳酸钙)、饰面石材、地热、矿泉水资源,力争在低品位、共伴生矿产资源综合利用等方面实现新突破

资料来源：湖南省自然资源厅：《湖南省矿产资源总体规划（2021—2025年）》，2022。

2. 抓住全产业链、全价值链的核心环节

推进有色金属产业链补链、强链、延链。强化有色金属产品在"3+3+2"产业集群体系建设中的应用，大力发展铜、铝、铅、锌、锑、钨、稀土、铋、金、铍、铟等有色金属精深加工产业，壮大硬质合金材料、铜基材料、铝基材料、铅锌基材料、高纯锑材料、钛及钛合金材料、稀贵金属材料、稀土材料等细分行业，支持有色金属行业与石化化工、钢铁、建材等行业耦合发展。一是延伸铝铜钛产业链，以湖南有色控股、晟通科技、金龙科技、湘投金天科技等为龙头企业，重点瞄准高强高导新型铜合金管带丝箔、高强度高性能铝合金及钛合金等前沿方向，以望城经开区、湘江新区（长沙高新区）及雨湖高新区为基地，打造具有国际影响力的金属新材料产业集群。二是完善铅锌复合材料产业链，聚焦新型耐腐蚀铅合金、高强超塑锌合金等细分领域，依托常宁水口山经开区与桂阳高新区的产业基础与资源优势，推动铅锌复合材料产业的绿色化、高端化发展。三是做强钨钼精深加工，依托株洲硬质合金集团、株洲欧科亿数控精密刀具、郴州凯模钰力硬质合金等企业，重点发展超细晶和纳米硬质合金、高性能钨合金及高效精密加工数控刀具等产品，推进长株潭先进硬质材料产业园项目，建设集刀具工具贸易交易、会展中心、数控刀具、数控设备、精密智造、研发及生活配套于一体的全产业链产业园。加快在株洲、郴州建设

硬质合金产业集群，提升我国钨钼产业的国际竞争力。四是拓展稀贵金属加工产业链，以湖南矿产资源集团为龙头企业，积极引进稀贵金属高端工艺品、电子银浆、银催化纳米材料、载银抗菌材料等方向的优质企业，形成高端金银精深加工产业链，依托郴州高新区与永兴经开区，打造金银精深加工领域的创新高地与产业标杆。以湖南长远锂科、湖南金天钛业科技、湖南株冶集团等为龙头，推进锂、铌、钽、镉、铼、铽、镝等稀土、稀有、稀散矿产在新能源、电子信息、国防军工等领域应用。

3. 聚焦新材料、新能源等战略性新兴产业，培育新的矿业经济增长点

一是推动先进钢铁材料赋能新兴产业，围绕先进钢铁材料全产业链创新发展，侧重中游冶金加工和下游行业应用两大环节引进一批行业创新领军企业。重点招引涉及高端宽厚板、线棒材、高强度耐腐蚀造船板等特钢深加工企业，以及钢管深加工、高端精密紧固件深加工等细分领域的企业，发展高性能无取向硅钢、高磁感取向硅钢、（超）高强工程机械用钢、（超）高强汽车钢（板）、薄规格高强韧耐磨钢、薄规格工模具钢等产品，围绕重点品种延伸产业链，着力发展电动机及零部件、变压器及零部件、光伏用结构件、风电塔筒等结构件、高强紧固件。在娄底经开区、娄星产业开发区等布局高牌号硅钢、新型薄板、高端汽车板等先进材料企业，推进宏旺新材高牌号硅钢及电机配套等项目，深化与米塔尔合作，加快推进VAMA项目的建设与落地，充分发挥涟钢、VAMA、冷钢等头部企业的优势，深入推进大中小企业融通发展，培育专精特新"小巨人"企业；在湘潭高新区、衡阳高新区、冷水江经开区重点招引高端宽厚板、线棒材、高强度耐腐蚀造船板等特钢深加工，以及钢管深加工、高端精密紧固件深加工等领域企业，积极开发高端线材、高强钢和高端钢管，实施湘钢宽厚板技改及先进金属材料精深加工项目，增强园区在高端装备制造、海洋工程、航空航天等领域的配套能力，进一步巩固和扩大湖南省在全国乃至全球高端制造业版图中的影响力。二是优化绿色建造发展，依托长沙和株洲、吉首、郴州等国家和省级装配式建筑示范城市，以远大住工、湖南建投集团等企业为龙头，重点在湘阴高新区、大祥产业开发区和桃江灰山港产业开发区等园区重点布局装配式建筑产业；在醴陵经开区和新化高新区重点布局陶瓷材料产业，研发高性能火花塞陶瓷、半导体陶瓷基板、氨氧传感器、陶瓷电容电阻电感以及钢铁工业用耐磨耐高温构件等特种陶瓷

产品；在浏阳经开区和邵阳经开区重点布局玻璃材料产业，研发光伏玻璃、特种玻璃及中高端玻璃制品、玻璃纤维等产品；依托湖南邵虹、邵阳彩虹、蓝思科技、东旭、旗滨等企业，推进基板、载板、盖板、光伏、车用、微晶等高端玻璃产品项目；在郴州经开区和郴州高新区重点布局耐火材料及石墨等材料产业，关注非金属功能材料、高端碳素材料、高纯石英以及高品质人工晶体等特种非金属材料研发。

（三）提升生产效率，发展绿色矿业新质生产力

通过多渠道筹集财政资金、加强关键技术研发、积极推进国家级和省级科技创新平台的建设，以及促进产学研合作和科技成果转化，致力于推动矿业新质生产力的发展，推动全省矿业技术创新和产业升级，提高矿业生产效率和行业竞争力（见表3）。

1. 强化要素保障，推动绿色矿业高质量发展

一是加大财政资金支持。在全省持续安排地质矿产、矿业深加工类科研项目经费，加大对科技创新的投入。从中央财政拨款、地方财政支持、企业投入、社会捐赠以及国际合作等多个渠道入手，以形成多元化的经费支持体系，确保经费的稳定性和可持续性。优先支持重点地质矿产勘查、矿产资源综合利用、地质灾害防治、金属深加工等关键领域的研究，以及具有重大创新潜力和应用前景的科研项目。聚焦绿色矿业新增长点，按照"政府+企业+金融机构"模式，定制绿色矿业金融服务方案。支持供应链金融平台与产业数字化平台融合，促进绿色矿业生产服务能力提升，推动稳链强链。鼓励金融机构加大对矿业企业的信贷支持，特别是对具有成长潜力的中小矿业企业给予大力支持，积极发展矿业产业基金，为企业提供股权融资。二是做好顶层设计，降低要素成本。面对用电用能成本过高的问题，在积极做好城乡发展规划、天然气和燃气发展等专项规划的前提下，对矿业企业用电用能大户在天然气资源供给的路径方面加强统筹协调，推动上游供气企业、城燃企业在平等合作、互利共赢基础上开展天然气直供合作；鼓励企业建设分布式光伏，采取"自发自用、余电上网"方式降低用能成本，降低制度性交易成本、融资成本和工业用电、用气等要素成本。进一步加快"水陆空铁"多式联运基础设施建设，推进运河建设，提升航运等级，降低物流成本。三是加强绿色矿业人才建设。建立矿业

表3 湖南省绿色矿业产业图谱

类型	产业链一 有色金属	产业链二 精品钢材	产业链三 绿色建造
上游（矿产资源包括但不限于勘探、开采、运营、闭坑）	铝铜钛；铅锌矿；钨钼矿；稀贵金属等有色金属矿	铁矿石、废钢、燃料、合金；铜、铝、钛等	建筑原材料（白云岩、砂土等）；石棉；建筑勘探；建筑陶瓷、玻璃、水泥、铝材等
中游（冶炼加工包括但不限于熔融、提纯、铸造）	有色金属化合物，有色合金，有色金属材料等	智能冶金、低碳冶金、清洁钢铁冶金共性工艺与装备；电动机、变压器、输配电设备等	建筑设计、新型墙材、特种水泥、节能门窗；电子陶瓷、特种陶瓷；光伏玻璃、特种玻璃、玻璃纤维、非金属材料、高品质人工晶体等
下游（应用）	化工、新材料、机械制造、电子制造、装备制造、电力、医药、航空航天、新能源、汽车行业、轻工、珠宝等	机械制造、交通运输、航空航天、新能源、工程建筑、五金机电、海洋工程等	房地产、基础设施建设、工业厂房；电子元件、半导体、生物陶瓷、刀具等
关键技术及重点产品方向	关键技术：复杂铜铅锌高效选矿分离技术及工业应用、热处理熔炼和环保技术等方面有一定优势；产品方向：重点围绕高端硬质合金、航空航天用铝合金、储能钛合金等领域制造技术进行研发攻关	关键技术：短流程炼钢技术、连铸连轧一体化技术、高效轧控冷技术、高强钢轻量化技术、汽车钢热成型等多种加工技术；产品方向：冷轧硅钢、高牌号硅钢及电机配套等硅钢产品、汽车板、家电等领域新型薄板、海工装备、船舶用钢等领域高端钢板、高端线材、高强钢板、高端钢管、高端精密紧固件	关键技术：标准化设计、BIM技术、模块化技术、信息集成、合成与改性技术、成型技术、烧结技术、功能化技术、浮法生产工艺深加工技术；产品方向：高性能系统化门窗、集成化机电设备等预制部件、高性能火花塞陶瓷、半导体陶瓷基板、钢铁工业用耐磨耐高温部件、特种陶瓷、光伏玻璃中高端玻璃制品、玻璃纤维、特种水泥、非金属功能材料、高纯石英、高品质人工晶体等耐火材料

续表

类型	产业链一	产业链二	产业链三
产业	有色金属	精品钢材	绿色建造
创新平台	中国铝业联合实验室、全国有色金属科技产业技术创新战略联盟、湖南省有色金属新材料及智能化创新联合体、湖南有色金属电子交易平台等多个平台	国家清洁冶金国际联合研究中心;焊接工艺技术湖南省企业重点实验室;湖南省绿色高性能硅钢工程技术研究中心;湖南省高强结构及工程机械用钢工程技术研究中心等多个平台	湖南省建筑维护结构节能技术产学研结合创新平台、湖南省绿色建造专家委员会等多个平台
重点支撑企业	五矿有色、水口山有色、株洲硬质合金、晟通科技集团、金龙铜业、金龙科技、龙智科技、晟通新材料等企业	湖南钢铁集团、博长控股、黄金集团、辰洲矿业等企业	远大住工、东方红集团、美程陶瓷、潍柴火炬、金博碳素等企业

产业链人才需求目录，加快引进和培育一批高水平专业技术人才、领军人才、带头人等；加快推进校—企高层次人才共享机制；以项目为载体，实行企业投入+政府配套模式构建高水平科研团队。根据有色金属、精品钢材、绿色建造产业链的特点，发挥中南大学、湖南大学和众多科研单位的优势，全面推动政—校—企组建研究中心，定向培养产业需要的高级应用型人才。积极促进省内高校、科研院所和行业领军企业的合作，建立相关课程培养体系和建设面向实际领域运用的培训与实训基地，大力培育能够服务于全省绿色矿业全产业链建设的专业技术人才和行业领导者，实现产学研深度合作。

2. 完善创新体系，推动创新平台建设

通过建设矿业产品技术展示中心、产品应用体验中心、产品质量检测中心等平台，全方位宣传、展示绿色矿业全产业链的优势和特色。积极联合高校、科研单位建设国家级和省级科技创新平台，引入民间资本，构建产业链创新综合体（新型研发机构）。通过加强高校、科研院所和企业之间的产学研合作，推动科技创新与产业发展深度融合，通过联合攻关、共建研发机构等方式，促进科技成果转化和产业化应用。加大支持力度，鼓励引进先进研发及试验、检验检测设备，为产业链企业提供技术研发、检测、人才培养、知识产权等服务，促进平台可持续发展。鼓励龙头企业加大对现有创新平台的投入，引导其围绕制约产业链发展的新材料、新技术、新工艺、新装备，采取攻克关键共性技术、促进科技成果转化等措施，提升行业产品的科技含量和核心竞争力。

3. 加强关键技术研发，促进成果转化

一是加强关键技术研发。针对紧缺资源，加大地质勘查力度，通过高精度地球物理探测、地质填图、钻探等手段，摸清资源底数和分布规律，为资源安全供给提供基础数据支撑。积极推广绿色开采技术，减少对环境的影响。通过采用先进的采矿方法和设备，提高资源回收率，降低开采过程中的能耗和排放。通过机械电动化、自动化、数字化、智能化赋能，建设智慧矿山、智能工厂以及无人矿山，提高全要素生产率，培育和塑造矿业行业新质生产力发展的新动能、新优势。重点聚焦紧缺资源安全供给、优势资源绿色集约高效开发、稀有金属高端原材料自主可控等关键领域，实施"技术攻关项目"，聚焦矿业关键核心技术，组织力量开展核心技术攻关。二是促进成果转化。完善转化机制，建立健全科技成果转化机制，推动科技成果从实验室走向市场。通过设立科技成果转化基金、建立科技成果交易平台等措施，降低科技成果转化门槛和风险。建设示范项目，通过实施一批科技成果转化示范项目，带动绿色矿业产业链关键核心技术的科技创新成果的广泛应用。

（四）培育战略性头部矿业集团，增强矿业领域的核心竞争力

通过培育矿业龙头企业和组建省矿产资源集团，支持企业整合并购、加大对矿山企业技术创新支持、优化财税、金融政策、优化治理结构，提升矿业集团决策效率和创新能力，提升行业核心竞争力。

1. 培育矿业龙头企业

通过技术、财税、金融、土地等政策扶持，支持省内现有重点矿业企业整合并购，推动资源向优势企业集中，培育一批具有核心竞争力和市场影响力的矿业龙头企业。在差异化扶持政策方面，根据企业的规模、技术水平、创新能力等因素，制定差异化的扶持政策。对于大型龙头企业，重点支持其全球化布局、技术创新；对于中小企业，重点支持其技术改造、产品升级。在财税政策方面，进一步完善矿产资源税制度，鼓励企业通过技术改造、提高资源回收率等方式降低成本。对资源综合利用、绿色矿业等方面给予税收优惠。

2. 完善矿业集团的治理结构

提升对战略性、优势矿产资源的控制和储备能力，进一步完善矿产资源集团的治理结构，在此基础上推动"链主+链条"矿业产业发展，建立全省矿产资源全生命周期产业生态，重点培育钨、锑、铅、锌等有色金属，金、银等贵金属，铁、锰、钒等黑色金属，锂、稀土等"三稀"矿产，煤、煤层气等能源矿产，萤石、重晶石、玻璃用石英等非金属矿产，地热、矿泉水等水汽矿产"链主"企业，延伸产业"链条"，打造 10 个千亿矿业产业集群[①]。明确省矿产资源集团产权关系，厘清政府与企业的权责边界，明确集团的产权主体，避免政府干预过多，保障企业的市场主体地位。

---

① 《湖南省人民政府办公厅关于切实提高矿产资源保障能力深入推进矿业绿色高质量发展的若干意见》，2023。

B.4 湖南食品加工产业高质量发展调研与思考[*]

陶庆先[**]

摘　要： 食品加工产业链，首端链接种养基地、广大农户以及原材料、包装设计等行业，尾端链接现代物流等生产性服务业和零售、电子商务等生活性服务业。湖南食品加工产业总量规模稳中有增，但面临重视程度、整合力度、优化高度与创新效度不够的难题，因此要以高质量发展为导向，依托新技术、新业态、新模式，加速推进食品加工产业转型升级、快步发展。

关键词： 食品加工产业　现代化　高质量发展　湖南

食品加工是湖南省"4×4"现代化产业体系中的传统产业，是湖南的特色优势产业，是实现乡村振兴发展、满足民生需求的重点行业。调研发现，湖南省食品加工产业链主要包括农副食品加工业，食品制造业，酒、饮料和精制茶制造业。近年来，食品加工产业行业规模总体稳定，茶油、休闲食品等细分行业在全国处于领先地位。但总体评价，行业发展仍然面临资源转化不够等问题。建议加强组织领导，注重潜力产业培育，全面拥抱新质生产力，主动适应消费新需求，优化发展新生态，推进食品加工产业在高质量发展上快步前进。

一　食品加工产业不断迈上新台阶

2020年以来，湖南省农副食品加工业，食品制造业，酒、饮料和精制茶制

---

[*] 本研究得到湖南省工信厅、农业农村厅、湖南省食品联合会等单位的支持，文中引用了大量素材，特此说明并致谢。

[**] 陶庆先，湖南省社会科学院（湖南省政府发展研究中心）产业经济研究所研究人员，主要研究方向为产业经济学。

造业行业规模以上企业营业收入基本稳定在5000亿元以上，2023年为5964.1亿元，形成了以金健米业、唐人神、盐津铺子、道道全等为代表的优势品牌（见表1）。数据显示，湖南食品加工产业规模以上企业营业收入位居全国第6。细分行业中，茶油产量连续多年位居全国第1，休闲零食相关企业数量全国排名第2，茶叶全产业链产值位居全国第4，规模以上工业企业饮料产量全国第5。

表1　食品工业行业规模以上企业营业收入

单位：亿元

年份	农副食品加工业	食品制造业	酒、饮料和精制茶制造业	合计
2020	3276.66	1321.96	768.57	5367.19
2021	3531.63	1528.28	783.02	5842.93
2022	3176.06	1125.82	661.99	4963.87
2023	—	—	—	5964.1

资料来源：2021~2023年《湖南统计年鉴》，2023年数据为调研数据。

（一）优的更优：行业向优势产区积聚，在优势领域积累的态势明显

1. 优势产区积聚发展态势更加明显

湖南农产品加工行业向优势主产区和大中城市郊区集聚态势不断强化。2023年，长沙、常德、岳阳三市农产品加工业产值占全省的比重达到39.4%；农产品加工业产值过100亿元的县市区达到78个，过400亿元的县市有8个。湘西州、邵阳、常德是白酒产业优势产区，德山酒业、雁峰酒业、白沙液、锦江泉、屈原酒业、沅陵酒业、韶山冲酒业、天之衡酒业、南洲酒业等企业聚势蓄力谋划发展。

2. 部分行业比较优势凸显

油茶行业，湖南已形成衡阳、常德、怀化3条百里油茶产业带，湘中、湘南、湘东、湘西四大油茶产业集群和48个油茶综合产业园、25个油茶产业示范园。截至2023年底，湖南油茶林总面积2328万亩，茶油产量32万吨，年总产值730亿元，连续多年居全国第1。从2023年底公布的全国粮油加工企业

"50强""10强"分布来看，油茶籽油加工企业"10强"中湖南有8家企业入选，表明湖南油茶籽油行业竞争优势突出（见表2）。湖南的茶区主要分布在北纬30度左右的武陵、雪峰、南岭、南岳和洞庭湖区，2024年湖南省茶叶行业工作会议资料显示，2023年湘茶全产业链实现综合产值1062亿元，居全国第4；全省茶园面积达352万亩，年产茶叶33.8万吨。2024年3月发布的《胡润中国茶叶领域典范企业榜》中，湖南与贵州并列第6，共有白沙溪、高马二溪、君山、湘丰茶业和湘益5家企业上榜（见表3）。

表2　全国粮油加工企业"50强""10强"湖南省分布

年份	2021年度（2022年12月公布）	2022年度（2023年12月公布）
食用油加工企业"50强"	1. 道道全粮油股份有限公司；2. 湖南粮食集团有限责任公司；3. 湖南省长康实业有限责任公司	1. 道道全粮油股份有限公司；2. 湖南农业发展投资集团有限公司；3. 湖南省长康实业有限责任公司
菜籽油加工企业"10强"	1. 道道全粮油股份有限公司；2. 湖南粮食集团有限责任公司	无
棕榈油加工企业"10强"	湖南粮食集团有限责任公司	无
芝麻油加工企业"10强"	湖南省长康实业有限责任公司	湖南省长康实业有限责任公司
油茶籽油加工企业"10强"	1. 湖南金浩茶油股份有限公司；2. 湖南山润油茶科技发展有限公司；3. 湖南贵太太茶油科技股份有限公司；4. 湖南省长康实业有限责任公司；5. 湖南神农国油生态农业发展有限公司；6. 湖南省康多利油脂有限公司	1. 湖南金浩茶油股份有限公司；2. 湖南山润油茶科技发展有限公司；3. 湖南大三湘茶油股份有限公司；4. 湖南贵太太茶油科技股份有限公司；5. 湖南省长康实业有限责任公司；6. 湖南神农国油生态农业发展有限公司；7. 湖南博邦农林科技股份有限公司；8. 湖南省康多利油脂有限公司

资料来源：中国粮食行业协会秘书处。

表3　胡润中国茶叶领域典范企业榜上榜企业情况（2024年）

单位：家

省份	福建	云南	四川	湖北	浙江	贵州	湖南	安徽	北京
企业数	17	12	8	7	7	5	5	4	4

资料来源：根据榜单整理而来。

（二）特的更特：优势特色产业集群成员不断增多，特色食品爆款单品不断增多

1. 国家级特色产业集群不断增多

从2018年起，湖南开始实施"一县一特"战略，入选的特色农产品涵盖油料、果蔬、畜禽、茶叶、中药材等多个品类，体现了湖南特色农产品品牌的丰富种类、优良品质和地方特色。截至2024年上半年，湖南共获批早中熟柑橘、优质湘猪、五彩湘茶、"湘九味"中药材、早熟油菜、洞庭香米、供粤港澳蔬菜、湖南辣椒、洞庭湖小龙虾9个国家级优势特色产业集群。数据显示，2023年，湖南辣椒产业综合产值461.7亿元。

2. 特色产品特别是爆款单品不断增多

休闲食品行业，湖南辣条、卤味等休闲食品全国市场占有率高，淘宝2022全国产业带百强榜，平江辣条位居其中；2023年，平江辣条产值已达到200多亿元，占据全国辣条市场超1/3的份额，全国600多家辣条生产企业中，平江籍及关联企业占比达90%。浏阳金磨坊花花肠子系列产品销量全国第1。预制菜行业，林结巴的竹笋、彭记坊的香芋、聪厨的外婆菜等都是年销售量超亿元的单品，在全国销量中遥遥领先。毛家饭店、毛家食品推出的"毛家红烧肉"，已成为湖南的名片、湘菜的名片。在健康意识日益增强的社会背景下，"功能性+饮料"市场正在迅速成为消费者的新宠，茶颜悦色2023年实现了约5亿元的净利润（见表4）。

表4 2020~2023年湖南规模以上工业企业饮料产量

项目	2020年	2021年	2022年	2023年
产量（万吨）	778.3	948.59	963.01	785.26
增速（%）	3.27	21.9	1.52	18.5
全国排名	7	5	6	5

资料来源：国家统计局。

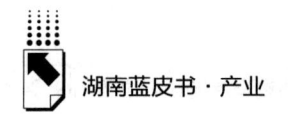

（三）强的更强：强势企业引领发展，强势品牌支撑发展

1. 规模以上企业"家族"持续壮大

截至2023年，湖南有粮食企业1458家；畜禽和蔬菜企业分别达到826、576家，水果、茶叶、中药材企业分别达到469家（其中柑橘类水果264家）、451家、422家，种业27家、电子商务6家、商贸物流46家、休闲农业148家、社会化服务17家。领军企业实力强劲。从中国粮食行业协会公布的近两批获批放心粮油示范工程示范企业情况来看，湖南入选企业数量分别占据全国份额的8.53%、6.20%，占比较高（见表5）。从2023年底公布的全国粮油加工企业"50强""10强"分布来看，大米加工企业"50强"湖南入选有4家，比上一年减少1家；杂粮加工企业"10强"、粮油机械制造企业"10强"、主食品加工企业"10强"分别有1家入选，粮食贸易"10强"则实现了由0到1的转变（见表6）。休闲食品行业，盐津铺子、劲仔食品、绝味食品等领军企业影响力持续，其中绝味食品全国门店数量最多的卤味休闲食品企业，入选2023年中国500最具价值品牌名单。2023年，平江劲仔休闲小鱼食品年销售超12亿包，线上、线下销量均为鱼零食第一。预制菜行业，《2023首届中国国际（佛山）预制菜产业大会·胡润中国预制菜生产企业百强榜》中，湖南有8家企业上榜，上榜数量排在第6位。其中湖南浏阳的聪厨、长沙的绝味食品进入10强；常德的大湖股份、佳沃食品、湘佳股份，株洲的唐人神以及长沙的许大师进入百强。

表5 近两批湖南获批放心粮油示范工程示范企业情况

批次	全国共计（家）	湖南入选企业数量（家）	占全国比重（%）	六个类别湖南分布
第十一批（2022年12月）	469	40	8.53	示范加工企业40家、示范仓储企业0、示范销售店0、示范配送中心0、示范主食厨房0、示范批发市场0
第十二批（2023年12月）	387	24	6.20	示范加工企业23家、示范仓储企业0、示范销售店1家、示范配送中心0、示范主食厨房0、示范批发市场0

资料来源：中国粮食行业协会。

表6 全国粮油加工企业"50强""10强"湖南分布

年份	2021年度（2022年12月公布）	2022年度（2023年12月公布）
大米加工企业"50强"	1.湖南粮食集团有限责任公司；2.湖南角山米业有限责任公司；3.湖南天下洞庭粮油实业有限公司；4.湖南浩天米业有限公司；5.湖南洞庭春米业有限公司	1.湖南农业发展投资集团有限公司；2.湖南角山米业有限责任公司；3.湖南浩天米业有限公司；4.湖南金之香米业有限公司
杂粮加工企业"10强"	浏阳河集团股份有限公司	浏阳河集团股份有限公司
粮油机械制造企业"10强"	湖南郴州粮油机械有限公司	湖南郴州粮油机械有限公司
主食品加工企业"10强"	湖南粮食集团有限责任公司	湖南农业发展投资集团有限公司
粮食贸易"10强"		湖南农业发展投资集团有限公司

资料来源：中国粮食行业协会。

2. 品牌发展态势已成

湘茶产业链已基本形成红茶、安化黑茶、潇湘茶、岳阳黄茶、桑植白茶五大省级区域公共品牌，形成产供销一体产业链。农产品加工产业，安化黑茶、邵阳茶油、新晃黄牛肉、芷江鸭、张家界林鲵等被批准为国家地理标志保护产品，湖南新晃、安化黑茶、保靖黄金茶、湖南桑植示范区已入选国家地理标志产品保护示范区。湘酒产业，酒鬼酒、武陵、湘窖三家酒企引领湘酒高质量发展，酒鬼酒推出"内参和他的朋友们"等IP，开展高端商务用户群体的市场培育；武陵酒频繁开展品鉴会，5年内取得了从1.96亿元到9.79亿元的增长；屈原酒、龙舟窖酒、沅陵酱酒等品牌也分别在各自基地市场开展村厨大赛、龙舟比赛等活动，提升品牌在当地的知名度和认可度。

（四）新的更新：新技术形成行业发展强大潜能，新机制链接行业发展各类主体

1. 创新研发投入多平台多

《湖南统计年鉴2023》数据显示，2022年，湖南农副食品加工业，食品制造业，酒、饮料和精制茶制造业规模以上工业企业研发费用分别为87.62亿、32.98亿、20.00亿元，占各自营业收入的比重分别为2.76%、2.93%、3.02%。截至2023年，湖南拥有一批农业院士和5个国家级、30多个省部级

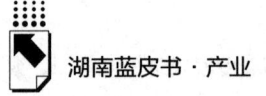

农业科技创新平台，发布了多项农产品加工技术标准。

2. 新型利益联结机制不断完善

2023年，湖南新增省级联合体293家（累计1018家）、省级示范联合体115家（累计524家）。2100多家市级以上龙头企业参与"千企兴村"，结对帮村3200多个，发展"一村一品"专业村1909个。全省农产品加工企业联结基地9850万亩，带动农户1303万户，户均年收入3.76万元，直接安置就业226万人，人均年报酬3.09万元。

二 食品加工产业链建设存在的主要问题

重视程度、整合力度、优化高度与创新效度决定着食品产业现代化水平。任何一个"度"不够都会形成"短板"效应，进而延缓湖南食品加工产业链现代化步伐。

（一）重视不够统筹不够持续不够影响产业发展生态优化

在资本、人才等要素流动加速的时代，行业发展生态的优劣直接影响着当前成效，主导着未来潜力。但湖南这种生态尚未得到全面优化。

1. 重视不够，"降规格共识"让食品产业存在感大幅走低

2009年，湖南召开了全省性食品工作座谈会后，此类高规格会议多年未开；2010年，中共湖南省委办公厅、湖南省人民政府办公厅印发《关于加快发展食品产业的意见》（湘办〔2010〕4号），2014年，湖南省人民政府办公厅印发《关于加快食品加工产业发展的若干政策措施》，此后，此类高规格政策开始"缺席"，未在全省层面形成"将食品行业作为支柱产业"的共识。从行业主管部门来看，原来有食品办、后来变成食品处、医药食品处、现在叫消费品工业处，食品的地位明显下降。

2. 统筹不够，"成本高缺配套"让食品产业发展没有氛围感

湖南原材料单品量小价高，与山东等地依托航运带来的成本优势、河南等地依托机械化作业带来的成本节约比不得。种养殖业补贴很多，但种养出来的产品怎么卖、怎么与下游加工行业形成配套，统筹重视不够。

3. 持续不够，"慢进步降排位"让食品产业发展信心不足

2000年前后，湖南在国内上市的食品板块企业达16家，仅次于有21家食品上市公司的山东，与广东并列第2。但很多企业上市即巅峰，上了市就泄气了，没有带动细分领域发展。如湖南起步早的预制菜领域，如今已经跌出前10，iiMedia Ranking（艾媒金榜）最新发布《2023年度中国各省预制菜产业发展水平排行榜》前10名有广东、山东、河南、上海、安徽、江苏、四川、福建、湖北、浙江，湖南仅排名第12。

（二）匹配不足传承不足创新不足制约上游资源优势转化

湖南有粮食、畜禽、蔬菜3个千亿产业，油料、茶叶等7个千亿优势特色产业正稳步成长，特色林业产业和林下经济稳步壮大，理应能有效托举起全省万亿级食品加工产业的"原材料端"，但这种优势尚未得到凸显。

1. 匹配不足影响产业链条打造

行业上游原料适应传统鲜食的品种多，适应加工型的品种少。如玉米、红薯、马铃薯、大豆、绿豆、荞麦、芝麻等栽种面积大的农产品，仅大豆、荞麦加工占比高，主要原因除加工企业布局外，还有成本收益方面的因素（见表7）。如马铃薯淀粉收购价低，一般只有1000元/吨；鲜销价格好，一般在1600元/吨以上。且分散的农业生产提供的原料在品种、品质、规格等方面还不能完全满足食品工业生产的要求。

表7　湖南特色粮油作物种植结构比重特点

单位：%

类别	最大占比	第二占比	第三占比	第四占比
玉米	粒用90	鲜食8	青贮2	
红薯	淀粉生产40	鲜食20	食品加工20	叶菜5,种用5,饲用10
马铃薯	鲜食45	饲用40	种用12	食品加工3
大豆	食品加工82	鲜食10	种用5	饲用3
绿豆	食用80	加工15	菜用5	种用1
荞麦	加工90	其他10		
芝麻	油用50	食用40	其他10	

资料来源：根据农业专家走访整理而成，并非统计数据。

2. 传承不足影响产业积淀创新

湖南有中国卤菜之都——武岗，中国油茶之乡——邵阳，中国牛肉米粉之乡——津市，中国芥菜之乡——华容，中国辣条之乡——平江，但除平江等少数县域外，真正将食品工业作为支柱产业的并不多，行业长期发展的优势未得到有效传承。湖南农业食品领域院士很多，被称为院士天团，但普通企业无法有效整合院士的研究成果，如何把院士资源用好用活、持续推出新品、形成爆款单品是个大课题。湖南各大院校都有食品科技学院，但更多是在给外省输送人才。这种制约直接影响到行业发展，如原来有"乳业湘军"的说法，全国的羊奶粉行业，是湖南开创的，是湖南人做起来的，但除了澳优（已卖给伊利），现在湖南缺乏优质的企业。

（三）纵向不深横向不宽耦合不紧影响中游竞争力提升

把"纵向到底"与"横向到边"结合起来，形成特色优势产业链才是发展所向，但湖南食品加工产业链延伸不够。

1. 纵向不深产业链延伸不够

一粒米、一块肉的"湘味"是湖南的优势，但从粮食和生猪产业加工现状看，初加工多、精深加工少，增值潜力挖掘不够。如稻米加工产业存在明显的"重米轻加"现象，精白米占稻米初级加工产品达90%以上，深加工比例在10%以下，且产品同质化严重，米珍营养米、留胚米、发芽糙米等营养米和适度加工米的产量小，产品附加值较低。

2. 横向不宽产业链拓展不足

从特色粮油作物开发利用结构来看，玉米、红薯、马铃薯、大豆、绿豆等产品横向开发不够，产业链条不完整，副产物综合利用不够，如稻米加工中米糠综合利用率不足10%。

3. 耦合不紧全链条整合不足

湖南的淡水鱼、茶叶、大米、茶油、柑橘，在全国都排得上号，但与之地位对等的规模企业缺位，资源就地转化不足。特别是，在现代信息技术下，食品科技的边界不断被拓宽，但湖南食品产业尚未接住人工智能、大数据这一场"富贵"（见表8）。

表 8 2023 年部分省份食品产业规模以上企业数和营业收入

区域	山东	广东	河南	江苏	四川	湖南	湖北
企业数（家）	4315	2548	2600	2279	2442	2292	2719
营业收入（亿元）	12525.6	9222.68	7184.79	7149.1	6444.4	5964.1	5251.02
区域	福建	河北	浙江	广西	安徽	上海	重庆
企业数（家）	2429	1357	1425	1033	2201	420	816
营业收入（亿元）	4998.55	4198.95	3658.45	3340.0	3172.8	2718.93	1712.8
区域	云南	江西	吉林	陕西	山西		
企业数（家）	1158	1178	646	1179	392		
营业收入（亿元）	1710	1662.96	1620.3	1604.7	873		

资料来源：根据网络资料整理而来。

（四）市场拓展不易终端运营不新仓储运输不畅下游产销对接难

产业链下游如何低成本高效率地运营是食品工业发展必须破解的难题。

1. 市场拓展难产能利用不足

农产品加工"扩能"后产能利用不足，在华容芥菜产业园等地调研发现，部分企业产能扩建后，产品标准化水平、科技含量都有较大幅度地提升。但与企业家访谈发现，在产能较小的情况下，企业能够实现"产销两旺"，但产能扩张后，产品销售市场扩张面临较大压力。

2. 终端运营不新场景建设滞后

以入选全国放心粮油示范工程企业为例，在公布的示范加工企业、示范仓储企业、示范销售店、示范配送中心、示范主食厨房、示范批发市场六大类别中，2023年湖南仅有2个类别有企业上榜，其中示范加工企业23家，示范销售店仅湖南省军粮放心粮油有限公司1家，表明有影响力的销售终端建设难度大。特别是，在大数据、人工智能时代，食品行业如何搭建消费新场景仍有待持续发力。

3. 仓储运输不畅现代物流业发展不足

现代仓储物流特别是冷链物流建设滞后，鲜活农产品全程冷链物流建设不够，部分山区由于运距远、运输成本高、标准化规模化程度低等因素，农产品难以实现优质优价。如"湖南米粉"不如"螺蛳粉""南昌米粉"等国内品牌效益。

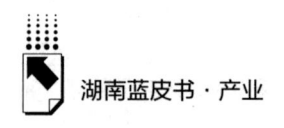

（五）总量不够收入不增制约不减企业主体难见"叫好又叫座"

做长做宽食品加工产业链，必须有更多"龙头企业"打开市场、稳定市场。有梯队企业形成配套，协同发力。

1.总量不够龙头企业量的优势尚未形成

从胡润研究院发布的三次中国食品行业百强榜来看，2023年，总部在湖南的企业有4家，吉首的酒鬼酒和长沙的绝味食品、盐津铺子、新五丰（见表9）。相比较而言，广东、四川、北京、上海、安徽、河北、河南、江苏等地上榜企业数量要多于湖南，2021~2023年，广东、河南、湖南、台湾、浙江、重庆、江西、辽宁、云南等地上榜企业都有增加，湖南要加快培育龙头企业，真正让龙头抬起来舞起来。

表9 2021~2023年胡润中国食品行业百强榜

来源	上榜企业数量
2021那香海·胡润中国食品行业百强榜	四川10，广东10，上海9，北京7，安徽6，湖北6，山东5，河北5，江苏5，河南4，贵州4，香港4，福建4，内蒙古3，新疆2，湖南2，浙江2，黑龙江2，重庆2，海南1，辽宁1，甘肃1，天津1，西藏1，山西1，陕西1，江西1
2022水肌因·胡润中国食品行业百强榜	广东11，四川10，北京7，上海7，安徽5，河北5，湖北5，江苏5，福建4，贵州4，河南4，山东4，湖南3，香港3，浙江3，重庆3，台湾2，黑龙江2，辽宁2，内蒙古2，新疆2，甘肃1，海南1，江西1，山西1，陕西1，西藏1，天津1
2023环球首发·胡润中国食品行业百强榜	广东11，四川10，北京7，上海7，安徽5，河北5，河南5，江苏5，贵州4，湖北4，湖南4，山东4，台湾4，浙江4，福建4，香港4，重庆3，江西2，辽宁2，内蒙古2，新疆2，甘肃1，黑龙江1，山西1，陕西1，西藏1，云南1

2.收入不增规模以上企业营业总额陷入"不增反减"困境

湖南省粮食和物资储备局数据显示，全省食品产业规模居全国前列，食品产业经济总量居全国第七位，休闲零食相关企业数量全国排名第2。但根据湖南省统计局数据，2020~2022年，农副食品加工业、食品制造业、酒、饮料和精制茶制造业营业收入均出现不同程度下降，降幅分别达到3.07%、14.84%、13.87%；三者销售收入共减少403.32亿元，降幅达5.46%。

3.制约不减企业发展要素难题突出

职能部门2023年一项调查显示，农副产品领域，54%的企业反映人才短缺，尤其是科研型、管理型的人才更缺。53.9%的企业反映所需流动资金短缺，经营压力大；43.4%的已贷款企业反映，贷款存在抵押物不足；44.2%的企业反映，贷款产品额度低，不能解决生产所需资金问题；33.5%的企业反映用电成本高；39.4%的企业反映社保基数逐年攀升，人力成本高。

三 加快推进食品加工产业转型升级的对策建议

提升食品产业现代化水平，要更加重视组织的力量、"链主"效能的提升、新增长点以及新质生产力的培育，形成若干跟跑、并跑甚至领跑行业前沿的产品、企业乃至于行业。

（一）加强领导，让食品加工产业更受重视

一个万亿级的产业集群，理应在湖南现代产业体系中获得更高的地位，发挥更大的作用。

1. 加快组建食品加工产业链办公室

发展食品加工产业，河南和四川设置了省政府食品安全办；山东、江苏、江西等地则由退休厅级领导当食品行业协会会长。借鉴其成功经验，建议将"链长制"工作机制延伸到食品加工领域，加快成立专门的食品加工产业链办公室。统一思想，加强统筹，着力将资源优势转化为产业优势、发展优势，把食品加工产业作为重要支柱产业来抓。每一年或者每两年召开一次全省性食品产业发展大会，分析产业发展形势，探讨未来行业发展方向。

2. 持续强化政策支持

围绕贯彻落实大食物观和高质量发展理念，引领食品产业在新技术、新产业、新业态、新模式发展上作出安排部署。加快制定出台《湖南省加快食品产业高质量发展指导意见》等政策串"县"成链统筹产业布局，促使带动产业链企业实现区域聚集。

3. 有效激发湖南省食品行业联合会活力

落实行业协会改革所明确的政府购买服务工作机制，工信部门加强对行业协会的业务指导和经费支持，提升食品行业协会在招商引资、制订行业发展规

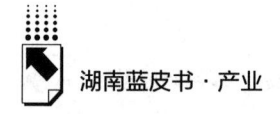

划、促进产销对接、制修订行业标准、倡导践诺诚信、保障食品安全、维护行业企业合法权益、加强行业自律等方面的职能职责。

（二）做特做实重点潜力产业，培育食品产业新增长点

强化优质原料保障，健全利益联结机制，注重历史文化传承，抓好特色文章，构建突出湘味特点、体现湖南风情、能形成竞争优势的食品产业体系。

1. 休闲食品产业

着力补齐产品同质化严重、线上渠道和平台建设滞后的短板，依托绝味食品、盐津铺子、劲仔食品等上市公司以及麻辣王子、金磨坊、邬辣妈等拟上市公司等重点企业，培育产业集群，引导高质量发展。力争通过3~5年的努力，把行业产值提升到2000亿元以上。

2. 茶业

着力补齐企业太小、品牌太多、资源太分散短板，依托省茶业集团、白沙溪等龙头企业，整合品牌、整合资源，扶持一批区域龙头企业，力争通过3~5年的努力，把行业产值提升到1500亿元以上。

3. 预制湘菜产业

着力补齐预制菜发展特色不鲜明、规模化企业较少、品类聚焦难、标准化程度不高、品牌影响力不足等短板，依托行业内王栏树、林结巴、新聪厨、彭记坊、宇成食品等重点企业，形成系列预制湘菜优质企业与品牌，发挥示范作用。力争通过3~5年的努力，把行业产值提升到500亿元以上。

4. 奶业

着力补齐奶源薄弱、本土消费不够的短板，依托澳优、蓝河、南山、金健、犇牧等龙头企业，出台专项支持计划，发展奶源，盘活现有闲置产能，引导本省消费。力争通过3~5年的努力，把行业产值提升到300亿元以上。

（三）全面拥抱新质生产力，在更高水平上谋划产业转型升级

适应新质生产力培育需要，将新技术"嵌入"和"替代"传统技术，强化企业科技创新主体地位，引导企业围绕风味特色、营养安全、方便快捷、智能生产，加大研发投入。

1. 组织院士开展科技攻关活动

发挥果蔬贮藏加工、种业等领域院士资源优势,整合科技、工信等部门资金,围绕行业关键技术、前沿技术开展攻关。支持企业牵头组建创新联合体,鼓励科研院所参与联合体技术攻关,激发"专精特新"科技创新动力,构建以企业为主体的食品科技创新体系,着力提升食品产业核心竞争力。

2. 持续优化技术创新体系

把握数字化转型历史机遇,积极引导食品企业构建产供销一体化信息体系,实现经营信息的有效收集、快速传递与信息资料共享和集成。把握智能制造历史机遇,推进人工智能技术应用,加速食品工业4.0进程。

3. 持续优化人才培养体系

依托湖南省农业科学院、湖南农业大学、中南林业科技大学和长沙理工大学等科研院所的基础与平台,力争在行业领军型人才、"团队式"人才引进培养上不断突破。积极引导食品企业参与到校企合作"双进双转"对接活动,促进人才与企业双向了解、互动合作。整合行业协会、企业等社会力量,打造食品产业从业者的培训平台,为产业发展提供更多高层次人才。

4. 持续优化专用设备研制体系

围绕精准控制技术、自动化生产线改进、新型材料研发和应用、环保节能创新技术等领域,发挥湖南省食品质量监督检验研究院等公共平台和企业平台的作用,鼓励支持有实力的企业向食品加工专用设备研发、生产领域进军。支持龙头企业应用新工艺、新技术,发展精深加工和副产物综合利用。

5. 持续优化工业设计应用体系

持续推进食品领域工业设计中心建设,深化与工业设计专业机构合作,引导食品加工企业推广应用工业设计。

(四)把握消费升级新趋势,落实食品产业高质量发展的新要求

顺应社会对食品安全、健康等方面的消费需求,在标准、质量、安全、诚信四大体系上发力,构建高质量发展保障机制。

1. 严格落实标准要求

对标世界一流管理理念,加大对原料标准、配方标准、工艺标准、物流标准、储藏标准、质量标准和安全标准等研究,不断提升管理水平,持续完善并

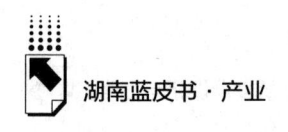

推广应用地方特色食品标准体系以及地方标准、团体标准和企业标准。

2. 严格落实质量安全管理

加强企业管理创新，鼓励支持食品加工企业开展GB/T 19000、ISO22000、HACCP体系认证，强化食品工业企业诚信体系建设。鼓励广大乡村地区加大特色食材的养殖和种植，形成标准化、规模化和集约化的种养，保证原料的供应，从源头确保产品的质量安全。

3. 严格食品安全监管

依托现代信息技术，建立全过程食品安全监管制度、强化食品安全日常监督和抽检监测、突发事件应急处理机制，筑牢食品安全生产防线，构建从田间到消费者的产业链闭环。

4. 推进诚信管理体系建设

推进食品工业诚信管理体系建设，宣贯《食品工业企业诚信管理体系》国家标准，对规模以上食品工业企业开展培训，稳步推进食品工业企业诚信评价工作。

（五）适应发展新生态，促进链上融合提升协同配套水平

把营商环境打造成高质量发展的亮丽名片和造福子孙后代的"金饭碗"。抢抓机遇，充分利用国家"两重""两新"政策及省内传统优势食品产区和特色产业培育等方面的政策支撑，提升产业链韧性。

1. 促进产业协同配套

围绕提升规模效益、完善上下游配套、促进产业集群发展，持续加强对食品产区的引导。支持重点企业发挥食品产区引擎作用，发挥辐射带动效应，引领上下游中小企业协同发展。发挥资源优势引导食品粗加工、精深加工以及副产品综合利用企业入驻产业园区，打造特色食品产业园（见图1）。

2. 创新业态模式

促进线上线下多元生态深度融合，鼓励探索零售渠道线下深耕、线上融合的全域经营，打通线上、线下触点，构建系统性的全域运营体系。持续推进线下发展零食量贩新模式的探索，提升连锁品牌经营竞争力。

3. 促进企业间战略联盟

在重点培育的子行业中，各打造一只"航母型企业+旗舰型企业+中小企

图 1 食品加工产业链

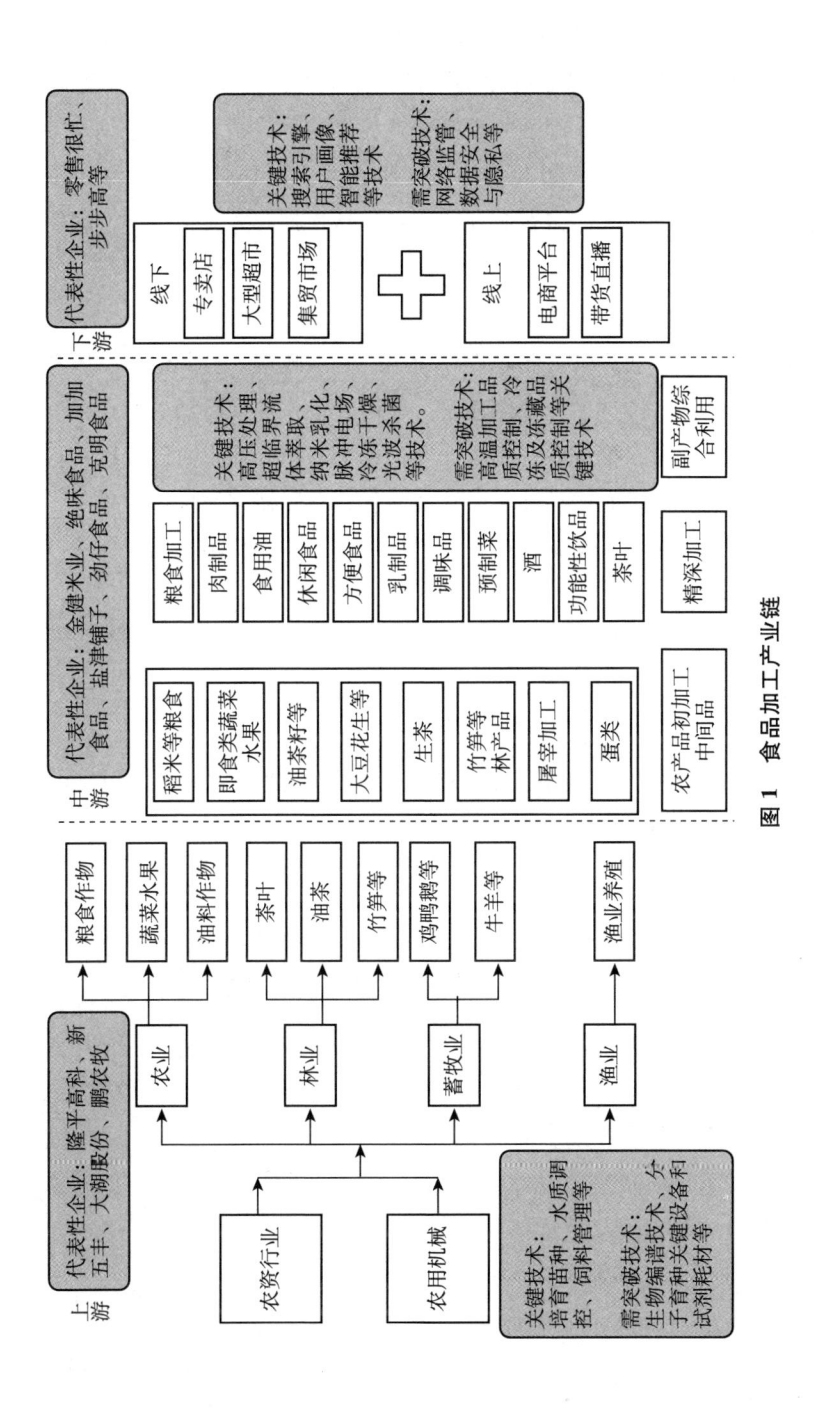

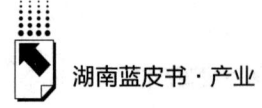

业"的"航母型"企业战斗群,提升市场主体竞争力。鼓励现代农业投资集团、湖南盐业集团有限公司开展并购活动,做大做强。加大骨干企业培育力度,对专业水平高、带动作用强的规模企业,加快培育成消费品工业"三品"标杆企业、创新型中小企业和专精特新中小企业。引导骨干企业深耕细分市场,强化分工协作,做大做强专业领域产品和品牌,营造大中小企业融通发展的良好产业生态。

4. 不断完善支撑体系

持续推进食品行业评价机制建设和运用、专项政策、行业组织、服务平台和基础设施建设等。推进平台载体建设。建设专业化的食品加工产业园,引导龙头企业入驻产业园,推进农产品生产和初加工、精深加工协同发展,促进就近就地转化增值。推进农产品加工设施改造提升,支持区域性预冷烘干、储藏保鲜、鲜切包装等初加工设施建设,发展智能化、清洁化精深加工。

参考文献

〔瑞典〕拉格涅维克等:《食品产业集群的创新机理》,陈延锋等译,中国轻工业出版社,2008。

周会敏、帅传敏、程欣:《中国食品产业集群可持续发展潜力的综合评价》,《统计与决策》2015年第7期。

黄妍、Mark Irvin C. Celis、王国栋:《产业集群协同创新赋能企业核心竞争力研究——以绿色食品产业集群为例》,《江苏大学学报》(社会科学版)2022年第4期。

B.5
推动湖南轻工纺织迈向产业链和价值链中高端研究

蒋 学*

摘　要： 轻工纺织是湖南省重要的民生产业和传统特色产业，近几年受新冠疫情冲击和中美经贸摩擦等因素影响，行业经济效益下滑明显。为此，湖南省针对轻工纺织产业链短板，通过实施"三品"战略、推进"智改数转"等一系列强链补链延链政策措施，帮助轻工纺织行业实现了企稳回升。但从长远看，湖南省轻工纺织处于制造业产业链和价值链中低端的生态格局仍未改变，产业集聚度不高、核心创新能力较弱、中高端产品供给不足等结构性、深层次问题依然突出。应从强化科技战略支撑、扩大优质产品供给、促进产业链升级、加快绿色低碳转型、优化产业发展生态五个方面发力，推动湖南省轻工纺织向产业链和价值链中高端转型，实现高质量发展。

关键词： 轻工纺织　转型升级　产业链价值链中高端　高质量发展　湖南省

　　轻工纺织行业涵盖吃、穿、住、行、娱等多个领域，是满足人民美好生活需要的主力军，也是国民经济中重要的民生产业，在稳增长、扩内需、惠民生等方面发挥着关键作用。近年来，湖南省轻工纺织产业（不含食品加工，下同）经过长期发展，已形成鲜明的湖南特色和较强的区域竞争力，但仍面临着技术工艺不够先进、产业链现代化水平不高、中高端产品供给不足等问题。当前，在中美经贸摩擦、国际政局动荡等因素影响下，全球

---

* 蒋学，湖南省社会科学院（湖南省人民政府发展研究中心）产业经济研究所副所长，主要研究方向为产业经济学、区域经济学。

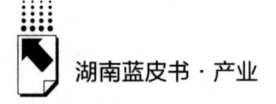

产业链供应链分化重构、我国制造业加速升级态势愈加明显，进一步推动湖南轻工纺织向高端化、智能化、绿色化和自主可控跃升，实现高质量发展，是湖南省"4×4"现代化产业体系建设的重要任务之一。

一 湖南轻工纺织产业发展现状

随着湖南省一系列稳经济、扩内需、调结构、促消费政策举措落实落地，轻工纺织行业深入实施"三品"战略，加快推进数字化、智能化、绿色化转型，行业整体保持"逐步好转、仍有波动、稳中提质"发展态势。

（一）行业经济有所好转

自2020年以来，湖南省轻工纺织行业面临需求收缩、供给冲击、预期转弱三大压力，规模以上工业企业营业收入、利润总额增速大幅下降，但部分核心指标相对好于全省平均水平，体现了一定的行业发展韧性（见图1）。

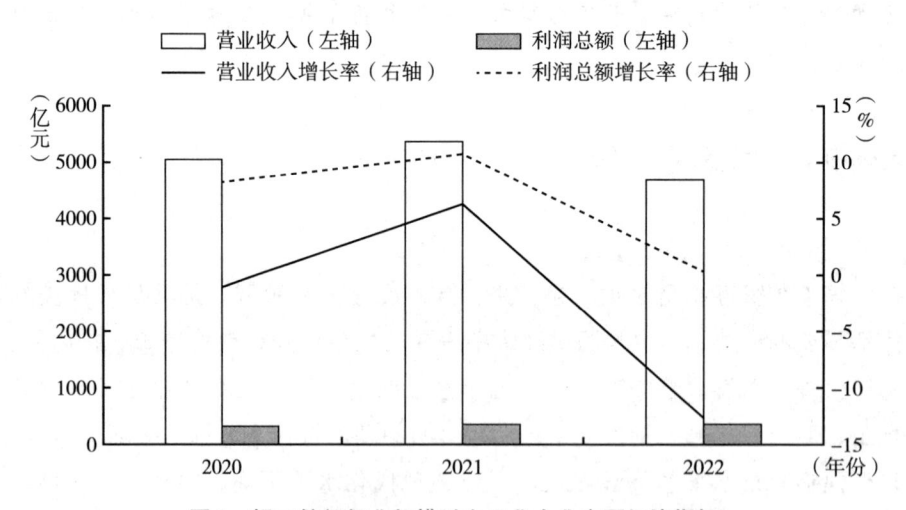

图1 轻工纺织行业规模以上工业企业主要经济指标

资料来源：2021~2023年《湖南统计年鉴》。

2022年，全省轻工纺织全行业规模以上工业企业实现营业收入4687.59亿元、利润总额356.26亿元，分别较上年同期增长-12.66%、0.31%，营业收入增速低于全省平均水平4.26个百分点、利润总额增速高于全省平均水平13.12个百分点。

从近几年的全行业营业收入利润率看，2019~2022年分别为5.81%、6.35%、6.62%、7.60%，呈现逐年提升态势（见表1）。

表1　轻工纺织规模以上工业企业经济效益情况

年份	营业收入		利润总额		营业收入利润率（%）
	总值（亿元）	增速（%）	总值（亿元）	增速（%）	
2019	5103.84	—	296.40	—	5.81
2020	5049.45	-1.07	320.78	8.23	6.35
2021	5366.99	6.29	355.17	10.72	6.62
2022	4687.59	-12.66	356.26	0.31	7.60

资料来源：2020~2023年《湖南统计年鉴》。

从细分行业看，2022年各行业间发展差异较大，9个子行业中只有烟草制品业、纺织服装服饰业2个子行业营业收入增速超过全省平均水平，却有7个子行业利润总额增速超过全省平均水平，这也间接表明整个行业发展效益有所提高（见表2）。

表2　2022年各行业规模以上工业企业经济效益情况

项目	营业收入（亿元）		利润总额（亿元）		营业收入利润率（%）
	总值（亿元）	增速（%）	总值（亿元）	增速（%）	
全省	39760.49	-8.40	2282.93	-12.81	5.74
轻工纺织	4687.59	-12.66	356.26	0.31	7.60
烟草制品业	1069.9	4.14	133.18	33.49	12.45
纺织业	527.22	-15.48	20.12	-10.38	3.82
纺织服装、服饰业	367.73	-6.19	24.65	0.16	6.70

续表

	营业收入(亿元)		利润总额(亿元)		营业收入利润率(%)
	总值(亿元)	增速(%)	总值(亿元)	增速(%)	
皮革、毛皮、羽毛及其制品和制鞋业	695.1	-9.55	47.88	-3.08	6.89
木材加工和木、竹、藤、棕、草制品业	536.06	-25.79	35.7	-5.83	6.66
家具制造业	233.48	-21.36	19.62	-0.61	8.40
造纸和纸制品业	460.43	-18.34	20.52	-38.49	4.46
印刷和记录媒介复制业	334.15	-25.58	20.09	-48.02	6.01
文教、工美、体育和娱乐用品制造业	463.52	-11.41	34.5	17.83	7.44

资料来源：2023年《湖南统计年鉴》。

（二）"三品"战略稳步推进

为推动全省消费品工业从"有没有"向"好不好"迈进，湖南省出台了《湖南省消费品工业"三品"标杆企业培育办法》，引导消费品工业企业开展消费供给升级等12项行动，攻克行业共性及关键技术；联合相关部门组织召开溯源营销带货、管理创新、国际质量体系认证等系列活动，为消费品工业企业赋能。截至2024年8月，全省共公布了3批120家消费品工业"三品"标杆企业名单，其中食品类43家、医药类34家、轻工类26家、纺织类17家，分别占35.83%、28.33%、21.67%、14.17%，初步形成了"大企业顶天立地、细分领域优秀企业铺天盖地"的产业发展生态和竞相发展的局面（见表3、图2）。

表3 湖南省轻工纺织"三品"标杆企业

2022年	企业名称	2023年	企业名称	2024年	企业名称
轻工类	长沙格力暖通制冷设备有限公司	轻工类	拓浦精工智能制造（邵阳）有限公司	轻工类	迅达科技集团股份有限公司
	湖南骏泰新材料科技有限责任公司		湖南省湘衡盐化有限责任公司		湖南高升宏福家具有限公司
	湖南天闻新华印务有限公司		湖南桃花江竹材科技股份有限公司		湖南创亿达实业发展有限公司
	湖南万容纸塑包装有限公司		醴陵陶润实业发展有限公司		湖南星港家居发展有限公司
	湖南晚安床垫有限公司		湖南省醇龙箱包股份有限公司		湖南斗禾智能电器有限公司
	水羊集团股份有限公司		湖南省湘澧盐化有限责任公司		湖南雪天盐业技术开发有限公司
	湖南华联瓷业股份有限公司		湖南深思电工实业有限公司		湖南新世纪陶瓷有限公司
	岳阳林纸股份有限公司		娄底市五江实业有限公司		湖南中南神箭竹木有限公司
纺织类	湖南东方时装有限公司	纺织类	湖南鑫海股份有限公司	纺织类	湖南福森竹木科技有限公司
	湖南梦洁家纺股份有限公司		湖南科力嘉纺织股份有限公司		湖南格兰博科技股份有限公司
	湖南东信集团有限公司		湖南莎丽袜业股份有限公司		湖南中泰特种装备有限责任公司
	湖南省忘不了服饰有限公司		祁阳东骏纺织有限公司		湖南华升株洲雪松有限公司
	湖南旭荣制衣有限公司		湖南派意特服饰有限公司		湖南南源新材料有限公司
			湖南吉祥家纺有限公司		湖南富丽真金家纺有限公司
			南县生辉纺织有限公司		
			郴州湘南麻业有限公司		

资料来源：湖南省工业和信息化厅2022~2024年《湖南省消费品工业"三品"标杆企业名单》。

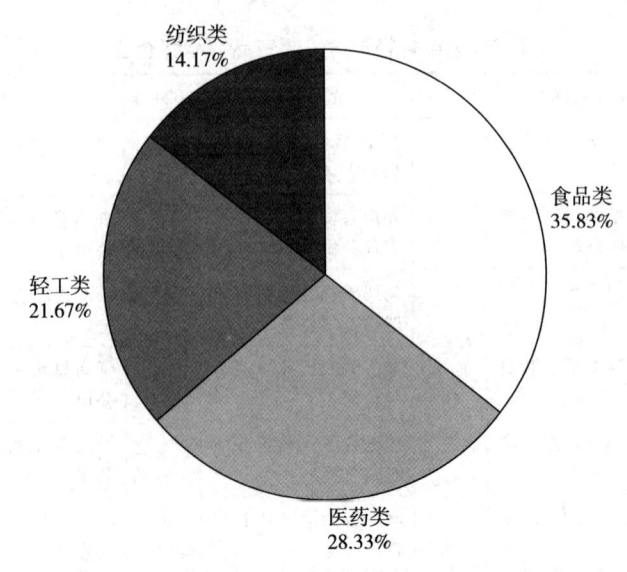

图 2　湖南省消费品工业"三品"标杆企业构成

资料来源：湖南省工业和信息化厅2022~2024年《湖南省消费品工业"三品"标杆企业名单》。

（三）关键技术有所突破

为提升行业整体技术水平，湖南省轻工纺织企业针对行业技术薄弱环节，不断组织产学研用协同攻关，推动已成熟关键技术在行业中的推广应用，部分已取得成效。如，华容县积极引导纺织服装企业与东华大学、武汉纺织大学等高校建立产学研合作关系，设立博士后工作站，先后获得各类专利110多项，并成立湖南首家县级产业引导基金，分别向科创纺织、科力嘉纺织投资3000万元，正在加快建设第四期技改项目，引导企业机器换人、数字赋能。浏阳市通过校企合作，成功研发了微烟无硫发射药、新型环保鞭炮、再生植物纤维烟花外筒等安全环保领域前沿创新成果300余个；中洲烟花大力推广应用关键涉药环节的单台（套）设备，裸药型、涉药型、无药型三类机械设备齐头并进，已将自动化生产线上24个关键环节的技术推广到全行业，助力行业安全生产。湖南中烟牵头承担国家烟草局重点研发项目"基于多模态人工智能的卷烟调香技术研究"，充分发挥大数据与人工智能优势，构建香原料搭配使用关系网络模型，提升单体香原料创香水平，推动智能精准调香设计研究，助推行业卷烟调香数字化转型。

尤其，湖南省大力实施轻纺创优工程，挖掘一批在行业拥有代表性、可复制、可推广的设计创新、科技创新、绿色创新、品牌创新的经验做法，给予行业引领启发，以此破解产业发展中所面临的工艺、技术、设计、品牌、市场等方面的痛点、难点和堵点问题。通过湖南省工业和信息化厅发布的《2023年湖南省纺织行业新模式新业态典型案例名单》可以看出，全省纺织行业科技创新已从单纯的技术研发逐渐向产品设计、工艺流程、品牌打造集成创新转变（见表4）。

表4　2023年湖南省纺织行业新模式新业态典型案例

序号	单位名称	案例名称
品牌创新类		
1	湖南梦洁家纺股份有限公司	高端床上用品品牌创新
2	湖南东方时装有限公司	基于轻松自在的圣得西品牌创新与转型
3	湖南莎丽袜业股份有限公司	百年品牌工业遗产与科技创新融合发展
数智创新类		
4	湖南科创纺织股份有限公司	高端牛仔智能化纺纱生产线
5	湖南科力嘉纺织股份有限公司	高端针织纱全流程智能工厂
设计创新类		
6	湖南永霏特种防护用品有限公司	高舒适型熔融金属飞溅防护服创新设计
7	湖南忘不了服饰有限公司	忘不了服饰时尚创意与现代工艺设计案例
科技创新类		
8	湖南鑫海股份有限公司	基于聚烯烃改性纤维的高端产业用绳网产品开发与制造
9	南县生辉纺织有限公司	一种高品质氨纶包芯复合纱智能化生产关键技术研发及产业化
10	湖南华升股份有限公司	抑菌多功能汉麻针织产品的创新研发和产业化

资料来源：湖南省工业和信息化厅：《2023年湖南省纺织行业新模式新业态典型案例名单》。

（四）智改数转初见成效

贯彻落实习近平总书记关于促进数字经济和实体经济融合发展的重要指示，深入开展"智赋万企"行动，全面推动新一代信息技术赋能制造业数字化转型。轻工纺织行业在智能化应用方面也取得了一定成效，如组织实施的471个湖南省制造业"三化"（数字化、网络化、智能化）重点项目中轻工纺织行业占58个（数字化改造38个、智能化升级20个）；培育认定的40家

"上云上平台"标杆企业中湖南德兴瓷业有限公司、湖南东龙彩印包装印务有限公司、邵阳连泰鞋业有限公司、湖南科创纺织股份有限公司、常德天鼎丰非织造布有限公司、永州市汇盛鞋业有限公司等6家轻工纺织企业入围;46个数字湖南十大应用场景建设示范项目中湖南省五阳塑胶制品有限公司的"注塑加工数字化工厂建设项目"、新印科技股份有限公司的"数字印刷产业一体化工业互联网平台项目"成功入选(见表5)。

表5　2023年轻工纺织部分数字化转型"三化"重点项目

项目名称	承担单位
数字化改造	
皮鞋智能化全自动化生产线建设项目	湘潭志高缘鞋业有限责仟公司
竹制品制造设备数字化改造	湖南立德竹业有限公司
红包生产设备数字化改造项目	邵阳县呈兴纸品有限公司
凯元数字化车间	湖南凯元纺织有限公司
UV滚涂智能生产线	湖南楚荣家具科技有限公司
汇盛高弹性运动鞋数字化工厂	永州市汇盛鞋业有限公司
数字智能化裁剪及生产智能化吊挂系统	溆浦县多爱申服饰有限公司
网络化协同	
智能化提升	
5G网络DNC生产线智能化升级项目	湖南庆泰烟花制造有限公司
陶瓷酒瓶智能制造建设一期项目	湖南新世纪陶瓷有限公司
年产60万只拉杆箱生产管理智能化	耒阳市汉客箱包有限公司
福森竹木生态板生产线智能制造项目	湖南福森竹木科技有限公司
棉条纤维、气流纺纱生产线及自动化升级改造项目	益阳鑫方圆纺织服饰科技有限公司

资料来源:湖南省工业和信息化厅:《2023年湖南省制造业数字化转型"三化"重点项目名单》。

这些标杆企业的成功培育和示范项目的成功建设,使轻工纺织一批传统企业在5G、大数据、云计算、人工智能等先进技术的加持下,借助"智改数转"实现提质增效,迈出升级焕新的步伐。

(五)集群化发展步伐加快

为奋力打造国家重要先进制造业高地,湖南省出台了《湖南省先进制造业集群培育管理办法》，大力推进产业基础高级化和产业链现代化。据省工业和信息化厅公布的 2023 年、2024 年湖南省产业集群和产业集群培育对象名单显示，湖南省共认定先进制造业集群 19 个、中小企业特色产业集群 23 个，其中轻工纺织包括先进制造业集群 2 个、中小企业特色产业集群 7 个和新田县绿色板材及家居产业集群培育对象 1 个，涵盖了纺织、服装、皮具箱包、烟花爆竹、竹木制造等领域。这些轻工纺织产业集群形成"点线面结合"的发展态势，引导中小企业特色产业形成一批核心配套产品，为先进制造业集群建设提供重要支撑。

另据省商务厅公布的县域外贸特色产业集群名单显示，全省共发展培育 30 家县域外贸特色产业集群，其中轻工纺织类占 10 家，成为湖南省县域对外贸易的主力军和带动该区域经济高质量发展的主引擎（见表 6 至表 8）。

表 6　轻工纺织先进制造业集群

年度	集群名称	所在地区	核心承载园区
2023	祁阳轻纺制鞋-纺织产业集群	祁阳市	祁阳高新区
2024	华容县棉纺织制造产业集群	华容县	华容高新区

资料来源：湖南省工业和信息化厅 2023~2024 年《湖南省产业集群和产业集群培育对象名单》。

表 7　轻工纺织中小企业特色产业集群

年度	集群名称	所在地区	核心承载园区
2023	邵东市打火机产业集群	邵东市	邵东经开区
2023	桃江县生态竹木制造产业集群	桃江县	桃江经开区
2023	蓝山县轻工轻纺-皮具玩具产业集群	蓝山县	蓝山经开区
2024	浏阳市烟花爆竹产业集群	浏阳市	
2024	邵东市箱包产业集群	邵东市	邵东经开区
2024	临湘市钓具(浮标)产业集群	临湘市	临湘高新区
2024	澧县服装辅料产业集群	澧县	澧县高新区

资料来源：湖南省工业和信息化厅 2023~2024 年《湖南省产业集群和产业集群培育对象名单》。

表 8　轻工纺织县域外贸特色产业集群

年度	集群名称	所属行业
2021	常宁市外贸特色产业集群	纺织
2022	临湘市外贸特色产业集群	钓具浮标
2022	蓝山县外贸特色产业集群	轻纺制鞋皮具箱包

续表

年度	集群名称	所属行业
2023	浏阳市外贸特色产业集群	烟花爆竹
2023	华容县外贸特色产业集群	纺织
2023	桂阳县外贸特色产业集群	家居智造
2023	衡阳县外贸特色产业集群	钟表
2023	赫山区外贸特色产业集群	竹木
2023	沅江市外贸特色产业集群	纺织
2023	慈利县外贸特色产业集群	轻纺

资料来源：湖南省商务厅 2021~2023 年《湖南省县域外贸特色产业集群名单》。

二 湖南轻工纺织产业存在的问题

在肯定湖南省轻工纺织发展取得积极成效的同时，也应当看到整个行业暂未摆脱以资源密集型为主的发展方式，整体仍处于制造业产业链和价值链的中低端，制约行业高质量发展的结构性、深层次的问题依然突出（见图3）。

（一）产业集聚度不高

因行业特性和历史因素，除烟草制品业外，湖南省轻工纺织以中小民营企业占主导地位的组织结构基本上没有多大改变。近年来，通过各地政府和园区不断引进培育，也涌现了不少有实力的轻工纺织企业，但如梦洁、晚安家居等真正拥有核心技术和较强市场竞争力的知名龙头企业和上市公司较少，导致行业发展带动引领性不强，以集聚效应实现补链强链的作用不如人意。反观广东省创新探索"链式改造"模式，通过龙头企业订单牵引、行业平台价值驱动，让大企业、大平台带着中小企业并肩作战，推动产业链供应链整体数字化转型。比如，美的集团牵头打造美擎工业互联网平台，带动家电制造、工业装备、机器人等供应链企业一起上"云"，如今已接入工业设备400万台，打造工业App超1200个、服务企业47万家，帮助供应链相关企业的研发设计效率提升40%、生产效率提升38%、库存积压降低5%。①

---

① 朱洪波：《世界工厂蝶变产业创新高地》，《南方日报》2024年9月25日。

推动湖南轻工纺织迈向产业链和价值链中高端研究

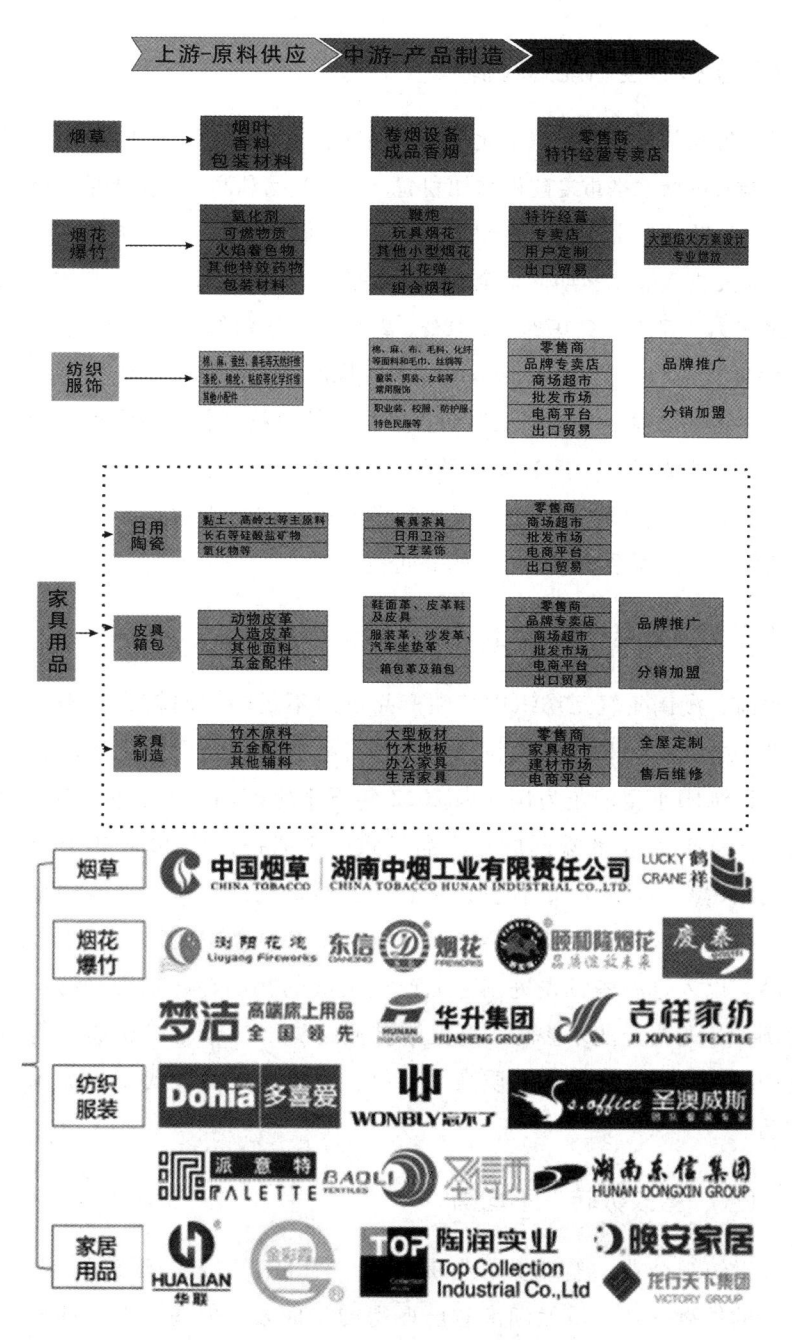

图3 湖南轻工纺织重点行业产业链示意

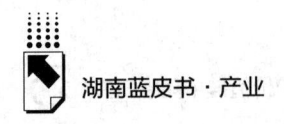

（二）核心创新能力较弱

湖南省大部分轻工纺织企业都是从贴牌和仿制做起，由于缺乏核心技术，企业只能通过低水平重复建设增加利润，导致产品利润率和附加值较低，企业难以拿出足够的资金支持研发创新。据统计，湖南省轻工纺织规模以上工业企业平均研发投入强度长期低于全省平均水平，2019~2022年研发费用占营业收入的比重为1.71%、2.07%、2.18%、2.51%，分别低于全省平均水平0.69个、0.80个、0.76个、0.68个百分点[①]。同时，湖南省轻工纺织的产业创新体系建设也较为滞后，与轻工纺织直接相关的科技创新平台和科技专项非常缺乏，相对其他行业，轻工纺织"专、精、特、新"企业也较少，导致对行业发展的支撑和引领作用不足，整个行业普遍存在制造能力强而研发能力弱、单项研发能力强而系统集成能力弱等问题。

（三）中高端产品供给不足

当前，湖南省轻工纺织中高端产品供给不足的问题较为突出，主要表现在两个方面。一是产品科技含量低，可模仿性强，同质化低端竞争现象严重。以浏阳小型烟花为例，因2022年下半年产品热销、价格节节攀升，2023年末涌出大量低端同质化产品导致严重滞销，至2024年出现部分企业车间利用率不足40%、存货以零利润甚至负利润出售来回笼现金。二是部分规模效益较好的企业聚集在产业链中下游，其主要产品为半成品或代工产品。以入选湖南省先进制造业产业集群的祁阳轻纺制鞋—纺织产业集群为例，其龙头企业东骏纺织、凯盛鞋业跻身"二十亿级企业"行列，但主要产品分别为伞布及高品质涤纶面料、鞋类半成品及代工，均无自己品牌产品。

（四）"智改数转"不均衡

轻工纺织企业"智改数转"是行业"补链、强链、延链"、发展新质生产力的关键一环，虽然湖南省已取得初步成效，但还存在一些痛点，主

---

① 资料来源：由2020~2023年《湖南统计年鉴》数据统计。

要有三个方面。一是"智改数转"复杂性高。轻工纺织门类多、业态复杂，不同行业的"智改数转"产品和解决方案差异性很大，产品研发和用户使用的门槛都比较高。二是中小企业"智改数转"程度浅。中小企业"智改数转"的学习和使用成本高，碍于体量小、成本高、风险大等因素，存在不想转、不敢转、不会转的"三不"困境。三是行业内梯度差大。轻工纺织市场集中度高，龙头企业数字化水平领先，但行业数字化转型标准不统一，产业链数据共享水平低。

（五）品牌培塑有待提升

品牌知名度和影响力很大程度上影响着终端消费者的消费行为，提速品牌建设将是未来推动轻工纺织产业高质量发展的重要举措之一。湖南省轻工纺织行业目前在品牌培塑方面还存在明显短板。一是大部分中小企业内生动力不足，在自身盈利能力不强的情况下，难以长期持续投入产品质改资金和品牌宣传推广费用。二是行业内缺乏产媒融合的品牌孵化公共服务平台和个性化、时尚化、高端化产品设计的专业中介服务组织。三是除中烟、梦洁、圣得西、晚安家居等少数行业头部企业拥有内部专门的品牌运营、质保服务团队外，多数企业对电商平台等新型数字化销售渠道重视不足，产品流通仍以传统的商超、门店、批发市场为主。比如，与梦洁一同入选"2024年中华老字号"（湖南纺织类仅2个）的湖南莎丽袜业股份有限公司，不仅没有企业官方网站和相关产品信息，在京东、淘宝等电商平台也找不到其旗下产品。

三 推动湖南轻工纺织产业高质量发展的对策建议

轻工纺织各个行业领域的生产流程、工艺技术各不相同，实现高质量发展需采取的发展战略也不尽相同，应围绕《湖南省现代化产业体系建设实施方案》中改造提升轻工纺织的相关目标、任务（见表9），结合各行业发展基础，从强化科技战略支撑、扩大优质产品供给、促进产业链升级、加快绿色低碳转型、优化产业发展生态5个共性途径，因地制宜推动湖南省轻工纺织产业实现高质量发展。

表9 湖南省现代化产业体系轻工纺织建设重点

发展目标	主要行业		关键共性技术	重点产品	重点支撑企业	重点市县
到2027年，全省轻工纺织产业规模达到万亿级，培育一批营业收入过百亿的湖湘特色产业集群和250家左右的"三品"标杆企业，助力乡村振兴，带动创业就业等作用进一步凸显	烟草			"芙蓉王""白沙"（和天下）等卷烟品牌	中烟集团、4大卷烟厂	长沙 常德 郴州 永州
	烟花爆竹		烟花安全生产	原辅材料供应、造纸包装、烟花生产经营燃放、花炮机械等全系列产品；精品微型音乐焰火、庆典焰火	东信烟花、中洲烟花	浏阳 醴陵
	纺织服装	纺织	清洁印染和制革	发展棉麻纺织，以中高档床上用品为重点的完整家纺产业链，发展特种防护、海洋渔业、建筑装饰等产业用纺织品，发展纺织蜡染、刺绣挑花、织锦、银饰等特色民族服饰	杰新纺织、萌恒华绣纺织、科创纺织、科力嘉纺织、宝丽纺织	长沙 株洲 湘潭 岳阳 常德 益阳 永州
		服装			梦洁、华升、圣得西、忘不了、享同实业	
	家居用品	日用陶瓷	陶瓷高效节能	中高档日用陶瓷、釉下五彩瓷、高端炻瓷	华联瓷业、陶润实业	醴陵 望城 衡阳 溆浦
		皮具箱包		高档鞋面革、沙发箱包革、服装革、汽车坐垫革等产品	龙行天下、站成鞋业、嘉泰鞋业、醇龙箱包	邵阳 永州 怀化
		家具制造	芦苇和竹木纤维替代	竹木板材、竹木地板、办公家具、生活家具等	晚安家居、九通竹基	长沙 岳阳 益阳 邵阳 郴州

资料来源：《湖南省现代化产业体系建设实施方案》。

（一）强化科技战略支撑，夯实产业基础

一是完善行业创新平台体系建设。支持鼓励轻工纺织企业与湖南省相关科研院所建立长期合作关系，充分发挥中南大学、湖南大学、湖南师范大学、湖南农业大学、湖南省纤维检测研究院等学校、检验机构、科研院所的专业优势，面向轻工纺织行业急需的应用基础研究和关键共性技术研发，建设一批行业重点实验室、技术研究中心、技术创新中心等创新平台，构建以企业为主体、市场为导向、产学研用深度结合的创新体系。二是加强关键核心技术攻关。引导有实力的轻工纺织行业头部企业和政府共同设立技术攻关专项基金，重点围绕烟草降焦减害、烟花安全生产、清洁印染和制革、陶瓷高效节能、芦苇和竹木纤维替代等关键共性技术，综合运用揭榜挂帅、定向择优等方式，支持用户单位、配套企业联合开展技术研发与工程化、产业化攻关，并通过公共技术服务平台，为中小企业提供技术支持和咨询服务，加快科技成果向现实生产力转化。

（二）扩大优质产品供给，推进培优育强

一是围绕消费潮流，增加创新产品供给。坚持"以消费者为中心"，针对健康、育幼、养老等迫切需求，引导鼓励纺织、家居等行业企业以舒适、健康、安全为方向，研发设计一批个性化、定制化、功能化产品，更好满足婴童、老人等特殊人群的消费需求。二是利用湖湘文化，强化自主品牌实力。引导轻工纺织企业加强品牌战略管理，支持鼓励纺织服饰、日用陶瓷、皮具箱包企业与工业设计大师、服装设计大师、工艺美术大师等名家合作，综合运用形象设计、材质组合设计、款式设计等，将传统湖湘文化与时尚设计相结合，开发一批国潮风尚、湖湘元素、现代时尚融合的创意产品，进一步提升湖湘特色品牌发展水平。三是创新质监模式，提升产品自控水平。推动轻工纺织企业对标国际标准和国内优质产品，建立健全质量管理体系，引导企业利用5G、工业互联网、大数据、人工智能、数字孪生等新一代信息技术手段开展仿真优化、验证评价、透明化生产管理、智能在线检测等，强化产品质量控制和工艺改进。健全完善轻工纺织行业产品质量追溯体系，加大对生产、销售假冒伪劣产品的查处力度，切实维护消费者、企业的合法权益。

（三）促进产业链升级，提升发展韧性

一是推进产业基础高级化，加快补齐产业短板。针对轻工纺织基础材料、工业软件、计量测试等薄弱环节，支持鼓励烟花爆竹、纺织服饰、日用陶瓷、家具制造等行业企业整合现有上中下游服务商资源，开发关键工业软件、高端专用装备和一体化解决集成方案，夯实产业发展基础。二是深入实施数字化转型，实现供需循环优化。引导轻工纺织企业综合应用5G、工业互联网等新一代数字技术，从研发、设计、生产、质控、仓储、物流、销售、售后等环节进行全面、系统、整体的数字化转型规划布局，充分挖掘各环节数据的整合、分析、利用，实现生产经营全流程的数据化。鼓励轻工纺织企业加强与卖场、经销商、电商平台合作，形成基于数字化的市场体验大数据，实现需求敏捷感知、敏捷供应、精益生产、精细管理。三是大力发展服务型制造，培育新模式新业态。推进轻工纺织与现代服务业深度融合，引导行业企业健全完善服务型制造评价体系。鼓励企业建立消费者体验中心、在线设计中心等机构，大力发展虚拟仿真设计、个性化设计、用户参与设计、交互设计，满足多样化、个性化消费升级需求。支持企业基于消费用户数据，建立柔性化生产系统，推广因需定制、反向定制等新模式，实现供需精准对接、高效匹配。

（四）加快绿色低碳转型，助推提质增效

一是推广应用节能减排技术，提高综合利用效率。围绕碳达峰、碳中和目标，以促进轻工纺织全产业链和产品全生命周期绿色发展为目的，以企业为建设主体，以绿色产品、绿色工厂、绿色园区、绿色供应链为主要内容，逐步构建高效、清洁、低碳、循环的绿色制造体系。鼓励推广绿色制造工艺，加大重点耗能工序和设备的节能改造，大力推进产业结构低碳化、生产过程清洁化、能源资源利用高效化，不断提高清洁生产水平。支持重点用能企业建立能源管控中心和能耗在线监测端系统，提高能源资源综合利用效率。二是增加健康绿色产品供给，引导社会绿色消费。引导企业通过工业产品绿色设计等方式增强绿色产品和服务供给能力，积极开发节能、节水、环保的微烟烟花、绿色纺织、智能家居等轻工纺织产品。加强社会消费引导，大力推广绿色产品认证，

完善政府绿色采购政策，加大绿色低碳产品采购力度，鼓励有条件的地方开展绿色智能家电下乡和消费品以旧换新行动。

（五）优化产业发展生态，促进持续发展

一是强化行业组织功能。发挥有关行业协会的桥梁纽带作用，鼓励行业协会参与制定行业发展规划、行业标准，鼓励行业协会、骨干企业积极对标国际水平，参与或主导国家标准、行业标准、团体标准的制定和修订工作。鼓励支持行业协会开展行业研究、行业监测分析、信息咨询、人才培训、技术交流等工作，为行业发展提供全方位服务。二是加强产业人才支撑。大力实施人才培育工程，鼓励产教融合育才，加大省内高校、职业院校培养轻工纺织行业高端制造设计、技能型、研发型人才培育力度，支持引导省内高校、职业院校主动对接行业企业，推动校企合作，精准培养和输送行业紧缺需求技术技能人才。三是加大金融支持力度。加大行业与金融机构产融对接，拓宽产业融资渠道。引导金融机构根据产业政策和信贷原则，合理配置信贷资金，对发展前景和信用记录良好，但资金周转暂时出现困难的企业，依法依规用好用足政策支持。支持融资担保等公司加大产品创新力度，为企业及时提供担保增信。四是营造良好的营商环境。加快建设市场化、法治化、国际化的一流营商环境，维护公平竞争的市场秩序。建立知识产权保护机制，加大对商标、地理标志、知名商品特有名称、包装装潢、外观设计、发明专利、商业秘密等知识产权的保护力度，严厉打击各类侵犯知识产权和制假售假行为。建立完善依法治理机制，加大对电商平台监管力度，依法查处各类不正当竞争、低价倾销行为。强化行业企业信用管理，引导企业建立质量安全信用管理机制，对失信企业依法依规实施惩戒。

优势产业篇

B.6
湖南工程机械转型升级发展研究报告

湖南省社会科学院（湖南省人民政府发展研究中心）调研组*

摘　要： 湖南是全国最大的工程机械产业制造基地，2023年湖南工程机械产业规模达2200亿元。目前，湖南省工程机械数字化、智能化、绿色化转型进入了新的阶段，海外市场持续增长，科研成果丰硕。然而，湖南省工程机械产业转型在生产、流通交换、终端消费及资源分配环节尚存多处短板，存在转型乏力的趋势。建议可以从以下四个方面发力：一是推动智能制造，提升创新能力；二是推行绿色制造，实现可持续发展；三是拓展海外市场，完善要素支撑；四是实施差异竞争，转换新兴赛道。

关键词： 工程机械　转型升级　智能制造　绿色制造　湖南省

工程机械产业是湖南"4×4"现代化产业体系的优势产业之一，也是湖南的重要支柱产业之一，更是湖南先进制造业领域中一颗亮眼的明珠，引领着湖

---

* 调研组组长：侯喜保，湖南省社会科学院（湖南省人民政府发展研究中心）党组成员、副院长（副主任），研究员，主要研究方向为宏观政策、区域发展、产业经济；成员：邓子纲、邓铤、唐清。

南省制造业向更高水平、更深层次发展。党的二十届三中全会强调，"高质量发展是全面建设社会主义现代化国家的首要任务"，要"健全因地制宜发展新质生产力体制机制"，全会还强调了科技创新在推动发展中的作用。习近平总书记在湖南考察时也强调，湖南要在打造国家重要先进制造业高地、具有核心竞争力的科技创新高地、内陆地区改革开放高地上持续用力。这要求工程机械行业必须转型升级，提升产品质量和技术含量，增强核心竞争力。通过推进工程机械产业转型升级发展，进一步巩固和延伸湖南在先进制造领域的优势地位，培育壮大新质生产力，推动产业转型升级并为经济发展提供有力支撑。

一 工程机械行业发展面临的机遇与挑战

工程机械行业是为国民经济发展、国防军工建设和民生事业提供技术装备的基础性和战略性行业，是稳住工业经济大盘的"压舱石"、拉动内需和推动内循环的重要引擎。当前，国际形势复杂多变，国内经济发展"三重压力"依然存在，我国机械行业发展面临新的形势，行业稳增长压力较大。随着全球经济格局的深刻调整、技术创新的迅猛发展和市场需求的持续演变，工程机械行业的发展面临着各种挑战与机遇。

（一）工程机械行业发展的新机遇：政策松绑、海外拓展、技术创新

一是政策利好带动市场复苏。首先，国家高度重视工程机械行业的发展，出台了一系列战略性政策文件。从宏观层面提供明确的发展方向，以促进该行业的转型升级和高质量发展。《中华人民共和国国民经济和社会发展第十四个五年规划和2035年远景目标纲要》作为中国经济社会发展的顶层设计，明确提出加快推进制造强国、质量强国建设，要推动制造业优化升级，培育先进制造业集群，促进工程机械、先进电力装备、高端数控机床等产业创新发展；要推进先进工程机械研发应用，提升制造业的核心竞争力。2023年9月，工业和信息化部等七部门发布《机械行业稳增长工作方案（2023—2024年）》，旨在促进机械行业稳增长、提质量、促升级、保安全，实现主要预期目标。其次，随着全国各地逐步取消或放宽房地产限购政策，从中长期来看，房地产市场将逐渐回暖。根据克而瑞预测：中国房地产市场有望在2026年前后达成短期探底。同时，万亿国

债、城中村改造、新农村建设等政策利好持续累积，国内下游需求边际改善，届时将为工程机械行业带来广阔的市场空间。最后，"大规模设备更新"行动将为工程机械带来新的机遇。2024年3月13日，国务院印发《推动大规模设备更新和消费品以旧换新行动方案》的通知，相关行业政策和地方政策逐步落实推进，大规模设备更新将催化国内需求，加速行业周期拐点到来。2024年3月27日，住建部发文更新淘汰使用超过10年的建筑施工工程机械设备，以挖机为代表的工程机械更新周期有望加速启动。这为工程机械行业推出更环保、更高效的工程机械设备，促进工程机械的更新换代提供了新机遇。

二是海外市场增长潜力较大。近年来，工程机械出口增长迅速，进入新发展阶段。据中国海关总署统计，2023年中国工程机械出口486.6亿美元，同比增长10.4%。其中工程机械主机出口342.4亿美元，同比增长17.3%，行业海外收入所占比例已接近50%。但全球市场占有率方面仍有不小的提升空间。从区域增量来看，欧洲、拉美及非洲市场增幅最快，全球基础设施建设的不断推进，特别是亚非拉等发展中国家对公路、铁路、港口等互联互通项目的巨大需求，为中国工程机械行业提供了广阔的市场空间。此外，"一带一路"倡议的深入实施，为中国工程机械产品出口提供了政策支持和市场机遇。2024年上半年，我国工程机械出口额为258.37亿美元，同比增长3.38%。其中，我国工程机械设备及零部件出口额中共建"一带一路"区域占比达62%，继续保持第一大出口市场。近年来，中国的工程机械企业通过出口贸易、海外投资设厂、跨国并购、建立海外营销和服务网络，使中国工程机械品牌在国际市场上的知名度和影响力不断提升，未来还有无限的增长潜力。

三是技术创新驱动"三化"转型。技术创新是推动工程机械行业转型升级的核心驱动力，当前的技术发展趋势主要集中在智能化、绿色化和数字化三个方面。首先，广泛应用智能化技术，将推动工程机械行业的生产方式变革，打破传统生产模式的瓶颈，并且拓展工程机械设备的功能和应用场景，促进互联互通。其次，随着绿色发展理念的深入推进，工程机械行业中绿色制造技术应用将是未来趋势，例如氢燃料电池技术、闭环生产技术、再制造技术等，涵盖产品设计、生产制造、使用维护和回收再利用的全生命周期，为行业可持续发展提供新的技术支撑、注入新的活力。随着市场环保和可持续发展意识的增强，市场对于绿色技术和环保设备的需求正不断增加，绿色化工程机械产品正逐年扩大市场占有率，电动化设备在各种基建场景中得到广泛应用。最后，数字化转型逐渐成为工程机械行业的重要手段。数字经济时代，大数据分析、云计算、工业互联网等新兴技术发展如火如荼，这些技术均可以应用在工程机械行业，帮助企业实现从设计、制造到销售、服务的全流程数字化管理，为行业创新驱动提供强有力支撑。

（二）工程机械行业发展的新挑战：市场疲软、竞争激烈、环保提标

一是需求恢复不及预期。根据Statista公布的数据，2023年，全球工程机械市场规模预计超过万亿元人民币。分地区来看，2022年销量显示，北美、中国、西欧、日本地区产品销量占比分别达到27%、20%、18%、6%。国内方面，随着城镇化进程的推进和民生工程等需求的持续释放，这些领域的工程项目逐渐减少，对工程机械的需求增长放缓，国内市场已经触及天花板。根据国家统计局公布的数据，2024年1~6月，全国房地产开发投资52529亿元，同比下降10.1%，新建商品房销售额47916亿元，同比下降19.0%。短期内，国内房地产、基建需求恢复不及预期。国际方面，虽然一些工程机械企业已经开始加快海外布局以寻求新的增长点，但海外市场的不确定性风险也在加剧。受国际关系、全球各大区域需求疲软，地区竞争格局恶化，贸易摩擦等因素的影响，中国工程机械企业出口收入增速逐步放缓。外资工程机械企业2024年第二季度公布的业绩报告显示，卡特彼勒、凯斯、日立、沃尔沃等企业均出现营收和利润下滑，在此形势下，主要外资企业纷纷下调了2024年市场预期。

二是行业面临激烈竞争。在当今全球化背景下，工程机械行业面临的国际竞争愈加激烈，市场格局瞬息万变。一方面，我国工程机械企业均遭遇卡特彼勒、小松、约翰迪尔等国际工程机械巨擘的显著竞争压力。尤其在国际市场上，这些国际巨头已凭借深厚的市场底蕴，建立了稳固的市场地位，拥有广泛的代理商网络。且欧美和日本等发达国家的工程机械企业，在技术研发和创新方面具备明显优势。它们依托强大的研发能力和先进的技术储备，持续推出高性能、高附加值的产品，这无疑对中国企业构成了巨大的竞争压力。另一方面，国际市场的复杂性和多变性增加了行业发展的不确定性。工程机械行业国外市场需求受到全球主要市场经济增长、投资政策以及消费者信心等因素的共同影响。例如，发达国家的经济周期波动、新兴市场的政治稳定性变化和原材

料价格波动等，都可能导致市场需求的不稳定和订单的波动性增加。企业面临的挑战在于如何在这种多元化的市场环境中准确预测市场趋势，灵活调整生产和供应链策略，以应对快速变化的市场需求。

三是环保能效标准提高。随着全球环境问题的日益突出，各国政府和国际组织纷纷加强环保政策的制定和实施，工程机械行业作为高能耗、高排放的代表性产业，面临着前所未有的环保压力和挑战。一方面，全球环保政策的日益趋严，对工程机械行业提出了更高的环保标准和要求。近年来，各国政府相继出台了一系列严格的环保法规和标准，涵盖排放控制、能效提升、资源利用等多个方面。例如，欧盟拟于2026年起实施"碳关税"政策，该举措将对工程机械企业的出口业务产生直接且显著的影响，特别是对高耗能、高排放的产品而言。由于"碳关税"的引入，企业在向欧洲出口产品时，必须提升产品的环保性能和能效标准，这势必将导致产品成本上升；美国则通过"清洁空气法"等立法，加大对污染排放的监管力度。此类政策的实施，对工程机械产品的环保性能提出更高要求，促使企业加大对环保技术研发投入，并在战略规划和市场定位上作出相应调整，以适应新的市场环境和政策要求。另一方面，气候变化和可持续发展议程的推进，进一步加剧了行业绿色转型的紧迫性。由于气候变化不仅影响全球生态系统的稳定，也催生了国际社会对碳排放削减和资源有效利用的共同承诺。在此背景下，工程机械行业面临着来自政策和市场的压力，更需要积极响应社会的可持续发展要求，承担起行业的环保责任和历史使命。联合国《巴黎协定》的签署以及各国碳中和目标的设定，使得全球范围内的碳排放减排压力显著增加。作为高排放行业的代表，工程机械行业的减排任务尤为艰巨，企业需要在产品研发和生产过程中考虑环境影响，还需与供应链伙伴共同推动绿色供应链的建设，实现资源共享和循环利用。

二　湖南工程机械产业基础

经过长时间的积累与沉淀，湖南省工程机械产业在规模、产业链配套、技术、市场和"三化"转型等方面均取得了显著成就，展现出强劲的发展势头。

（一）产业规模领先全国，集群效应不断彰显

一是产业规模庞大。湖南是全国最大的工程机械产业制造基地，根据省工信

厅提供的数据，2023年湖南工程机械产业规模达2200亿元，产业规模连续14年稳居全国首位。《中国工程机械》杂志、全球工程机械制造商50强峰会联合发布的2024全球工程机械制造商50强名单显示，三一重工、中联重科、铁建重工、山河智能和星邦智能5家湘企入选。长沙市工程机械集群成为湖南第一个千亿产业集群，是全球第三大工程机械产业集聚地，仅次于美国伊利诺伊州和日本东京。二是产业集聚程度高。目前，湖南拥有工程机械上下游企业上千家，其中规上工业企业888家、国家级单项冠军企业14家、国家专精特新"小巨人"企业40家。产业集群带动效应愈加明显，主机厂、上下游、相关产业、细分领域之间融合发展（见图1）。

图1 湖南工程机械产业图谱

近年来，针对高端液压件、传动件等关键零部件，湖南省加大引进和研发力度，着力补齐产业发展短板，增强了工程机械装备的自主配套及本地化配套能力。2014年成立的湖南工程机械配套产业园，2022年，实现技工贸总收入102亿元，有效对接工程机械产业配套需求。三是拳头产品实力过硬。湖南工程机械产品不仅种类丰富，而且拳头产品实力突出，在多个细分领域销量第一。湖南工程机械产品涵盖12大类、100多个小类、近500个型号，占全国工程机械产品种类的70%左右。湖南企业生产的混凝土机械、建筑起重机械、挖掘机械、桩工机械、掘进机等产品产销量全国第一，其中混凝土机械、挖掘机、建筑起重机、全断面隧道掘进机等产品销量世界第一。

（二）市场拓展捷报频传，国际进程加速推进

一是工程机械海外销量快速增长。根据长沙海关数据，2023年，湖南省工程机械产品出口263亿元，比上年增长43.7%，增幅高于全国平均水平21.7个百分点。2024年1~6月，湖南出口工程机械166.2亿元，比2023年同期增长24.6%，湖南工程机械品牌出口绝对额依然保持快速增长态势。据湖南省统计局提供的企业数据，2023年，三一集团、中联重科、山河智能、星邦智能海外业务收入分别增长23.0%、76.0%、30.0%、75.0%左右，海外业务都实现了较大幅度的增长。二是海外服务体系进一步完善。以三一重工为首的工程机械龙头企业积极布局海外市场，截至2024年1月，三一重工共有海外工厂16家，未来三一重工还将在巴西和土耳其等国持续布局。三一重工在海外也建立起了庞大的经销商网络系统，公司官网显示，目前三一重工6S中心已遍布全国主要大中城市，在全球拥有近200家销售分公司、2000多个服务中心、近万名技术服务工程师，10年间，三一重工国际收入由2014年的98亿元提升至2023年的433亿元，占总营收比例达58.5%，国际毛利133亿元，占总毛利比例近66%，表明海外收入已经成为三一重工重要的收入增长点。三是在共建"一带一路"市场占领高地。自2013年"一带一路"倡议提出以来，工程机械湘军始终活跃在共建"一带一路"国家重大工程项目上。在一个个地形复杂、气候恶劣的全球超级工程考验下，湖南工程机械招牌越发闪亮。2023年，对共建"一带一路"国家出口189.5亿元，增长48.9%。深耕"一带一路"的

同时，湖南工程机械将技术带到当地，为当地创造就业机会。如三一重工在印尼提供了2000多个就业机会。

（三）数字智能绿色驱动，协同发展铸就未来

一是数字化改造成效显著。聚焦工程机械产业集群，立足设计数字化、生产敏捷化、产品智能化、服务平台化、供应协同化、营销网络化六大场景，大力推进新一代信息技术与制造业的深度融合，实现对传统产业的全方位、全角度、全链条改造。4家企业入选湖南省"5G+工业互联网"示范工厂，形成了一批典型的工业应用场景。二是智能化改造再攀高峰。工程机械龙头湘企智能制造已进入第二个阶段，与国际一流企业比肩。行业内6家企业入选国家智能制造示范工厂揭榜单位。实施智能制造标杆示范行动以来，以典型场景为基本要素，打造了一批引领企业、行业、区域发展的智能制造标杆车间、智能制造标杆企业，已累计认定省级智能制造标杆企业4家、标杆车间7个。中联重科通过搭建AIGC-PAAS平台，提供从数据、模型、服务到应用层的AIGC全链路链接，大幅提升故障诊断准确率和设备维修效率，报工操作效率更快，工步操作质量风险大幅降低，助力企业出海。三一重工在2018年开启数智化之路，目前已累计建成33座灯塔工厂，三一集团18号工厂入选世界经济论坛"灯塔工厂"，全部9大工艺、32个典型场景可实现"聪明作业"，可以做到"一块钢板进，一台泵车出"，代表工程机械行业领域智能制造和数字化发展最高水平。通过应用柔性自动化生产、人工智能和规模化的IIoT技术，建立数字化柔性的重型设备制造系统，最终实现工厂产能扩大123%，生产率提高98%，单位制造成本降低29%。三是绿色化改造推陈出新。在技术层面，近年来，湖南工程机械企业加大了对环保技术的研发投入，推出了一系列绿色、节能、高效的新产品。以三一重工为例，2023年，电动产品实现收入31.46亿元，占公司总营收的4.25%，其中氢能源产品收入为1.3亿元。在产业链层面，湖南工程机械行业积极推动上下游企业共同实施绿色化改造（见表1）。山河智能推出了全电动剪叉式高空作业平台，采用大推力电动缸替代液压油缸，实现了零污染，设备电能节省达到30%以上。

表 1 湖南工程机械产业链创新图谱

产业链			核心技术	创新平台	创新主体	人才链
上游原材料及零部件	钢铁行业	机身、车架、斗杆	高性能新型钢材、绿色制造技术	省级：湖南省制造业创新中心（工程机械）、湖南省机械基础零部件创新中心、高强钢薄板及深加工技术湖南省工程研究中心	高校及科研机构：中南大学、湖南大学、国防科技大学，长沙理工大学，湖南科技大学，湖南工程学院，湖南智联重智联研究院，湖南申亿机械应用研究院；企业：楚天华兴、启泰传感、申亿精密、邵阳维克液压、湖南钢铁集团	丁荣军院士团队、侯淑娟教授团队、王国秋教授团队
	有色金属行业	轴承、液压元件	高规格高性能轻质合金			
	发动机	柴油发动机、汽油发动机、电动和混合动力系统	智能化控制技术、高效节能技术			
	液压系统	液压泵、液压马达、液压缸、液压阀	高压化技术、节能降耗技术			
	传动部件	变速箱、传动轴、轴承、链条、齿轮	高精度制造技术、轻量化设计技术			
	底盘及行走部件	轮胎、履带、行走架	智能悬挂技术、高强度材料应用			
	电气控制系统	控制器、传感器	智能化控制技术、网络安全技术			

续表

	产业链	核心技术	创新平台	创新主体	人才链
中游工程机械	挖掘机	电液控制系统、目标检测技术、智能辅助系统、精细摆动和回转控制、安全监控技术	国家级：起重机械关键技术全国重点实验室、国家混凝土机械工程技术研究中心；省级：湖南省制造业创新中心（工程机械）、湖南省工程机械大数据工程技术研究中心	高校及科研机构：中南大学、湖南大学、国防科技大学、湖南科技大学、长沙理工大学、湖南工程学院，湖南国重智联工程机械研究院；企业：三一重工、中联重科、山河智能、铁建重工、星邦智能、五星智能、五新隧装、衡阳合力、运想重工、长沙市工程机械再制造产业技术创新战略联盟	丁荣军院士团队、侯淑娟教授团队、徐海良、胡小舟、吴波团队、龚海、李数波团队、罗荣、雷团队、章易程团队、郝鹏团队、易小刚团队
	起重机械	塔式起重机、汽车起重机、履带起重机			
	铲土运输机械	自动化与智能化技术、物料识别技术、安全监控及远程服务技术			
		装载机、推土机、平地机			
	压实机械	大型化和超小型化、自控与遥控技术、节能与环保技术			
		压路机			
	桩工机械	振荡压实技术、低噪声技术、高效节能技术			
		打桩机、压桩机			
	混凝土机械	高效打桩技术、精准定位技术、智能监控系统			
		混凝土搅拌机、混凝土泵车			
	路面机械	自动加工技术、混凝土搅拌与输送技术、智能浇筑技术			
		摊铺机、铣刨机、养护车			
	特种工程机械	高效摊铺技术、智能压实技术、环保节能技术			
		高空作业机械、地下施工机械、露天采矿设备、破碎筛分设备、物料输送设备等矿山机械、新一代消防车、排涝车、救援机器人等新型应急救援机械、道路清扫车、清洗吸污车、洒水抑尘车、垃圾车等环卫机械等			
	农机设备	高端液压泵和液压阀、标准化底盘和动力传动系统、新能源动力系统			
		轻型履带式拖拉机、履带式旋耕机、AI水稻收割机、采棉机、茶叶和林果采收机械、畜禽水产工厂化养殖及加工机械等			
		通用底盘、智能控制技术、作业感知技术、南方黏性土壤触土部件			

103

续表

产业链		核心技术	创新平台	创新主体	人才链
下游应用	房地产	商品房、办公楼、商业营业用地			
	基础设施	学校、医院、公路			
	其他应用	采矿、选矿、消防、救灾、环保、农业领域运用	再制造技术、二手工程机械评估、维修保养技术、智能物联网技术、工业软件	省级:湖南省机械绿色再制造工程技术研究中心、湖南省工程机械大数据工程技术研究中心	高校及科研机构:中南大学、湖南大学、国防科技大学、湖南科技大学、长沙理工大学等;企业:三一重工、中联重科、轩辕春秋工程机械、湖南正迅重工、湖南中旺工程机械、湖南湘松工程机械、湖南法泽尔动力	黄旺团队、谢秋元团队

（四）科技创新日新月异，平台建设硕果累累

一是科技创新成果喜人。湖南省积极落实"五首"产品奖励支持政策，持续支持工程机械新产品创新研发和推广应用。近三年来，共有26台（套）工程机械产品获省首台（套）重大技术装备奖励资金支持。同时，聚焦核心基础零部件与元器件、基础材料、基础软件、先进基础工艺、产业技术基础等工程机械工业"五基"，将工程机械产业列为重点支持方向，实施湖南省先进制造业关键产品"揭榜挂帅"5个，滚动实施"100个产品创新强基"项目，加快突破一批关键核心产品，着力提升产业链供应链韧性和安全水平。工程机械规上企业平均研发投入强度超过5%，中联重科荣登"2023中国企业专利实力500强榜单"第30名，位列行业第一，截至2024年3月底，中联重科累计申请专利超16000件，其中发明专利近7000件，有效发明专利数量位居机械设备行业第一位，知识产权综合实力稳居行业第一位。二是平台建设取得突破。目前，已建设国家级创新平台25家，省级创新平台120余家。并在工程机械行业布局3家省级制造业创新中心，特别是2021年组建湖南国重智联工程机械研究院有限公司，由三一重工、中联重科、山河智能、铁建重工、星邦智能、长沙国投、长沙工程机械协会等14家单位联合组建，实行"公司+联盟"的模式，瞄准关键技术、产品检验检测、成果中试验证等共性问题。

三 湖南工程机械转型升级面临的主要问题

为了保持行业领先地位并实现可持续发展，湖南工程机械行业需要加快转型步伐。然而，湖南省工程机械产业转型在生产、流通交换、终端消费及资源分配环节尚存多处短板，存在转型乏力的趋势，有待深入剖析并采取有效措施予以解决。

（一）企业"大而不强"、产品"多而不优"

湖南工程机械行业，作为国内乃至全球的重要生产基地之一，已经发展成为拥有庞大员工队伍和广泛市场覆盖的巨头。产品线丰富多样，涵盖了从

小型机械到大型设备的广泛范围。但是仍然存在以下问题。一是总产值和营业收入双双下滑。2022年,湖南省工程机械行业产值和营收出现断崖式下跌,2023年产值虽然有所恢复,但恢复速度不如预期,营收仍然出现下滑,说明行业存在"以价换量"的趋势(见图2)。2024全球工程机械制造商50强名单上,三一重工、中联重科、山河智能这3家骨干企业位次反而出现下滑(见表2)。二是湖南工程机械行业引领带动作用弱。规模方面,国际龙头企业的收入体量仍是中国龙头企业的数倍之多。此外,从全球化程度来看,虽然湖南省龙头企业海外收入比重正逐渐逼近国际龙头,但在海外收入绝对规模上,双方差距仍然显著。目前,全球工程机械市场卡特彼勒和小松制作市场份额占比分别为16.8%、10.4%,三一重工和中联重科的市场份额仅为4.2%、2.4%,5家上榜湘企的销售额加起来不到卡特彼勒的50%。国际龙头企业全球产业链和营销网络布局更为广泛和深入。就运营效率而言,卡特比勒应收和存货周转效率显著高于湖南省龙头企业,湖南省企业营运效率的隐忧更多体现在其因信用销售占比高而带来的担保回购义务上。三是产品附加值不高。湖南工程机械的主要市场集中在中低端领域,这些产品在市场上具有一定的竞争力,但存在产品同质化的问题。且在高端市场上缺乏具备高技术含量、高附加值的精品。产品的技术水平、性能质量和品牌影响力等方面与国际先进水平相比仍有较大差距。2023年,三一重工的公司毛利率为27.7%,中联重科的公司毛利率为27.5%,而2022年卡特彼勒的公司毛利率在30.4%左右,2023年达到36.2%,毛利率大幅提升了近6个百分点,创下了近年来的新高。①尤其在高端市场"矿山机械"领域,湖南工程机械企业面临着美国和日本企业的强大竞争,市场份额较小。如全球头部矿业巨头淡水河谷、必和必拓这样的企业很少与湖南的机械制造商达成合作。四是产品结构不优。卡特彼勒的业务构成是"工程机械"+"矿山机械",产品线广泛,共有300多种机器和1200多种附件,不仅如此,其营收中还涉及了工程机械上游能源行业和下游交通运输领域。小松制作的业务构成是"工程机

---

① 2023年徐工机械的土方机械、起重机械、混凝土机械的毛利率分别为25.69%、22.60%、18.05%,三一重工的挖掘器械、混凝土器械、起重器械毛利率分别为33.17%、22.33%、24.67%,中联重科的起重机械、混凝土机械、土方机械的毛利率分别为31.04%、22.92%、27.93%。

械"+"矿山机械"+"小型工程机械"+"林业机械"等,产品覆盖范围较广。而国内大多数企业均是"土方机械"+"混凝土机械"+"起重机械"的产品结构,缺乏"矿山机械"等高附加值产品线布局,或是占比太低。未来高空作业平台与矿山机械两大类产品市场将保持强劲增长,为企业提供了提前进行战略规划与布局的重要契机。

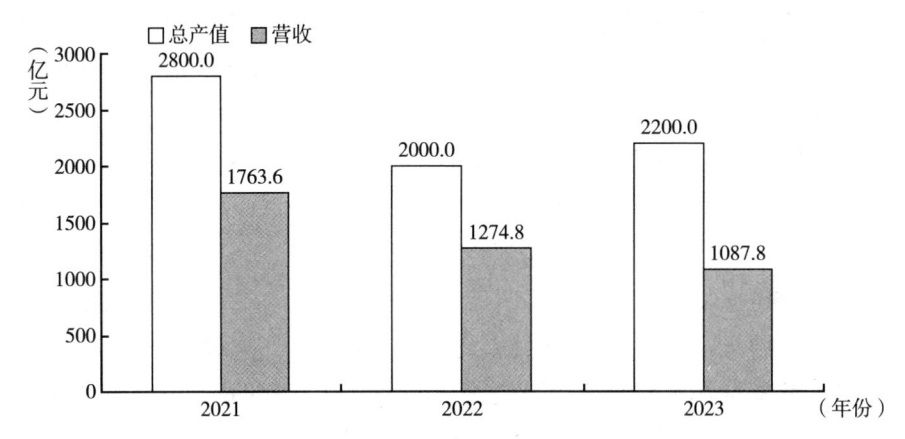

图 2 湖南省工程机械行业近三年总体情况

资料来源:湖南省工信厅、湖南省统计局。

表 2 全球工程机械制造商 50 强部分排名

排名	公司名称	所在地	销售额(亿美元)
1	卡特彼勒	美国	410.01
2	小松制作	日本	256.41
3	约翰迪尔	美国	149.90
4	徐工集团工程机械股份有限公司	中国	130.82
7	三一重工	中国	103.17
10	中联重科	中国	66.33
19	柳工机械有限公司	中国	35.61
33	铁建重工	中国	14.13
43	山河智能	中国	6.17
44	星邦智能	中国	4.76

资料来源:《中国工程机械》杂志、全球工程机械制造商 50 强名单。

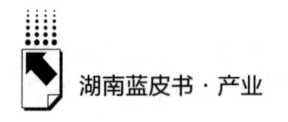

（二）技术"杂而不精"、服务"能力不佳"

近年来，湖南工程机械十分注重研发创新，不仅在数字化、智能化、绿色化转型方面大力投入，在大吨位塔机、高性能液压凿岩设备等高端创新产品、液压组件等核心部件、高空作业平台的精准智能操控、"车电分离"等技术方面也有所突破。规上企业平均研发投入强度超过5%，上市企业研发投入占营业收入比例高于全国平均水平（见表3）。但是综合来看，仍然存在以下问题。一是湖南工程机械企业研发费用绝对值远低于国际巨头。国际巨头卡特彼勒、小松制作等企业的研发投入强度在3%左右，湖南工程机械企业研发投入强度较高，但其绝对值远低于卡特彼勒、小松制作等机械巨头。2023年，三一重工及中联重科全年投入研发费分别为58.65亿元、34.41亿元，而卡特彼勒、小松制作全年投入研发费为156.83亿元、42.70亿元。二是关键核心技术产品存在"卡脖子"风险。随着国际市场对于产品技术标准和认证要求更加严格，技术壁垒和知识产权问题越来越成为制约湖南工程机械企业发展的瓶颈。产业内部分共性技术和关键技术研究不够，尤其是高端液压件、整机控制、动力系统等关键技术仍然受制于人。而随着智能化升级，更重要的"卡脖子"问题还涉及高端精密加工的制造装备、工程机械行业需要的仿真分析等工业软件、工程机械"大脑"的控制器以及设备上遍布的传感器。三是海外市场服务"发展滞后"。海外市场的服务配套明显发展滞后，制约了工程机械企业在海外开疆拓土的步伐。在工程机械后市场，湖南工程机械企业在为客户提供售前及全生命周期售后服务方面明显后继乏力，这些服务内容包括机型选择、操作培训、设备租赁和融资、零配件和维修售后等方面。卡特彼勒、小松制作售后服务及产品收入占比分别达到30%和40%，未来工程机械的服务市场将成为"兵家必争之地"。四是二手机械市场存在"堵点"。美国、日本二手工程机械销售额在二手工程机械市场交易总额中合计占比超过60%。2022年8月，湖南省工程机械二手设备出口行业联盟在长沙经开区正式成立，联盟致力于完善工程机械二手设备出口的标准体系化建设。但根据调研组的深入调研，要打通二手机械市场的"堵点"，不仅要解决买卖和产品信息不对称，标准、配套及渠道缺失等问题，还要解决标准体系不规范、交易税费有堵点、前期改革试点不充分引发的设备销户、数据外流、重大功能性平台缺失等业态散乱问题。

表3 2023年全球工程机械部分企业研发投入

	所在地	2023年研发投入（亿元）	研发投入占营业收入比例（%）
卡特彼勒	美国得克萨斯州欧文市	156.83	3.30
小松制作	日本东京	42.70	2.20
徐　工	中国徐州	50.39	5.43
三一重工	中国长沙	58.65	7.92
中联重科	中国长沙	34.41	7.31
柳　工	中国柳州	10.47	3.80
铁建重工	中国长沙	8.81	8.79
山推股份	中国济宁	4.58	4.34
浙江鼎力	中国德清	2.20	3.48
山河智能	中国长沙	3.24	4.48

说明：汇率按照2023年12月31日公布的中美、中日汇率进行换算，1美元兑人民币7.0827元，100日元兑人民币5.0213元。

资料来源：各上市公司年报。

（三）营收"利润不高"、产业"韧性不强"

一是价格低、成本高影响利润。首先，尽管湖南工程机械企业在国内市场上占据一定的份额，但由于关键零部件采购自省外或进口，企业利润空间被压缩。且行业内企业众多，产品同质化严重，导致价格战频发。其次，随着原材料价格的上涨和人工成本的增加，企业的生产成本也在不断提高，进一步挤压了利润空间。二是生产性服务业发展不充分。在面临激烈的国际竞争时，湖南工程机械企业个性化定制服务、全生命周期管理等新业态尚未完全构建，限制了行业的利润增长。例如，服务链条不完整、供应链整合能力有限。除了铁建重工，其他工程机械企业与国际巨头卡特彼勒、小松制作相比企业利润率相距甚远，山河智能盈利能力不佳，且2023年铁建重工的利润增长率开始出现下滑（见表4）。同时，在面临全球经济波动、市场需求下滑等冲击时，湖南省工程机械产业韧性不强，叠加营商环境不优的影响，导致对于关键配套企业吸引力不足，本地优质企业留不住，外地企业招商困难，没有形成良好的产业生态。三是存量流失多。由于"主机强、配套弱"，为抢占市场，三一重能、树根互联、中科云谷等湖南省龙头企业裂变的优质企业纷纷外流，主机企业陆续开始在外地建厂。四是增量拓展难。近年来掀起制造业"回流潮"，上海、江苏、广东等经济强省加大制造业招引力度，给湖南省工程机械产业招商带来挑战。新引进项目投资规模偏小，有影响力、有聚集带动作用的大项目不多。相比较而言，徐州不断吸收增量，蒂森克虏伯、利勃海尔、美驰、布兰肯等20余家世界知名工程机械企业落户徐州。五是电动化、智能化供应链短缺。工程机械产业电动化、智能化时代，湖南省以"芯—云—网—边—端"为代表的智能化产品供应链、"三电"系统为代表的电动化产品供应链、"制储运加"为代表的氢能源产品供应链等方面基本缺失。电动化、智能化产品的政策鼓励与资金补贴措施相对新能源工程机械产品的支持力度还远远不够，导致客户购买意愿不足；充电桩设备、换电站等配套设施远不能满足市场上电动化工程机械产品要求。

表4　2023年全球工程机械部分企业盈利情况

企业	营业收入（亿元）	营业收入增长率（%）	利润（亿元）	利润增长率（%）	利润率（%）
卡特彼勒	4752.49	12.8%	918.34	45.11%	19.32%
小松制作	1940.78	9.1%	304.89	23.7%	15.71%
徐工	928.48	-1.03%	53.26	23.51%	5.74%
三一重工	740.19	-8.44%	46.06	4.16%	6.22%
中联重科	470.75	13.08%	35.71	58.13%	7.59%
柳工	275.19	3.93%	9.42	45.57%	3.42%
铁建重工	100.27	-0.73%	15.93	-13.59%	15.89%
山河智能	72.29	-1.00%	0.36	103.13%	0.50%

资料来源：各上市公司年报。

四　湖南工程机械转型升级的对策

从国际市场来看，随着全球工程机械市场的不断发展，国际竞争对手纷纷加大技术创新和数字化转型的力度，推出更加智能化、高效化的产品。湖南工程机械行业若不及时转型，将面临市场份额被蚕食的风险。从国内市场来看，国内基础设施建设不断升级，对工程机械的性能、效率、智能化水平等提出了更高要求。湖南工程机械行业需要紧跟市场需求变化，通过技术创新和数字化转型提升产品竞争力。

（一）推动智能制造，提升创新能力

一是推动工程机械产品的智能化和数字化。加大在智能制造、物联网、大数据分析等关键技术领域的研发投入，驱动产品的智能化和数字化升级。例如，通过嵌入式传感器和物联网技术，实现设备的远程监控、故障诊断、自动维护等功能，提高设备的工作效率和安全性；利用人工智能和机器学习算法开发无人驾驶工程机械以及对工程机械设备进行预测性维护，以减少设备故障率、延长设备使用寿命。

二是推动企业数智化转型。支持行业企业利用工业互联网、物联网、5G等新技术，打造智能制造车间和工厂，建立和完善工程机械工业互联网标准体系。政府应加大对企业转型的财政支持力度，尤其是中小企业。通过设立专项基金、提供税收优惠等方式，帮助企业解决资金难题。政府和行业协会应多组织技术培训和交流活动，提升企业管理层与技术人员的数智化意识和能力。企业在转型的过程中，应注重技术引进和自主创新并重，引入大数据分析平台，对生产和市场数据进行深度挖掘和应用。

三是加强创新能力建设。加强基础研究与核心技术突破，设立专项研发基金，集中攻关液压、整机控制、动力系统等核心技术领域，加快中兴液压、特力液压等高端液压油缸项目建设，推动三一集团、中联重科底盘生产项目建设。持续探索共性关键技术进行开发，如智能化技术、新材料技术、节能环保技术等，从而在市场上占据技术领先地位。加快高端变速箱、大扭矩减速器、大功率发动机等关键零部件研发，以实现国产替代。支持建设高端工程机械及核心零部件创新中心等创新平台，鼓励企业建设重点实验室、企业技术中心等研发平台，并创建技术创新示范企业。推动整机及零部件龙头企业牵头组成创新联合体，打造全产业链协同创新体系。鼓励企业与高校和科研机构合作，强化研发团队建设，引进和培养工程机械高端技术人才，形成具有国际竞争力的研发力量。推动产品结构优化与升级，积极开发具有国际竞争力的高端产品，

优化现有产品结构，增加高附加值产品所占比重，推动主导优势产品迈入世界一流行列。

（二）推行绿色制造，实现可持续发展

一是推进绿色制造。建立全面的绿色制造体系，包括绿色设计、绿色生产、绿色物流等环节，通过应用生命周期评价（LCA）方法，评估产品在全生命周期内的环境影响，从设计阶段就开始减少材料使用和能耗，使用可持续材料。建立完善的废弃物管理体系，通过分类回收、资源化利用和无害化处理等措施，减少废弃物排放。特别是在制造过程中产生的金属屑、废油、废液等，应进行有效回收和处理，避免对环境造成污染。加大降噪降尘降耗等先进节能环保技术的研发力度。加快设备更新与推广应用，支持工程机械产业更新改造各类生产（测试）设备，加快淘汰落后低效设备，推广使用先进设备，对企业购置环保的新设备给予一定比例奖补。

二是推进工程机械电动化进程。电动化是工程机械行业未来发展的重要方向，具有显著的节能减排效果。制定明确的电动化发展战略和规划，从国家政策和市场需求出发，明确工程机械电动化发展的总体目标和阶段性任务。确定未来5年、10年的电动化普及率和技术创新目标，并制定详细的实施路径和时间表。通过明确的战略规划，确保电动化进程有序推进。支持现有配套企业围绕主机企业需求提升产品质量和性能。结合产品电动化新需求，加快布局电池、电机、电控等配套产业。推动电动工程机械标准化，积极参与国家和行业标准的制定，推动电动工程的标准化进程。制定和推广电动工程机械的技术标准、测试标准和安全标准，提高产品的一致性和可靠性。并加强与国际标准接轨，提升产品的国际竞争力。完善充电设施建设，应加大充电站、充电桩等基础设施的建设力度，形成覆盖广泛、使用便捷的充电网络。

三是积极布局新能源市场。推动混合动力、氢能、纯电动等新能源产品的开发和产业化。加强新能源工程机械产业链上下游企业的协同合作，与国内头部新能源企业展开深入合作，打造新能源产业基地。加大加氢站等基础设施的建设力度，保障氢气资源供给稳定，完善氢能行业管理机制。研发高能量密度电池、氢燃料电池和高效电力驱动系统，提高工程机械的续航能力和工作效率。

(三）拓展海外市场，完善要素支撑

一是充分利用渠道，拓宽市场覆盖面。制定并落实一系列专项扶持政策，特别是针对工程机械国际化和融资租赁的政策支持，包括提供出口退税、贷款贴息、专项资金等财税优惠，鼓励企业加大对海外市场的投入，降低企业在国际市场上的运营成本和风险，为企业提供坚实的政策保障和资金支持。提高国际化发展水平，引导外资投向高端工程机械行业制造领域，鼓励企业通过并购、股权投资等方式开展国际合作，提高国际化经营能力和服务水平。深入研究并掌握国际市场的技贸政策和标准，政府和行业协会应通过组织专题研讨会、发布政策解读报告等形式，帮助企业全面了解并应对国际技贸壁垒，提升产品的国际竞争力。抓住共建"一带一路"国家市场机遇，企业应积极开拓共建"一带一路"国家市场。通过与当地政府、企业的合作，参与当地的基础设施建设项目，逐步建立起稳定的市场渠道和客户网络。

二是加强品牌管理和营销策略。加强品牌定位。湖南工程机械企业应深入分析自身的优势与市场需求，明确品牌的核心价值和市场定位。例如，可以将品牌定位为"技术领先、品质卓越"的高端工程机械制造商，突出企业在技术创新和产品质量方面的优势。在明确品牌定位后，可通过一系列品牌传播活动，将这一定位传递给目标市场与客户，树立良好的品牌形象。制定本地化的营销策略，根据目标市场的具体情况，对营销策略进行调整。在产品设计方面，应根据当地市场的需求和使用习惯，进行适当的调整和改进；在市场推广方面，应利用当地的媒体和宣传渠道，进行有针对性的推广活动；在售后服务方面，应建立完善的服务网络，提供及时、高效的售后服务，提升客户满意度和忠诚度。实行差异化营销策略。根据不同市场的需求和竞争环境，制定差异化的品牌策略，在不同市场中找到自己的独特定位，或提供个性化定制服务，提升品牌竞争力。例如，在发达国家市场，可以强调产品的高科技含量和环保性能，满足当地客户对高品质和可持续发展的要求；在发展中国家市场，则可以突出产品的性价比和耐用性，满足客户对经济实用的需求。

三是完善要素支撑。统筹规划产业链金融、租赁、仓储物流、公共服务平台等配套服务。探索互联网金融和创新型融资模式，如供应链金融等，缓解企业资金压力，并降低自身运营风险。推动银行、保险机构、律所及中小配套企

业与主机企业"抱团出海"。根据不同客户的需求，设计多种租赁方案，如融资租赁、经营租赁、回租等，提高客户选择的灵活性；同时，应加强租赁业务的风险管理，通过完善的信用评估体系和租赁合同管理，降低租赁业务的风险。企业应在主要目标市场设立区域物流中心，提高物流效率，降低物流成本，形成覆盖全球的仓储网络，确保产品能够快速响应客户需求；并采用现代物流管理技术，如物联网、大数据、人工智能等，实现物流全过程的可视化和智能化管理，提升物流效率和准确性。建设信息共享平台，为企业提供最新的市场动态、技术标准、政策法规等信息服务，帮助企业及时了解国际市场变化，制定科学的经营策略。同时，建设技术服务平台，提供技术咨询、检测认证、标准制定等服务，提升企业的技术水平和产品质量。

（四）实施差异竞争，转换新兴赛道

针对市场需求和竞争态势，开辟行业蓝海赛道。大力发展特种工程机械、智慧农机、应急装备、后服务市场。注重对新兴市场和新兴产业的跟踪和研究，提前布局煤炭机械、港口机械、风电设备、石油装备、PC成套装备、环保设备、工业互联网等新兴赛道。

一是发展智慧农机。加快中联智慧农机科创城等重大项目和湖南智能农机创新研发中心等创新平台建设，打造一个集研发、生产、展示、服务于一体的智慧农机产业园区。大力支持中联重科、铁建重工、山河智能、湖南粮油机械等本土龙头企业拓展农机产业，做强做优水稻抛秧机、中小型及再生稻联合收割机、粮食加工机械等特色产品，加快补齐林果采收、畜禽水产养殖加工机械短板。注重农产品加工装备的创新，提升农产品加工效率和品质，实现农业生产全产业链的智能化和高效化。

二是发展应急装备。进一步发挥本地龙头企业在应急救援装备领域的优势。例如，开发具有远程操控和实时监控功能的消防车，研制能够在复杂环境中高效作业的救援机器人。积极参与国家自然灾害防灾减灾救灾重大工程建设，发挥在应急救援中的关键作用。在湖南设立专门的应急装备生产基地，集中生产新型应急救援装备。同时，选择若干自然灾害多发地区，建立应急装备示范区，通过实地应用验证装备性能和效果，积累应急救援经验。示范区还可以作为技术培训和公众教育基地，推广应急救援知识和技能。加快发展道路清

扫车、清洗吸污车、洒水抑尘车、垃圾车等环卫机械。研发具备自动清扫和垃圾分类功能的道路清扫车，提升清洗吸污车的吸污能力和清洁效果，开发智能洒水抑尘车，减少扬尘污染。

三是发展后服务市场。推动再制造与二手工程机械市场规范化，积极推进工程机械再制造体系改革，率先建立设备再制造新标准，推广先进的再制造技术，提高产品的使用寿命和性能；推动三一（海南）再制造和中联重科海南国际高端装备产业园项目建设，打造全球工程机械再制造中心。建立科学的二手工程机械评估体系，包括产品质量评估、性能评估和价格评估等，确保二手工程机械的质量和价格公正，提升市场透明度，增强客户信任。建立规范的二手机械交易平台，提供设备评估、认证、交易撮合等服务，同时应引入第三方评估机构，确保交易设备的质量不存在问题。拓展维修保养服务与零配件销售，在全省范围内建立覆盖广泛的工程机械维修服务网络，通过设立区域维修中心和流动维修队伍，提供快速、高效的维修服务；企业应通过线上线下结合的方式，建立专业的零配件电商平台，提供便捷的在线采购服务，同时在各地设立零配件销售网点，确保零配件的快速供应。完善金融与租赁服务。鼓励工程机械企业成立或收购金融服务公司帮助其拓展下游需求，提供多样化的租赁产品和灵活的租赁方案，包括融资租赁、短期租赁、抵押贷款、分期付款等模式。支持湖南融资租赁平台的发展，提供设备租赁、融资租赁等一站式服务，降低客户的设备使用成本。

B.7
推动湖南轨道交通装备产业高质量发展的对策建议

郑谢彬　李锦璇*

摘　要： 轨道交通装备产业是湖南省优势产业之一，也是四大世界级产业集群之一；是现代化产业体系的重要组成部分，更是湖南打造国家重要先进制造业高地的重要抓手。本报告立足于轨道交通装备产业链发展基本情况与问题，围绕推动轨道交通装备产业高质量发展，提出了服务赋能、加大创新、培养人才、统筹市场、强化标准等政策建议。

关键词： 轨道交通装备产业　高质量发展　湖南省

一　产业链基本情况

轨道交通装备产业是湖南省最具竞争力、统治力产业，突出表现在6个"强"。

（一）整体实力强

2023年，湖南省轨道交通装备产业推动国铁、城轨、磁浮、智轨"四轨一体"发展，总产值突破1605①亿元，较2022年增长21.42%，自2015年以来，年均增速达到6.04%，成为行业内唯一的国家先进制造业集群（见图1）。产品覆盖全行业10大核心系统和20种关键配套部件，本地配套率超过80%，形成了以电力机车、铁路货车、城轨车辆、动车组等整车制造为主体，以核心

---

* 郑谢彬，湖南省社会科学院（湖南省人民政府发展研究中心）产业经济所助理研究员，主要研究方向为产业发展与创新；李锦璇，湖南中医药大学人文与管理学院，医药经济与管理专业硕士研究生。
① 本文数据由湖南省工信厅提供。

部件、关键系统、工程机械、运营维保系统等为重点的集约型产业体系，建成了集产品研发、生产制造、物流配送、售后服务于一体的全产业链，总规模全国第一。其中，上游科技研发环节集聚了中车株洲所、中车时代电气、九方装备、联诚集团、铁建重工、凌翔磁浮、通号（长沙）轨道、国创轨道、苏科智能等关键系统与零部件制造企业，国家先进轨道交通装备创新中心、国防科技大学、中南大学、湖南大学、材荟智造等科研服务机构；中游制造环节集聚了中车株机、通号轨道、株洲电机、铁建重工等整车制造企业和时代电气、中车天力锻业、中车时代新材、联诚集团、飞鹿集团、中铁桥梁、九方装备、福德电子、凌翔磁浮、金博股份等零部件生产企业；下游列车运营环节集聚了湖南轨道集团和长沙市轨道交通集团等企业，安全检测及维护等环节集聚了九方装备、联诚轨道、中能轨交、张弛铁路服务、唐智科技、智维科技、壹星科技、凌翔科技等企业（见表1）。

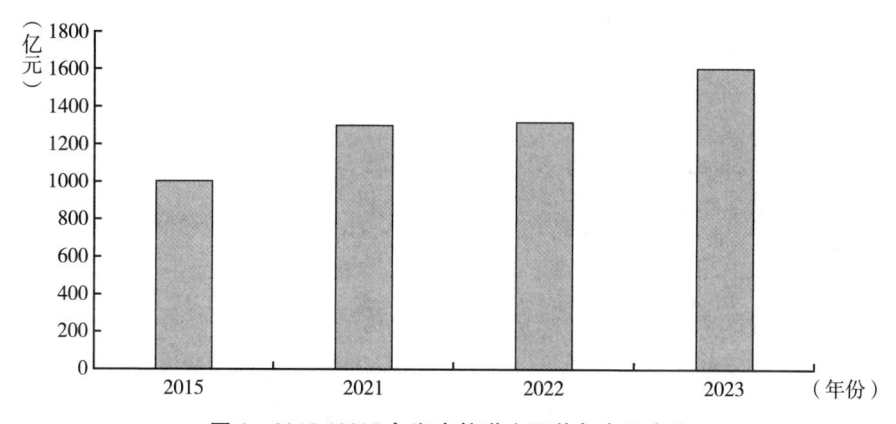

图1　2015~2023年湖南轨道交通装备产业产值

（二）核心企业强

产业链拥有中车株机、中车株机所、中车株洲电机、时代电气、铁建重工等5家"全球轨道交通装备制造50强"企业。电力机车、动车组及城轨列车等产品全球领先，拥有国家单项冠军6个、国家"专精特新""小巨人"企业13家、世界一流专精特新示范企业2家（见图2）。作为中车集团四大子公司的中车株机、中车株机所是轨道交通装备产业链"链主"企业，2023年营业收入

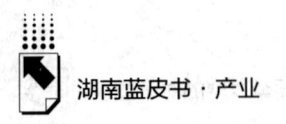

表 1 轨道交通装备产业链图谱

上游		中游		下游		
设计	研发	关键零部件及系统	整车制造	安全检测与维修	列车运营	金融、物流等生产服务业
规划、勘探、轨道设计、环控等	装备结构设计、功能设计、基础材料	牵引转动系统、辅助供电系统、制动系统、列车控制系统、通信信号系统等机电设备及系统，车体、刹车片、转向架、车钩及缓冲装置等零部件	电力机车、内燃机车、动车组、铁道客货车、城轨车辆、磁浮车辆、智轨车辆、轨道工程机械	桥梁、隧道、轨道和路基的巡查和监测；接触网巡查和监测；各关键系统和机电设备检测；设施设备维护规程	初期运营前安全评估、运营期间安全评估、租赁、运能分配、运营服务管理	装备的运输、配送和分发；轨道交通装备的租赁服务；成本控制和资产管理；借贷与保险；进出口担保
缺	国家先进轨道交通装备创新中心、国防科技大学、中南大学、湖南大学、材荟智造	中车天力锻业、中车时代新材、飞鹿集团、中铁桥梁、九方装备、福德电子、金博股份		九方装备、联诚轨道、中能轨交、张弛铁路服务、唐智科技、智维科技、壹星科技、凌翔科技	湖南轨道集团、长沙市轨道交通集团	湖南轨道物流、株洲中车物流、中都物流
		中车株机所、中车时代电气、九方装备、联诚集团、凌翔磁浮、国创轨道、苏科智能				
		中车株机、通号轨道、株洲电机、铁建重工等企业具备研发、关键零部件及系统、整车制造、安全检测与维修等产业链多环节生产能力				
湖南铁道职业技术学院、湖南工业大学等学校具备全产业链人才培养能力						

分别为 244.6 亿元和 523 亿元，较 2022 年增长 2.51%和 23.35%，两企业营业收入占中车集团的 32.77%，引领了 37 家骨干企业成长为专精特新"小巨人"，带动链上近 400 家科技型配套企业协同发展。株洲电机的轨道牵引电机在细分市场上占有率稳居第一位，入选"国家级制造业单项冠军产品"；时代电气自主研发的 LKJ 系列产品国内市场占有率 50%以上，入选"国家级制造业单项冠军产品"。

图 2 产业链重点企业

（三）创新能力强

湖南省轨道交通装备产业积极构建"工程化研究—应用技术开发—科技成果转化—规模化生产—商业模式创新"的产学研用政金商创新体系，建成各类创新平台 128 个，建成国家重点实验室、国家级创新中心等国家级创新载体 28 家、省企业技术中心等省级创新载体 73 家、企业博士后工作站 6 个、院士工作站 10 个。由集群主导和参与制定的国际标准已达到 84 项、国家标准 112 项。其中，中车株洲所主导制定国际标准 9 项，参与制定国际标准 68 项。2023 年，中车株机"新一代轨道交通高效驱动系统技术"，研发轴箱内置式架悬永磁直驱地铁转向架，填补了国内外空白；中车时代"轨道交通及新能源汽车用碳化硅（SiC）MOSFET 芯片、模块研制及应用"实现了 SiC 芯片国产化；具有完全自主知识产权的世界首套设计时速达 600 公里的高速磁浮交通系统成本降到 1.5 亿元/公里。

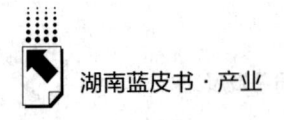

（四）出口能力强

2023年，湖南省轨道交通装备出口额为9.14亿元，较2022年增长44%，出口业务呈现快速增长态势。从贸易主体看，国有企业占主导地位，民营企业增长迅猛。2023年，国有企业出口轨道交通装备6.55亿元，增长40.3%，占同期湖南省轨道交通装备出口总值的71.6%；民营企业出口1.96亿元，较2022年增长90.6%，占21.5%。从贸易产品看，自主技术的列车零配件出口大幅度增长。2023年，湖南省出口铁道或电车道用的机车零件3.52亿元，增长30.5%，占同期湖南省轨道交通装备出口总值的38.51%；出口车辆的驾驶转向架1.36亿元，增长267.8%，占14.88%；出口轨道固定装置和机械交通管理等设备及零附件1.35亿元，增长42.6%，占14.77%（见图3）。从全球市场分布来看，湖南省轨道交通装备的出口市场主要集中在APEC其他经济体，占比超过五成。对APEC其他经济体的出口额达到了4.88亿元，增长了55.1%，占同期湖南省轨道交通装备出口总值的53.3%。具体的出口目的地包括墨西哥和德国，对墨西哥的出口额为2.26亿元，增长了287.5%，对德国的出口额为1.51亿元，增长了65.3%。

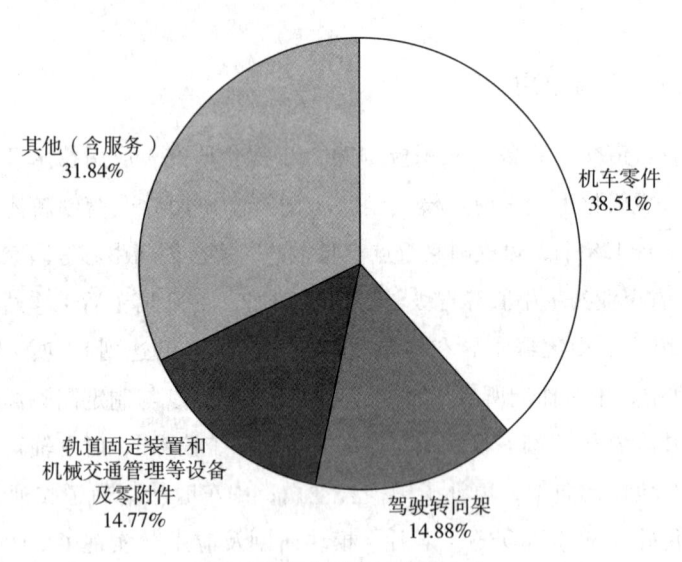

图3 轨道交通出口货物占比

（五）数智融合强

湖南省轨道交通装备产业进入"数智融合"发展阶段，在智能化应用方面，湖南省轨道交通装备产业走在了全国前列。实施了轨道交通车辆转向架智能制造车间、轨道交通网络控制系统应用标准试验验证项目、轨道交通核心部件智能制造工厂建设项目、8英寸IGBT智能制造与数字化工厂建设项目、轨道交通牵引电机数字化工厂建设、高性能碳纤维复合材料大型构件数字化工厂建设等6个项目建设。其中，轨道交通车辆转向架智能制造车间是我国轨道交通装备领域首个智能制造车间，开创轨道交通智能制造新模式；8英寸IGBT智能制造与数字化工厂建设项目是国内首条、全球第二条8英寸IGBT芯片智能化生产线。在示范项目带动下，轨道交通核心装备制造企业正加速"数字化"向"智能化"转变，带动由"单品"向"系统解决方案"的业态模式转变，由"传统装备制造企业"向"工程总包企业"的组织形式转变。比如，中车株机以智能化为支撑，推动设计、施工、运营一体化系统解决方案，涵盖施工总包、机电总包、车辆段总包等多种业务类型，并成功实施墨西哥城地铁1号线"系统+"等多个轨道交通海外总包项目。

（六）产业裂变强

湖南轨道交通装备企业持续加大装备投入和技术积累，积极拓展新赛道。一方面，轨道交通装备企业以新产品和新技术为突破口，积极拓展业务领域和规模。比如，中车株洲车辆以现代化物流装备为战略方向，以铁路站场、月台、冷链储运中心的转储运及自动化装卸服务为突破口，重点开发了智能站场装卸装备和转运装备、新能源装备。另一方面，各企业纷纷拓展服务领域，加速推进全产业链服务化进程。比如，以中车株机为首的企业不断优化服务化的模式探索与创新，中车株机广州项目采用的"车辆+车辆段设备总包+长寿命周期维保"模式。凌翔科技将业务拓展到了车辆随车关键产品、线路检测运维装备、地面试验/仿真装备、技术咨询与服务等，覆盖"设计—试验—制造—交付—调试—运营"全生命周期。株洲电机依托领先的验证试验和测试技术装备，积极拓展外部计量测试业务，已获批筹建"湖南省电机产业计量测试中心"，进一步提升了行业话语权和影响力。

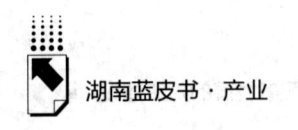

二 产业链主要问题

湖南省轨道交通装备产业在集群化、智能化方面虽然取得了显著进展，但仍面临保持优势和拓展市场等挑战，主要存在以下几个方面的不足。

（一）产业一体化不足

一体化、集群化是确保轨道交通装备产业优势的必要条件。轨道交通是典型的装备密集型产业，生产一列动车组需要4万多个零部件，涉及20余个省份的配套企业，一车"链"千企，是装备制造业中产业链、价值链、市场链最丰富的门类之一，产业拉动效应达1∶5。整体来看，湖南省轨道交通装备产业链在延链、强链方面仍存在较大问题。一是关键环节缺失导致功能不足。湖南省轨道交通装备产业目前提供的服务主要集中在售后服务和维修上，占比高达70%，而前期咨询、方案设计、定制化服务等高端服务占比较低，不足20%，更缺乏更高附加值的服务内容，如设备升级、智能化改造等。比如，湖南没有一家知名轨道专业设计院，在长沙的8条城市轨道交通运营线、湖南的6078公里铁路营业里程中，仅约200公里由本土设计院进行总体设计（还是40年前项目），这与湖南省轨道交通装备占全国行业份额33%的地位严重不匹配，也严重制约了湖南省轨道交通装备业的市场话语权。二是缺乏强大的生产性服务业集群支持。产业链发展离不开强大的本土生产性服务集群支持，株洲市是传统工业城市，缺乏金融、物流等强大的生产性服务业集群。对比之下，株洲市2023年金融机构存款余额4711.5亿元、贷款余额3695.9亿元。而青岛市（中车集团四方股份所在地）2023年金融机构存款余额27114亿元、贷款余额30147亿元，分别是株洲市的6倍和8倍。三是对重要链群发展认识不够。磁浮是湖南轨道交通装备产业继国铁、城轨后的又一个支柱产业链，目前，湖南磁浮建设成本已经降到1.5亿元/公里，单价和城市轨道单价（1亿~2亿元/公里）相差无几，但是地方对磁浮产业发展的支持不显著，部分部门、市州领导认为磁浮产业存在"造价贵、风险大"等偏见，对磁浮产业"节约、先进、可靠、环保"的优势认识不足，推广应用态度不积极。

（二）产业国际化不足

国际化是确保轨道交通装备产业持续竞争力的驱动力。从长远来看，随着国家综合立体交通网日益完善，铁路和城市轨道交通运营里程的新增规划会逐渐减少，国内制造环节市场需求逐步萎缩，增速可能进一步放缓。从全球角度看，轨道交通市场规模每年增长约4.3%（大部分为通货膨胀因素），预计到2026年总规模仍可达到2360亿欧元左右[①]。开拓国际市场，既能够将湖南轨道交通技术和标准推向世界，为轨道交通装备产业打开新的增长空间，也能推动企业学习先进经验和技术，提升湖南在全球轨道交通装备领域的地位和影响力。但是，湖南轨道交通装备产业国际化进程仍然面临较大的困境。一是海外市场拓展风险加大。随着贸易保护主义和技术壁垒不断加强，一些国家将经济政治化，采取各种手段来限制进口，或者设置技术壁垒，增加湖南省企业进入国际市场的难度。而政治动荡、经济衰退等因素对当地轨道交通市场产生影响，加大了影响湖南省企业的出口和投资的风险。湖南轨道交通装备2023年装备出口额为9.14亿元，仅占产业链全部产值的0.57%，出口内容主要包括列车零配件、车辆的驾驶转向架、轨道固定装置和机械交通管理等设备及零附件等，以产品出口为主，基于服务的出口贸易不多，工程总包在欧盟等主要轨道应用国家和地区基本没有。二是海外市场拓展能力不强。轨道交通装备企业在海外市场的布点建设尚处于初级阶段，服务体系尚未完全建立，服务流程不够规范，服务内容不够全面，难以满足客户的多元化需求。大多数海外项目只能通过代理进行沟通，导致信息传递链条较长，响应速度受到影响。这种远距离的沟通模式可能使得企业难以在第一时间了解客户需求，从而影响了服务的及时性和有效性。据相关研究，客户对轨道交通装备企业服务响应速度的满意度仅为70%。这导致企业在国际化、服务化转型过程中，难以形成有效的竞争优势。

（三）全链条创新不足

创新在制造业转型中扮演关键的角色，是推动产业链高质量发展的核心动

---

① 资料来源：《国际铁路学术期刊》，援引自德国权威机构数据。

力。新时代的背景下，随着市场竞争的加剧和客户需求的变化加快，轨道交通装备产业对创新的需求日益迫切。要塑造具有国际竞争力和影响力的轨道交通产业品牌，更需要推动产业链与创新链的深度融合，全面推进轨道交通产业向高效、绿色、智慧、低碳和可持续方向发展。湖南省轨道交通装备产业创新能力在行业内相对领先，但在这方面可能还存在不足。一是关键系统和零部件仍存在"卡脖子"问题。部分关键核心系统如制动系统存在技术短板，与世界一流企业仍存在差距。在轨道交通装备所需高端IGBT等关键原材料、元器件和零部件中，依然有极少数依赖进口，存在"卡脖子"风险，国内虽有替代，但部分产品由于可靠性不足等因素装车规模有限。2020年以来，零部件的进口金额占比保持在88%以上。2024年1~4月，零部件进口金额占全行业进口金额的比重为88.16%，整车进口金额占比11.84%。二是对服务创新重视不够。长期以来，湖南省轨道交通装备产业可能更侧重于产品的生产制造，而忽视了服务环节的价值创造。这种传统制造思维惯性导致企业在服务化转型过程中缺乏主动性和紧迫感。技术创新未能充分支撑服务模式的创新，导致服务化转型进程缓慢。目前，企业缺乏具有自主知识产权的核心技术和服务模式，尤其是服务网络、服务标准、服务流程等，难以在市场中形成差异化竞争优势。湖南省轨道交通装备产业的后服务市场可能还处于起步阶段，市场规模相对较小。这限制了企业在后服务领域的投入和发展。据统计，企业每年的服务创新投入仅占营收的3%，远低于5%的底线水平。而在国际上，一般认为5%是研究经费占营业收入的底线，世界前500位的企业大多满足了每年研究经费达到10%的标准。

（四）人才链赋能不足

人才是轨道交通装备产业高质量发展的保证。传统制造业以产品为中心，其核心竞争力来自产品的工艺、技术等要素，即使在面向服务拓展的过程中，能否满足客户的需求，能否拥有核心竞争力都取决于产业链中的人才。轨道交通装备产业要实现高质量发展，需要企业拥有一支高素质的人才团队，既包括从事研发、生产、质量管理等工程型人才，也包括售前咨询、售后服务、技术支持等方面的服务型人才。人才是企业最大的资源。IBM曾对全球1532位CEO的调查发现，制造企业转型最大的挑战来自人才和文化。湖南省轨道交通装备产业在发展人才方面存在短缺现象。一是高层次人才不足。疫情后，随着全球经济逐渐复苏，轨道交通建设项目增多，海外市场对轨道交通装备的需求不断增加，企业需要更多能够胜任总包项目的人才，对专业人才的需求进一步增加。轨道交通装备企业大部分缺乏服务人才储备，且高技术、高水平人才占比较低，据统计，行业相关企业团队中具备高级技术职称或专业资格的人员占比不足30%。团队的专业素质和技能水平参差不齐，难以提供高质量的产品与服务。二是人才吸引力不足。在以往的激励手段中，提升工资待遇水平和发放物质奖励是使用较为广泛的形式。然而，随着年轻人观念的进步，这些传统的激励方式可能已不足以吸引和留住创新型人才。制造业人才晋升通道过窄、成长激励不明显，人才跳槽现象屡见不鲜，许多制造业企业陷入"招来人却留不住人"的尴尬境地。加之轨道交通装备企业大部分地处株洲，对人才的吸引力不仅无法与北上广深和沿海地区进行竞争，更要面临来自武汉、成都等省会城市甚至长沙市的人才虹吸。三是人才培养机制存在问题。部分高校在专业设置上"假大空"，教学内容难以匹配产业发展的需要。同时，也缺乏掌握新知识、新技能的高水平教师，难以保证教学、二次教育、岗位培训等人才培养方面的质量。

（五）数智融合度不足

信息化、数字化是制造业高质量发展的必然路径，数字技术与制造环节的融合日益深化，呈现设计信息化、装备智能化、流程自动化的发展趋势，不断驱动着城市轨道交通产业智能化转型发展。湖南轨道交通装备产业的"数智融合"走在其他产业前面，推动产品设计、客户定制、集成制造、市场营销、供应链管理、质量管理、测试认证、金融服务等方面的活动实现了基础性的数字化转型，但轨道交通装备产业的整体信息化水平还有待提高。一是信息化基础设施不完善。供应链上下游企业之间的信息系统对接不畅，信息孤岛现象严重，数据共享和协同能力不足。轨道交通装备企业服务流程中信息化处理的比例仅为50%，部分企业可能仍在使用较为落后的信息系统和技术架构，这导致企业在服务过程中难以实现高效的信息传递和资源共享来支撑当前复杂多变的业务需求，影响协同效率和响应速度，进而影响制造业发展效率和质量。二是对信息化重视程度不够。部分企业可能仍沿用传统的管理理念和模式，企业管理层对信息化建设的认识和理解不足，对信息化建设的重视程度不够，缺乏前瞻性和系统性规划。部分企业可能由于资金有限，选择性忽视信息化建设，包括硬件购置、软件开发、系统集成、人员培训等方面，没有全面开展信息化建设。同时，行业所需数字化高级设备、关键工业软件等软硬件供应上存在短缺，导致企业无法融入数字化生态环境。三是数据要素遭遇流动壁垒。数据本身并无任何价值，只有在与其他传统生产要素的互动和协作中，才能体现其价值。然而，由于数据涉及企业、行业较为核心的机密，当下频繁出现的数据"孤岛"、数据垄断等问题，甚至在数据流通层面，存在"有数据的企业不愿开放、有需要的企业拿不到数据"现象，说明了轨道交通装备产业数据要素的流动状况尚未得到有效改善。这成为影响产业高质量发展的一个重要因素。

（六）市场化支撑不足

客户资源是企业无形资产的重要组成部分，制造业跨国公司在为全球高端客户提供产品和服务的过程中，不仅了解客户需要购买的产品和服务的意愿等感知需求，还会深入了解和寻求客户自己都没有意识到的深层次的真实需求，并为其提供强大且系统的服务支撑，从而实现从产品提供向整体解决方案的转型。因此，优质的客户资源，代表了市场需求的复杂性、多样性，对服务型制造企业服务能力和水平提出了更高要求。市场的发展局限了企业业务的拓展。一是本地市场支撑不足。以湖南凤凰磁浮文化旅游项目为例，机电总承包由中国通号负责，整合协同了研究设计院集团、通信信息集团、西安工业集团、电缆集团以及通号轨道电气设计研究院、智能电气设备分公司等参建单位，其中仅有研究设计院集团属于湖南本土企业，而株洲电机、凌翔磁浮等本土企业实力较弱均无法参与该项目。相比之下，成都19号线列车的整车、电机、防火材料、车体底架边梁、车顶板型材均来自成都当地企业，以本地市场为依托，以中车成都机车车辆有限公司为链主，成都轨道交通装备产业集群已有160家上下游企业陆续落户，产业集聚度达60%。二是对服务市场的认识不完善。2023年，我国动车组保有量为4427[①]标准组、35416辆，服务领域仅一个动车维修的市场空间5年内就有望达到千亿级别，研发、运营与维保等服务环节将成为产业未来新的增长点，并拉动金融、物流等生产性服务业形成新的价值增长空间。湖南金融、租赁、知识产权、商务等领域的发展仍不充分，制造业服务化相关业务管理体系不完

---

① 资料来源：《2023-2029年中国轨道交通运营维护行业市场竞争策略及未来发展潜力报告》。

善，市场机制尚未有效建立，创新、营销、维修等后端服务的价值、产权、信用等问题仍被制造企业轻视，极大地影响制造业高质量发展的整体进程。

三 推动轨道交通装备产业高质量发展的政策建议

（一）服务赋能，树立制造与服务的融合发展观

一是把制造业服务化作为产业结构优化升级的重要方向。湖南省轨道交通装备产业要成为全球最大规模轨道交通装备产业，要解决核心技术应用不深、品牌缺失、竞争力不强等问题，仍将是一个非常漫长且艰巨的历史任务。因此，应把制造的服务化作为湖南省轨道交通装备产业在国际国内市场上形成核心竞争力的关键支撑，作为全球价值链当中的核心增长点和主要增值点、盈利点，更是作为全产业链转型升级的主要方向和切入点，破除生产性服务环节的软肋，推动轨道交通装备制造由"造"向"服"转型、由"大"向"强"转变。二是把制造业服务化作为推进两化深度融合的重要任务。信息化是两化融合的战略重点，具有覆盖面广、渗透性强、带动效应明显的优势。但要找到信息化的切入点，需要根据产业自身的特点、发展的实际，步步推进，精准实施。随着制造业价值链不断扩展和延长，制造与服务的价值界限越来越模糊，在目前轨道交通装备产业已初步完成制造信息化的基础上，推进服务信息化建设，包括服务标准的信息化、知识产权的信息化等，推进大数据、云计算、新能源等新一代信息技术和实体经济深度融合，释放数据等现代生产要素对制造服务业发展的叠加、倍增作用。三是组织实施制造业服务化科技专项。积极向国家争取轨道交通装备制造服务化试点，把制造业服务化科技问题纳入科技规划，把面临的重大科技和产业化问题作为支持的重点领域。在基础科学研究领域，鼓励高校将服务科学作为重要的研究领域加强前沿部署。充分考虑制造业服务化转型所面临的重大科技问题，设立服务化转型的重大科技专项，以"揭榜挂帅"形式开展关键问题的研究与突破。实施轨道交通制造服务共性技术支撑体系与应用示范工程，重点支持轨道交通的在线维护、电子商务、物流配送、系统集成等领域，支持相关企业开展重大技术研究、商业模式创新、标准规范试点。四是强化财政金融的精准支持。针对轨道交通服务环节投资回报

周期长等特点，有效确定服务环节价值，研究出台中长期专项贷款（债）及相关贴息政策。研究建立科学合理的运营亏损核定标准，区分政策性亏损、公益性亏损和经营性亏损，建立公平的投入、补贴、利益和债务分担机制，体现收益共享与风险共担，拓宽投资渠道。

（二）加大创新，提升薄弱环节竞争能力

长期以来，湖南轨道交通装备技术主要集中在与产业链有关的材料、设备、系统上。近年来，轨道交通装备技术研究方向和研究重点得以转移，并且由于云计算、新兴材料与量子通信等的蓬勃发展，轨道交通装备产业逐渐由产业链整体走向链条不同节点，技术研究越来越细化，注重各个零部件以及技术运用的优化升级。随着轨道交通装备产业的不断发展，绿色智能轨道交通装备工程、轨道交通敏捷运维保障系统的研究不断深入。因此，持续的科技创新与成果转化，是制造服务化转型的重要支撑。一是持续加强装备制造自主创新能力。组织重大技术装备攻关等国家专项，聚焦交通装备高速、重载、绿色、智能发展趋势，积极布局高速磁浮、中速商用磁浮、虚拟轨道列车、电气化公路等新装备，推动激光先进制造等新技术、碳纤维等轻量化环保新材料、甲醇制氢等新能源动力发展，在省重点研发计划、关键产品"揭榜挂帅"攻关等各类科技创新专项中持续支持轨道交通装备领域项目，集中攻关快速磁浮、高性能复合材料、多制式转向架、高性能电机、智能运维等关键技术，打造行业重大关键技术供给源头，抢占未来交通运输科技制高点。同时，加强基础研究，深化对综合交通运输理论、基础设施长期性能观测、新技术应用等方面的研究。二是强化创新体系建设。积极发挥新型举国体制优势，强化中车株机链主地位，加强企业、高校、科研院所三者之间的优势联合，共同开展核心技术研发工作，打造一批聚合产业链上下游、创新链前后端，多元学科交叉创新联合体和国家创新平台。加快建设国家先进轨道交通综合试验基地，加快建设轨道交通能力实验装置，并纳入国家大科学装置序列，实现服役性能退化快速预测、风险评估和安全预警。三是提升薄弱环节自主创新水平。针对产业链相对薄弱的设计环节，依托湖南国研交通装备工业设计有限公司，加强与全国顶尖设计院合作，成立湖南轨道交通设计研究院，推动国内首家轨道交通装备行业国家工业设计研究院落户湖南，实现轨道交通工程设计的独立自主。

（三）培养人才，为高质量发展提供强大智力输出

随着分工的细化，轨道交通装备产业对人才的需求由单一技能型向复合技术型转变，尤其是调试人员、售后服务人员、现场工艺人员等复合型人才，人才培养需进一步优化。一是构建全链条人才培养体系。将产业链管理人才培养纳入人才队伍建设体系，系统培养现代产业链管理专业人才。聚焦产业链高精尖缺和"卡脖子"工程，深入推行"揭榜挂帅"机制，以"芙蓉计划"为指引，持续实施"三尖"创新人才工程，支持引进和培养一批轨道交通装备领域高层次科技人才和团队。给予地方和企业更多用人自主权，加快高层次领军人才和急缺人才的引进和培养。二是实施人才精准激励。给予科技人才更多自主权、自由权，对产业链现代化建设所需的紧缺人才，鼓励企业突破既有的薪酬体系和模式，建立薪酬分配"特区"，通过协议工资、年薪制等方式，接轨先进市场薪酬水平。对核心技术人员，鼓励企业积极采取股权激励、分红激励、科技成果转化收益分享、员工持股、超额利润分享、跟投、项目收益跟踪分红等多种措施，加大中长期激励力度。对青年人才，要加大对科研项目、科技计划的倾斜比例，鼓励青年人才"挑大梁"，构建青年人才"容错"机制和"帮学"机制，激发青年敢闯敢干的奋斗精神。三是推动产教融合。围绕服务应用型人才培养，通过校地、校企、校所等多元化合作模式，整合地方政府、行业、企业和高校的实践资源，协同共建校外实习实训基地及实践教学平台。加强"高精尖缺"产业人才引培，依托高校推进轨道交通装备相关的专业学科建设，开展订单式培养、专业培训、岗位技能提升培训、企业员工轮训、特种设备作业考试培训等，促进教育链、人才链与产业链、创新链有机衔接，实现高校与企业的资源共享和价值共创。

（四）统筹市场，打造国际国内深度应用场景

庞大的国内市场为制造高质量转型提供了稳定的市场容量、初始的技术来源和充足的人才供给。而国际市场则为制造业高质量发展提供了更加丰富的应用场景，更大规模、更高层次的新市场空间。企业为增强国际市场掌控力和话语权，会投入更多资源加快模式革新与技术创新，推动生产制造向价值创造转变、发展速度向发展质量转变、简单产品向服务品牌转变。一是强化本地市场支持。

支持中车株机等集群内核心企业新产品、新业态、新模式的示范运用。比如，在长宁线、长浏线、长株线、张家界等新旧项目的建设改造中，积极采用中车株机整合本地资源的"系统+"解决方案，通过整条线的投资、建设、运营，降低工程造价和全生命周期成本，支持中车时代电气作为联合体之一负责机电设备集成，推动湖南省内企业积极提供智能化、数字化的全生命周期服务。在长沙地铁、省内磁浮、中小运量轨交系统项目中，积极支持株洲电机等公司的永磁电机、磁悬浮直线电机、牵引变压器、高压电磁元器件等配套产品与服务，支持中车时代电气负责项目站后机电设备集成总包，并作为设备集成商、设备维保供应商参与建设与运营，加快列车自主运行系统、虚拟连挂等本土创新成果落地。二是打造新型应用场景。加快推动"数制融合"，通过推动新一代信息技术、先进制造技术、安全绿色技术等与轨道交通深度融合，开发新一代智能交通系统，推动智能运维、智慧地铁、智慧诊断、个性定制、智能客服等新型数字化装备技术的研发应用和产业化。着力推进"四网"融合，积极建设多层次、多模式、多制式的轨道交通系统，促进各类交通方式互联互通和资源共享。构建综合交通大数据中心体系，推动数据开放共享和创新应用，推动大数据、人工智能、区块链、5G等新技术与轨道交通行业深度融合，打造"轨道+科技"新场景，推动新质生产力发展。三是积极拓展国际市场。以"一带一路"和深化国际产能合作为契机，积极推动泛珠"9+2"各方进一步携手扩大开放，以粤港澳及沿海边境省份为桥梁，积极有针对性地采用贸易、承包工程、投资等多种方式推动轨道交通转移至境外生产布局，推动优势产能跨出国门，充分利用国际资源，拓展新的发展空间。鼓励大型龙头企业发挥带动作用，集结产业链上下游企业集群式"走出去"，深化国际产能合作，实现互利共赢、共同发展。针对国际市场营销等薄弱环节，一方面，积极深化湘港澳贸易服务合作，借助港澳高质量、高水平贸易服务，加快推进香港智轨建设运营，打造全球化展示窗口，加速向全球推广应用。另一方面，利用中部博览会、中非经贸博览会等重大经贸活动，推介湖南省轨道交通装备技术与项目，支持中车株机、中车株机所等企业进一步进入欧洲、中东和非洲等市场。

（五）强化标准，抢先掌握产业话语主动权

高端制造业一个显著的特性就是标准化的广泛应用。它是高端制造业与传统制造业之间的重要区别之一,不仅规范了制造与服务流程、提高了效率,还促进了信息共享和协作,使得服务提供者能够提供一致且高质量的产品与服务。通过标准化,企业能够更好地管理和优化资源配置,降低运营成本,增强市场竞争力。同时,标准化也推动了产品与服务的可复制性和可扩展性,使得创新成果能够迅速推广和应用,推动整个轨道交通装备产业的发展。一是加强国家标准建设。发挥湖南轨道交通装备产业整体研发优势,在国铁、城铁、磁浮等优势行业和服务型制造、绿色发展、数智融合等领先领域持续开展国际标准化建设,建设与完善轨道交通电气设备与系统标准化技术委员会等检测认证基地、标准化基地等公共服务平台,鼓励龙头企业依托我国在国际标准化组织(ISO)、国际电工委员会(IEC)、国际铁路联盟(UIC)等国际组织中的地位,积极主导和参与国际标准制定,提高行业主导国际标准的国际认同度,加快湖南标准国际化进程。二是开展标准国际化提升行动。以墨西哥城地铁、香港智轨等轨道交通国际合作项目为平台,重点开展国际标准孵化、湖南主导国际标准运用、标准国际化人才培育等关键行动。依托中车集团,深度参与中国-东盟铁路标准合作,推动周边国家共同建立轨道交通互联互通标准体系,扩大标准国际影响力。三是加大湖南标准的推介力度。引入国际咨询机构,进一步挖掘湖南标准优势技术。完善湖南标准多语种、高质量翻译工作,借助多边和双边政府合作机制以及教育系统、企业、项目层面进行立体式宣介。依托中非经贸博览会、轨道交通博览会等平台,广泛开展湖南与国外工程师技术交流,在标准规范、设计理念、技术方案等方面互相了解、增进共识。

B.8 以全产业链引领推动湖南现代农业产业高质量发展

史常亮[*]

摘　要： 现代农业是湖南省委十二届四次全会明确的"4×4"现代化产业体系中四大优势产业之一。当前，湖南省现代农业产业发展呈现多种业态互促共进、产业要素集聚融合、多元主体竞相发展的新态势，但也存在产业发展基础薄弱、供给保障不充分、产业链条延伸不足、品牌竞争力不强等一些深层次的问题亟待解决。应坚持大农业观、大食物观，按照"4×4"现代化产业体系布局现代农业产业，全产业链发展粮食、畜禽、蔬菜、油料、茶叶、水产、水果、中药材、竹木、种业等产业，加快推进现代农业产业高质量发展。

关键词： 现代农业　高质量发展　全产业链　大农业观　湖南省

"强国必先强农，农强方能国强。"农业关乎饭碗，是安天下、稳民心的基础产业。2024年3月18~21日，习近平总书记在湖南考察时指出："坚持大农业观、大食物观，积极发展特色农业和农产品加工业，提升农业产业化水平。"[①] 现代农业是湖南特色传统产业，也是湖南省委十二届四次全会明确的"4×4"现代化产业体系中四大优势产业之一。加快推进现代农业产业高质量发展，是立足全省农业资源禀赋和发展基础推进产业振兴的现实路径，事关全省乡村全面振兴大局，是建设湖南特色农业强省的重大举措。

---

[*] 史常亮，湖南省社会科学院（湖南省人民政府发展研究中心）经济研究所助理研究员，主要研究方向为农业经济理论与政策。
[①] 《习近平在湖南考察时强调：坚持改革创新求真务实 奋力谱写中国式现代化湖南篇章》，《人民日报》2024年3月22日，第1版。

一 湖南省现代农业产业发展现实基础与存在问题

湖南是农业大省,是全国13个粮食主产区之一,也是著名的"鱼米之乡""九州粮仓",素有"湖广熟,天下足"的美誉。水稻播种面积和产量居全国第1位,生猪出栏和存栏量居全国第2位,油菜、蔬菜、茶叶、淡水产品、柑橘、中药材等产量均居全国前列。近年来,湖南深入学习贯彻习近平总书记关于"三农"工作重要论述,认真贯彻落实党中央、国务院决策部署,全面推进乡村振兴,加快建设农业强省,农业产业化具备了较好的产业根基,但同时也日渐暴露出一些深层次的问题亟待解决。

(一)湖南省现代农业产业发展的基本现状

湖南省农业产业化起步较早,经过多年努力,特别是最近几年的大力推进,逐渐形成了多层次、多形式、多元化的现代化农业产业体系,现代农业产业发展呈现多种业态互促共进、产业要素集聚融合、多元主体竞相发展的新态势。

1.现代农业产业体系初具规模

近年来,湖南一以贯之发展精细农业,持续实施"六大强农"行动,打造农业优势特色千亿产业,已基本形成粮食、畜禽、蔬菜、茶叶等农业优势特色千亿产业发展格局,"一县一特、一特一片"基本成型。2022年,全省农业优势特色千亿产业(不含种业)全产业链产值达1.4万亿元,同比增长约6.44%。具体从各产业来看,如图1所示。

(1)粮食产业。2022年粮食产业全产业链产值达3396亿元。全省粮食播种面积7148.3万亩,粮食产量连续三年超600亿斤,其中水稻播种面积、产量均居全国第1位。

(2)畜禽产业。2022年畜禽产业全产业链产值达3855亿元。生猪出栏、存栏量分别居全国第2位、第3位,65个县被列入全国生猪调出大县;生猪规模养殖比重达70%,高出全国平均水平4个百分点。

(3)蔬菜产业。2022年蔬菜产业全产业链产值达2111亿元。蔬菜种植面积居全国第8位、产量居第7位;共有各类蔬菜生产经营主体3600余个,供粤港澳大湾区蔬菜基地431个。

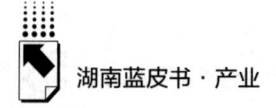

（4）茶叶产业。2022年茶叶产业全产业链产值达839亿元，居全国第4位。形成以"五彩湘茶"为统领，潇湘绿茶、安化黑茶、湖南红茶、岳阳黄茶、桑植白茶争相发展的格局。

（5）油料产业。2022年油料产业全产业链产值达982亿元。基本形成洞庭湖区、大湘西山区、湘东中南丘陵区三大油菜主产区，衡阳、永州等7个区域油茶产业集群。

（6）水产产业。2022年水产产业全产业链产值达848亿元。淡水养殖面积、产量分别居全国第2位、第5位；培育国家级健康养殖和生态养殖示范区8家，全省水产品加工企业达266家，其中国家级重点龙头企业5家。

（7）水果产业。2022年水果产业全产业链产值达900亿元。全省园林水果种植面积、产量分别居全国第9位、第12位，其中柑橘种植面积、产量均居全国第2位。

（8）中药材产业。2022年中药材产业全产业链产值达717亿元。全省中药资源品种多达4667种，居全国第4位、中部第1位，是我国8个中药材种植基地省份之一。

（9）竹木产业。2022年竹木产业全产业链产值达557亿元。全省竹资源稳定在1825万亩，居全国第3位；拥有竹加工企业4000余家，其中国家、省级林业龙头企业120余家。

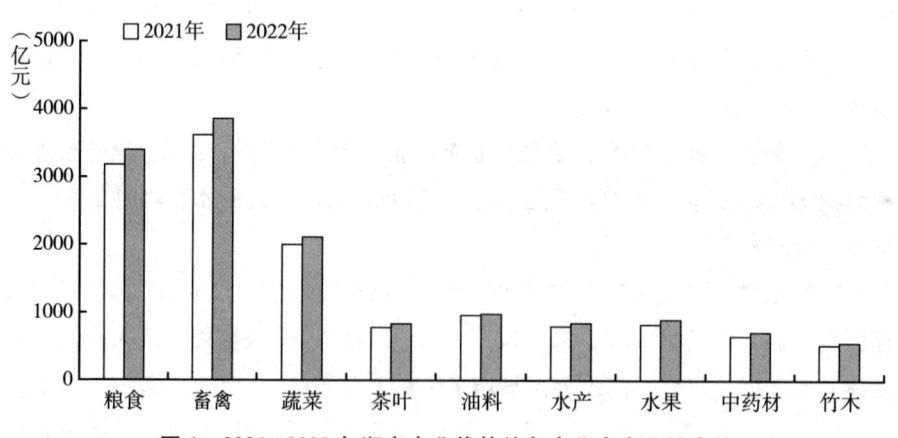

图1 2021~2022年湖南农业优势特色产业全产业链产值

2. 农业产业要素集聚融合加速

湖南立足农业优势特色产业，以实施"千园工程"为牵引，多层次开展农业园区创建工作，打造产业发展载体，现代农业园区、农业特色强镇蓬勃发展。截至2023年底，全省50亿元以上县域优势特色产业126个，其中超百亿元36个；累计建设国家农业现代化示范区13个、国家现代农业产业园12个、国家农业产业强镇80个、全国"一村一品"示范村镇150个，数量均居全国前列。2022年，全省规模以上农产品加工企业发展到5599家，其中营业收入过百亿元的11家；涉农上市企业22家，居中部第1位，18家企业入围中国农业企业500强；农产品加工业产值突破2.13万亿元，居全国第7位、中部第3位；农产品加工业产值与农业总产值之比达到2.6∶1，高于全国平均水平。

3. 新型农业经营主体竞相发展

近年来，湖南以实施"千社""万户"工程为抓手，强化政策支持、示范创建，农业产业化龙头企业、农民专业合作社、家庭农场等新型农业经营主体数量快速增加。截至2022年，湖南省级及以上农业产业化龙头企业总数超过1000家，其中国家级农业产业化龙头企业96家。家庭农场发展到20.85万个，其中省级示范农场2114个。农民专业合作社发展到12.06万家，其中国家级示范社603家、省级示范社1762家，组建各类联合社977家；全省农民专业合作社共有成员345.7万户，占全省农户总数的24.9%。农业社会化服务组织发展到8.5万个，服务小农户545万户，服务面积7800万亩次；累计认定支持建设50个省级示范区域性农业社会化综合服务中心。

4. "湘字号"品牌矩阵逐步形成

农业强不强，关键靠品牌。自实施"六大强农"行动以来，湖南坚持在品牌培育、建设、宣传等方面持续发力，构建形成了以省级区域公用品牌、片区公用品牌为引领，企业品牌、产品品牌同频共振、梯次发展的金字塔式品牌体系。重点打造了湖南红茶、安化黑茶、湖南菜籽油、湖南茶油、湖南辣椒、湘江源蔬菜、湘赣红等7个省级区域公用品牌，培育了湘九味、五彩湘茶、洞庭香米、湖南菜籽油、湘猪乡味等5个产业集群品牌，涌现出宁乡花猪、炎陵黄桃、湘潭湘莲、祁东黄花菜、隆回金银花、华容芥菜、桑植白茶、永顺莓茶、靖州杨梅、南县小龙虾等一大批"一县一特"农产品优秀品牌，"邵阳红""郴品郴味""永州之野""垄上岳阳""湘西香伴""硒有慈利""安乡

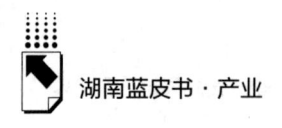

农仓""华容稻"等片区公用品牌以及"湘村黑猪""金健米业""玲珑茶""阳雀湖"等企业品牌异军突起,"湘"字号农业品牌矩阵逐步形成。

5. 农业绿色发展水平稳步提升

绿色是现代农业的底色。湖南深入践行"绿水青山就是金山银山"理念,农业绿色发展取得重大进展。农业资源保护利用加强,耕地保护制度逐步健全,耕地质量等级提升至4.71,农田灌溉水有效利用系数为0.55。产地环境更加清洁,化肥、农药减量增效,利用率分别达40.4%、39.8%,主要农作物病虫绿色防控覆盖率49.55%;农业废弃物资源化利用水平持续提升,秸秆综合利用率89.8%,农药包装废弃物回收率54.2%,农膜回收率84.2%,畜禽粪污资源化利用率83%。绿色、有机、地理标志农产品供给能力大幅增强,截至2022年底,全省绿色有机地标农产品总数达3798个,数量稳居全国前列。其中,绿色食品3338个,居全国第4位;有机农产品332个,居全国第2位;并拥有农产品地理标志128个。创建国家农业绿色发展先行区6个、"绿水青山就是金山银山"实践创新基地7个、国家生态文明建设示范区21个。

(二)湖南省现代农业产业发展存在的问题

湖南省现代农业产业发展在全国有分量、在市场有需求,但对标加快建设农业强省的目标,面临的短板弱项还比较多,有些是共性问题,有些是局部个性问题,制约着产业发展空间以及产业整体竞争力的提升。集中体现在四个方面。

1. 产业发展基础仍薄弱

一是基础设施欠账多。农田水利存在设施老化、损坏严重、维护不足等问题,特别是近4万公里"中梗阻"渠道未能与高标准农田实现有效衔接,导致农田灌溉效率低下。水果、茶叶、中药材等产业大多分布在丘陵山坡旱地地区,灌排设施薄弱、灌溉难度大。二是机械化水平不高。2022年,全省农作物耕种收综合机械化率为56%,低于全国平均水平17个百分点。能适应山地丘陵条件下作业的小型农机具缺乏,中药材生产机械化应用水平低,茶叶在深耕、施肥、采收等环节的机械化应用仍非常有限。三是规模化经营程度低。湖南省多数土地仍以分散经营为主,土地流转不畅,导致规模效益难以发挥。截至2022年,全省耕地流转率仅为53.4%,仍有近一半耕地处于分散经营状态;经营耕地10亩以下的小农户占比高达92.2%。茶叶、油料、中药材、水果等产业仍以个体散户经营为主，生产培育方式传统、标准化改造难度大。四是防灾减灾能力较差。不少地方农业生产还是靠天吃饭，如辣椒种植多以露地栽培为主，抵御自然灾害能力差；一些地方专业化防灾减灾力量不足，防灾减灾体系不健全，难以有效应对各种灾害风险。

2. 农业供给保障不充分

一是种源对外依存度高。湖南省蛋鸡、奶牛、生猪、肉鸡核心种源对外依存度较高，分别为100%、100%、20%、60%，种源"卡脖子"问题依然突出。中药材种业创新严重滞后，存在种质资源退化与消失的风险。二是科技支撑能力不强。农业科技成果转化率和优良品种、先进适用技术普及率不高，农业科技进步贡献率仅为64%，低于江苏省的72%、黑龙江省的70.3%、湖北省的66.3%，依靠科技进步推进农业现代化的动能不足。三是农业绿色发展任务还比较繁重。耕地复种指数高，化肥农药减量与粮食持续增产矛盾突出。此外，重金属污染、农业面源污染等问题依然存在，绿色循环农业还处于初级阶段，农产品质量安全风险隐患依然存在。

3. 农业产业链延伸不够

一是产业发展链条短且以前端初加工为主。当前湖南省农产品仍以鲜销为主，农产品加工转化率只有53%，比全国平均水平低12个百分点；加工副产物综合利用率不到30%，比全国平均水平低10个百分点左右[①]。大多数农产品仍停留在初加工阶段，精深加工程度不足。以稻谷为例，全省90%以上的稻谷加工停留在精白米阶段；又如生猪产业，全省每年出栏生猪6000万头以上，但生猪屠宰加工率只有35%，低于全国44%的平均水平。二是产业链条的延伸缺乏强有力带动。全省现有农业产业化国家重点龙头企业96家，低于河南省的102家、山东省的130家。农业龙头企业整体实力偏弱、农产品"链主"企业不多，对产业发展的支撑拉动作用有限。同时，农民专业合作社运行质量不高、规范化水平低的问题比较突出，合作社服务范围窄，与农民利益联结不紧密，"外联市场、内联农户"的中介作用发挥不够。三是产业链各环节之间的衔接不够紧密。与农业产业相关的加工业、物流业还没有充分发展起来，尤其是后端的冷藏冷运、品牌包装、市场信息业及纸箱等关联产业发展滞

---

① 陈文胜、向玉乔主编《湖南乡村振兴报告（2023）》，社会科学文献出版社，2023。

后,产业链各个环节之间融合、联动不够,未能实现集群式落地效应。

4. 农业品牌竞争力不强

一是地域品牌繁多,但有影响力的少。据不完全统计,湖南省已有上千个各级农产品区域公用品牌,但缺乏具有广泛知名度和高端市场定位的品牌。比如湖南省农产品品牌价值最高的"洽洽"品牌价值为328.7亿元,远低于四川省"郫县豆瓣"的661.1亿元。又如"南县稻虾米"品牌价值为231.1亿元,低于"五常大米"的713.1亿元。市场反映,上千个湘茶品牌难敌一个"龙井",数百个湘米品牌竞争不过一个"东北大米"。二是区域品牌整合不够,导致品牌之间无序竞争。如"保靖黄金茶"品牌打造出圈,又陆续涌现"湘西黄金茶""十八洞黄金茶""乌龙山黄金茶""炎陵黄金茶""郴州黄金茶"等同品类公用品牌。又如柑橘,创建了"宜章脐橙""溆浦脐橙""麻阳冰橙""永兴冰糖橙""崀山脐橙"等多个区域品牌,但单点式的品牌建设较为分散,难以形成强劲的品牌效应。三是区域品牌建设品控不足,导致品牌形象持续受损。目前,区域公用品牌的使用主体多为农户,生产的产品标准化程度低、产品质量无法得到有效保证。据调研,超过一半的消费者遭受过不同程度的欺骗,并认为"很难买到正宗的农产品"。

二 加快推进湖南省现代农业产业高质量发展的对策建议

习近平总书记指出:"没有农业农村现代化,就没有整个国家现代化。"① "推进中国式现代化,必须坚持不懈夯实农业基础,推进乡村全面振兴。"② 要树立产业链思维,以工业化理念谋划农业,推动湖南农业从抓生产向抓链条、从抓产品向抓产业、从抓环节向抓体系转变,全产业链推进粮食、畜禽、蔬菜、油料、茶叶、水产、水果、中药材、竹木、种业十大优势特色千亿产业,全品类构建多元化供给体系,全要素促进产业深度融合,全领域培育产业经营主体,着力深挖"土"的资源,放大"特"的优势,壮大"产"的规模,加快推动现代农业产业高质量发展,持续提升农业产业化水平。

---

① 习近平:《加快建设农业强国 推进农业农村现代化》,《求是》2023年第6期。
② 《中央农村工作会议在京召开》,《人民日报》2023年12月21日,第1版。

（一）践行大农业观，推动现代农业为供给保障作出新的贡献

保障粮食等重要农产品安全稳定供给，是农业现代化的首要任务。发展现代农业产业，要树立大农业观、大食物观，扎实抓好"米袋子""菜篮子""果盘子"供应保障，充分挖掘各类农业资源，推动粮经饲统筹、农林牧渔并举。一是粮油产业。全面落实粮食安全党政同责，全方位调动农民种粮积极性，全力提升粮油作物单产水平，不断完善省级领导联系省级粮食生产万亩综合示范片工作机制。统筹推动粮食初加工、精深加工和综合利用加工协调发展，加快大米主食工业化进程。提升菜籽油加工传统工艺，开展深加工和副产品开发，支持发展高品质、特色型菜籽油。推动油菜种植与农业观光、乡村旅游等业态融合，打造油菜经济。二是畜禽产业。以实施"优质湘猪"工程和生猪屠宰加工能力提升工程为抓手，加快发展精深分割、精深加工等高附加值的肉类加工，补齐生猪屠宰加工短板，加快推进从"运猪"向"运肉"转变。实施肉牛肉羊增量提质行动，推进种草养畜，发展南方奶牛。三是蔬菜产业。以设施蔬菜、露地蔬菜、水生蔬菜、高山蔬菜和食用菌为重点，聚力打造绿色"湘"菜全产业链。加快宜机化、高抗高产等优势蔬菜新品种选育，全面推进蔬菜产业的良种化进程。四是水产产业。大力实施水产绿色健康养殖技术推广"五大行动"，推进水产养殖方式转型。有序发展大水面增殖渔业、稻渔综合种养等生态健康养殖，加快发展设施渔业、休闲渔业。推动水产品多元化开发、多层次利用、多环节增值，提高水产品加工转化率和附加值。五是水果产业。以柑橘为重点，统筹兼顾梨、桃、葡萄、猕猴桃、杨梅等特色水果，调整品种结构，进一步优化早中晚熟水果品种比例，稳步提升鲜果周年均衡供应水平。六是茶叶产业。着力提升茶叶生产条件，示范推广一批优良茶叶品种，加快中低产茶园改造，创建一批标准化生产基地，推进出口茶叶原料基地建设。开展新式茶饮研发，不断提高茶叶资源综合利用率。七是中药材产业。推动建设一批大宗道地药材生态种植示范基地，做优做强"湘九味"品牌，大力开发包括植物提取物、食品与保健食品等中药材大健康产品，推动中药材种植与休闲体验、健康养生有机融合。八是竹木产业。抢抓"以竹代塑"机遇，大力发展竹产业精深加工，创新推出一系列"以竹代塑"新材料、新产品，加速构建"以竹代塑"产业产品体系。大力发展竹文化旅游产业，"活化"各地竹文化资源，开发相关竹制文创、旅创产品，促进竹产业与竹文化深度融合。

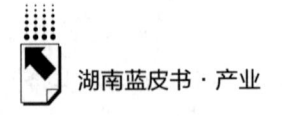

（二）整合全产业链，加快推进现代农业全链条转型升级

现代农业的发展离不开全产业链模式的打造。要以壮大农产品加工为突破口，推进优势特色农产品标准化生产、精细化加工、品牌化营销，持续建链、补链、延链、强链，加快培育符合湖南省现代农业产业体系的全产业链。如图2所示。一是促进农业产业链纵向延伸。推动特色种植养殖向前端种业和后端冷链物流、深加工、营销等延伸，统筹布局生产、加工、物流、研发、示范、服务等功能，加快全产业链建设、全价值链开发。支持粮食、生猪、肉牛肉羊、家禽、油料、蔬菜、柑橘、茶叶、水产优势区和生产大县，与农产品加工企业有效对接，建设一批产地清洁、生产绿色、全程贯标、品质优良的优质绿色原料供应基地。培育农业全产业链"链主"企业，联合育种育苗、生产基地、仓储设施、科研院所、加工流通、服务贸易等环节主体，一体打造农业全产业链。二是推动农业产业链横向拓展。以村为基本单位，依托资源优势，挖掘放大特色种养、特色手工、特色食品、特色文化等，大力推进规模化、标准化、品牌化和市场化建设，培育一批"一村一品"示范村。聚焦1~2个农业主导产业，吸引资本聚镇、能人入镇、技术进镇，建设一批集标准原料基地、集约加工转化、区域主导产业、紧密利益联结于一体的农业产业强镇。立足县域优势特色产业，统筹推进现代农业产业园、农业科技园、农产品加工园、农村一二三产业融合发展示范园等建设。依托资源优势和产业基础，突出串珠成线、连块成带、集群成链，培育品种品质优良、规模体量较大、融合程度较深、跨县级甚至市级行政区划的区域性优势特色农业产业集群。三是丰富农业产业链实践业态。创新融合经营业态，鼓励发展定制农业、会员农业、创意休闲农业等新业态新模式，推动农业与文化、创意、体育、教育、康养等领域融合发展。利用好湖南省农业产业链固有的基础优势，强化农业的文化传承功能，进一步发展特色农业、高质量农业、现代化农业。推动农业数字化智慧化升级，支持企业开展智慧化改造升级、培育农村电商主体、支持建设市级数字农业示范园。培育农业新业态新模式，积极推进农业绿色低碳高质量发展模式，引导发展农业科技服务业、农业生产性服务业、乡村新型服务业等新产业，鼓励发展研学科普、植物工厂、旅游民宿等新业态，促进产加销、农工贸、农文旅一体化发展。

以全产业链引领推动湖南现代农业产业高质量发展

产前：研发及农资供应	产中：农产品生产	产后：农产品加工及流通
育种	植保/防疫	初加工/深加工
育苗育仔	农事作业	田头批发
农机研发	农资使用	检测检疫
农资生产	农机使用	冷库冷链
饲料加工	农业服务	农贸市场

现代种业
- 隆平高科　・亚华种业
- 湘研种业　・神农科技
- 华智生物　・湘穗种业
- 岳麓山水产育种

动物农产品
- 唐人神　・新五丰
- 湘佳牧业　・德农牧业
- 大湖股份　・湘村高科
- 南山牧业　・湖南大北农
- 鹏都农牧　・柱山禽业
- 庆阳牧业　・全民格业
- 龙华农牧　・立华农业
- 大康牧业　・流沙河花猪

加工
- 宏大农产品　・金健米业
- 红星盛业　・裕湘面业
- 广积米业　・湘纯农科
- 湘茶集团　・神农国油
- 金浩茶油　・金之香米业
- 角山米业　・道道全粮油
- 山润油茶　・大三湘茶油
- 渔米之湘　・湖南省茶叶集团

现代农机
- 龙舟农机　・农夫机电
- 九鼎科技　・农友机械

农资供应
- 新三湘农资　・中农锦绣
- 隆科农资　・中农立华
- 湖南农业集团　・大方农化

植物农产品
- 萌芽蔬菜　・中粮米业
- 浏阳河集团　・湖南天府生态农业
- 康华实业　・阳雀湖
- 牛角山生态农业
- 精为天生态农业

流通
- 湖南佳惠　・水渡河
- 聚味堂　・彭记坊
- 红星冷链　・乐农汇配送
- 绿叶水果　・绿叶水果
- 农业惠　・湖南供销集团

饲料加工
- 佳和农牧　・宝东农牧
- 德农牧业　・鑫广安农牧
- 惠生集团　・宝东农牧

上游　　中游　　下游

图 2　湖南现代农业产业链图谱

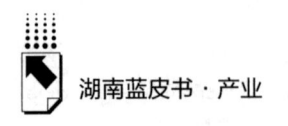

（三）培育经营主体，构建较为完善的现代农业经营体系

新型农业经营主体是现代农业发展的重要载体，是促进小农户和现代农业发展有机衔接的中坚力量。要以家庭农场、农民专业合作社、农业产业化龙头企业等为重点，加快梳理培育一批农业主导产业链条上管理规范、核心技术能力突出、集成创新能力强、生产经营能力活跃的头部型、领军型经营主体。一是培育农业龙头企业。以打造农产品加工业发展高地为主线，推进农产品加工企业倍增行动，持续培育农产品加工标杆企业和龙头企业，推动企业"小升规、规转股、股上市"提档升级。实施百强企业培育计划，在粮食、生猪、油菜、蔬菜、茶叶、淡水产品、柑橘、中药材等主要农产品领域以及现代种业、智慧农业等重点领域，支持企业做大规模、提升市场竞争力，鼓励发展农业总部经济，培育一批在全国具有引领力的头部企业。实施龙头企业梯次培育计划，鼓励农业企业聚焦主业，增强核心竞争能力、科技创新能力和辐射带动能力，打造一批行业领军企业，引导有条件的龙头企业组建大型农业企业集团、农业产业化联合体。实施"湘商回归"工程，支持实施民营企业培优做强行动，引导社会资本全产业链发展农产品加工业。二是发展适度规模经营。继续开展家庭农场和农民专业合作社示范创建，增强示范带动能力。鼓励引导产业、地域相近的家庭农场、合作社、龙头企业联合发展，打造区域带动和服务能力突出的联合合作样本，支持引导合作社办公司，增强市场竞争力和带领小农户增收致富的能力。三是推动社会化服务扩面提质。支持专业公司和农民专业合作社作为骨干力量，通过基地建设、订单生产、整区域托管发展专业化、规模化服务，引领"小农户"对接"大市场"。鼓励各类合作社、专业服务组织等开展种苗统育统供、病虫统防统治、肥料统配统施、农机统耕统种、产品统购统销等服务，努力实现主要作业环节全覆盖，引导发展旱粮、柑橘、蔬菜、茶叶、中药材等特色产业全程社会化服务。

（四）坚持科技强农，全方位加强现代农业科技和装备水平

科技强，农业才能强。要把强化农业科技和装备支撑作为发展现代农业产业的最大实力和底气。一是发挥院士团队作用。充分发挥农业领域湘籍、在湘院士作用，以产业急需为导向，以关键核心技术攻关为引领，以建设农业科技

高能级创新载体为平台，整合高校、科研院所、企业等各类优势科研资源，构建梯次分明、分工协作、适度竞争的农业科技创新体系。二是扎实落实两个方案。落实好种业振兴行动实施方案，大力实施种质资源保护利用、种业创新攻关、种业企业扶优、种业基地提升、种业市场净化五大行动，加大育种研发投入，构建以企业为主体的种业创新体系。持续推进杂交水稻、短生育期油菜等主要粮油作物高质量育种攻关，开展畜禽水产核心种源攻关，有序推进生物育种产业化应用。落实好农业关键核心技术攻关实施方案，以岳麓山实验室、岳麓山种业创新中心为载体，推进核心种源、关键农机装备、农产品绿色贮运保鲜与高值加工利用、耕地质量提升与农业环境污染修复、动植物安全高效生产与绿色农用投入品研发等领域技术协同攻关。支持农业全产业链科技创新，优化完善水稻、旱粮、油料、蔬菜、生猪、家禽、草食动物、水产、水果、茶叶、中药材、棉花等12个现代农业产业技术体系。三是提升农业机械化水平。持续推进粮油生产全程机械化，提升水稻、油菜机械化种植水平，加快灌排、植保、秸秆处理、烘干等环节机械化集成配套。对接高标准农田工程和"四好"农村路，加强机耕道建设，支持果菜茶园标准化机械化改造，切实改善农机应用基础设施条件。加大对畜禽养殖设施装备的支持力度，提升畜牧业机械化水平。鼓励农机合作社与家庭农场、种植大户、农业企业建立机具共享联合体，引导农机合作社不断完善服务机制，拓展服务领域。四是发展现代设施农业。以蔬菜和水稻生产大县为重点，合理布局建设集约化育苗（秧）中心。加快规模养殖场设施化改造升级，稳步推进生猪家禽立体化设施养殖建设，建设立体多层生猪养殖圈舍。推广蛋鸡、肉鸡叠层笼养，加快肉牛肉羊集约化设施养殖建设。大力发展现代设施渔业，推广循环水工厂化、陆基工程化、池塘设施化等现代养殖方式，推进传统养殖池塘改造升级。

（五）强化"三品"建设，持续提升现代农业整体质量和竞争力

品种和品质是现代农业发展的前提和基础，品牌是现代农业的核心竞争力。要深入实施以"品种优化、品质提升、品牌打造"为核心的"三品"工程，提高农业质量效益和竞争力。一是加快品种优化。突出"稳粮、优经、扩饲、提养"和"稳生猪、扩牛羊、提水产"，大力挖掘具有地域特色与优势的种养产业，推动农业结构由"粮猪独大"向"粮经饲统筹、农林牧渔并举"

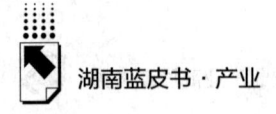

转变。以"一县一品"为取向，大力开发地方特色地标产品，建立一批标准化地标性农产品生产基地，把地方土特产和小品种做成带动农民增收的大产业。二是加快品质提升。加强农产品"两品一标"认证，引导支持经营主体申报绿色食品、有机农产品，逐步提高绿色食品、有机食品比重。强化绿色食品、有机农产品质量与监督，严把申报和年检关口。强化农产品地理标志保护运用，确保产品质量特色，提升特色农产品市场竞争力。全面推行承诺达标合格证与农产品"身份证"制度，深入实施农产品生产主体入网监管，推动实现食用农产品"从农田到餐桌"全链条全过程可追溯管理。加大农药残留检测监管力度，严格管控上市农产品常规农药残留超标问题，加强农产品质量安全突发事件应急处置。三是加快品牌打造。完善"湘字号"品牌培育机制，建立以政府为主导、市场为主体的区域公用品牌工作推动机制，引导各区域做好品牌定位，打造具有地方特色的片区公用品牌。支持推动湖南农业集团、唐人神等优势企业进行品牌整合，培育一批国内国际市场领先的"小巨人"企业和行业单项冠军品牌。加强"湘字号"品牌营销，继续实施"湘媒"推"湘品"行动，鼓励各级电商利用短视频、直播等方式，扩大农业品牌影响力和传播力；积极举办农业品牌海外推介会，支持茶叶、油茶、蔬菜、水果等农业企业"抱团出海"。

B.9
湖南文化旅游产业高质量发展对策研究*

湖南省社会科学院（湖南省人民政府发展研究中心）调研组**

摘　要： 发展文化旅游产业是湖南实施文化强省战略的重要抓手。近年来，湖南围绕加快建设文化强省和世界旅游目的地目标，以文塑旅、以旅彰文，推进文化和旅游深度融合发展，文化旅游产业发展卓有成效。报告认为湖南文旅较疫情年呈现报复性增长，较疫情前呈现恢复性增长，文旅消费出现新技术新场景，文化遗产旅游进入深度开发，红色文化旅游持续发展，工业旅游来势较好，夜间文化和旅游消费活跃，音视频产业火爆出圈，然而还存在文旅资源家底不清、同质化发展较为明显、文旅数字化服务水平有待提升、文旅融合体制机制不优等问题短板，最后从培育文旅新质生产力、"文化"与"旅游"深度融合、文化旅游资源开发模式、文化旅游消费模式、文旅项目论证等方面提出了对策措施。

关键词： 文化旅游产业　音视频产业　文化和科技融合　高质量发展　湖南省

2024年初，习近平总书记在考察湖南时提出两道"融合命题"："一是探索文化和科技融合的有效机制，加快发展新型文化业态，形成更多新的文化产

---

* 本研究为湖南省社会科学院（湖南省人民政府发展研究中心）哲学社会科学创新工程资助项目"马栏山视频文创产业园发展政策建议"（编号：23ZYB12）和湖南省哲学社会科学基金课题"'智能+'时代湖南现代文化产业体系建设研究"（编号：22JD083）的阶段性成果。

** 调研组组长：钟君，湖南省社会科学院（湖南省人民政府发展研究中心）党组书记、院长（主任）、研究员，主要研究方向为马克思主义大众化、中国特色社会主义、公共服务；副组长：侯喜保，湖南省社会科学院（湖南省人民政府发展研究中心）党组成员、副院长（副主任），研究员，主要研究方向为宏观政策、区域发展、产业经济；执行组长：邓子纲，湖南省社会科学院（省人民政府发展研究中心）产业经济所所长、研究员，主要研究方向为工业经济、文化产业、工商管理；成员：周海燕，湖南省社会科学院（湖南省人民政府发展研究中心）副研究员，主要研究方向为区域经济、产业政策；李素，湖南湘西职业技术学院讲师，主要研究方向为区域经济。

业增长点；二是推进文化和旅游深度融合，守护好三湘大地的青山绿水、蓝天净土，把自然风光和人文风情转化为旅游业的持久魅力。"① 文化旅游产业已被列入湖南"4×4"现代化产业体系②，主要包括音视频产业、文化创意产业、全域旅游产业等，充分体现了文化和科技融合、文化和旅游融合的鲜明导向。湖南实施文化强省战略、打造世界旅游目的地，就必须加快科技对文化旅游的支撑，培育文化旅游新质生产力，强化文化旅游产业链建设，进一步增强文化软实力。

一 湖南文化旅游产业发展现状

近年来，湖南紧紧围绕加快建设文化强省和世界旅游目的地的目标，以文塑旅、以旅彰文，推进文化和旅游深度融合发展。随着融合加深，全域旅游中三湘大地"古色"更浓、"绿色"盎然、"红色"炽热、"夜色"灿烂，呈现文化创意与旅游融合加深、音视频产业快速发展、消费新技术新场景不断涌现的生动局面，文化旅游产业正成为促进湖南高质量发展的新力量。

（一）旅游较疫情年呈现报复性增长，较疫情前呈现恢复性增长

1. 较2022年呈现出报复性增长态势

2020~2022年，新冠疫情三年，文化旅游市场呈现断崖式下降。2023年，文化旅游快速增长，同2022年相比，可谓是报复性增长。从整体发展数据看③：2023年全省接待旅游总人数65781.22万人次，同比增长51.28%，其中接待国内游客65669.13万人次，同比增长51.05%；接待入境游客112.09万人次，同比增长13.5倍；全省实现旅游总收入9565.18亿元，同比增长47.43%，其中实现国内旅游收入9545.14亿元，同比增长47.16%；实现入境

---

① 《习近平在湖南考察时强调 坚持改革创新求真务实 奋力谱写中国式现代化湖南篇章》，《人民日报》2024年3月22日，第1版。
② 2023年12月湖南印发《湖南省现代化产业体系建设实施方案》（湘政办发〔2023〕54号），实施方案中提出的文化旅游业主要包括音视频产业、文化创意产业、全域旅游产业等产业，本报告主要研究这三大产业发展情况。
③ 本报告中湖南文化旅游发展统计数据未做特别说明的，均来自湖南省文化和旅游厅网站。

旅游外汇收入2.9亿美元，同比增长11.8倍。从文化和旅游重点监测单位看，增幅更高。2023年，全省被纳入监测的旅游区416家，累计接待游客4.04亿人次，同比增长107.06%，营业收入517.92亿元，同比增长81.55%，被纳入监测的557家住宿企业情况显示，累计出租1963.94万间，接待2663.54万人次，出租率为77.53%，全国全年星级饭店平均出租率50.7%[①]，湖南高出全国平均水平26.83个百分点。博物馆、图书馆、文化馆共188家，文化服务惠及1.14亿人次，同比增加89.55%。被纳入监测的108家旅行社接待国内旅游360.75万人次，同比增长498.38%，接待入境12.48万人次，同比增长100倍，组织出境13.41万人次，同比增长68倍。分类型呈现A级景区接待大幅增长，5A级景区接待快速恢复；住宿单位平均出租率高，星级酒店更受欢迎；居民文化需求增长，文化场馆接待量大幅增加；旅行社业务恢复明显，接待游客报复性增长等特征（见表1至表4）。

表1　2023年湖南景区分等级情况

等级	数量（家）	接待人次（亿人次）	同比增长（%）
5A	11	0.97	136.67
4A	142	1.45	110.28
3A	259	1.61	90.07

注：表中5A、4A、3A级景区统计数均指被纳入2023年监测范围的景区。2023年12月，湘西州凤凰古城旅游区获评为国家5A级旅游景区，未被纳入监测范围。3A级景区超过300家，2023年被纳入监测范围的共259家。

表2　2023年湖南星级酒店营业情况

住宿等级	数量（家）	出租房间（万间）	平均出租率（%）
五星级酒店	19	180.55	70.08
四星级酒店	52	338.62	76.44
三星及以下酒店	139	471.17	81.83
非星级酒店	188	851.52	77.91
露营基地	2	4.66	67.32
民宿客栈客房	157	117.42	73.69

---

① 资料来源：文化和旅游部发布的《2023年文化和旅游发展统计公报》。

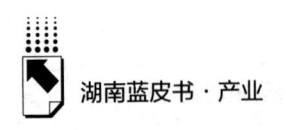

表3 2023年湖南文化场所消费情况

文化场所	数量(家)	服务人次(万人次)	同比增长(%)
博物馆	42	2413.93	82.88
图书馆	91	5028.63	53.89
文化馆	55	3922.81	178.54

表4 2023年湖南文化旅游演出情况

项目	数量(家)	演出		接待观众		营业收入	
		场次	同比增长(%)	人次(万人次)	同比增长(%)	总量(亿元)	同比增长(%)
演出场所	29	5947	78	407.8	207.22	3.2	168.08
演出团体	69	1.36万	65	1271.5	65.23	4.3	970.45

2. 较疫情前呈现出恢复性增长态势

上述发展指标，与疫情前（2019年）相比，正在逐渐恢复，但是还有差距，再经过一两年发展，预计可以达到疫情前的规模和质量。2023年，全省接待游客总人数65781.22万人次和2019年的83154.1万人次相比，差17372.88万人次，预计2024年将追赶上2019年的规模。2023年国内游客65669.13万人次，较2019年的82687.15万人次，差17018.02万人次。2023年入境游客112.09万人次，较2019年的466.95万人次，差354.86万人次（见图1）。

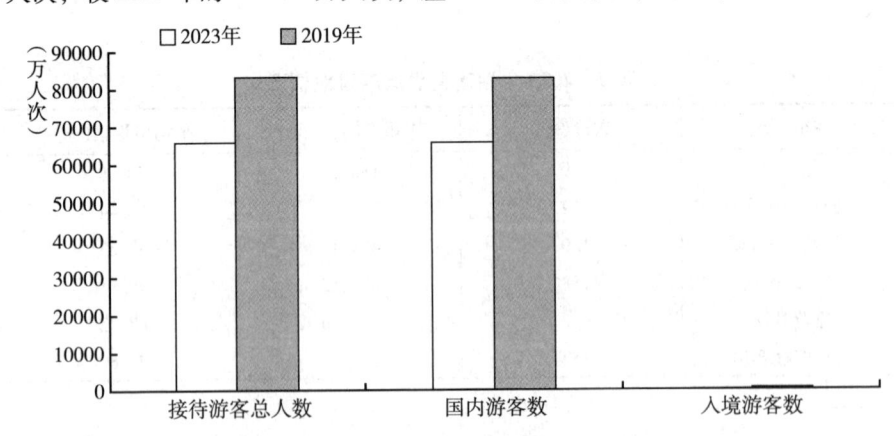

图1 2023年与2019年湖南游客数比较

(二）文旅消费出现新技术新场景

1. 新技术让文物"活"起来

以湖南省博物院为例，在数字技术的支撑下，"马王堆"和汉文化在数字世界"活"起来了，湖南博物院的"数字展馆"可让消费者"逛展自由"，打破了以往实地参观的时间限制。目前，湖南博物院网上虚拟展览数量达 86 个，360 度全景数字展厅达 43 个，涵盖展品文物超 5000 件。动动手指，点点屏幕，跟随箭头的指引便可轻松漫游马王堆汉墓，身临其境参观展览。若想要仔细了解，还可"凑近"观看文物细节和展板文字。打造数字化消费新场景的同时，深度挖掘文物价值，促进文物资源与科技创新成果有机融合，推动创造性转化，实现文化遗产从实物"存量"转换为数据"增量"，再挖掘开发数据价值。如今，数字藏品作为新兴商品开始走入市场，比如，消费者可购买一件素纱襌衣的数字藏品。

2. 新技术让古典与现代交融，历史和现实交汇

交融交汇的场景在马栏山视频产业文创园不断上演。在云上栏山 4K 电影修复机房内，50 多年前的黑白电影《雷锋》，经过 AI 与人工修复，画面上的划痕、脏点、闪烁消失了，换来的是饱满自然的山川色泽，以及人物脸上洋溢着的青春气息。一代京剧艺术宗师梅兰芳，在数字技术加持下"复活"，现场向观众和全球"梅粉"致意；一圈圈老电影胶片，像履带一样穿过胶片数字转换仪，升级迭代成为高清数字版。

（三）文化遗产旅游进入深度开发

近年来，湖南以大遗址保护与考古遗址公园建设为重点，以传统村落文物保护为突破口，构建文物保护创新发展新格局，让陈列在三湘大地的文化遗产，逐渐以真实可感的模样融入旅游活动。

1. 不断推进文化遗产系统性保护利用

湖南实施非遗数字化保护工程，加强古建筑、古村落、古树名木和历史文化街区保护，在保护中开发，通过利用加以保护。非物质文化遗产叠加物质文化遗产开发融入现代旅游，把承载传统文化的古村落和民居建筑等文旅资源打造成文化旅游点。如郴州市桂阳县和谐村蝶变为种类丰富的"非遗研学基地"，老屋蕴含着建筑美学向游客诉说着悠久的历史，与其所属的传统村落世

代相传，更寄托了无数人的乡愁。也有把老宅开发起来做农家乐、休闲娱乐，把更多当下流行的休闲方式注入古村，吸引年轻人享受古村慢时光。在郴州、湘西等地，不少长期无人居住的老屋经过抢修保护和合理利用，旧貌换新颜，转变为精品民宿、研学基地、村史展览馆、农产品展销馆，为村庄带来更多人气，也激活了乡村振兴的生机和活力。

2.运用新技术扩大文化遗产影响力

文化遗产保护运用新技术，在数字化保护中开发利用，通过开发利用扩大文化影响力。如，对永州浯溪碑林开展数字化采集、数字化修复、二次应用、产业开发等工作，让石刻文化"活"起来。对每块石碑从8个方位进行光照矩阵数据采集，拍摄上百张高清照片，再由计算机经过20多个步骤处理运算，实现痕迹辨识度0.01毫米的高精度数字成像。目前已采集了约150方石刻，数字化产业开发指日可待。

（四）红色文化旅游持续发展

湖南是红色旅游资源大省，被誉为"革命摇篮，伟人故里，将帅之乡"。党的二十大以来，湖南坚持以习近平文化思想为指导，以举办旅游发展大会为抓手，多举措推进红色旅游融合发展，探索创新红色旅游新业态，融合效应正持续释放。目前，湖南有全国爱国主义教育示范基地38个，数量位居全国各省区市第一。

1.深挖红色资源"富矿"

不断完善革命文物系统保护格局，大力推进文旅融合，开发复合型红色旅游产品，打造红色旅游目的地，不断擦亮"湖南红"名片。发挥红色文化育人育心的教育功能，用数字技术还原红色革命故事，让参加红色旅游和研学的游客能够感受到当年红军浴血奋战、不怕牺牲的精神。如，在长征国家文化公园（湖南段）重要标志性工程湖南（汝城）长征文化展示传承馆内，应用多媒体投影进行的场景对"在没有麻药和手术工具的情况下，医护人员用木锯为红二军团五师师长贺炳炎完成了截肢手术"的故事进行还原，生动再现了红军长征途中惊心动魄的感人场景。

2.打造红色旅游地标

挖掘全省标志性历史事件及当代建设伟大祖国的感人事件，精心打造红色旅游地标。如，"中国核工业第一功勋铀矿"所在地郴州711时光小镇，游客仿佛穿越回20世纪60年代，重拾昔日711矿生产者的精神力量。从各地前来参观学习的人络绎不绝，沉睡多年的老矿山正蝶变成生机勃勃的红色地标。十八洞景区加快"国际减贫交流基地"、爱国主义教育基地、党建学习基地等相关建设，让生动、鲜活的"十八洞"红色品牌强势"出圈"，融入矮寨·十八洞·德夯大峡谷景区旅游线，与凤凰古城、芙蓉镇旅游融为一体吸引省内外游客。

3. 创造红色活动品牌

打造了《恰同学少年》青春剧场、《最忆韶山冲》舞台剧、"半条被子的温暖"旅游品牌，产生"以游育人"作用，有效弘扬了红色革命精神。策划了"我的韶山行"活动，把红色旅游与思政教育紧密结合，韶山、花明楼、乌石寨"红三角"红色旅游路线基本成线，智慧化、数字化建设水平不断提升，探索出红色文旅新时代新场景。红色文旅产业规模化效应显现，"两山铁路"贯通，助推湘赣边等地区红色旅游资源盘活，"湘赣红"的影响力、辐射力、带动力不断增强。

（五）工业旅游发展来势较好

聚焦全面展示全省工业旅游资源，打造工业旅游产品示范标杆，塑造湖南工业旅游品牌形象，湖南文旅产业因工业文化赋能而产生新活力。截至2024年7月，湖南已有6家国家工业旅游示范基地、117家省级工业旅游示范点[①]。

1. 出台政策引导发展

2023年12月，湖南省出台《关于加快推进工业旅游高质量发展的实施意见》，提出了"13条"措施以促进工业旅游高质量发展[②]。2024年5月，长沙、衡阳等五市共建沿湘江工业旅游发展走廊联盟。6月，省政府策划举办了湖南工业旅游推广月活动，以"制造名城"株洲为圆心举办"诗颂工业 光耀株洲"大型诗歌演诵晚会暨诗歌征文大赛颁奖仪式、湖南省工业旅游联席会议第一次全体会议、株洲市工业旅游精品线路考察推介等活动。同时，在全省范围内启动"钢铁侠"打卡湖南工业旅游活动，组织文旅推荐官、旅游达人到全省知名的工业旅游点游览、打卡，借名人效应发展文化旅游。

---

① 陈雅如：《一场盛会，看湖南工业与文旅的双向奔赴》，湖南省文化和旅游厅网站，http：//whhlyt.hunan.gov.cn/whhlyt/news/mtjj/202407/t20240723_33362191.html.

② 该实施意见由湖南省文旅厅、省发改委、省教育厅、省科技厅、省工信厅、省财政厅、省商务厅、省文物局8部门联合发布。

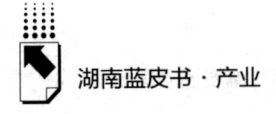

2. 工业旅游方兴未艾

湖南依托现有国家级、省级工业旅游示范基地，瞄准工业研学游这一突破口，推出一系列有温度、有文化、有趣味的产品，提升游客参与度、体验感。在大小厂区的生产车间、流水线旁了解工业，已成为时下不少游客出行的新鲜选择：在远大科技园，发现自然与工业和谐共存新解法；来到金冠服饰城，看株洲服饰产业百花齐放；在毛家食品寻美食源头，看韶山特产如何工业化生产制作。通过发展现代工业旅游，不仅增加了旅游产品供给，延长了产业链，提高了附加值，而且工业文化遗产得到有效保护，工匠精神得到传播，湖南工业文明得到弘扬。

3. 推出工业旅游精品线路

湖南5条工业旅游精品线路分别为现代制造体验之旅、科技智造感受之旅、工业"印记"怀旧之旅、生活美学工艺之旅、舌尖美味体验之旅。其中，现代制造体验之旅线路，包括长沙远大科技园（国家级）、长沙中联重科产业园、长沙三一智联重卡产业园（国家级）、中车株洲电力机车工业旅游区（国家级）、湘潭湘钢文化园（国家级）等点；科技智造感受之旅线路，包括长沙比亚迪工业园、长沙山河智能产业园、长沙光大环保生态园、株洲芦淞航空工业小镇（国家级）、株洲制造名城展示中心、株洲国际赛车场等点[①]。此外，14个市州陆续推出了各自的工业旅游线路。

（六）夜间文化和旅游消费活跃

近年来，在一系列政策引导下，夜间经济在全国范围内蓬勃发展，已经成为旅游地撬动消费、提振经济的"金钥匙"。截至目前，湖南共有14个国家级夜间文化和旅游消费集聚区，20个省级夜间文化和旅游消费集聚区[②]，集聚区成为外地游客打卡地，也成为本地居民常去地，在承载旅游和带动地方消费方面发挥着重要的作用。

1. 经济效益显著，直接带动就业

以长沙为例，长沙夜间消费占全天消费比重达60%左右，直接带动10万人就业，间接带动就业超100万人。长沙"夜市"繁华，10余个区域特色商圈夜

[①] 张咪、张坚煜：《湖南推出5条工业旅游精品线路》，湖南省人民政府网站，http://www.hunan.gov.cn/hnszf/hnyw/zwdt/202406/t20240603_33318055.html。

[②] 2023年由湖南省文化和旅游厅公布首批省级夜间文化和旅游消费集聚区。

间经营活跃，各类主题夜市街区网红打卡，人流持续攀升①。再比如，株洲市渌口区青龙湾滨江广场青龙湾夜市，现已有茶饮咖啡、冰粉、关东煮、炸串烧烤等众多品类网红餐饮及手工艺品、亲子游玩、萌宠等近200家特色商家长期进驻经营，不仅为夜间游客提供优质服务，还创造不少就业岗位，产生显著的经济效益。

2. 城区景区为基底，充满人间烟火气息

从国家级和省级夜间文化和旅游消费集聚区空间分布看，夜间经济基本上位于城区和景区，主要在长沙市区、湘西两个热门景区（凤凰和芙蓉）、岳阳市岳阳楼区、永州零陵区、衡阳南岳区、郴州北湖区等（见表5）。如南岳衡山万寿广场一到晚上，便如繁星般点亮，商贩们的声音此起彼伏，空气中弥漫着湖南小吃的香气，吃上一碗臭豆腐，咥上一碗米粉，拿上一串糖油粑粑，感受人间烟火。长沙五一商圈的茶颜悦色、果呀呀、墨茉点心局……因打卡游客多，促成了这些网红店铺，网红店铺又吸引更多游客，从而形成良性循环，以至于一到夜间，街头便是人声鼎沸，店铺门前排起长队。

表5 湖南国家级夜间文化和旅游消费集聚区

批次	夜间文化和旅游消费集聚区
第一批	长沙市五一商圈、长沙市阳光壹佰凤凰街、湘西土家族苗族自治州凤凰古城旅游区、湘西土家族苗族自治州芙蓉镇景区
第二批	长沙市梅溪湖·梅澜坊街区、长沙市红星街区、岳阳市岳阳楼旅游区、常德市柳叶湖河街、永州市零陵古城、怀化市洪江古商城
第三批	株洲市神农城景区、衡阳市南岳古镇、张家界市七十二奇楼、郴州市北湖文旅商圈

（七）音视频产业火爆出圈

湖南卫视、芒果TV双平台融合发展，涌现了一大批现象级精品广播电视和网络视听节目，引领内容消费潮流。中国新媒体大会永久落户湖南，"马栏山指数"成为行业风向标。2023年，全省音视频产业营业收入突破2000亿元。

1. 产业集聚效应显著

音视频产业的核心承载区马栏山视频文创园是部省共建视听产业园区、国

---

① 翁子茜：《烟火味十足，湖南夜经济承包你的夏日夜晚》，湖南省商务厅网站，http://swt.hunan.gov.cn/swt/hnswt/swxq/mt/202407/t20240718_236198930796917568.html。

家文化和科技融合示范基地，打造了影视行业第一个覆盖全国的云化影视制作共享平台，建设了5G高新视频多场景应用国家广电总局重点实验室，具备强算力、高宽带、大存储能力。截至目前，有4000多家文创企业落户，集聚了国内一流人才与IP资源。此外，在先进计算、新型显示、智能视听、人机交互等领域培育了一批专业化园区和产业集群。

2. 产业生态日益完善

视频云平台、视频超算中心、共享制作中心等"新基建"平台建设日趋完善。马栏山视频文创园打造了华为云音视频产业创新中心、马栏山数字媒体实验室等11个研发创新平台，推动人工智能、虚拟现实、数字人等前沿技术的研发和应用。2024年，启动建设全球音视频开发者与创作者社区，为音视频产业发展营造创新生态。探索了以大模型为代表的人工智能新赛道，已形成上百个科文融合应用场景，"安全可控、版权可溯"的音视频节目素材超过百万小时，为人工智能大模型训练与应用提供强大数据支撑。万兴"天幕"的开发应用标志着马栏山大模型进入应用加速阶段①。

3. 软硬件产品市场影响广

自主播控系统、超高清解码芯片、标准工业镜头、数字创意软件等一批拳头产品不断涌现。自主图形处理芯片（GPU）填补国内空白，市场占有率60%以上。4K/8K超高清视频解码芯片及解决方案国内市场占有率第一。研制全球首款1.5亿大靶面和光场相机镜头，打破国外同类型产品垄断，标准工业镜头系列产品市场占有率国内第一、全球第二。85寸以上超高清显示面板出货量全球第一。8K VR全景相机、智能影音设备、音效处理器、数字创意软件等一批优秀产品走出国门。

二 湖南文化旅游产业发展存在的问题

近年来，湖南推动文化和旅游工作各领域、多方位、全链条深度融合，基本建成从上游文旅资源、中游文旅产品开发与运营到下游文旅配套及衍生产品的全产业链体系，但仍存在家底不清、竞争同质、机制不优等问题。

---

① 万兴"天幕"于2024年1月发布，是国内首个音视频多媒体大模型，湖南首个通过算法备案，万兴"天幕"的发布标志着音视频多媒体大模型进入2.0时代，全链路赋能全球创作者。

（一）文旅资源家底不清

文旅资源家底不清制约了湖南文化旅游发展。在文旅资源普查方面，2020年启动了全省范围的文旅资源普查试点工作，2021年湘西自治州、株洲市文化和旅游资源普查试点工作完成。相比外省，文旅资源普查需要加快进度。2020年3月，江苏省文化和旅游厅启动全省文旅资源普查工作，截至2023年7月31日，全省共登记文旅资源单体1186197个，其中，新发现资源有35344个[①]。普查结果显示，江苏全省文旅资源类型结构相对齐全，规模巨大，同时水域与生物景观丰富，"水韵"特色明显；物质文化遗产资源占全省资源总量的93.33%。相比之下，湖南的家底还没摸得如此清楚。

（二）文旅同质化发展较为明显

康养文化旅游可以标准化，旅游者追求的是负氧离子高的空气、优美的自然环境、高标准服务，旅游者根据旅游目的地的通达性作出选择。民族特色文化旅游同质化较为明显，比如湘西州8县市发展的苗族土家族特色文化旅游基本上差不多，游客每到一个地方看到的都是差不多的产品和场景，获得重复的旅游体验。这自然会降低对游客的吸引力。古城古镇古村旅游存在跟风现象，把古建筑复原或者再造，注重文化元素的融入，然而有的成功了，有的资产利税率停留在低水平上。凤凰古城能够保持旅游热度，与古城历史文化、民族特色文化和极力打造的实景演出有很大关系。

（三）文旅融合空间有待拓展

一些景区在文化挖掘和展示方面仍然不够深入。游客在参观时，往往能看到人文景观，也能观看景区的文化表演节目，然而历史和文化内涵停留在浅层表现，这不仅使得游客的体验感大打折扣，游过后未能留下深刻印象，而且景区蕴含的文化价值未能有效发挥。部分地区的文化旅游资源整合不够充分，缺乏统一规划和布局，这导致了县市区文化旅游资源分散开发，难以形成区域品牌。旅游从业人员的文化素养需要进一步提高，在文化旅游活动中，从业者不

---

① 《江苏文旅资源普查成果丰硕》，江南时报网，http：//www.jntimes.cn/jsdt/202312/t20231220_8175279.shtml。

仅是文化的传播者，更是游客与文化之间的桥梁，他们只有具备了深厚的文化素养，才能为游客提供更为专业和深入的解说和服务，使游客真正感受到地方特色文化的魅力。

（四）文旅数字化服务水平有待提升

文化旅游走向数字化是大势所趋，湖南文化旅游服务数字化水平显著提高，但还有提升空间。以民宿为例，湖南现有6家国家甲级旅游民宿、3家国家乙级旅游民宿，全省五星级、四星级旅游民宿共2批85家，以梓山漫居、五号山谷、雪晴集、凤凰竹山乡居、协合乡民宿集群、浏阳民宿集群等为代表的乡村民宿逐步走向专业化、品牌化运营。但是，民宿信息，比如服务等级、联系方式等信息还需加大在政府网上公开的力度，便于游客快速查询并找到所需的民宿。"住"要素环节，企业提供的居住环境需要提升数字化水平。"娱"要素环节，企业在文化旅游演出方面需要借助信息技术提升数字化水平，增强游客体验时的舒适度和科技感。

（五）文旅融合体制机制不优

文物和文化资源、旅游资源的一体化管理机制有待完善。文物建筑开放、大遗址保护利用与人民群众的期待还有差距。文艺院团、博物馆等激励机制仍不健全。如，湖南省博物院成为外省、外国来湘游客的打卡地，但公益一类事业单位发展定位，一定程度上制约了文物市场开发价值空间，游客到此参观完就离开了，虽然开发了数字藏品可以交易，但离市场化还有相当距离，如何把文物变成文旅产品大有文章可做。此外，湖南许多古村落、古代建筑都有待深挖文化价值，加以开发利用。

（六）音视频产业存在明显短板

影视制作生产的规模化、流程化、协作化等工业化能力水平不高，音视频领域国际领军企业、头部企业和知名品牌不多，且产业生态开放融合较慢，科技型企业普遍规模不大，制约了音视频产业高质量发展。产业融合创新有差距。"文化+科技"双融合创新、音视频产业与湖南优势产业链融合发展、专业园区与全省产业园区协同发展不足。音视频产业发展缺乏音乐表现与现代信息技术兼备且懂经济的人才，缺乏文化艺术与现代信息技术人才。

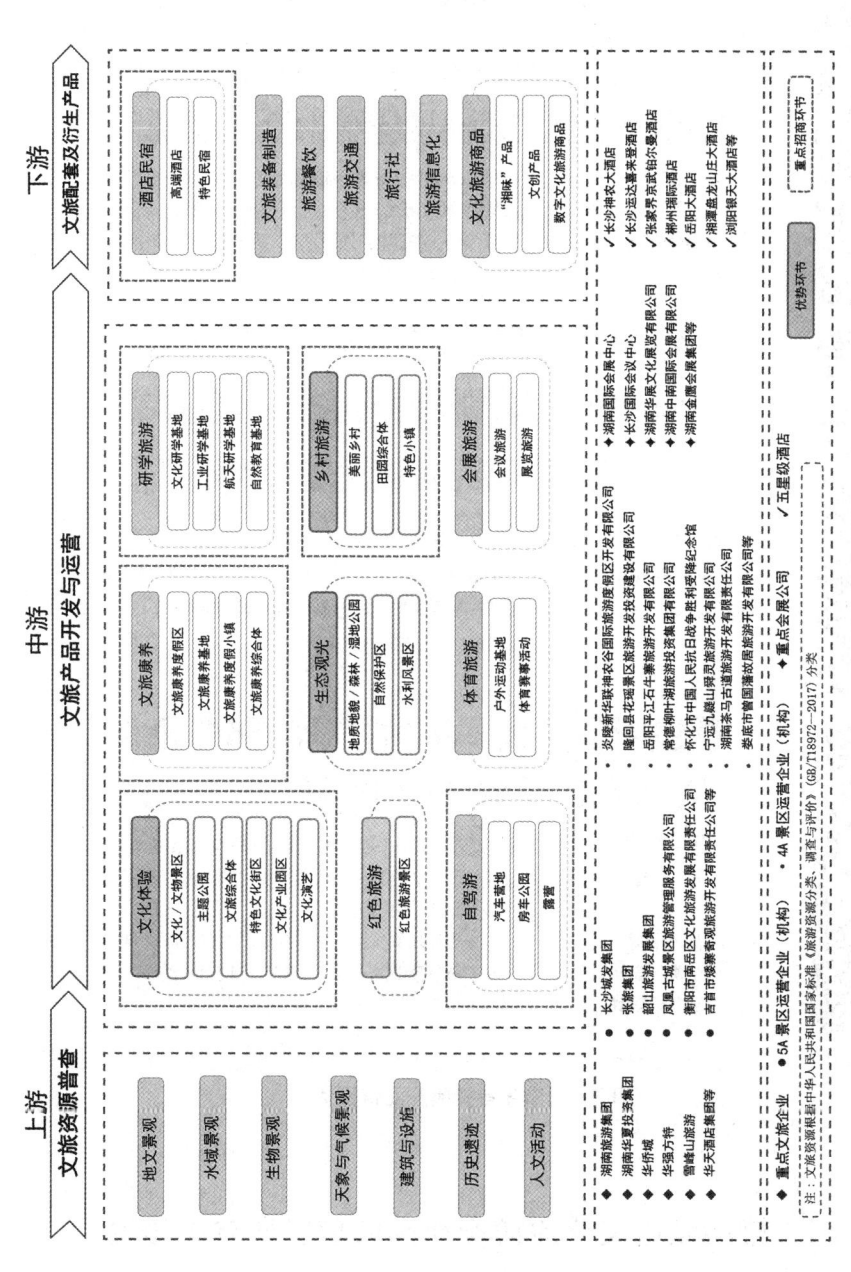

图 2 湖南省文化旅游产业链图谱

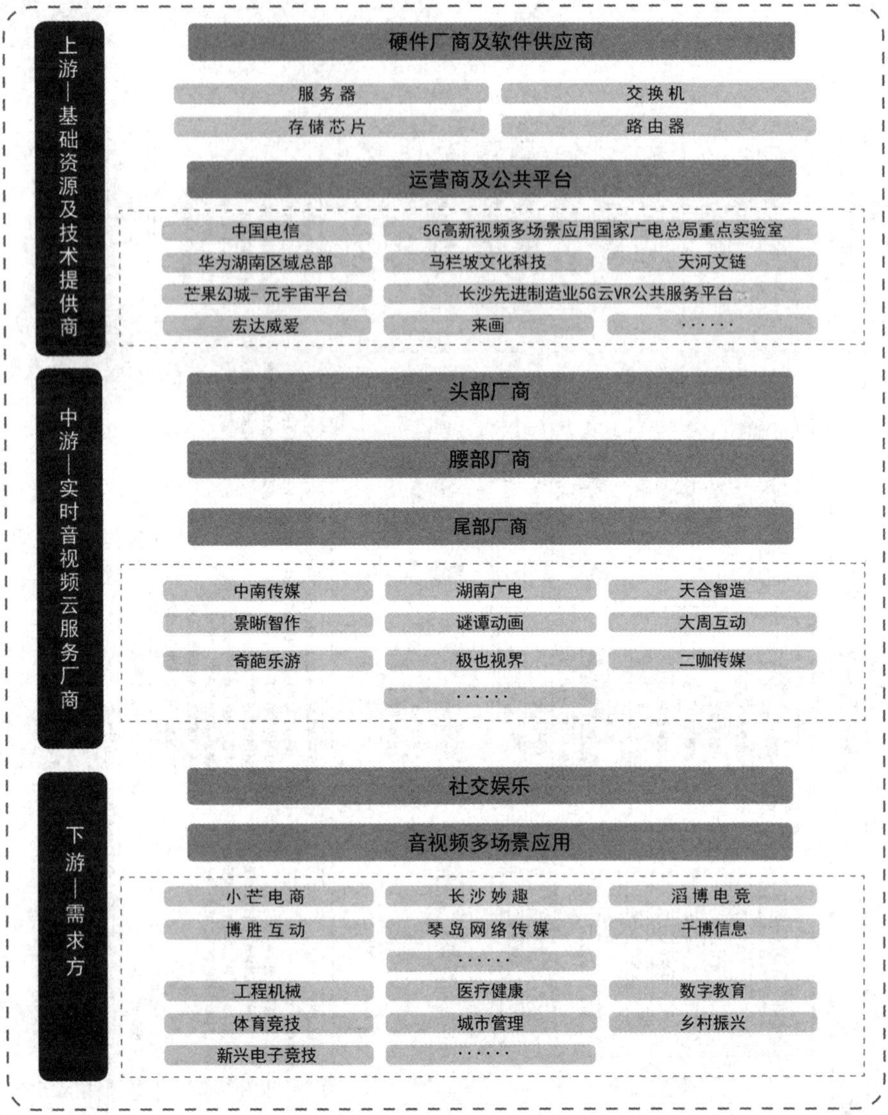

图 3　湖南省音视频产业链图谱

三　推动湖南文化旅游产业高质量发展对策建议

为推动湖南文化旅游产业高质量发展，加快建设文化强省、旅游强省，实现《湖南省现代化产业体系建设实施方案》中提出的目标,到2027年,全省旅游接待人数突破10亿人次,旅游总收入达到1.4万亿元,旅游及相关产业增加值占全省GDP比重提高至6.5%[①],需要把握文化旅游发展的新趋势、新特点,采取以下对策措施。

(一)推动文化与科技走向深度融合,着力培育文旅新质生产力

积极把握信息技术快速发展给文化旅游发展带来的机遇,不断挖掘文化内涵,引导科技赋能,推动技术在文化旅游业发展中的广泛应用。

1. 不断培育新功能

充分发挥好全省"又湘游"智慧文旅服务平台作用,构建智慧文旅建设运营服务新机制,推进省内已建成的文博场馆和重点景区的预约系统、票务系统全面接入"又湘游",促进省内尚未建设智慧文旅服务平台的市州、区县主动使用智慧文旅建设运营服务平台,加快建成智慧文旅省、市州和景区"三级体系",扩大全省文旅资源线上整合范围。引导文旅中小企业借力平台,提升企业数字化水平,在更大范围整合资源,提升市场竞争力。

2. 不断打造新场景

深刻把握《关于推进实施国家文化数字化战略的意见》精神,结合湖南实际,科学策划文化旅游数字项目,针对项目设计个性化方案确保落地。现阶段主要是建设推广湘绣云上博物馆、移动博物馆,进一步发挥云上博物馆、移动博物馆在文化旅游高质量发展中的作用。高标准建设湖南华强艺术品交易中心有限责任公司等工艺美术交易平台,利用先进数字技术和虚拟现实技术创造以"文化IP+旅游+科技"为核心的增量场景,促进工艺美术线下教育、制作与线上展示、销售有效衔接,探索打造零成本上平台模式,推动小众、高门槛的文化艺术品投资经营大众化、普及化,让数字科技赋能文旅融合发展。

3. 不断推出新产品

推动传统文化产业数字化转型,引导企业积极对接和有效运用云计算、大数据分析、人工智能、物联网(IoT)等新技术。对现有IT系统进行现代化改造,提高其效率和安全性。帮助企业不断提升数据分析能力。实施数据治理策

---

① 《湖南省现代化产业体系建设实施方案》(湘政办发〔2023〕54号)文件。

略，确保数据质量和安全。培养数字技能人才，对现有人才进行数字技术培训。创建跨功能团队，促进不同专业背景人员之间的合作和知识共享。利用数字技术提升客户体验，加速提升现代科技支撑旅游全过程全场景的智能化服务水平，加快打造一批智慧景区、智慧酒店、智慧物业、智慧团餐等项目，丰富优质旅游产品供给，助力文旅产业转型升级。

（二）推动"文化"与"旅游"走向深度融合，提升文旅竞争力

《马尼拉世界旅游宣言》指出，在旅游实践中，精神因素比技术和物质因素占有更重要的地位，旅游发展需要"承认文化属性并尊重各国人民的精神遗产"。[①] 人们开展文旅活动的过程，本质上是一种享受精神文化娱乐生活的过程。要充分挖掘文化内涵，依托文化特质，不断加深文化与旅游融合度，不断拓展"文旅+"边界，打造"诗"与"远方"同在三湘大地，不断吸引省内外游客及国外游客。

1. 彰显文化特色，塑造文旅品牌

发挥湖南历史文化名城、名村、名镇作用，推动文旅发展，主要是要加强对古城墙、古建筑、古遗址等历史遗迹的保护和修复工作，利用现代科技手段，如AR/VR技术，让游客能够更生动地体验历史场景。优化提升具有地方特色的文化遗产旅游线路，如岳麓书院、岳阳楼、凤凰古城等。进一步推广湖南独特的民俗文化，如苗族、土家族的节日庆典、手工艺品、音乐舞蹈等。设立民俗村、文化体验中心，让游客参与传统工艺制作、服饰试穿、民族舞蹈等活动。挖掘红色文化的深刻内涵，制作高质量的解说材料，如解说手册、多媒体展示，增强游客的体验感和受教育意义；开发多样化的红色旅游产品，如主题游、深度体验游等结合现代科技，如VR/AR体验，让游客身临其境地感受历史事件。加强与周边省份的红色旅游景区合作，形成红色旅游线路，扩大影响力。参与全国性的红色旅游项目，共享资源，共同提升红色旅游的整体品质。

2. 发展研学旅游，承载以文化人功能

发展文化旅游教育，如设立历史文化研究基地，开展历史文化的学术交流

---

① 世界旅游组织于1980年发布。

和研究。吸引学生和学者实地考察，增加学术价值和深度游吸引力。深入实施中国非遗传承人研修培训计划、中国传统工艺振兴计划，依托湘绣所、工美所推动非遗技艺进校园、进课堂，开拓青少年非遗艺术培训市场，打造非遗研学品牌，实现非遗创新发展。引导文化旅游企业与学校建立合作关系，将工业研学纳入学校的课外活动或实践教学计划，为学生提供实习机会，鼓励将理论知识与实际操作相结合。应用虚拟现实（VR）、增强现实（AR）等技术，让学生能够在虚拟环境中体验复杂的工业流程。开发工业研学 App，提供在线课程、虚拟参观、互动问答等功能。对于具有历史价值的工业遗址，进行适当的保护和修复，转化为工业博物馆或创意产业园区，发掘工业遗址的旅游价值。

3. 用好文旅桥梁，扩大文化影响

若要使文化旅游竞争力增强，就得打造"诗"一般的"远方"。文化旅游竞争力强，外在表现是越来越多的省内外游客到湖南来旅游，越来越多的国外游客来湖南感受美丽的三湘四水，感受湖湘文化、红色文化。不仅要充分利用独特的自然资源，如张家界地貌、崀山丹霞地貌等吸引游客，更主要的是要做好文化与旅游深度融合文章，让游客来了，不只是游山玩水，还能体验丰富多彩的文化，感受湖湘文化的魅力，不经意间把文化带回游客家乡，特别是对国外游客，若能达到这样的效果，就能扩大湖湘文化影响力，在带来更多游客的同时，推动湖湘文化走出去。

（三）优化文化旅游资源开发模式，增强市场主体活力

1. 建立全省文旅资源数据库

全面摸清古籍、美术馆藏品、地方戏曲剧种、非物质文化遗产四大类文化资源和地文景观、水域、生物、天象与气候、历史遗迹、建筑与设施、文创产品、人文活动八大类旅游资源"家底"。全省文旅资源数据库以县级行政区划为基本单元，编制系列旅游资源调查图集和报告。在此基础上，建立全省文旅资源数据库，将普查结果录入数据库，实现资源全掌握、资料全入档的目标。在各地普查基础上，建立湖南省文旅资源名录，统筹安排，梯次推进，促进优质资源向优质产品转化。

2. 实施市场主体培育计划

充分利用《关于推动湖南高品质旅游住宿业发展的若干措施》《打造万亿产

业，推进文化创意旅游产业倍增若干措施》《推进全省文化创意旅游产业链大招商的若干措施》等政策，加大对供给端市场主体扶持和培育力度，充分调动各种市场主体的积极性，做好增量文章。一方面，坚持做优做强国有企业，发挥其在文化旅游业发展中的示范作用，积极整合全省的文化旅游资源，加快战略布局，特别是提前布局"元宇宙+文化旅游"，借助新一代信息技术，提升旅游未来竞争力。另一方面，挖掘中小微文化旅游企业潜力，加大财政、金融、土地等支持力度，探索社会资本投资进入渠道，培育一批竞争力强、特色鲜明的中小微文化旅游企业，丰富文化旅游业态，满足旅游者个性化、品质化的旅游需求。

3. 强化旅游要素企业之间的链接

传统旅游六要素包括吃、住、行、游、购、娱，旅游发展即在每个要素上培育市场主体，共同支撑旅游活动。随着经济社会的发展，旅游者在旅游中有新的需求，在新的需求的刺激下，新的旅游要素产生了，新旅游要素主要包括商、养、学、闲、情、奇等六个方面①，新旅游要素融入文化旅游，促进文化旅游提质发展。未来，湖南文化旅游发展要大力实施"旅游+""+旅游"的产业融合战略，推动文化旅游产业向工业、教育、医疗等行业延伸，发挥地方特色，加大"老年康养、学生研学"等专项旅游项目的品牌建设，满足疫情后旅游者个性化需求。

（四）创新文化旅游消费模式，挖掘文旅消费潜力

1. 拓展消费空间

其一，同时推动旅游市场下沉和消费需求升级，充分发挥地方文旅特色，围绕夜间旅游、亲子旅游、周末休闲、露宿旅游、美食旅游、康养旅游、赛事旅游、节事旅游等业态不断丰富旅游内容，进一步提升旅游吸引力、丰富旅游体验。其二，推进旅游市场精细化运营，不断提升游客舒适度，根据本地游客

---

① 注释："商"是指商务旅游，包括商务旅游、会议会展、奖励旅游等旅游新需求、新要素。"养"是指养生旅游，包括养生、养老、养心、体育健身等健康旅游新需求、新要素。"学"是指研学旅游，包括修学旅游、科考、培训、拓展训练、摄影、采风、各种夏令营冬令营等活动。"闲"是指乡村休闲、都市休闲、度假等各类休闲旅游新产品和新要素，是未来旅游发展的方向和主体。"情"是指情感旅游，包括婚庆、婚恋、纪念日旅游、宗教朝觐等各类精神和情感的旅游新业态、新要素。"奇"是指探索、探险、探秘、游乐、新奇体验等探索性的旅游新产品。

和外地游客旅游消费需求，适当延长文旅场所、购物场所的营业时间，增设夜间消费场所，打造24小时生活圈，充分激发文化旅游消费潜力。其三，顺应"流量"需求不仅是开发旅游新产品，还要丰富新老旅游产品的文化内涵，打造区域文化旅游IP，通过提供具有深厚文化底蕴的旅游产品，让旅游者由"看景"到"入景"，咀嚼回味文化，满足文化求知，享受文化带来的愉悦，从单纯的观光向可参与、可互动的沉浸式体验转变。

2. 创新休假制度

旅游活动本质上就是人们利用闲暇时间前往异地开展的精神文化娱乐活动，旅游活动以精神享受和精神愉悦为根本目的。充足的闲暇时间是旅游的一个前提条件。假日制度是做好旅游服务的基础环境，是旅游治理的顶层设计。全社会集中休假的"小长假"制度日益显现出负面效应，游客出行体验感不太好，排队等待时间过长，人多拥挤。在文旅高质量发展的新阶段，游客对服务质量要求不断提高，湖南可探索创新休假制度的地方实践，如错峰放假、分散休假、强制休假等，实现全民皆可旅游、处处游得舒服。

3. 加大监管力度

一方面，充分发挥政府的监管作用。加大对餐饮住宿、景区门票、停车场收费等领域价格监管力度，及时查处哄抬价格、串通涨价、价格欺诈等违法行为。比如，可推广衡阳南岳区"红黑榜"制度[1]，在做得好的店门，如味之然餐馆门口就挂"南岳区旅游行业诚信红榜"[2]，让消费者放心消费。另一方面，积极拓展监管手段。充分借助大数据、人工智能等数字技术开展"信息化+监管"，建立旅游诚信信息平台、第三方评价体系等，进一步保障游客合法权益，提升游客旅游体验感。

（五）强化文旅项目科学论证，推动有效投资

1. 规划重点产业项目

加强文化旅游重点项目论证，充分听取专家意见、广泛征集民意，深入实

---

[1] 《湖南省衡阳市南岳区市场监管局创新旅游市场监管新模式》，湖南省市场监督管理局网站，https://amr.hunan.gov.cn/amr/xxx/mtzsx/202406/t20240618_33329541.html。

[2] 南岳山下的味之然餐馆已开了10余年，其因食材把关严、饭菜口味佳，诚信守法经营，没有发生过一起顾客投诉，被南岳区评为"诚信红榜"。

地调研，对文旅项目开发市场前景进行科学预测分析。按照省里制定的《重点文旅产业项目推进行动方案（2024-2027）》，分总投资50亿元、10亿元和5000万元三个标准，筛选出一批省、市、县级重点产业项目，建立全省文旅重点项目库，对重点项目重点推进，优先享受相关政策支持。

2. 不断拓宽项目资金渠道

一是通过招引项目引来资金。充分发挥文旅行业招商主体作用，围绕旅居度假、工业旅游、康养休闲、航空小镇、房车露营、高品质住宿、数字演艺、历史文化街区提质等新业态，策划包装一批对产业发展具有引领带动作用的项目。用产业链思维完善"两图两库两队三池"，积极争取外资。二是拓宽文旅项目投融资渠道。充分发挥省级政府文旅产业投资子基金作用，引导社会资本投资文旅产业，支持符合条件的文旅企业上市融资、再融资和并购重组，鼓励符合条件的企业通过发行企业债、REITs、ABS等方式融资。三是一些小众文化旅游项目，半径较短，游客市场在中小城市，游客规模相对较小，以本地游客为主，可探索项目所在地居民参与投资开发、风险共担，建立合理的收效分配机制，解决项目开发资金问题。

3. 总结文旅项目开发经验教训

对近些年湖南规划发展的成功的文化旅游项目，进行深入分析总结，从资源开发利用、资金投入、游客市场、营销模式等各个方面进行总结，发布成功案例。但同时，也要对市场效益不理想的文旅项目深入分析原因，找到解决办法。同类型文旅项目开发尤其要注重论证，比如同是乡村旅游、民族特色文化旅游、古城古镇古村旅游，要在细分市场中找到差异化发展路径，推出细分市场领域的文化旅游产品，满足游客的好奇心。以旅游者离家距离长短为旅游半径考量文化旅游产品，旅游半径短的文化旅游要充分考虑文化旅游产品品质，以品质取胜。

参考文献

周锦、曹鲁娜：《社交网络赋能文化旅游深度融合：发展特征、作用机制与推进路径》，《南京社会科学》2024年第3期。

王丽欣：《数字化背景下河北红色文化旅游和网红经济融合发展路径》，《互联网周刊》2024年第2期。

邵娜、张斯华、梁宝怡等：《基于组合赋权的红色文化与旅游融合发展评价模型及实证分析》，《湖南师范大学自然科学学报》2024年第5期。

明庆忠、王晓莹：《民族文化旅游化利用促进共同富裕的价值逻辑与实现向度》，《民族艺术研究》2023年第6期。

王红艳：《全域旅游视角下文化旅游融合发展存在的问题及对策》，《旅游与摄影》2022年第16期。

新兴产业篇

B.10 湖南数字产业高质量发展对策建议

曾召友[*]

摘　要： 数字产业是湖南着力培育壮大的新兴产业之一。近年来，湖南围绕数字产业高质量发展，聚焦先进计算、新一代半导体、新型显示、智能终端四个领域重点发力，数字产业发展卓有成效。报告认为，数字产业规模不断壮大，数字化平台设施日渐完善，产业优势环节不断增加，关键核心技术诸多突破，数字生态不断优化。然而还存在产业能级仍需提升、创新能力尚待强化、企业实力亟须增强等问题短板。最后，从加强产业体系规划布局、配强产业发展引擎、优化产业创新生态、壮大数字产业集群、加强数字人才队伍建设等方面提出了对策措施。

关键词： 湖南数字产业　先进计算　新一代半导体　新型显示　智能终端

随着新一轮科技革命和产业变革深入发展，数字产业逐渐成为决定国家未来格局的重要战略支点。以习近平同志为核心的党中央高瞻远瞩，做出要

---

[*] 曾召友，湖南省社会科学院（湖南省人民政府发展研究中心）区域经济与绿色发展研究所科研人员，主要研究方向为数字经济、数据科学、空间计量经济。

"推进重点领域数字产业发展""打造世界级数字产业集群"的重要部署。数字产业作为驱动数字经济发展的战略性、基础性、先导性产业，是推动现代化产业体系高质量发展、增强经济发展新动能、把握未来发展主动权的关键引擎。湖南省委、省政府高度重视，将数字产业确定为着力培育壮大新兴产业之一，成为全省"4×4"现代化产业体系的重要组成部分。

一 湖南数字产业发展现状

湖南将绿色智能计算产业作为数字经济高质量发展的重要引擎，纵深推进"智赋万企"行动，在数字产业领域，聚焦先进计算、新一代半导体、新型显示、智能终端四个方向，通过产品引领产业发展方向，扶持企业强化产业支撑，聚焦技术创新，集聚培育人才来打造数字产业集群。经过近年来的持续发力，湖南数字产业发展取得较为显著的成效。

（一）产业规模不断壮大

近五年，湖南数字经济占全省 GDP 比重逐年上升，2018 年后湖南数字经济占 GDP 比重长期维持在 25% 以上，2023 年，湖南省的数字经济总量突破了 1.7 万亿元，增长 15%，占 GDP 的比重达到了 34%，这一比重连续 6 年保持两位数增长，数字经济在国民经济中的地位进一步凸显。数据经济位列全国第二梯队，有规模以上企业 2078 家、百亿企业 10 家，国家单项冠军 14 个、专精特新"小巨人"企业 195 家。在自主可控计算机及信息安全产业、新型显示器件、功率半导体等领域领先全国。2023 年，全省规模以上电子信息制造业营收 3901.66 亿元，增加值增速达 11%，高于全国 7.6 个百分点。其中先进计算产业规模增长迅速，年均增长 20%，智能计算产业已经达到了 7150 亿元、占全国的 7.3%。在新一代半导体领域，湖南全力推进新一代半导体及集成电路产业化点为珠、聚珠成链、拓链成群，形成了长沙、株洲"双核驱动"，从材料、装备、设计到器件、模组再到终端应用全产业链上下游协同发展的产业生态。半导体产业营收 2022 年就已接近 700 亿元，从业人员达 3.8 万余人。新型显示产业链完善，形成了以长沙为核心区，株洲、邵阳、衡阳等为辐射区的"一核多点"产业集聚态势。高世代基板玻璃、OST 超大型液晶显示模组

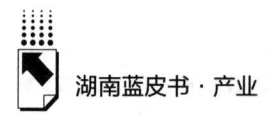

等6个项目入选2024年湖南电子信息制造业重点项目。智能终端行业前景广阔，在望城经开区重点发展智能终端产业，投资52亿元建设5G智能终端产业园，引进上下游配套项目90余个，构建智能终端产业生态圈。

（二）数字化平台设施日渐完善

湖南纵深推进"智赋万企"行动，创建中国软件名城名园、工业操作系统和制造业创新中心以进一步完善数字产业生态。加快重点园区如长沙天心经开区、长沙中电软件园、衡阳高新区衡州大道数字经济走廊、马栏山视频文创产业园、东江湖大数据产业园等发展，数字产业各领域的数字化平台设施日益完善。在先进计算领域，湖南已创建网络安全、工业互联网等国家级平台8个。全省建成和在建规模以上数据中心51个，总算力超过6000PF，超算算力水平在国内排名第三位，世界排名第七位，长沙新一代自主安全计算系统产业集群成为国家级先进制造业集群。在新一代半导体领域，形成了长沙、株洲"双核驱动"，从材料、装备、设计到器件、模组再到终端应用全产业链上下游协同发展的产业生态。在新型显示领域，产业链完善，形成了以长沙为核心区，株洲、邵阳、衡阳等为辐射区的"一核多点"新型显示产业集聚态势。在智能终端领域，打造涵盖"一核心、三组团、多配套"的5G智能终端产业园，引进上百个包括华为、荣耀、比亚迪等配套项目，涵盖消费类终端，通信终端以及核心模组、关键元器件的智能终端产业，规划构建千亿级智能终端产业集聚区。创新平台能级提升和平台设施日渐完善，为数字产业发展提供了有力的支撑。

（三）产业优势环节不断增加

按照企业、平台、人才、成果等资源及发展现状，据科技厅的全面统计，湖南在数字产业各产业链条优势环节不断增多，比如先进计算领域，上游基础层的芯片、算力、存储，中游技术层的新型计算技术、高性能计算+人工智能融合，以及下游应用层的算力网络，行业解决方案中的文创、运载、制造等环节，湖南都具有明显优势。新一代半导体领域，光掩膜、电子特气、溅射靶材等半导体材料研究，离子注入机及第三代半导体设备制造，芯片设计、功率半导体制造以及高端装备，交通领域的应用湖南也是优势突出。此外，新型显示领域，在基板/盖板玻璃、光学镜片、封装材料领域的基础研制，显示模组技术开发,通信终端应用领域,湖南均具有自己的特色,并且优势环节逐渐增多,优势产业链不断拓展、延伸。

(四)关键核心技术诸多突破

近年来,湖南在数字产业领域不断发力,聚焦关键核心技术,不断组织创新攻关,成效斐然,比如在先进计算领域,高性能RDMA网络、可编程网络、新型计算技术、高性能计算+AI、超算与智算融合网络、端侧算力网络、家庭算力网络;在新型显示领域,量子点、电致变色材料等基础研究,超薄盖板玻璃的研制;AR/MR眼镜、可穿戴显示设备的制造,此外,超宽禁带半导体材料、硅光芯片等新一代半导体前沿颠覆性技术均取得突破性进展,并且形成了梯级技术发展布局,在智能算力集群、通用实时仿真系统、高性能工业仿真计算内核及其应用、信创工具链及先进计算的行业应用,湖南也有独特优势。在新一代半导体领域,宽禁带半导体材料技术、芯片关键材料制备技术、模拟及数模混合集成电路技术、新一代半导体功率器件、先进封装等;新型显示领域的特种玻璃、大尺寸高清面板、MicroLED外延晶圆等基础技术,Mini-LED、QLED、触摸屏制造以及大尺寸高清显示应用等技术,均取得了较大的突破,被称为湖南数字产业的撒手锏①。

(五)数字生态不断优化

《数字生态指数2023》从数字基础、数字能力、数字应用和数字规制四个维度对全国各省区市的数字生态进行测度,将全国31个省级行政区划单位划分为全面领先型、赶超壮大型、发展成长型、蓄势突破型四个梯队。2023年,湖南数字生态总指数全国排名第14位,比2022年前进1名,是中三角唯一排名上升的省份,首次进入第二梯队——赶超壮大型梯队。逐步向数字生态"优等生"迈进。根据省工信厅数据,截至2023年7月,全省累计建成5G基站11.9万个,排名全国第8位,每万人拥有5G基站数18个。全省规模以上数据中心共计51个,建成和在建规模以上数据中心标准机架

---

① 根据技术战略价值、技术先进性、技术创新基础、技术成熟度、社会经济价值等五大维度,湖南科技厅将此类技术突破标定为湖南的"撒手锏技术"。

17.2万架，基本建成全国领先的区域性互联网枢纽。全省县级及以上行政区主城区全部实现5G网络覆盖，全省5G用户规模突破3000万，个人用户普及率达到44.6%。湖南数字生态各维度发展较为均衡，但地区之间空间差异较大，省会长沙，多方面引领湖南数字生态建设，是省内数字产业化的创新策源地和火车头。长沙数字生态排名第11位，较2022年上升1位，居中部第2位；数字能力提升速度较快，较2022年提升3个位次；数字基础位列第10，保持领先水平。其他市州各具特色，数字经济竞争力和影响力稳步提升，但需要因地制宜寻求突破。

二 湖南数字产业发展面临的难题

虽然湖南数字产业在规模扩张、平台设施建设、生产链重要环节和关键技术攻关等方面取得了一些明显的建设成效，但对标先进地区，湖南数字产业仍然存在不小差距，其发展面临不少难题。

（一）产业能级仍需提升

近年来，湖南省数字经济在规模上有所扩张，但数字产业竞争力及对经济的支撑带动力仍不强。2023年，湖南数字经济已达1.7万亿元，但占GDP的比重仅为34%，比全国总体水平42.8%低8.8个百分点之多，说明湖南数字经济在国民经济中的地位还需要进一步增强。根据赛迪顾问测算，2024湖南数字发展水平得分61.4，位居中部第三，比排名第一的广州低28分。2024年数字百强市榜单中，除了长沙排名第17位以外，湖南其余上榜城市均排名靠后，且与2023年相比，长沙排名下滑两名，其他上榜城市排名均在70开外，说明湖南的数字产业发展整体水平较弱，发展不平衡，并且短期内数字化落后状况还没有得到明显改善，数字化进程亟待加强。此外从产业发展来看，先进计算领域的关键通用算法、工业基础软件、信创工具链；新一代半导体领域的设计工具、化合物半导体、光刻胶、硅晶圆片制造，集成电路制造与封装测试；新型显示领域的光学材料、面板研制、控制芯片等都属于湖南数字产业的薄弱环节。由此说明，湖南数字产业发展仍处于大而不强的状态。

（二）创新能力尚待强化

湖南省在推进数字产业创新的过程中，面临着多方面的挑战。首先，科技创新能力的不足成为制约其发展的关键因素。相较于国内一些先进地区，湖南省在数字技术的研发和应用上仍有待加强，关键数字核心技术自给率偏低，长沙人工智能及机器人（含传感器）产业链的关键核心技术自给率仅为 20% 左右。在数字产业链条上还存在其他一些技术，比如高能效芯片、智能计算边缘存储、EDA 工具技术研发及应用、芯片关键材料、第三代半导体装备、聚酰亚胺封装复合材料、离子束镀膜机等，还存在"卡脖子"现象，需要加速突破。其次，产业创新也有待进一步加强，导致数字产业生态的构建也面临挑战。如何有效整合产业链上下游资源、形成协同发展的良好生态，是当前亟待解决的问题。即使作为数字科技创新策源地和产业创新火车头的省会长沙，2023 年在数字生态方面全国排名也未能进入前 10，仅居第 11 位。成果转化机制也需要理顺，如拥有自主标准的射频识别电子标签技术，其产业化效果并不理想。最后，资金和人才短缺也是湖南省数字产业创新面临的重要挑战。缺乏足够的资金支持和高水平的人才队伍，湖南虽然在高性能计算和微处理器架构、功率半导体器件技术及应用等研究方向上实力较强，拥有院士团队，但在其他诸多方向上缺乏领军人才，在硅晶圆片、光刻机、刻蚀机、NAND flash、DRAM 芯片设计与制造上，还出现了空白，这将直接影响到数字产业的创新速度和质量。

（三）企业实力亟须增强

湖南作为中部地区的重要省份，在数字经济发展方面起步较早，但数字核心产业主导方向不突出，缺乏核心支柱产业及大型龙头企业，整体面临数字龙头企业支撑带动作用不足的问题。首先，湖南的数字龙头企业数量相对较少，且规模不够大，难以在全省范围内形成强大的辐射效应。从数字产业各领域的支撑企业来看，先进计算领域拥有深信服、麒麟信安等上市公司，主要集中在芯片、存储、算力、基础软件、算力网络、运载制造等环节。新一代半导体领域共有企业 200 多家，其中高新技术企业 120 余家，但规模普遍偏小。据 2023 中国 IC 设计 Fabless100 榜单，入榜企业总部在长沙的仅有国科微和景嘉微两家，而总部在上海的达到25家,即使在非省会城市苏州也有8家。且其中实力较强的国科微综合实力指数排在第22位,同时进入综合实力和增长潜力Top 25的公司只有国科微1家,2023年,湖南省营收规模超百亿软件企业仅3家。这些企业在产业链中的引领作用有限。其次,湖南的数字龙头企业与本地产业的融合度不够高,数字应用场景总体不够深入,与不同领域结合程度差距较大,主要应用场景集中在智能制造、智能交通、电子政务智能管控等领域。快乐阳光、兴盛优选虽入选"2023年中国互联网综合实力前百家企业",但其因领域受限,未能充分带动整个产业链的升级和转型。此外,地区发展存在不平衡,数字产业布局主要集中在长株潭、邵阳、益阳和怀化等六个市州,在一定程度上加剧地区数字经济发展不平衡,长沙数字经济规模超过5000亿元,除岳阳、常德、衡阳三市外,其他地市的数字经济规模在1000亿元以下,个别市州不足200亿元。而数字科技普惠性和高成长性兼具,是落后地区实行促进发展、弯道超车的新赛道,宜充分重视数字龙头企业的支撑和带动作用,促进全省协同发展。

三 推进湖南数字产业高质量发展的建议

结合湖南数字产业的发展基础,充分发挥湖南数字产业的竞争优势,锻长板、补弱项,因地制宜发展数字新质生产力。夯实数字产业发展基础,以科技创新带动产业创新、维护数字产业链安全自主可控,推进湖南数字产业自身高质量发展。并利用数字产业在技术、人才、资本等优势要素汇聚上的"虹吸"效应,通过数字科技、数据要素向经济社会各领域融合赋能,能够带动更多的产业实现质量变革、效率变革和动力变革,释放其巨大的创新效能和溢出效应,推动湖南现代化产业体系高质量发展,为谱写中国式现代化湖南篇章安装强力引擎。

(一)注重统筹发展,加强产业体系规划布局

新一代数字科技已进入系统集成和密集融合的创新阶段,各类数字产业的统筹部署协调推进至关重要。要从科技变革趋势、全省产业发展现状及所处竞争格局三方面出发,注重数字产业发展政策举措的战略性思考、系统性研究、整体性推进。首先,瞄准科技前沿和战略性主导产业方向,结合湖南实际,制定数字产业体系的中长期发展规划,加强数字产业整体统筹和系统布局,明确

发展目标、重点任务和保障措施。重点发展移动互联网、5G应用、工业互联网、智能网联汽车、超高清视频、人工智能、大数据、区块链等数字产业领域，形成具有湖南特色的数字产业集群。其次，完善数字设施，提升网络能力。加快5G网络、数据中心、云计算平台等基础设施建设，推动多层次算力设施体系建设，形成"百兆乡村、千兆城市、万兆园区"的网络能力普及格局，推动数字技术在农村地区的普及和应用。再次，建立相关部门、各个地方、重要企业等各方面的合作推进机制，协同推进技术攻关、应用创新、产业落地，在长株潭核心区域，强化创新平台建设，优化创新生态，依托高校、科研机构和企业，深化数字产业理论和实践研究，增强数字产业发展本领，加强政策储备，建设一批数字产业创新平台，完善知识产权保护、创新投入、技术转移服务体系，推动产学研用深度融合，加速科技成果转化，构建有利于数字产业发展的创新生态。地市层面，结合不同产业发展特点和本地实际，系统梳理数字产业图谱，因地制宜实施差异化发展策略。根据地缘优势与周边省份在数字产业领域的合作与交流，共同打造数字产业集群和产业链。

（二）促进科技创新，配强产业发展引擎

聚焦科技研发、成果转化等环节，强化创新平台支撑，促进数字科技创新发展。一是加大技术研发投入，全力突破关键核心技术。通过政府引导，增加对数字产业关键技术研发的投入，通过设立专项基金、提供研发补贴等方式，鼓励企业和科研机构加大研发投入。同时强化企业在技术创新中的主体地位，鼓励企业建立研发中心，加强与高校、科研机构的合作，共同攻克技术难题。支持通用芯片升级迭代，研发人工智能、高速互联等芯片，发展下一代操作系统、工业软件等关键软件，突破大吨位基板玻璃、显示、碳化硅装备、行业大模型、人形机器人、量子计算等关键技术及工艺。二是推动技术创新平台建设，完善创新平台体系。加快功率半导体集成技术全国重点实验室、湘江实验室等建设，推进华为长沙研究所、中科曙光第一研究院、"鹏腾"生态创新中心等平台落地，布局自主计算、工业操作系统等制造业创新中心，为技术创新提供有力支撑。引进和培育一批高水平的创新平台和孵化器，以科技创新引领产业创新，推进科技创新与产业创新融合发展，促进科技成果的转化和产业化。

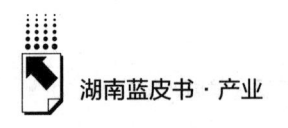

（三）重视产业培育，优化产业创新生态

重视产业生态建设，促进产业协同发展。成立数字产业工作专班，系统谋划、统筹推进全省数字产业发展。搭建研发共享服务平台和构建产学研协同创新组织体系，积极用好湖南省产业引导基金数字产业子基金，聚焦数字产业链核心企业和省内强链补链延链项目，加强产业链上下游的协同合作，推动产业链关键环节的本地化生产，降低产业对外依存度，提升产业自主可控能力。依托中国（湖南）自由贸易试验区、湘南湘西承接产业转移示范区等平台，鼓励和支持特色专业园区的发展，如中国长城湖南先进计算产业基地、世界计算·长沙智谷等，吸引更多相关企业入驻，通过产业集聚效应，形成具有湖南特色、利于数字产业创新、成长和壮大的发展生态。

（四）加强产业链精准招商，壮大数字产业集群

党的二十届三中全会提出"打造具有国际竞争力的数字产业集群"。湖南要根据数字产业发展实际，推进产业链精准招商，做好补链强链工作，聚焦数字产业链薄弱环节，加大对关键配套环节的招引力度，扬优势、强弱项、调结构，增强产业链关键环节掌控力和供应链稳定性，提升数字产业规模能级。一是梯队培育优势企业。助力时代电气、长沙惠科、湖南三安成为"链主型"企业，力推比亚迪电子、中兴智能、湘江鲲鹏、杰楚微等扩能提质。支持头部企业深耕、扎根，持续在湘发展。二是统筹布局关键项目。聚焦数字产业化统筹布局重点项目实施。加快长沙智谷、时代半导体器件产业化、信维电科MLCC等项目进度。支持欧拉、鸿蒙等开源项目发展，鼓励蓝思科技、深信服等布局新赛道，加大银河麒麟、麒麟信安开源生态推广力度。三是注重产业招商引强。顺应现代产业转移规律，注重产业集群招商、产业链招商和产业生态招商相结合，加大招商引强力度，推进数字科技成果转化和数字企业孵化，前瞻性导入AI服务器、AI手机、音视频装备等新产品，强化芯片制造弱项补强工作，提升半导体材料制备、封测能力。拓展VR/AR、智能家居等智能终端的应用场景。

（五）开展引智工程，加强数字人才队伍建设

数字产业属于典型的技术密集型和知识密集型产业，加快数字产业发展，

人才是第一动能。首先,要结合湖南数字产业链的实际,实施人才强链工程,精准引进人才,壮大人才队伍。在先进计算领域,需要根据先进计算技术发展趋势、产业发展所需,以及湖南省先进计算产业领军人才紧缺环节,重点引进高性能计算、数据挖掘、存储系统、超级计算等方向人才。在新一代半导体领域,考虑到新一代半导体及集成电路高算力、低功耗、集成化、智能化的技术发展趋势,结合湖南省创新布局和产业发展所需,重点引进芯片设计工具、半导体材料、高性能芯片设计、新一代半导体功率器件制造等领域创新人才。在新型显示领域,重点在光学材料、精细化工、高精密仪器设备、OLED模组、MicroLED模组、透明显示模组方向进行人才引进,如此也可覆盖智能终端的薄弱环节。推动人才引育、科技创新与产业发展等多链深度融合。其次,要创建用人环境,完善用人机制,同时搭建好的平台,整合国内外优质资源,理顺科技成果转化机制,吸引优质人才来湘创业,用环境、机制和平台引进人才,留住人才,培育人才,成就人才。把湖南数字产业打造成高素质人才兴湘创业的虹吸场(见表1、图1)。

附件

表1　湖南数字产业建设重点

产业		重点产品方向	重点支撑企业
数字产业	先进计算	CPU、GPU、DSP等通用芯片,数据中心、智算中心和算力调度平台;云平台、服务器	拓维、景嘉微、国科微、进芯、中电长城、麒麟软件
	新一代半导体	"三束"装备、第三代半导体装备、国产集成电路成套装备	景嘉微、国科微电子、湘江鲲鹏、长沙三安半导体、株洲中车时代、比亚迪电子、中国电科48所
	新型显示	超高清显示面板,基板、载板、盖板、光伏、车用、微晶等高端玻璃产品,驱动芯片、偏光片、特种气体	长沙惠科、蓝思科技、中兴通讯、邵虹、东旭、旗滨
	智能终端	智能家电、智能家居、智能手环、智能手表、智能防丢设备智能眼镜、虚拟现实设备,计算终端,高端电容器、PCB、电子陶瓷	信维、奥士康、美程、湘潭蓝思、长沙格力、中电数科、盾安科技

资料来源:中商产业研究院《【产业图谱】2024年湖南省重点产业规划布局全景图谱(附各地区重点产业、产业体系布局、未来产业发展规划等)》,https://www.askci.com/news/chanye/20240425/083918271400555861548040_4.shtml。

图1 湖南数字产业图谱

湖南数字产业分为四大领域：先进计算、新一代半导体、新型显示、智能终端。产业链分为上游（算法与材料研制）、中游（设计制造）、下游（应用场景）。

先进计算

上游：算法与材料研制
- 核心产品：光通信芯片、存储、算力中心
- 关键技术：加速器智慧存算技术、商算力CPU、操作系统、数据库
- 重点企业：景嘉微、国科微、进芯、麒麟信安、湘江鲲鹏、张尧学、王耀南
- 支撑人才：王怀民、廖湘科、张尧学、王耀南

中游：设计制造
- 核心产品：基础软件、信创工具链、共性算法库、新型算法
- 关键技术：建模技术、计算技术、代码技术
- 重点企业：手拉手、腾讯云、安克创新、和湖南智能
- 支撑人才：陈晓红团队

下游：应用场景
- 核心产品：算力网络、无代码开发、计算服务
- 关键技术：算力调度、无代码开发技术
- 重点企业：电信中南、云畅网络、中伟、中联重科、三一、山河智能、蓝思科技
- 支撑人才：段艾安、湖畅团队

新一代半导体

上游
- 核心产品："三束"装备、半导体装备、集成电路成套装备、电路集成技术
- 关键技术：单晶及外延生长技术、泛联新安
- 重点企业：中国电科48所
- 支撑人才：潘安练团队

中游
- 核心产品：高性能CPU、DSP、MCU芯片、FPGA芯片、SoC芯片
- 关键技术：高性能芯片技术、三安半导体、制备封装技术、株洲中车时代、比亚迪、进芯电子
- 重点企业：景嘉微、比亚迪、进芯电子
- 支撑人才：丁荣军、周湘科、朱文焯团队

下游
- 核心产品：高性能CPU、DSP芯片、高功率密度IGBT器件
- 关键技术：高性能机器人、三一、中车时代、长城信息、株洲中车时代、湘江鲲鹏
- 重点企业：蓝天科技、比亚迪、山河智能、长城信息、蓝思科技
- 支撑人才：丁荣军、刘国友团队

新型显示

上游
- 核心产品：光学材料、显示驱动芯片、基板、盖板、镜片
- 关键技术：基板玻璃片生产技术、时代新材料
- 重点企业：邵虹、东旭光电、惠科、时代新材料、张世国、王进
- 支撑人才：潘安练、张世国

中游
- 核心产品：显示面板、模组组装
- 关键技术：面板显示技术、模组、焊点率
- 重点企业：惠科光电、蓝思科技、群显科技
- 支撑人才：蒋恒荣、汪练成、李梓维

下游
- 核心产品：手机电脑车仪表数码产品
- 关键技术：折叠柔性显示技术、低功耗触控、传创力
- 重点企业：蓝思科技、覆显科技、长城数码、蓝天科技
- 支撑人才：王志强团队

智能终端

上游
- 核心产品：传感器
- 关键技术：芯片技术、算力、传感、数据生成技术
- 重点企业：景嘉微、国科微、长城信息、深信服
- 支撑人才：杨帆军、李青立、段艾安

中游
- 核心产品：智能眼镜、虚拟现实设备、计算终端
- 关键技术：智能眼镜、关键通用技术
- 重点企业：安克创新、蓝思系统、湘江鲲鹏、智慧眼、长泰机器人
- 支撑人才：徐恒、王耀

下游
- 核心产品：机器人、手机、无人机、自动驾驶、智能家电、计算终端、电子元器件
- 关键技术：显示技术、感知技术、控制技术、PCB、电子陶瓷、超算终端
- 重点企业：蓝思、阿波罗智行、亿航智行、电子陶瓷、超算终端、格力、盾安、长城、麒麟信安、信维
- 支撑人才：王耀南、徐徇刚、李一凡、马溯团队

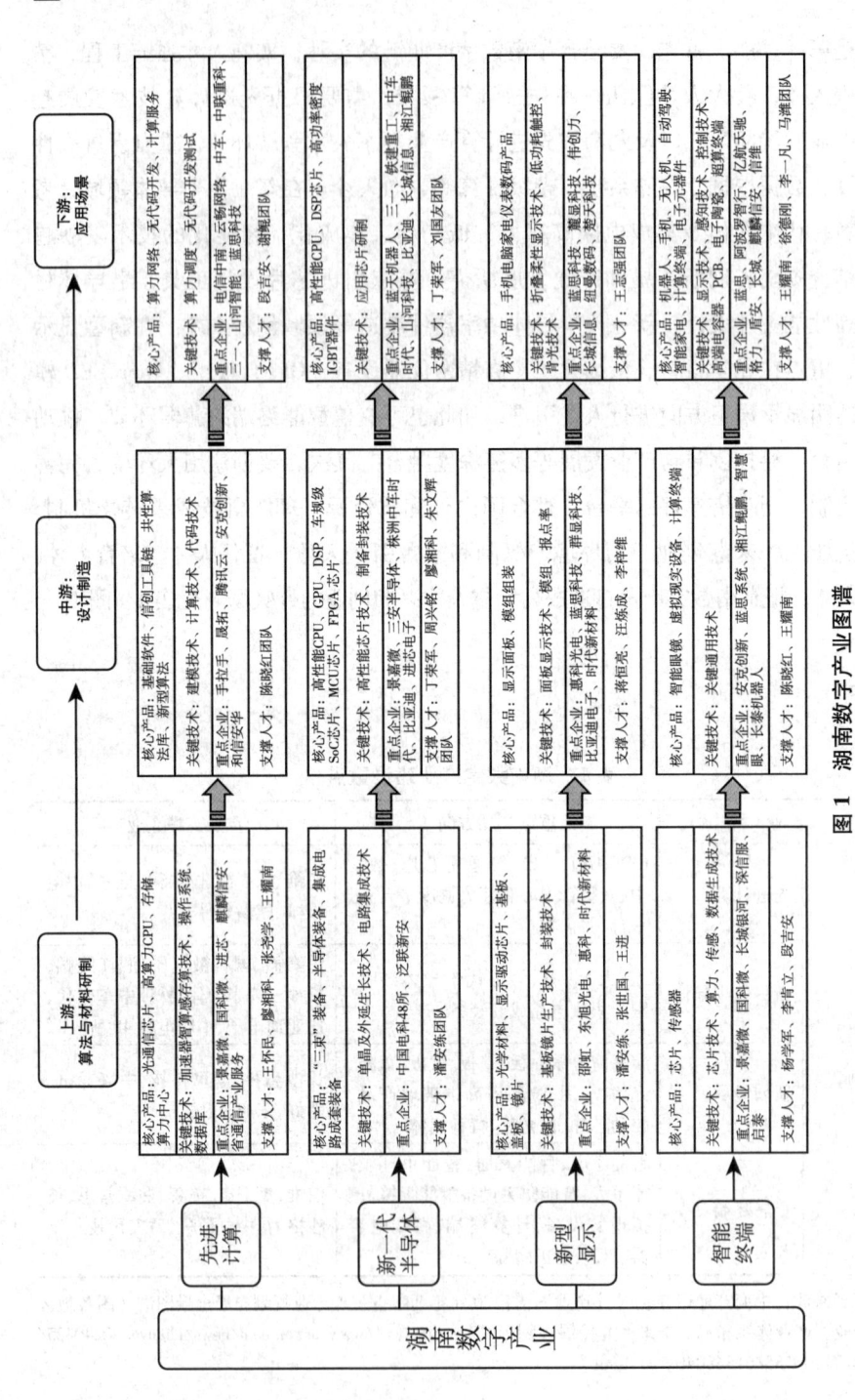

B.11
湖南省新能源产业高质量发展研究

肖琳子*

摘　要： 发展壮大新能源产业是推动经济社会全面绿色转型的必然要求，是实现高质量发展的关键环节，是加快形成新质生产力的重要引擎。近年来，在市场和政策的双轮驱动下，湖南新能源产业加速发展，产业规模日益壮大、产业链条不断完善、科技创新实力雄厚、企业发展势头强劲、政策红利持续释放，成为高质量发展赛道中的"黑马"，为湖南经济发展贡献了重要力量，然而，在发展过程中，湖南新能源产业面临着产业集聚程度不高、产业链存在薄弱环节、自主创新能力不足、龙头企业带动力不强等问题。面对复杂多变的国内外形势，湖南新能源产业应瞄准能源革命"主赛道""新赛道"，充分发挥竞争优势，优化产业空间布局、推动全产业链升级、加大技术创新力度、丰富推广应用场景、深化开放合作、促进要素集聚，加快建设成为在全国具有核心竞争力的万亿产业，为奋力谱写中国式现代化湖南篇章提供有力支撑。

关键词： 新能源产业　产业链　新质生产力　高质量发展　湖南省

　　随着能源革命的深入推进，新能源已成为引领全球新一轮动力变革、效率变革、质量变革的关键引擎，以风电、光伏、新能源汽车、氢能等为代表的新能源产业已成为世界能源版图中最为热门的竞争领域。湖南缺煤、无油、乏气，是典型的能源输入型省份，近年来，湖南省大力发展新能源产业，巩固提升产业竞争力，在产业规模、制造技术水平等方面具有明显的竞争优势，同时，也仍存在短板和不足，需要进一步夯实产业基础，以科技创新引领产业创

---

* 肖琳子，湖南省社会科学院（湖南省人民政府发展研究中心）区域经济与绿色发展研究所副研究员，主要研究方向为产业经济、绿色发展。

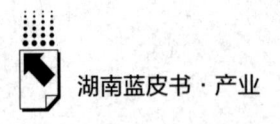

新，促进补链延链强链，提高产品附加值，持续优化产业生态，为实现湖南经济高质量发展提供有力支撑。

一 湖南新能源产业发展基础

近年来，在政策和市场的双轮驱动下，湖南新能源产业加速发展，新能源汽车、新能源装备、新型储能产业齐头并进，新能源产业成为高质量发展赛道中的"黑马"，为湖南经济发展贡献了重要力量。

（一）产业规模日益壮大

大力发展新能源产业，是实现"双碳"目标、构建双循环发展格局的有力支撑。湖南新能源产业已打下坚实基础，产业规模日益壮大。2020年，湖南省新能源产业总产值1870亿元；2023年，湖南省新能源产业产值突破6000亿元，其中，生产新能源汽车80.5万辆，同比增长62.1%，占全国同期总产量的8.4%；锂电池及先进储能材料产业集群实现营业收入1100亿元，连续两年超过千亿元，成为湖南新能源产业的重要增长极。2024年1~7月，湖南新能源产业实现营收3364亿元，其中，新能源汽车1333亿元，新能源及电工装备1455亿元，锂电池及先进储能材料576亿元，预计可实现营收7000亿元的年度工作目标。

1.新能源汽车产业加速突围

2021~2023年，湖南省新能源汽车产量从14.2万辆增加到80.5万辆，产量居全国第一方阵，已有长沙比亚迪、北汽株洲、湘潭吉利、长沙广汽埃安、中车电动、天际汽车等10余家新能源汽车整车生产企业，形成了新能源乘用车、客车、专用车同步发展的格局。长沙是全国重要新能源汽车生产基地，2023年，长沙市新能源汽车产量达到72.69万辆，在全国城市中排第5位（见表1）。

表1 2023年中国新能源汽车产量前十城市

序号	城市	产量(万辆)
1	深圳	178.60
2	上海	128.68
3	西安	98.38

续表

序号	城市	产量(万辆)
4	合肥	74.00
5	长沙	72.69
6	常州	67.80
7	广州	65.00
8	重庆	50.03
9	柳州	47.70
10	郑州	31.60

资料来源：长沙市商务局、中商情报网。

2. 新能源装备产业积厚成势

新能源电力装备是湖南的特色产业，具有深厚的发展基础，已形成以输变电装备、风电装备、太阳能装备为核心的千亿级产业集群[①]。特高压变压器、电抗器产品市场占有率达25%，构建了具有世界先进水平的特高压输变电装备制造、核心零部件研发制造体系；海上风力发电机国内市场占有率稳居第一位；风电叶片制造规模居国内第二位；能源智能计量装备、中小型水电站综合自动化系统、光伏制造装备等产品市场占有率居全国前列。

3. 新型储能产业动能强劲

新型储能是构建新型电力系统的重要技术和基础装备，是实现"双碳"目标、发展人工智能等未来产业的重要支撑。近年来，湖南省新型储能产业发展迅速，上下游不断延伸，形成了区域特色鲜明、在全国具有影响力的产业集群，在锂离子电池、镍氢电池全钒液流电池及其材料领域具有比较优势。目前，湖南拥有弗迪电池、长远锂科、邦普循环、中伟新能源、裕能新能源等5家百亿企业，正极材料产业规模居全国首位。2022年，赛迪顾问在全国范围内评选新型储能十大城市和新型储能十大园区，长沙名列榜首，长沙高新区排名第三位；2023年，研究机构EVTank联合伊维经济研究院发布《中国新型储

---

① 孟姣燕：《应对资源禀赋局限，回应绿色转型呼唤——湖南能源逐"新"潮》，《湖南日报》2024年3月19日，第5版。

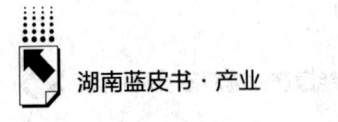

能产业城市十强研究报告（2023年）》，长沙列第四位，排名前三的分别是江苏常州、浙江宁波、广东广州。

（二）产业链条不断完善

湖南新能源产业主要布局在长沙、株洲、湘潭、郴州、衡阳、常德、永州、怀化等城市，在全省范围内已经形成"新能源装备—新能源供应—新能源应用"全产业链（见图1）。在新能源汽车领域，已形成"关键原材料及核心零部件—整车制造—汽车服务"全产业链（见图2），电池、电机、电控等新能源汽车核心技术的研发制造能力处于国内领先水平。

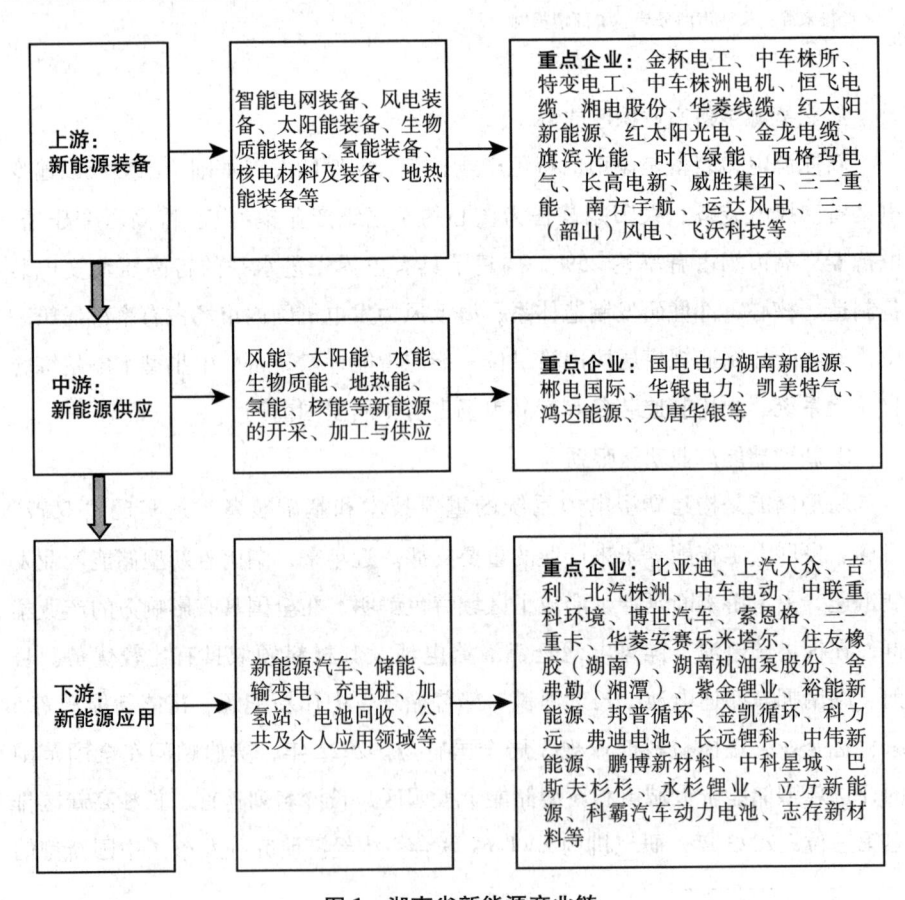

上游：新能源装备	智能电网装备、风电装备、太阳能装备、生物质能装备、氢能装备、核电材料及装备、地热能装备等	重点企业：金杯电工、中车株所、特变电工、中车株洲电机、恒飞电缆、湘电股份、华菱线缆、红太阳新能源、红太阳光电、金龙电缆、旗滨光能、时代绿能、西格玛电气、长高电新、威胜集团、三一重能、南方宇航、运达风电、三一（韶山）风电、飞沃科技等
中游：新能源供应	风能、太阳能、水能、生物质能、地热能、氢能、核能等新能源的开采、加工与供应	重点企业：国电电力湖南新能源、郴电国际、华银电力、凯美特气、鸿达能源、大唐华银等
下游：新能源应用	新能源汽车、储能、输变电、充电桩、加氢站、电池回收、公共及个人应用领域等	重点企业：比亚迪、上汽大众、吉利、北汽株洲、中车电动、中联重科环境、博世汽车、索恩格、三一重卡、华菱安赛乐米塔尔、住友橡胶（湖南）、湖南机油泵股份、舍弗勒（湘潭）、紫金锂业、裕能新能源、邦普循环、金凯循环、科力远、弗迪电池、长远锂科、中伟新能源、鹏博新材料、中科星城、巴斯夫杉杉、永杉锂业、立方新能源、科霸汽车动力电池、志存新材料等

图1 湖南省新能源产业链

湖南省新能源汽车产业链

上游：关键原材料及核心零部件

- 关键原材料：锂矿、镍矿、钴矿、锰矿、石墨、六氟磷酸锂、聚乙烯、聚丙烯、稀土、铁矿、硅粉、碳化硅等
  - 重点企业：紫金锂业、尖峰矿业、领锂科技、大中矿业等

- 核心零部件：动力电池、电机、电控、车身及其附件、底盘、汽车电子等
  - 重点企业：裕能新能源、弗迪电池、长远锂科、中伟新能源、中科新城、巴斯夫杉杉、永杉锂业、雅城新能源、鹏博新材料、昆宇新能源、科力远、众德新材料、科霸汽车动力电池、志存新材料、博世汽车、湖南机油泵股份、比亚迪实业、索恩格、星朝汽车、华菱安赛乐米塔尔、屹丰汽车部件、戴卡科技、住友橡胶（湖南）、延锋汽车饰件系统（长沙）、舍弗勒（湘潭）等

中游：整车制造

- 乘用车、商用车、专用车等
  - 重点企业：比亚迪、上汽大众、吉利、北汽株洲、湖南汽车制造、中车电动、北汽福田、中联重科环境、三一专用汽车、广汽埃安等

下游：汽车服务

- 充换电服务：充电桩、换电站、电池回收及梯次利用等
- 汽车后市场：汽车维修养护、汽车金融、汽车保险、二手车交易等
  - 重点企业：国网湖南省电力有限公司、蔚来汽车、湖南速充新能源、湘盛新能源、平安行新能源、邦普循环、金凯循环、五创循环、途虎养车、平安保险、瓜子二手车等

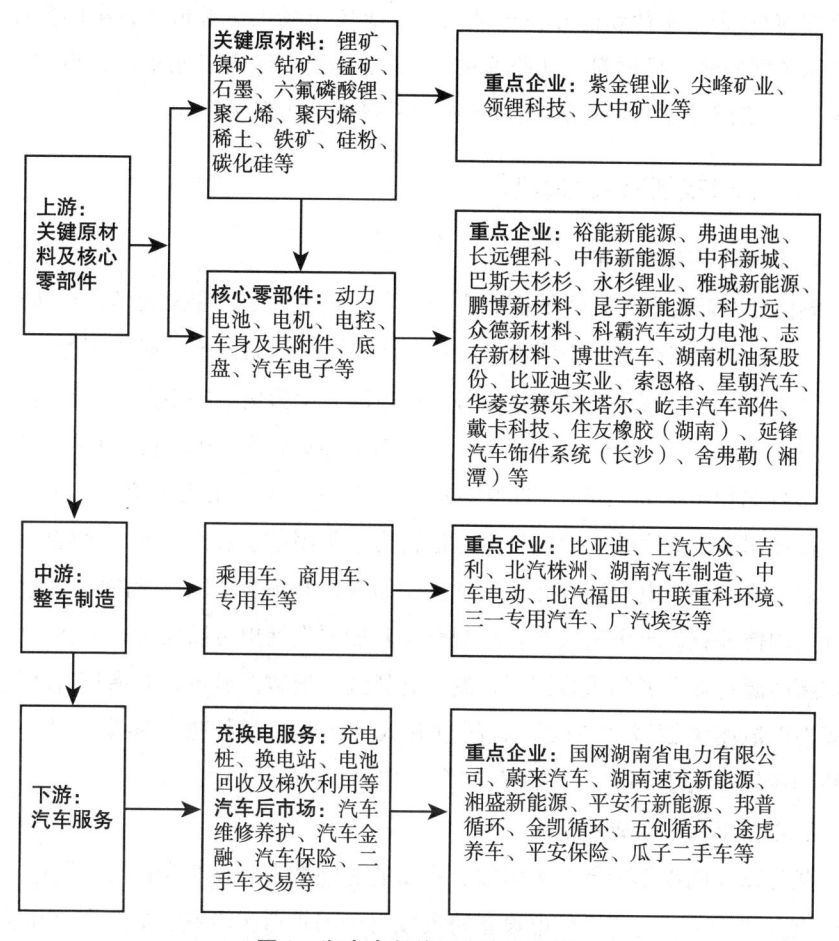

图2 湖南省新能源汽车产业链

整车生产产量处于全国前列，比亚迪是主要生产企业，2024年1~5月，湖南生产新能源汽车30.1万辆，长沙比亚迪27.2万辆，约占全省新能源汽车产量的90%。在新能源装备领域，产业基础较为雄厚，产业链完整，重点发展输变电装备、风电装备、太阳能装备等，基本形成衡阳高新区、湘江新区（长沙高新区）、株洲高新区、湘潭高新区等四个具有行业影响力的集聚区。在新型储能领域，已形成"正负极材料、电解液、隔膜—电芯、电池包封装与制造—储能电池终端应用—回收再利用"较完整的产业链，长株潭范围内上游材料品类齐全，可为电池产品生产提供80%以上配套，有4家企业位列行

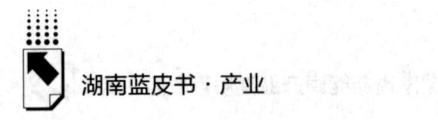

业全球前50强，中伟新能源在全球三元前驱体市场上份额最大，湖南裕能坐上全国磷酸铁锂正极材料"头把交椅"，长远锂科在国内三元正极材料市场居第5位①，巴斯夫杉杉在全球电池正极材料赛道上实现领跑。

（三）科技创新实力雄厚

1. 科研院所人才集聚

湖南省在新能源产业领域拥有中南大学、湖南大学、湘潭大学、长沙理工大学、长沙矿冶研究院、中国电子科技集团有限公司第四十八研究所等高等院校和科研院所，具有强大的人才储备。以中南大学为例，中南大学的新能源产业从业者号称"十百千万"，即10个以上的二级学院，100个以上的科研团队，1000名以上研究人员，10000名以上校友在业界，比亚迪董事长王传福、容百科技创始人白厚善、镍氢动力电池科力远集团董事长钟发平、鹏辉能源创始人夏信德、动力电池回收龙头格林美创始人许开华、中国科学院院士欧阳明高教授均曾经就读于中南大学。综观全球新能源发展史可以发现，电池技术是影响新能源行业发展的重要因素，湖南省科技厅的数据显示，湖南拥有新能源及固态电池相关领域"三尖"科技创新人才，其中科技创新领军人才6人、科技创业领军人才13人、湖湘青年英才12人。

2. 创新平台建设成效显著

坚持以高能级创新平台为引领，在新能源领域拥有整车先进设计制造技术全国重点实验室、电网输变电设备防灾减灾全国重点实验室、电能高效高质转化全国重点实验室、海上风力发电装备与风能高效利用全国重点实验室等11个国家级创新平台（如表2所示），59家省工程技术研究中心、16家重点实验室和1家省级技术创新中心等创新平台，其中，整车先进设计制造技术全国重点实验室由钟志华院士担任实验室首席科学家，是国内唯一具备汽车"工业设计—工程设计—制造工艺—整车集成"全链条综合研发能力的国家级实验室；电能高效高质转化全国重点实验室、国家电能变换与控制工程技术研究中心由湖南大学罗安院士担任主任；2009年获批的先进储能材料国家工程研

---

① 孟姣燕：《我和专家去调研 | 先进储能材料产业的"狂飙"与突围》，《湖南日报》2024年1月17日，第3版。

究中心是我国在先进储能技术及关键储能材料领域的首个国家级工程研究中心；国家光伏装备工程技术研究中心是科技部唯一一个面向光伏装备领域的工程技术研究中心。

表2 湖南省新能源产业国家级创新平台

序号	平台名称	平台类型	依托单位	研究方向	领军人才	所属市州
1	整车先进设计制造技术全国重点实验室	全国重点实验室	湖南大学、中国汽车技术研究中心有限公司、上海汽车集团股份有限公司	整车制造及智能设计	钟志华 徐世伟	长沙市
2	电网输变电设备防灾减灾全国重点实验室	全国重点实验室	国网湖南省电力有限公司、长沙理工大学	电网安全、电网防灾减灾	陆佳政	长沙市
3	电能高效高质转化全国重点实验室	全国重点实验室	湖南大学、合肥工业大学、湖南中科电气股份有限公司	电能转化技术与装备	罗安	长沙市
4	海上风力发电装备与风能高效利用全国重点实验室	全国重点实验室	哈电风能有限公司、湘潭电机股份有限公司、湖南大学	风电技术及装备	黄守道 宋晓萍	长沙市
5	国家电能变换与控制工程技术研究中心	国家工程技术研究中心	湖南大学	电能变换与控制	罗安	长沙市
6	国家光伏装备工程技术研究中心	国家工程技术研究中心	中国电子科技集团有限公司第四十八研究所、湖南红太阳光电科技有限公司	光伏装备	王平 吴得轶	长沙市
7	先进储能材料国家工程研究中心	国家工程研究中心	中南大学、湖南科力远新能源股份有限公司	先进储能技术和储能材料	钟发平 李启厚	长沙市
8	智能化综合能效管理技术国家地方联合工程研究中心	国家地方联合工程研究中心	威胜集团有限公司、中南大学能源科学与工程学院	能源系统管理优化与控制	王学信 廖胜明	长沙市

续表

序号	平台名称	平台类型	依托单位	研究方向	领军人才	所属市州
9	新型储能电池关键材料制备技术国家地方联合工程实验室	国家地方联合工程研究中心	湘潭大学	储能电池及储能材料	王先友	湘潭市
10	大型交电装备复合材料国家地方联合工程研究中心	国家地方联合工程研究中心	中车株洲时代新材料科技股份有限公司	风电叶片、电力绝缘材料	冯学斌 杨军	株洲市
11	电力驱动与伺服技术国防重点学科实验室	国防重点学科实验室	湖南大学	电力电子器件、先进电机	黄守道	长沙市

资料来源：湖南省科学技术厅、中南大学、湖南大学、湘潭大学、长沙理工大学、国家光伏装备工程技术研究中心、中车株洲时代新材料科技股份有限公司等官方网站。

3. 多项技术处于领先水平

近年来，湖南省新能源产业加快突破关键核心技术，通过抢占技术制高点，以新质生产力打造发展新优势。电机、电控、电池是新能源汽车的三大关键部件，湖南在研发制造方面都处于行业领先地位，中车时代电气、长沙比亚迪半导体的新能源汽车IGBT以及中车株洲电机的新能源汽车驱动电机均处于国际先进水平。随着技术革新，三元前驱体行业都在往"高镍化"方向发展，而中伟新能源是全球率先大规模量产9系高镍产品的企业，稳居行业龙头位置，中科星城石墨拥有80余项负极材料专利和自有技术，中材锂膜隔膜技术达到国际先进水平。湖南邦普循环科技有限公司在全球废旧电池回收领域率先破解废料还原的行业性难题，使电池产品核心金属材料总回收率达99.6%以上，为新能源汽车产业发展解除了后顾之忧，成长为国内最大的废旧锂电池资源化回收处理基地。

（四）企业发展势头强劲

1. 新能源企业竞争力强、活力足

湖南新能源企业为全省经济发展作出了重要贡献，成为推动区域经济转型与可持续发展的重要引擎。2024年8月15日，湖南省财政厅发布了《2023年度湖南省企业税收贡献百强榜单》等四张榜单，多家新能源企业入选，其中，比亚迪汽车工业有限公司长沙分公司、长沙市比亚迪汽车有限公司、湖南邦普循环科技有限公司、湖南裕能新能源电池材料股份有限公司、长沙弗迪电池有限公司分别位列《2023年度湖南省企业税收贡献百强榜单》的第7位、第9位、第33位、第40位、第45位；特变电工衡阳变压器有限公司、湖南中伟新能源科技有限公司、湖南永杉锂业有限公司、金杯电工股份有限公司分别位列《2023年度湖南省民营企业税收贡献百强榜单》第36位、第49位、第53位、第78位；巴斯夫杉杉电池材料（宁乡）有限公司位列《2023年度湖南省高新技术企业税收贡献百强榜单》第74位。在细分市场领域，中伟新能源三元前驱体市场占有率全球第一，科力远泡沫镍市场占有率全球第一，湖南裕能铁锂材料市场占有率全球第一，湘潭电化锰系材料市场占有率全球第一，湖南邦普循环废旧电池回收再生年产能全球第一。

2. 新能源企业潜力巨大

2024年7月26日，胡润研究院发布《2024胡润中国新能源潜力企业百强榜》，列出了成立于2000年之后，企业价值在10亿~150亿元的中国新能源领域最具发展潜力的非上市企业，如图3所示，江苏有19家企业入选，上海、广东各有16家企业入选，浙江有8家企业入选，北京、安徽、湖南各有6家企业入选。在全国范围内，北京、安徽、湖南入选企业数量并列排名第5位；

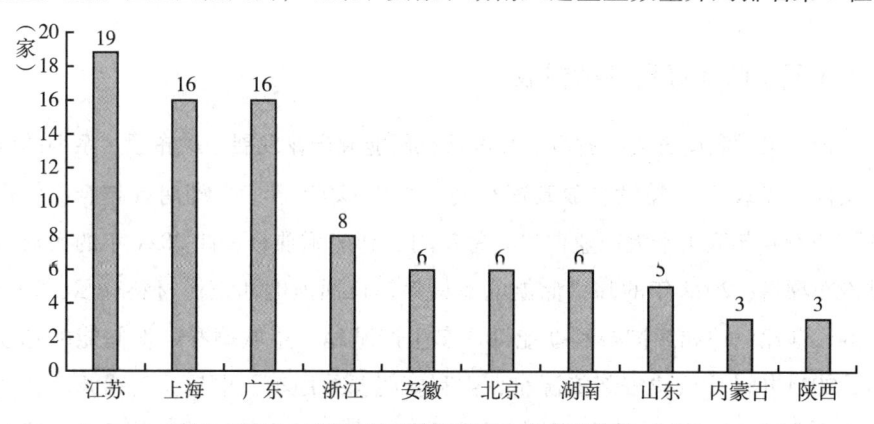

图3 2024年胡润中国新能源潜力企业十强省（市）

资料来源：《2024胡润中国新能源潜力企业百强榜》，胡润百富网站。

在中部地区，湖南与安徽并列第1位。如表3所示，入选《2024胡润中国新能源潜力企业百强榜》的湖南新能源企业分别是三一重卡、中伟新能源、金凯循环、红太阳光电、华夏特变和立方新能源。

表3 《2024胡润中国新能源潜力企业百强榜》湖南省入选企业

排名	企业名称	企业价值范围（亿元人民币）	细分领域	优势产品	总部	成立年份
2	三一重卡	140	新能源汽车	电动汽车（商用）、换电站	长沙	2019
12	中伟新能源	110	电池制造	前驱体	长沙	2016
56	金凯循环	21~35	储能	锂电池回收再生利用	衡阳	2016
100	红太阳光电	10~20	光伏	光伏装备	长沙	2009
100	华夏特变	10~20	储能	高端特种变压器	湘潭	2002
100	立方新能源	10~20	电池制造	高端聚合物锂离子电池	株洲	2013

资料来源：《2024胡润中国新能源潜力企业百强榜》，胡润百富网站。

（五）政策红利持续释放

近年来，湖南省委、省政府高度重视新能源产业发展，颁布了一系列的政策文件（见表4），持续释放政策红利。2021~2024年，《湖南省政府工作报告》连续4年列出十大产业项目，每年均有新能源项目，如2021年的大众电动汽车项目，2022年的邦盛储能电池材料、长远锂电池正极材料项目，2023年的长沙比亚迪和湘潭吉利新能源汽车生产基地、望城德赛电池储能电芯项目，2024年的广汽埃安新能源车、吉利新能源乘用车及电池、新能源动力和储能产业基地等项目。《2024年湖南省政府工作报告》提出"新能源产业紧扣新能源汽车、新能源装备、新型储能发展，密切跟踪氢能、固态动力电池产业发展趋势，促进新能源产业链上下游融合，力争在新赛道上取得新优势"，为新能源产业发展指明了方向、提供了政策保障。

表4　2020~2024年湖南省新能源产业相关政策文件

时间	文件名称	发布单位
2020年12月30日	《湖南省先进储能材料及动力电池产业链三年行动计划（2021-2023年）》	湖南制造强省建设领导小组办公室
2021年8月19日	《湖南省"十四五"战略性新兴产业发展规划》	湖南省人民政府办公厅
2022年3月	《湖南省新能源与节能产业"十四五"发展规划》	湖南省工业和信息化厅
2022年3月	《湖南省智能网联汽车产业"十四五"发展规划（2021-2025）》	湖南省工业和信息化厅
2022年5月31日	《湖南省"十四五"可再生能源发展规划》	湖南省发展和改革委员会
2022年10月20日	《湖南省氢能产业发展规划》	湖南省发展和改革委员会、湖南省能源局
2022年10月	《湖南省汽车产业发展规划》	湖南省工业和信息化厅
2022年12月28日	《关于支持新能源汽车产业高质量发展的若干政策措施》	湖南省工业和信息化厅、湖南省发展和改革委员会、湖南省财政厅
2023年1月	《湖南省电工装备（含新能源装备）产业发展规划》	湖南省工业和信息化厅
2023年10月18日	《中共湖南省委　湖南省人民政府关于加快建设现代化产业体系的指导意见》	中共湖南省委、湖南省人民政府
2023年12月25日	《湖南省新型电力系统发展规划纲要》	湖南省人民政府办公厅
2023年12月26日	《湖南省现代化产业体系建设实施方案》	湖南省人民政府办公厅
2024年4月17日	《支持郴州市锂电新能源全产业链高质量发展的若干措施》	湖南省人民政府办公厅
2024年6月13日	《湖南省锂电池及先进储能材料产业三年行动计划（2024—2026年）》	湖南省工业和信息化厅、湖南省发展和改革委员会、湖南省科学技术厅、湖南省财政厅、湖南省自然资源厅、湖南省商务厅

资料来源：湖南省人民政府、湖南省发展和改革委员会、湖南省工业和信息化厅网站。

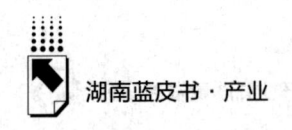

二 湖南新能源产业发展面临的问题

尽管湖南新能源产业具有良好的基础和较强的竞争优势，但在发展过程中仍然存在一些制约高质量发展的难点堵点问题。

（一）产业集聚程度不高

在"双碳"目标下，中国未来经济的发展离不开新能源产业的发展，新能源产业既是衡量一个国家和地区科技创新水平的重要依据，也是新一轮国际竞争的战略制高点，直接影响着区域发展潜力和竞争力。从湖南省内来看，综合比较各市州的产业规模、企业及创新平台的分布情况，新能源产业集聚程度较高的地区是长沙市，第二梯队是株洲、湘潭、郴州、衡阳，第三梯队是常德、永州、怀化等城市。从全国范围来看，湖南省新能源产业集聚程度不高，2022~2024年，胡润研究院连续三年发布《胡润中国新能源产业集聚度城市榜》，公布了我国新能源产业集聚度较高的50个城市，三年来，湖南省仅有长沙入选，长沙市的排名分别是：2022年，全国第30位、中部地区第4位；2023年，全国第21位、中部地区第3位；2024年，全国第23位、中部地区第3位，落后于武汉、合肥。如表5所示，2024年，上海、深圳、常州、苏州、广州、北京、无锡、成都、杭州、武汉获评中国新能源产业集聚度最高的十大城市，江苏（10个城市）、广东（6个城市）、浙江（5个城市）上榜城市数量名列前三。

表5 《2024年胡润中国新能源产业集聚度城市榜》分布

排名	省/市	新能源产业集聚度50强城市数量（个）	上榜城市
1	江苏	10	常州(3)、苏州(4)、无锡(7)、南通(18)、扬州(21)、徐州(22)、南京(23)、盐城(33)、连云港(42)、泰州(47)
2	广东	6	深圳(2)、广州(5)、东莞(13)、惠州(27)、佛山(30)、珠海(45)
3	浙江	5	杭州(9)、宁波(15)、温州(18)、嘉兴(23)、台州(35)

续表

排名	省/市	新能源产业集聚度50强城市数量(个)	上榜城市
4	河北	3	石家庄(31)、保定(33)、沧州(49)
4	内蒙古	3	鄂尔多斯(31)、呼和浩特(39)、包头(39)
4	山东	3	青岛(15)、济南(26)、烟台(39)
7	安徽	2	合肥(14)、滁州(29)
7	福建	2	厦门(27)、宁德(50)
7	江西	2	赣州(38)、南昌(45)
7	辽宁	2	沈阳(20)、大连(43)
11	北京	1	北京(6)
11	广西	1	南宁(48)
11	河南	1	郑州(35)
11	湖北	1	武汉(10)
11	湖南	1	长沙(23)
11	山西	1	太原(43)
11	陕西	1	西安(12)
11	上海	1	上海(1)
11	四川	1	成都(8)
11	天津	1	天津(11)
11	新疆	1	乌鲁木齐(35)
11	重庆	1	重庆(15)

资料来源：《2024年胡润中国新能源产业集聚度城市榜》，胡润百富网站。
说明：城市名称后的括号中数值为排名。

（二）产业链存在薄弱环节

湖南新能源产业链薄弱环节仍然较多，上下游之间融合不够。新能源汽车产业已成为拉动全省工业经济增长的重要引擎，但相较同处于中部地区的湖北、安徽，湖南整车企业不多，缺乏本土汽车品牌，本地配套率较低。新能源汽车电池、电控等关键零部件，由于缺少整车研发带动，未能协同发展。电池产业方面，湖南在正极材料和负极材料方面具有明显优势，但生产隔膜、电解液的企业不多，尤其缺乏提供电池系统集成关键技术的企业，电池终端产品较少，这是亟须补齐的短板。储能产业方面，材料优势十分明显，但电池电芯布局不够，目前已投产能仅40GWh，明显低于福建的500GWh和江苏的150GWh。

（三）自主创新能力有待提高

国家级和省级联合创新平台建设推进缓慢，高级创新人才不多，企业研发投入不足，关键核心技术、设备和材料依赖进口。新型汽车动力系统、系统级部件和整车集成创新短板明显，动力电池、智能网联汽车技术有待进一步突破。由于行业龙头领军企业偏少，科技创新和产业整合能力与一线新能源品牌差距较大，产业链链主企业的创新引领力、市场竞争力和社会影响力有待进一步加强。高端人才、重点项目、高端仪器设备等创新要素可依托的创新硬件环境条件有限，在部分重点领域缺少国家级实验室和研究中心等重大平台。另外，新能源重大技术装备（项目）不多，截至2024年8月，国家能源局公布了三批（159个）能源领域首台（套）重大技术装备（项目）名单，湖南尚未有装备（项目）在其中。

（四）龙头企业带动力不强

龙头企业数量不多，带动力不强。以新能源汽车为例，长沙比亚迪新能源汽车产量和产值均占湖南省新能源汽车的90%左右，但是比亚迪的总部在深圳，其有着非常稳固的供应链，湖南本地企业进入其供应商名单难度大、数量少；动力电池占新能源汽车的生产成本约为40%，长沙比亚迪动力电池的主要供货商是长沙弗迪电池有限公司，而长沙弗迪电池由深圳的比亚迪储能有限公司100%持股；位于娄底的华菱安赛乐米塔尔汽车板有限公司是全球领先的汽车板制造企业，但与长沙比亚迪尚未建立合作关系。

2024年9月，《中国能源报》和中国能源经济研究院联合发布《2024全球新能源企业500强榜单》，中国企业数达到255家，湖南省仅有5家企业入选（如表6所示），与2023年相比，减少了2家企业。比较各省（区市）入选企业数量，湖南在全国排名第13位，较2023年下降了4位，排名前三位的是江苏省（38家）、浙江省（37家）、广东省（36家）；在中部地区，湖南省与江西省并列排名第3位，较2023年下降了2位，中部六省入选企业数量分别是安徽省9家、河南省7家、湖南省5家、江西省5家、湖北省3家、山西省 2 家。湖南入选 2024 全球新能源企业 500 强名单的 5 家企业中，湖南裕能新能源电池材料股份有限公司、五矿新能源材料（湖南）股份有限公司、湖南中科电气股份有限公司、湖南科力远新能源股份有限公司是动力电池、储能电池领域的龙头企业，株洲时代新材料科技股份有限公司是风电设备制造领域的龙头企业，但在太阳能、氢能、输变电设备制造等领域，龙头企业数量较少，对产业链、创新链的引领带动作用较弱。

表6 《2024全球新能源企业500强排行榜》湖南省入选企业

榜单排名	企业名称	所在城市
53	湖南裕能新能源电池材料股份有限公司	湘潭
196	五矿新能源材料（湖南）股份有限公司	长沙
303	株洲时代新材料科技股份有限公司	株洲
391	湖南中科电气股份有限公司	岳阳
485	湖南科力远新能源股份有限公司	郴州

资料来源：《2024全球新能源企业500强排行榜》，《中国能源报》2024年9月16日，第6版。

三 新能源产业发展趋势分析

在全球经济持续增长和环境压力日益增大的背景下，能源行业正经历着深刻的变革。太阳能、风能、水能、氢能等可再生能源的转化技术不断突破，储能技术的发展为新能源的稳定供应提供了保障，智能电网的建设提高了新能源配送的可靠性和效率。分析新能源产业的发展趋势对于找准湖南新能源产业的发展方向、技术突破点具有非常重要的意义。

（一）新能源汽车在市场中占主导地位，但遭遇欧美围堵风暴

中国汽车流通协会乘用车市场信息联席分会统计数据显示，2024年7月，中国新能源汽车零售高达87.9万辆，同比增长37%，环比增长3%，占据了乘用车市场零售总量的50.84%，渗透率首次突破50%；8月国内新能源乘用车市场零售渗透率为53.9%，这意味着新能源汽车在中国汽车市场中已

经占据了主导地位，超越了传统燃油车。这一历史性节点的到来，比国家原定的2035年规划目标提前了整整11年，可见新能源汽车产业具有蓬勃生机与无限潜力。

中国新能源产业在加速发展的过程中，也遭遇了来自海外市场的诸多挑战。2023年初，土耳其对中国生产的纯电动汽车提出加征40%的关税，而对其他国家只征收10%的关税；2023年9月13日，欧盟委员会主席冯德莱恩在欧洲议会发表盟情咨文时宣布，欧盟委员会正在对来自中国的电动汽车发起反补贴调查；据央视新闻报道，美国贸易代表办公室发布的一份声明表示，自2024年9月27日起，中国制造的电动汽车的关税税率将上调至100%，太阳能电池的关税税率将上调至50%，电动汽车电池、关键矿产、钢铁、铝、口罩和岸边集装箱起重机的关税税率将上调至25%。

（二）产能过剩和扩张并存，产业格局正在重塑

不同于资源驱动的传统能源，新能源产业本质是制造业，是典型的技术驱动。中国已经成为全球新能源最大设备供应国之一，风光储氢四大领域均处于国际领先地位，在激烈的国内竞争和自我迭代过程中，整个行业处在产能过剩和产能扩张的拉扯和困境中。由于产能过剩和价格竞争，一些缺乏竞争力的企业将面临退出市场的压力，从而促进资源向优势企业集中，提高行业的整体效率和竞争力。领先企业纷纷布局下一代技术和研发，例如钙钛矿、薄膜电池、全钒液流电池、电解槽、储氢设备、高温热泵等。在残酷的迭代和淘汰过程中，预计将有一批龙头企业突出重围，破茧而生。

（三）新能源产业转型加速，数智化成为新引擎

随着信息技术的不断发展，智能化、数字化将成为新能源产业发展的新引擎，带来新的增长点。大数据、云计算、物联网、人工智能等新一代信息技术，为新能源产业提供了全新的视角和工具，使其能够更高效地收集、分析和利用数据，从而提高能源利用效率、降低成本并优化能源结构。例如，基于大数据和人工智能的新能源交易平台，可以实现新能源的实时交易和智能调度，数智化转型还有助于推动新能源产业的绿色发展，智能电网、分布式能源、储能技术等都为新能源产业发展提供了有力支持。

（四）海外市场机遇广阔，产业链出海是必由之路

全球低碳化进程持续推进，海外市场需求创下新高。电动载人汽车（新能源汽车）、锂电池、太阳能电池被称为我国外贸"新三样"，海关总署统计数据显示，2023年，我国"新三样"合计出口1.06万亿元，首次突破万亿元大关，增长了29.9%，国际市场份额遥遥领先。长沙海关统计数据显示，2023年湖南省出口"新三样"产品增长28.5%，其中，锂电池出口28.4亿元，增长2.1%；电动载人汽车（新能源汽车）出口25.9亿元，增长1.1倍；太阳能电池出口12.7亿元，增长5%。在全球经济复苏路径尚不明晰、海外高利率环境下需求持续放缓，以及全球供应链再平衡的大背景下，2023年的"新三样"出口体现出了较强韧性。2024年1~7月，湖南省新能源汽车、锂电池、光伏等"新三样"产品出口61.7亿元，比2023年同期（同比，下同）增长47.6%；其中，新能源汽车出口39.9亿元，增长129.1%；巴西、墨西哥、美国为主要出口国，占比超五成，可见海外市场前景广阔。

（五）探索跨界赋能，多场景融合开发成为新趋势

新型能源体系的构建，需要发挥多种能源的融合优势。掌握各种新型能源自身发展的关键技术以及突破各类新型能源之间互相联系的技术壁垒，促进工业流程再造的技术创新[1]，这是构建湖南新型能源体系与新能源产业转型升级的重点创新方向。随着新能源快速发展，风光氢储多元融合是新能源产业发展的重要趋势。在不久的将来，新能源汽车与电网可以实现融合互动，推动形成新能源汽车与园区、楼宇建筑、家庭住宅等场景的双向充放电应用模式；光伏将与5G基站、新能源汽车充电桩等融合发展，"光伏+农业""光伏+交通""光伏+建筑""光伏+生态治理""水风光一体化"等新模式新业态将竞相涌现[2]。

---

[1] 刘中民：《构建多能融合的新型能源体系》，《光明日报》2023年10月29日，第1版。
[2] 刘坤：《"追风逐日"，新能源发展举世瞩目》，《光明日报》2023年8月7日，第5版。

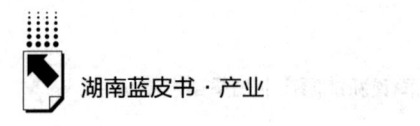

四 加快形成新质生产力，推进湖南新能源产业高质量发展的建议

瞄准能源革命"主赛道""新赛道"，围绕巩固、提升和发展能源新质生产力，充分发挥湖南新能源产业的竞争优势，锻长板、补短板，切实增强产业链自主可控能力，促进科技、产业和制度创新协同并进，加快构建具有湖南特色的新型能源体系，将湖南新能源产业打造成为在全国具有核心竞争力的万亿产业，为奋力谱写中国式现代化湖南篇章提供有力支撑。

（一）优化空间布局，促进区域协调发展

1. 优化产业发展布局

全省形成以长沙为核心，包括株洲、湘潭、郴州、衡阳、娄底、常德、永州、益阳等城市的"一核多点"产业发展格局。在新能源汽车领域，完善湖南汽车制造配套产业园配套基础设施[1]，以整车闲置产能整合为契机，省市协同培育湖南本土新能源汽车品牌，吸引国内外领先的新能源汽车企业入湘同步布局配套产业，推动省内相关企业与新能源汽车整车企业的对接合作；在新能源装备领域，做优做强风电、光伏、输变电等装备制造，打造一批定位明确、特色鲜明、效益突出的产业基地；在新型储能领域，支持长株潭郴先进储能材料产业集群发展，建设常德、岳阳、永州三个产业配套区，加强产业链配套和协作。

2. 打造品牌产业园区

发挥园区对产业的核心承载作用，择优布局产业链、创新链，建设一批高质量特色产业园区，重点推动长沙经开区、雨花经开区、株洲高新区、湘潭经开区、娄底经开区等园区加快发展新能源汽车产业，重点推动株洲高新区、长沙高新区、湘潭高新区、衡阳高新区等园区加快发展新能源装备产业，重点推动宁乡高新区、望城经开区、宜章经开区、常德经开区、益阳高新区、怀化高新区等园区加快发展动力电池和新型储能产业。推动各类科技创新和产业发展

---

[1] 姚璐：《推动湖南新能源产业实现倍增式发展》，《湖南日报》2024年4月4日，第11版。

政策在品牌产业园区先行先试，鼓励搭建集创业孵化、研发设计、中试孵化、检测认证、知识产权、品牌管理、金融服务等功能于一体的公共服务平台。

（二）聚焦强链补链，推动全产业链升级

1. 深化重点领域强链补链

聚焦新能源汽车研发、风电整机集成、光伏装备、储能电池生产及系统集成、氢燃料电池系统集成、新能源数字技术等薄弱环节，按照"招大引强"思路，着重引进优质重大项目，提升产业链关键环节控制力和供应链稳定性。巩固新能源汽车整车生产制造、光伏组件、风机叶片、电池材料等优势环节，增强细分领域主导能力。推进产业链上下游联动发展，支持产业链优势企业向上游设计、研发和下游终端产品等环节延伸，拓展设计、研发、品牌等价值链高端环节。

2. 培育壮大龙头骨干企业

建立优质企业梯队培育体系，推动形成创新型中小企业、高新技术企业、专精特新企业、独角兽企业、上市企业等协同发展的格局。实施产业领军企业培育工程，给予重点指导和扶持，完善产业链、供应链布局，打造湖南本土领军企业。整合优势资源，引进一批规模优势明显、辐射带动力强的龙头企业，做大做强新能源产业。鼓励龙头企业发挥品牌和技术优势，实现集团化发展、国际化布局，打造世界级新能源领军企业。对创新型企业，强化政策支持，提升企业核心技术水平和竞争能力。

3. 大力招引关键配套环节企业

瞄准新能源汽车研发设计、电池系统集成等产业链薄弱环节，加大对关键配套环节企业的招引力度，完善配套产业布局。对新引进落地的新能源产业关键配套环节企业，项目固定资产投资额在1亿元以上，且在投资建设期限内全部建成投产的，给予一定金额的奖励，奖励金额由省、市、县（区）财政按一定比例承担。已落户企业新投资建设的关键配套环节延链补链项目，可享受与新引进落地项目同等政策支持。引导和促进产业链上下游企业在技术研发、要素供给、供需衔接、标准制定等方面的协调合作，提升本地配套率。

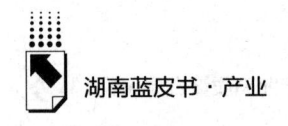

(三)瞄准发展前沿,加大技术创新力度

1. 推动关键核心技术突破

抢抓技术创新机遇,跟踪和攻关储能、氢能、地热能、固态电池等前沿新技术,加大研发投入,充分依托国内外科研院所、高校和省内龙头企业,完善产学研一体化推进体系,实施一批具有前瞻性、战略性的重大科技示范项目,开展首台(套)重大技术装备项目建设及示范应用,以创新链提升价值链,培育能源新质生产力、抢占未来制高点。大力支持长沙比亚迪、北汽株洲、湘潭吉利、长沙广汽埃安等整车生产企业将第二研发中心或区域性研发总部落户湖南,鼓励新能源汽车企业加强前瞻性技术研发布局,强化产业链协同,推动新能源汽车产业不断提质升级。加大新型储能电池体系的研发和支持力度,在钠离子电池、氢能产业链、全固态锂电池、全固态氟离子电池等领域核心技术研发及制造取得突破。

2. 提升技术创新能级

鼓励企业与中南大学、湖南大学、湘潭大学、长沙理工大学、长沙矿冶研究院、中电四十八所等高等院校和高端研究机构开展深度合作,加快构建创新联合体,开展联合攻关,破解钙钛矿光伏电池、锂电池耐高温隔膜和耐高压阻燃电解液、固态电池、高压储氢材料等关键共性技术难题,共同建设国家实验室、国家工程研究中心、国家工程技术研究中心、国家级制造业创新中心和省级以上工程研究中心等科技创新平台。推动在现有创新平台以及重点企业拥有的各级各类创新平台基础上,打造一批包括中试试验、应用验证、材料检测等功能平台的新能源产业创新平台体系。

3. 促进科技创新与产业创新深度融合

借鉴"松山湖模式",打造全链条创新体系,成功跨越科技成果产业化的"死亡之谷"。统筹协调高校、政府、企业三方资源,开展科技项目立项、标准制定、科技成果转化与产业化、学术交流活动等工作,充分发挥湖南省新能源产业协会、湖南省新能源汽车产业协会、湖南省电池行业协会等行业组织的作用,助力湖南新能源产业链延链补链强链与业务拓展,助推行业高质量发展。

（四）把握行业趋势，丰富推广应用场景

1. 加快新能源汽车发展应用

当前，智能网联新能源汽车已成为引领制造业高质量发展的新动能、新引擎，具有十分广阔的发展前景，发挥长沙在智能网联汽车领域是全国唯一获得四块国家级牌照的城市、并构建国内首个智能网联汽车创新应用示范区的先发优势，大力发展智能网联新能源汽车。坚持市场主导和政府引导相结合，提升新能源汽车及零部件产品设计、研发、制造与系统集成水平，支持领军企业集聚创新资源，布局建设高水平研发机构。加强新能源汽车与智能电网高效联动，促进新能源汽车与可再生能源融合发展。按照动力电池4~8年的使用寿命估算，动力电池"退役潮"已经到来，抢占市场先机，完善报废新能源车辆拆解回收流程，努力培育大型动力电池回收利用区域综合服务中心和动力电池回收利用龙头企业。

2. 推进"光伏+"规模示范应用

积极推进党政机关、事业单位、学校、医院等公共建筑屋顶安装光伏发电设施，支持打造光伏车棚、光伏廊架等新景观。鼓励钢铁、纺织等重点工业用能领域基于分布式光伏建设工业绿色微电网试点示范。探索"光伏+农业""光伏+储能+充电桩"和光伏声屏障等综合应用示范。

3. 拓宽新型储能应用场景

结合湖南省新型电力系统发展，推进"新能源+新型储能"融合发展，扩大发电侧、电网侧、用户侧储能应用场景，加快培育稳定的新能源领域储能市场。支持国有企业及其他投资主体充分发挥资源、技术、管理等方面优势，参与新型储能项目投资建设，通过市场化方式合理分配收益。推动新型储能规模化发展，培育和集聚新型储能标杆企业，布局储能示范及产业化项目，探索午间谷电，拉大峰谷价差，支持用户侧储能发展。

4. 纵深推进新能源数智化发展

推动数字经济与新能源产业深度融合，促进湖南新能源产业基础高级化、产业链现代化。支持湖南新能源产业部署国家级、省级大数据、5G、人工智能等重大数字基础设施，支持新能源企业创建国家级、省级智能制造示范工厂和示范车间，培育发展"灯塔工厂"。推动新能源汽车融入新型电力系统，提

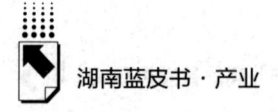

高有序充放电智能化水平，鼓励车网互动、光储充放等新模式新业态发展。建设湖南省新能源行业大数据监测预警和综合服务平台体系，支撑行业发展动态监测和需求布局分析研判，提高储能与供能、用能系统协同调控及诊断运维智能化水平。

（五）深化开放合作，拓展产业链"朋友圈"

1. 推进跨区域间协同发展

鼓励有竞争力的新能源企业和产品"走出去"，主动嵌入国内乃至全球新能源产业链、价值链、创新链。加强与粤港澳、长三角等区域的交流合作，主动加强对接，实现更紧密联系，支持配套企业进入重点企业供应链。鼓励新能源企业积极参与国际国内知名新能源类展会，拓展国内外市场。

2. 拓展国际交流合作

加强技术标准、检验检测、认证等方面的国际互认，持续保持"新三样"出口的良好态势，积极推动湖南新能源企业技术与产品"走出去"和"引进来"。推动行业组织搭建"走出去"信息综合服务平台，以培训、研讨、展览等为媒介，支持企业与境外机构在技术开发、经贸往来、人才培养等方面加强交流合作。发挥湖南作为中非经贸深度合作先行区的优势，用好中非合作论坛峰会、中非经贸博览会等重大会议平台，挖掘新能源领域国际国内和区域合作潜力，深化与共建"一带一路"国家新能源合作。

（六）促进要素集聚，保障产业快速发展

1. 推动人才链与产业链创新链深度融合

开展新能源产业引智工程，引进、留住、用好国内外顶尖科学家、产业领军人才和技术团队。针对中南大学、湖南大学等在新能源产业领域具有科研优势与人才培养优势的高校，增加硕士、博士研究生的培养名额，积极培育优秀人才。在新能源产业领域，设立省级实验室，为新能源人才提供成长空间与科研沃土。构建政府、社会和用人单位共同投入、共同培养的开发模式，引导相关企业建立技术实训基地，充分利用长沙、湘潭、株洲等城市的高校和科研院所资源，培育一批新能源产业工程师及复合型管理人才。积极引进和培育新能源产业领域高水平智库和服务平台，充分发挥智库载体在政策咨询、成果转化

和推广应用等方面的优势。

2. 加强产业发展资金保障

充分发挥已设立的湖南省新兴产业股权投资引导基金新能源产业子基金、长沙市产业发展母基金、长沙先进储能产业投资基金、株洲市先进产业集群发展母基金、常德新兴产业发展投资基金、岳阳市财金泰有产业投资基金、湖南湘江盛世股权投资基金的作用，提升政府投资基金运营效率，创新投融资模式，撬动引领社会资本有序投入，重点支持基础性、战略性、先导性重大项目落地。发挥省市级财政各专项资金作用，大力支持新能源龙头骨干企业的发展及产业链关键核心技术攻关。鼓励企业对外并购，通过参与上市公司定向增发等方式做大做强湖南本土新能源企业。积极争取国家新能源产业投资基金，参与国家新能源产业链整合。

B.12
推动湖南大健康产业高质量发展

曹前满*

摘　要： 大健康产业是湖南大力发展的新兴优势产业。发展大健康产业事关民生福祉。大健康产业体系庞大，细分领域多，传统与现代交织，产业可拓展空间巨大。本研究从产业链、产业体系等层面对湖南大健康产业进行图谱分析，了解基本家底，掌握产业发展的现状与问题。研究发现，湖南大健康产业基础厚实，各细分领域特色明显、亮点纷呈，湖南大健康产业处于融合发展的新起点，展望未来、放眼全国，仍存在一些制约因素，如相关标准缺失、企业体量小、产业外延拓展不足、融合层次低、平台建设与服务水平有限以及人才瓶颈等。基于大健康产业发展规律、省委和省政府的"4×4"战略部署的要求提出，立足大健康产业布局重点；强化基础保障，厚植发展动能；增强核心链、做活供应链、拓展产业面，优化产业生态的建议。

关键词： 大健康　生物医药　功能食品　美妆　医疗器械　湖南省

　　大健康产业是新兴产业，是继信息技术产业之后的"财富第五波"。湖南大力发展的 20 个新兴优势产业链，大健康就占 2 条，即基因技术及应用产业链、中药产业链。大健康产业是新时期、新形势下湖南省委、省政府确定的，构建湖南"4×4"现代化产业体系的"四梁八柱"之一。大健康产业具有产业面宽、产业链条长、产业融合深、辐射覆盖广、消费拉动大、创造就业多、抗风险性强等复合型特征。本研究围绕大健康产业未来发展探讨健康制造业的发展开拓及大健康产业高质量发展。

---

* 曹前满，博士，湖南省社会科学院（湖南省人民政府发展研究中心）产业经济研究所副研究员，主要研究方向为共同富裕、共享发展。

一 大健康产业发展的特点与发展空间

大健康产业是以健康产品制造业为支撑、健康服务业为核心，通过产业融合发展满足社会健康需求的全产业链活动。2016年，习近平在全国卫生与健康大会上强调把人民健康放在优先发展战略地位，努力全方位全周期保障人民健康。2016年，国务院发布《"健康中国2030"规划纲要》，2019年发布《国务院关于实施健康中国行动的意见》《健康中国行动（2019—2030年）》等政策文件。对此，湖南省制定相关实施方案和实施意见，以及出台《湖南省培育大健康产业工作方案》和生物医药产业创新发展的若干意见、产业链重点品种培育办法等。健康服务不局限于以疾病治疗为主的、单纯依靠医疗卫生干预的传统治疗模式，还需加强维护健康、修复健康、促进健康的一系列生产和服务活动满足新的社会需求。大健康产业体系庞大，细分领域多且有各自特点，产业链纵横交错，传统与现代交织，产业可拓展空间大。传统领域需要转型升级、新领域亟待创新突破、延伸领域需要开拓。

（一）大健康产业产业链结构特点

大健康产业范畴包括医疗产品及服务和健康产品及服务，产业链环节或细分行业众多，产业链上游由产品及设备研发制造行业构成，主要包括医药研发外包、药品制造、医疗器械制造、保健品制造、健康器械制造；产业链中游由医药商业和健康服务业构成，其中，医药商业包括医药流通、零售、批发和仓储等，健康服务业包括医疗行业、健康管理服务行业、养老服务行业，以及融合拓展、衍生产业如健康文化、健康旅游、医疗美容行业、互联网医疗、医疗信息化、健康保险等行业。产业链下游主要为医疗机构、医生及消费者。建设健康中国，也就是强调落实预防为主，推行健康生活方式，注重食物营养健康产业。大健康产业呈多元化、融合化态势，形成健康文化、健康旅游、健康地产、健康体育等的新兴增长点，同时正加速数字化、智能化、信息化推进。就大健康制造业领域看，其产业链有如下特点。

生物医药产业主要是应用现代生物技术的新药研发、生产，以及与各种疾病的诊断、预防和治疗相结合的高技术产业，其原料来源于生物体、生物组织、细胞或体液等。生物药分为疫苗、血液制品、诊断试剂、单克隆抗体、基因与细胞治疗。生物医药产业链的上游为基础研究，由医学实验室承担一部分医药外包的项目。下游为消费终端，分别为医疗机构以及医药零售终端。影响未来生物医药产业发展方向的重大关键技术涵盖基因编辑、药物递送、诱导多能干细胞等主流热点，也包含空间转录组学、异种移植、相分离等潜在研究热点。医疗器械包括高值医用耗材（骨科植入类、血管介入类、神经外科等）、低值医用耗材（注射穿刺类、医用高分子材料类、手术室耗材等）、医疗设备及体外诊断。医疗耗材是在临床诊断和护理、检测和修复等过程中使用的医用卫生材料。其品种型号繁多，应用广泛，是医疗机构开展日常医疗、护理工作的重要物资。医疗器械产业链的上游为材料及系统：包括原材料（钢材、橡胶等）、电子器件（PCB、传感器、显示屏等）、生物原料（诊断酶、抗原抗体、血清引物等）、包装材料、软件系统等。传感器重点企业有大立科技，如华工科技是全球有影响力的传感器系统解决方案提供商。生物原料用于体外诊断，即为体外诊断试剂原料。原材料体系主要分为核心反应体系、信号体系、反应体系载体和反应环境。其下游应用为医疗机构、家庭用户、体检中心。

化学制药产业链上游主要包括基础化工原料、医药中间体、药用辅料等的供应；中游为化学原料药和化学制剂的生产；下游则涵盖医疗机构、健康服务机构、药店等应用场所，最终销售给消费者。国内原料药发展相对成熟，其中大宗原料药已趋于成本和效率的竞争。药用辅料行业是整个医药工业的薄弱环节之一，中、高端市场基本掌握在国际巨头手中，国内头部企业也只有极小的高端市场份额，国产替代进程极为缓慢。中药产业链构成较为清晰。上游主要为中药材提供，包括矿物采集、动物养殖和中药材种植；中游包括中药饮片加工和中成药的加工；下游广泛应用于医院、药店、超市、电商等。中药大健康产品包括中成药、中药保健品、中药材、中药饮片与提取物、健康食品和饮品、中药化妆品、日化产品、中药兽药、中药饲料、中药加工设备等。

特殊功能食品和保健品产业链上游产业是原材料、辅料环节，对原材料企业的研发能力、资金实力要求高，时间成本高，大企业才具备研发实力和耐力。中游参与者有生产商和品牌商，生产商为品牌商提供代工服务，品牌商主要面向C端消费者销售自有品牌。由生产商向品牌商提供产品备案、研发及生产等服务，专业化分工可降低初创公司的进入门槛；初创公司通常找保健食品生产商代工。化妆品为日用化学工业产品，具体包括护肤品、护发产品、沐浴用品、彩妆、香水、防晒用品等，产品研发涉及精细化工、皮肤科学、植物学等多学科的交叉研究与运用，上游行业主要包括化妆品原料和包装材料行业，化妆品原料种类繁多，主要包括油性原料（如动植物及矿物油脂等）、粉质原料（如钛白粉等）、水剂类原料（乙醇等）、辅助类原料（如防腐剂、增稠剂、香精、色素等）等；包装原材料行业（包括纸质、玻璃、塑料、铝包装等），上游行业发展成熟，竞争充分，行业厂商通常不会对供应商产生依赖。行业下游则主要为商品流通行业。

（二）大健康产业发展的价值空间

大健康产业空间巨大。随着经济社会的发展，健康将从以治病为主转向以预防为主，生活从"解决温饱"转向"营养多元"。2023年，我国60岁以上人口数量达2.9亿人，占总人口的21.1%，人口老龄化伴随的是慢性病。同时现代社会生活的快节奏和高强度导致人们亚健康群体增加，居民健康素养水平近20%。而国民因消费力的增强而对健康愈加重视，由此对大健康服务的需求和对营养健康食品与功能性食品的需求将逐步释放。根据国际经验，当人均GDP达到8000美元后将进入健康服务业消费全面升级的重要阶段。国家卫健委数据显示，2019年，我国健康服务业总规模为7.01万亿元，占GDP比重为7.08%。2023年，中国大健康产业市场规模达到14.48万亿元。[①] 据中国健康管理协会预测，到2025年，我国大健康产业将达到17.4万亿元，到2030年将达到29.1万亿元。根据《"健康中国2030"规划纲要》，到2030年，健康服务业总规模将达16万亿元。

近年来，中国医疗器械生产企业数量呈上升趋势。截至2023年底，中国医疗器械生产企业有3.67万家。2023年中国医疗器械市场规模为12023.8亿元，医疗耗材市场规模为6548亿元，医疗仪器市场规模为3810亿元，体外诊断市场规模为1603亿元，医疗器械市场近五年年均复合增长率为16.88%。医疗器械产业面广阔，可拓展空间巨大，由于我国技术创新能力薄弱，很多领域

---

① 栗翘楚：《培育壮大健康产业生态 产学研携手打通科技成果转化"最后一公里"》，人民网，2024年4月11日。

缺乏核心技术，市场占有率低，中高档医疗设备主要依靠进口，产品以仿制、改进为主。① 2023年，国内医疗器械产业前50企业中有14家分布在广东省，上海市和浙江省分别有7家和6家。医疗仪器上市企业主要分布在广东、江苏以及北京和上海，分别为12家、11家、6家、6家。很多重要监测仪器为国外品牌垄断。全球体外诊断市场发展成熟，行业集中度较高。2022年，罗氏、雅培等5家跨国医疗集团占市场份额的47%，其产品质量稳定、技术含量高、设备制造精密。

我国化学药品制剂占医药行业市场规模的49%，生物药市场占比为24.6%。生物医药是医药产业的新方向，能够针对特定的靶点或机制，精准地调节人体内部的信号传导、代谢、免疫等过程，具有高活性、低剂量和少毒副作用。生物药制造环节的毛利水平相对较高，其中单克隆抗体、疫苗、血液制品、诊断试剂的代表性上市公司毛利率最高可达90%。生物技术可广泛应用于主要作物的产量增长、农产品的营养价值提高，生物育种、生物饲料、生物农药等。麦肯锡预计，生物经济未来或将解决全球疾病总负担的45%。

中医药须在大健康产业视域下促使中医药发展为新产业、新业态、新模式，成为具有健康公益性的中国经济新的增长点。中医膏方用于慢病防治，被认为是引领药食同源功能性食品未来发展趋势。发展医用营养食品产业是推动"药食同源治未病"的有力支撑。营养膳食已成为医疗服务中不可或缺的重要环节。功能性食品可调理局部身体机能，促进机体代谢循环，益于身体健康，可以用来预防疾病、延年益寿、强身健体，乃至病后调养、辅助病后康复。目前，特定保健功能食品被限定在24项特定功能内及以补充维生素、矿物质为目的，给特定人群食用，用以调节机体功能，不以治疗疾病为目的。目前我国在保健品产业方面，产品种类少，同质竞争严重，质量参差不齐。功能性食品是按照普通食品进行监管，功能性食品进入门槛低，产品上市前无须注册或备案，但也不得进行功能声称。同时意味着功能食品没有明确的法律地位，其本质上属于普通食品，无法像药品一样在医院经营和流通。功能性食品研发层出不穷，衍生出保健食品、特殊医学用途配方食品、婴幼儿配方食品等。营养类健康产品全球市场规模增长迅速，国内市场潜力巨大。医用营养食品相当于在

---

① 张家彬、张亮、纪志敏：《大健康产业的发展桎梏与纾困路径》，《江淮论坛》2022年第2期。

预防环节和"治未病"环节进行干预。特殊医学用途配方食品直接影响肿瘤患者的治疗和康复。自2019年以来，我国医用食品市场一直以50%的增速发展。数据显示，2021年，中国膳食营养补充剂市场规模达到267亿美元。患者通过营养干预治疗，平均住院时间可缩短2.3天，节约医疗费用21.6%，或将为国家每年节约医保支出4000亿元。目前，全社会对于营养学的重视程度还远远不够，医用营养食品在人群中普及率较低。我国三级甲等医院住院肿瘤患者整体营养不良的发生率高达80%，而营养不良肿瘤患者的营养干预率只有34%。全国获准的特医食品数量仅有92款，其中有一半以上是婴幼儿配方奶粉，现有特医食品远远无法满足需求。

功效性护肤品消费无须通过皮肤科医生或借助医美方式即可解决，市场消费群体大。伴随我国居民收入水平的不断提高，国内消费者的化妆品消费理念逐步增强，国内化妆品市场规模迅速扩大。艾媒咨询显示，2023年中国化妆品行业市场规模为5169亿元，护肤品市场规模2804亿元，同比增长9.3%；彩妆585亿元，同比增长13.0%。2023年，化妆品全年出口金额458.24亿元，同比增长22.8%。中国化妆品市场主要由国际顶尖化妆品企业占据，市占率排名前十品牌的国产企业仅有上海百雀羚、伽蓝集团和珀莱雅，市占率只有5.2%。化妆品生产企业主要集中在华东和华南地区，集中度达到80%以上。华东和广东等地区由于原料和装备供应比较集中，化妆品产品生产成本整体较低（见图1）。

大健康产业的突破和发展有赖于生命科学、生物技术、信息技术等一系列科学技术的发展和突破。大健康产业价值链因技术难度高而呈"重心后移"趋势，传统生产制造环节的价值最低。未来医疗人工智能技术将深刻影响医疗行业发展，传感器、RFID等技术应用医疗设备、环境设备和可穿戴设备，数据存储、数据挖掘等技术对医疗信息数据进行智能处理，大大提高医疗诊断准确率、效率与服务水平，还可以提高患者自诊比例、辅助医生进行病变检测、降低制药时间与成本等。高科技化、精准化、智能化、融合化和国际化是中国大健康产业未来发展趋势。可穿戴设备、远程医疗、慢病监测区块链医学等高科技将在医学领域大范围应用，通过精准检测、治疗、康养来实现个性化专业化的全生命周期健康的照顾管理。

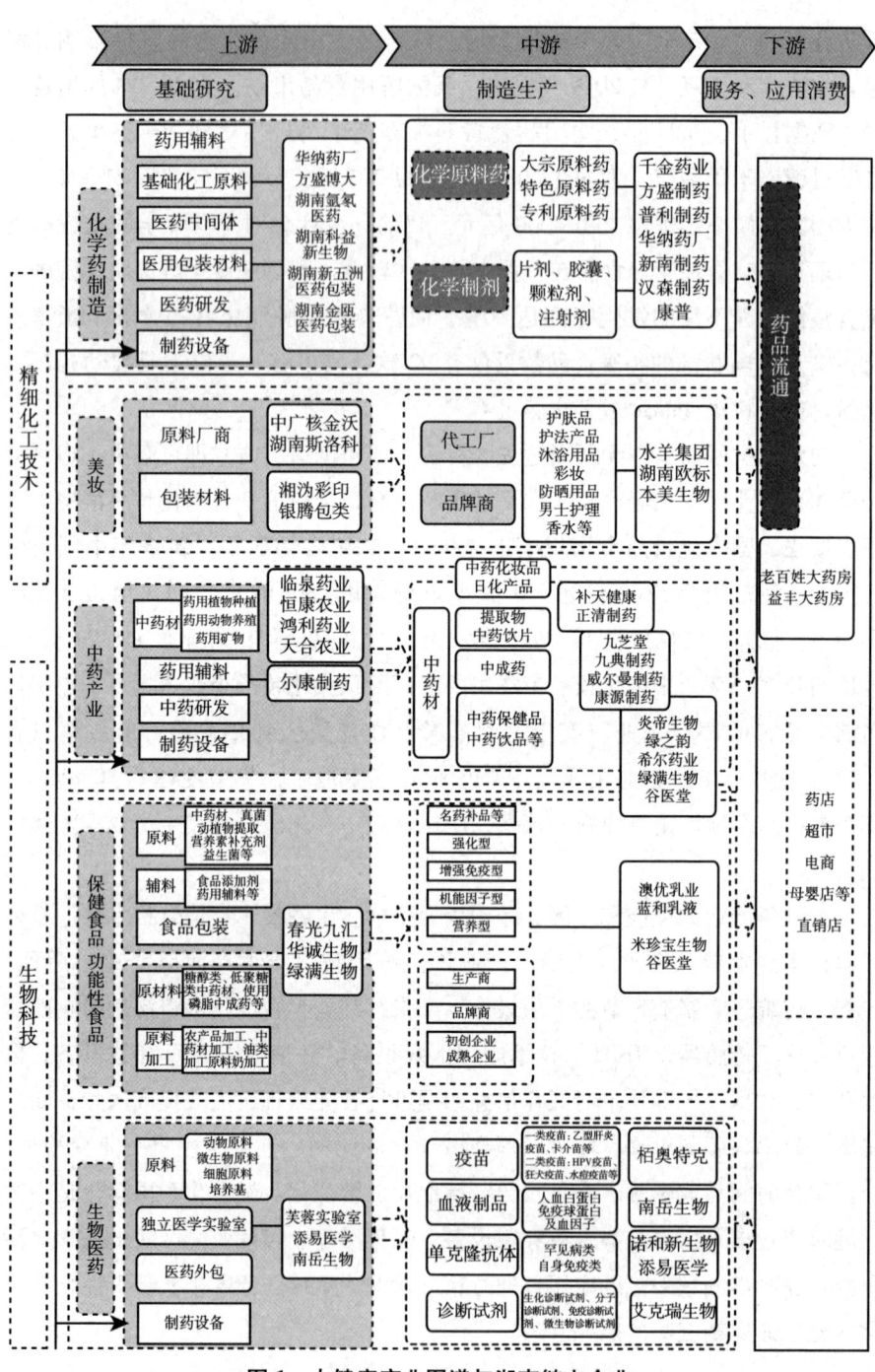

图 1　大健康产业图谱与湖南链上企业

二 湖南大健康产业发展现状

湖南大健康产业总体上基础厚实、发展成绩亮眼，各细分领域特色明显、亮点纷呈，其中中药产业品牌打造获得提升、生物医药产业优势逐步显现、大健康类科技发展优势突出、大健康拓展性产业来势看好。

（一）湖南大健康产业基础厚实、成绩亮眼

2022年，湖南省大健康产业实现总产值3520亿元，排名全国第16位、中部地区第5位，连续5年保持15%以上的增长。2023年，全省大健康产业实现增加值2959.43亿元，比上年增长4.0%，占全省地区生产总值比重达5.92%。健康服务业占比为75.7%，医疗卫生服务业占比超过四成，为44.1%。健康制造业呈负增长，中药材健康第一产业快速增长（见表1）。相关规划发展目标为，到2027年，大健康产业增加值达到4200亿元。

表1 湖南省健康产业增长与结构情况

单位：亿元，%

分类	2022年增加值	增速	GDP占比	2023年增加值	增速	GDP占比
健康产业	2844.63	8.4	5.8	2959.43	4.0	5.92
中药材的健康第一产业	193.02	6.1	6.8	203.85	5.6	6.9
健康制造业	540.46	11.6	19.0	516.3	-4.5	17.4
医药制造	327.11		11.5	313.21	-4.3	10.6
健康三次产业	2111.15	7.8		2239.27	6.1	75.7
医疗卫生服务业	1239.85		43.6	1305.8	5.3	44.1
药品健康产品流通服务	322.38	7.8	74.2	334.58		11.3

资料来源：湖南省统计局公开报告。

湖南拥有丰富的中药资源和深厚的中医药文化底蕴。中药材品种多达4667种，居中部第1位、全国第4位，是我国8个中药材种植基地省份之一。发展大健康产业的条件得天独厚。湖南拥有中南大学湘雅医院，享有"北协和、南湘雅"的盛誉。一是优质科教资源集聚。有中南大学、湖南农业大学、湖南中医药大学、中南林业科技大学、湖南省农业科学院等50多家生物领域高等院校和科研院所。二是创新平台数量多。湖南省拥有生物医药领域国家级创新平台13个，其中中医药现代化领域5个、药物研发领域3个、医疗器械领域3个、前沿技术领域2个。医疗领域国家创新平台4个。共有省级创新平台222个，其中中医药现代化领域65个、药物研发领域64个、医疗器械领域61个、前沿技术领域32个。省企业技术中心45个。院士和博士后工作站37个，公共技术服务平台4个，药物研究机构22个，国家药物临床试验机构32个，企业海外研发机构4个。已建立生命健康科创基地岳麓山国家大学科技城、中古生物技术联合创新中心等。还拥有国家区域性营养创新平台，该平台整合了中南大学、省农业科学院、省中医药研究院等9所（家）食品营养及相关领域的科研和产品研发创新力量，并拥有一批国内首创、国际领先的科技成果。三是创新资源迅速集聚。天心区国家医学中心正集聚高端医疗资源，园区标杆项目长沙健康医疗大数据产业孵化基地已入驻科大讯飞、阿特瑞、明舜制药等优质企业，正全力打造中部地区健康医疗数字产业示范区。三诺生物全球研发中心项目、爱尔全球眼科医学研究中心、复星诊断第二总部基地陆续启动运营。湘江新区成立湖南中医药产业技术创新联盟、湖南中医药大学科技园。制药企业与高校携手合作共建新型药物制剂研发湖南省重点实验室，构建产、学、研一体化新药研发体系。四是集聚了一批顶尖人才。多所院校纷纷发力生物医药人才培养、科学研究，会聚了夏家辉、周宏灏、官春云、邹学校、卢光琇等一大批院士和领军人才。中国工程院刘良院士工作站落户湖南。

布局大健康产业的企业总量超过10万家，其中上市企业38家，均位居全国前列。涌现一大批特色产业园区。长沙高新区、浏阳经开区、长沙经开区、岳阳经开区等5个园区进入2022生物医药产业园区百强榜单，数量居全国第5位、中部第1位。湘江新区已聚集生物医药与大健康相关企业2093家，规上企业109家，形成以中药、医疗器械为核心，化学药、生物药、医药物流、高端服务为支撑的产业体系格局。① 浏阳经开区为中西部首个国家生物产业基地、湖南最大的生物医药生产集聚区,集聚了九典制药、安邦制药等180余家骨干医药企业,形成以生物医药产业为主,健康食品、医疗器械、保健养生等为辅的大健康产业发展格局。金霞经开区发展千亿级医药物流产业集群等。医药商贸流通业迅速崛起。全省中药批发零售额逾145亿元。建有邵东廉桥、长沙高桥两个国家级中药材市场,廉桥药市成交额超过70亿元,成交量在全国药材专业市场中排第四位。老百姓大药房、益丰大药房、千金大药房、养天和大药房等"药房湘军"快速发展,其中,老百姓大药房和益丰大药房跻身全国医药流通企业前五。消费型医疗遍地开花。爱尔眼科已发展成为全球规模最大、诊疗量最多的专业眼科连锁医疗集团,连续9年获评"全球ICL手术量第一医疗机构"。圣湘生物、九芝堂跻身全国医药工业百强,尔康制药稳居全国药用辅料行业第一位。大健康产业融合加快。跨界融合有助于健康资源的优化配置。医疗健康、基因工程、生物医药、大数据等"四位一体"的梅溪湖医疗康养城初具雏形;湘江数字健康产业园正全力打造数字健康医疗产业融合创新发展高地。以药促旅、以旅兴药模式正在兴起。全省中医药康养文旅总产值达280亿元。借助现有丰富的中医药文化与生态资源,打造了神农养生保健旅游示范基地、龙山康养基地、颐而康养生基地、安化县辰山绿谷养生基地等,形成了中医药文化、生态旅游、养生保健、药膳食疗、休闲养老相结合的新兴产业链。

(二)湖南中药产业品牌打造获得提升

湖南中药产业已初步形成集种植、经营加工、仓储物流、科研于一体的产业链,全省中医药全产业链年总产值超千亿元,中医药健康服务相关企业近3万家,年营业收入逾280亿元,约占全国市场的10%。② 一是"湘九味"打造初显成效。围绕"湘九味"全国知名中药材品牌打造,建成了中药材种植基地示范县20个,中药材种植面积479万亩,中药材年产量达177万吨。培育形成了慈利杜仲等26个中药材获国家农产品地理标志,形成了湘西北武陵山

---

① 王晗:《2023湖南生物医药与健康产业博览会开幕! 14个产业项目签约,总金额53.4亿元》,《湖南日报》2023年11月30日。
② 杨益黎:《全力打造"湘九味"! 助力湖南实现中医药产业千亿目标》,《湖南日报》2023年4月24日。

区等5个特色产业集群带。玉竹、百合、山银花、茯苓产量分别占全国的80%、70%、60%和60%。有林泉药业、恒康农业、鸿利药业等中药种植规模企业。北京同仁堂、九芝堂、千金药业等省内外知名药企都在湖南建立了药材种植基地，上下游形成跨区域的产业链，发挥了优化产业结构、增加就业、农民增收、惠及民生及保护生态等功能。怀化作为全省国家中医药综合改革示范区先导区，奋力打造"中国南方中药谷"。二是中药工业产品不断做优。2022年，湖南中医药生产企业144家，完成主营业务收入300亿元，中药材初加工或饮片原料生产企业1540家，获"GMP"认证中药饮片企业65家。中药高端原料药与制剂领域集聚了九典制药、威尔曼制药、康源制药等企业，6家企业进入中国中药百强企业；年销售额过亿元的中药单品种有28个，涌现出了妇科千金片、六味地黄丸、古汉养生精、调经益灵片等一批重磅产品。金英胶囊、紫贝止咳颗粒、喉咽清口服液等中药新药不断被开发出来。三是中医大健康产业链获得延伸。湖南省炎帝生物、绿之韵、希尔药业、绿蔓生物等大健康代表性企业快速壮大。涌现出一批以"谷医堂"为代表的民营企业，深耕中医药行业，传承膏滋非遗项目，研发药食同源膏滋系列产品，以"中医互联网医院"为健康平台，推动产业链、创新链、价值链"三链"贯通。

（三）生物医药产业优势逐步显现

湖南现代制药产业代表性企业有：千金药业、方盛制药、普利制药、华纳药厂、南新制药、汉森制药等，形成岳阳经开区、常德经开区以大输液、化学制药为发展特色。九典制药"洛索洛芬钠凝胶贴膏"为全省首个年销售突破10亿元的医药单品，有望成为湖南省首个产值过百亿的龙头企业[①]。生物医药产业集聚成效初显。株洲金山新城生物医药产业园、衡阳白沙洲工业园、永州经开区等园区生物医药产业链集聚成效初显。浏阳经开区是湖南生物医药类聚集企业最多、门类最齐、产业链最全的国家级生物产业基地和创新药物孵化基地。集聚并成长出九典制药、尔康制药、华纳大药厂等一大批生物医药企业。形成了从原料药加工、制剂到终端销售较为完整成熟的制药生产链。湘江集团成功投资了近10家生物医药及大健康优质企业。诺贝尔奖工作站落户新区，致力于

---

① 《湖南浏阳：风华正茂再出发　追梦千亿医药产业》，《人民网-湖南频道》2023年6月19日。

研究、攻克生物转型升级的关键技术难题，助推加快建立与完善生物健康科技创新体系。医疗器械产业取得长足发展，形成了以原材料、创新研发、医药制造、医药服务为主的全产业链格局，医疗器械生产企业达1300家，行业实现产值约550亿元（2023年），占全国总量的3.32%，排名第9位（2022年）。得益于湖南省药监局实行医疗器械快速审评审批制度改革，实现注册品种数增速连续全国领先，二、三类医疗器械注册数全国第三。长沙市2022年医疗器械产品首次注册数量达1189件，位居全国第一[①]。医疗器械产业集聚效应明显，已经形成海凭医疗器械产业园、湘潭经开区医疗器械产业园、长沙医药健康产业园、湖南海路微生态健康产业园等。湘潭医疗器械产业园2019年创立，形成2个省级单项冠军企业，41个高新企业，11个国、省专精特新"小巨人"企业。浏阳经开区医疗器械类企业167家，其中142家为近三年来新引进的。株洲经开区生物科技园示范园，聚焦以介入式、植入式为主的高端医疗器械，引进了圣高机械、壹叁数据、博迈医疗等13家智能制造及生物医药企业。

（四）大健康类科技发展优势突出

一是药物提取技术有重大突破。植物提取技术广泛应用于食品、保健品、化妆品、医药等领域，是发展大健康产业重要支撑。湖南省植物提取物产业发展态势良好，生产、出口创汇位居全国前三，涌现出华诚生物、绿蔓生物等一大批品牌企业，罗汉果提取物出口主导全球市场。正清制药对青风藤中治疗风湿疼痛的有效成分青藤碱，实现纯度已达99%以上，补天健康集团公司利用茯苓多糖提取技术，开发抗肿瘤新药茯苓多糖口服液，使茯苓的利用率从不到2%提升到90%以上[②]。二是生物医疗科技前沿领域有突破。湖南生物科技领先中部，新兴生物产业和企业领跑全国和中部地区。企查查大数据显示，湖南在医疗大数据、免疫治疗、辅助生殖、体外诊断、分子诊断等众多新兴生物领域企业数量均处于全国领先、中部第一的地位。在免疫治疗等前沿领域，湖南已经聚集了10多家骨干企业。南岳生物是湖南代表性企业，是湖南省唯一的血液制品生产企业，拥有免疫诊断试剂国家工程实验室、省级企业技术中心和

---

① 王晗：《2023湖南生物医药与健康产业博览会开幕！14个产业项目签约，总金额53.4亿元》，《湖南日报》2023年11月30日。

② 肖畅：《"中国南方中药谷"在怀化崛起》，《湖南日报》2024年4月8日。

血液制品工程技术研究中心。湖南诺合新生物科技（2022年成立）专门从事植物源重组蛋白表达技术研究与产品开发，拥有高质量的植物源蛋白生产与纯化工艺，可生产包括单克隆抗体、工业用酶、细胞生长因子、胶原蛋白、抗原等。湘江新区集聚涵盖生物医药研发、疫苗研制、原创性新药和高端仿制药生产、互联网医疗等项目，在肿瘤类器官技术平台、水痘—带状疱疹研发等方面取得了技术突破。添易医学检验实验室项目落地，形成完整的"类器官药敏检测+细胞治疗"双驱动全产业链体系，填补了国内生物行业类器官技术平台的空白；柏奥特克新建水痘—带状疱疹疫苗，突破疫苗生产技术瓶颈，将解决行业"卡脖子"问题。三是医疗器械领域的诊断制剂与设备技术厚积薄发。湖南在核酸检测试剂及相关仪器、离子手术设备、心脑血管介入类器械、智能视网膜、消化内镜辅助诊断软件等领域处于全国乃至全球领先水平。楚天科技成为全球医药装备行业领军企业，进入高端医疗设备及医疗机器人领域。三诺生物稳居血糖仪行业全球前三，中信湘雅成为全国最大的孕前基因检测中心，圣湘生物有自主创新基因技术，提供体外诊断整体解决方案，成为国内第一家实现基因诊断产品出口的企业，爱尔眼科成为全国前列的眼科龙头企业。在高质耗材领域拥有输尿管软镜取石套件、血液净化装置的体外循环管路，以及"数字化医用洁净系统整体解决方案""物联网智慧病房整体解决方案"等。埃普特医疗器械是湖南省心脑血管介入医疗器械生产的头部企业。爱威科技填补了国内国际医学显微镜形态学检验自动化领域的技术空白。湖南迈太科医疗科技与宁波鑫高益医疗设备共同自主研发制造的"无液氦磁共振成像系统"，解决了传统超导磁共振制冷所需的液氦"卡脖子"问题。

（五）大健康拓展性产业来势看好

一是湖南功能性食品可开拓万亿蓝海。湖南在该领域已有谋划。湖南是"首批"国家中医药综合改革示范区试点省。湖南中医药大学在全国率先成立湖南省药食同源工程技术研究中心。湖南省有中南大学湘雅三医院、长沙市第三医院、株洲市中心医院等7家可承接特医食品临床试验的医疗机构，数量居全国第7位。有全国领先的医用营养食品产业基础。全省涌现出一批知名食品企业。湖南在功能性食品及保健食品方面拥有澳优乳业、蓝河乳业等一批行业龙头企业，并成功走出湖南、走向世界。湖南省特殊医学用途配方食品实现零的突破，2022年，澳优特殊医学用途婴儿无乳糖配方食品上市，取得湖南省市场监管局颁发的全省首张特殊医学用途配方食品生产许可证。湖南米珍宝生物解决了营养品领域多项世界性关键技术难题。新型中医互联网医院谷医堂，开发药食同源产品150余款，2022年收入8亿元。湖南发挥生物医药领域的成熟生物技术，利用自然界内微量元素含量最充足的化合物，向功能性食品领域拓展，通过培育和跨界入局突破保护性壁垒，补齐产品矩阵，满足消费者细分化需求。优化产品配方，多种功效性原材料复配，弥补单一原材料剂量不足的问题。二是美妆产业集聚的初显洼地效应。湖南美妆产业载体初步搭建。宁乡经开区"美妆谷"的布局，填补中部地区空白，抢抓粤港澳大湾区美妆业转移契机，形成美妆产业集群。美妆产业初具规模，湖南全省共有化妆品生产企业69家，占全国总数的1.09%，排名第13位，实现年产值300亿元，全国占比2.7%，代表企业有水羊集团。湖南有丰富的中药材资源，成熟的医药技术、生物技术、植物提取技术企业，可以借力生物医药资源的高地，形成美妆产业集聚的洼地。

三 湖南大健康产业面临的问题

湖南大健康产业处于融合发展的新起点，展望未来、放眼世界，仍存在一些制约因素，如相关标准缺失，产业拓展受限；企业体量小，链主带动力不足；资源利用与外延拓展不充分；产业协同发展不足，产业融合层次低；平台建设与服务水平有限，以及人才瓶颈钳制产业创新开拓。

（一）产业相关标准缺失，产业拓展受限

行业标准是提供高质量健康产品和科学健康管理方案执行的保障。目前，湖南中药材市场粗放，质量标准缺失，全产业链发展受限。上游中药农业集约化、规范化种植仍有待提高。多数中药材种（养）植、初加工与储存，管理松散，缺少专业的对药材种（养）植过程的技术指导与质量管控。道地性不明晰、栽培技术不规范，药性源头失控。生产环节缺乏质量标准和进入门槛，精深加工与原材料综合利用不足，抑制了产业链的有效延伸。全省通过国家GAP认证的基地仅有1家。质量市场溯源实施落地难，专业市场尚未配备中

药材检测仪等公共服务产品。市场准入制度欠缺，湘企不用湘药材现象突出。全省有1540家中药材初加工或饮片原料生产企业，仅65家企业获中药饮片"GMP"认证。

（二）产业和企业体量小，发挥链主能力不足

产业规模偏小。湖南医药工业主营业务收入仅为排名全国第一省份的1/4。核心城市长沙生物医药总产值不足千亿元，而广州、成都超过5000亿元，南京、杭州、苏州超过2000亿元。企业多而不强。湖南大健康产业布局企业超过10万家，整体上产业弱小。企查查大数据显示，湖南省生物经济规上企业数量仅1217家，占全国比重仅为2.9%，位居全国第14、中部第5，规上企业数量占全部生物医药企业的比重仅为2.39%，年销售收入过50亿元的企业仅1家（见图2）。缺乏大的链主企业引领带动，让资源优势转化为产业优势。"2022第八届中国最具影响力医药企业百强榜"显示，湖南仅爱尔眼科、益丰大药房2家流通企业入选，远少于北京（18家）、上海（18家）、江苏（16家）、浙江（11家）、广东（11家）等地。单品市场竞争力不强，突破10亿元的仅1个。其中，中医药产业领域，仅九芝堂、千金药业等少数企业进入全国中药工业企业百强，缺乏像江西江中、天津天士力等级别的有影响力、带动力的龙头企业引领。全省单品种年产值过亿元的只有28个，年销售额过亿的单品种仅占1.5%。缺乏像复方丹参滴丸、片仔癀、云南白药这样单品种年产值达几十亿元甚至上百亿元的大品种带动。

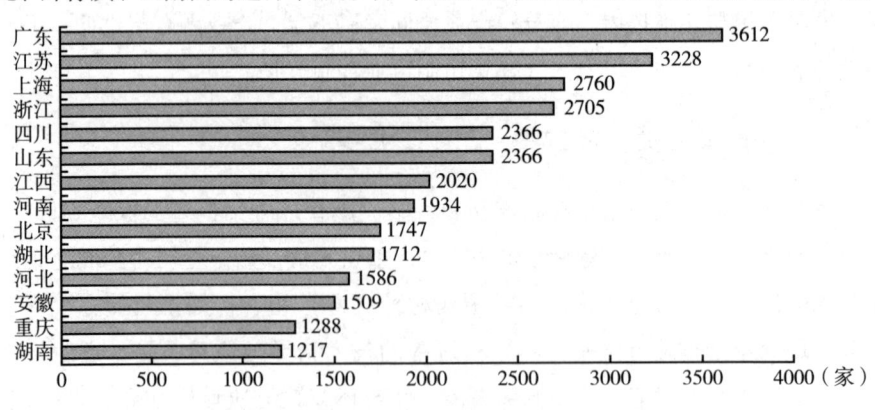

省份	数量（家）
广东	3612
江苏	3228
上海	2760
浙江	2705
四川	2366
山东	2366
江西	2020
河南	1934
北京	1747
湖北	1712
河北	1586
安徽	1509
重庆	1288
湖南	1217

图2 全国部分省市规上生物医药企业数量

资料来源：企查查。

（三）外延发展尚需积累，药食同源开发有待拓展

湖南"生物医药""生物科技"企业在生物中提取生物酶、发酵物等有一定的积累。在细分领域很多企业是新进的，正在成长，如艾科瑞生物（2018年成立）从事分子生物学、细胞生物学产品研发、生产。在疫苗、重组蛋白等生物技术方面的企业大多是近年新引进成立的。存在产业衍生不足问题，生物科技的经济效应有待通过产品充分体现。湖南美妆产业培育与品牌打造、医疗器械产业的振兴、功能性食品及保健食品的拓展与打破功能同质化竞争都有赖于生物技术壁垒突破与充分运用。特殊医用配方食品有待开拓推进。湖南将开发婴幼儿、老年人和特定人群功能性食品及保健食品列为重要发展方向。还需大力发展医食同源医用食品，有助于弥补湖南中药产业链短、不完整、附加值低等不足，进而将资源优势转化为产业优势。如湘莲年产量9.9万吨，全国排名第二位，市场占有率40%，终端产品为低端的农产品。

（四）平台建设待加强，缺少"全过程"公共服务平台

企业高质量科技创新平台偏少。如湖南规模以上中药工业企业拥有省级以上企业技术中心22个，而云南有40个，江西有28个；缺少国家级工程研究中心，高校及科研院所围绕产业链布局的创新链不够，企业承接高科技成果的能力不足，大品种的科技投入与产出较少，中药大品种总科技竞争力排在全国第16位，总科技因子不到江苏、广东、四川、山东、天津、贵州的一半。公共服务平台建设滞后，缺少"全过程"公共服务平台。湖南生物经济医药外包服务机构、中试平台以及检验检测等公共服务平台较为匮乏。如南华生物、明康中锦等多家企业的细胞制品等检测只能去北京、上海等外地做。市场准入尚需放宽。"湘医用湘药"难。新产品挂网条件限制多，包括长沙在内的多数市州本地产品需要在外地中标8家后且一定要确保挂网全国最低价才允许在本地挂网。新产品挂网周期较长。调研发现，海南、山东新产品每周都可以挂网，而湖南每季度挂网一次，还要看品种而定。湖南本地医院一般用外省份的头部企业的药，而不愿意用本地企业的产品。

（五）产业协同发展不足，产业融合层次低

目前，大健康产业还处于由单一救治模式向"防治养"模式转变的初级

阶段，存在结构发展不均衡、产业与科技融合深度不够、创新能力不足及市场监管力度不够等问题。由于缺少链主企业带动，湖南产业的区域间尚未形成协同合作、具有整体竞争优势的大健康产业集群①。大健康产业融合发展产业链条上协同作用不明显。大健康产业较传统健康产业有其独特的运行规律，强调产业集合和关联产业融合。大健康产业的发展需要部门协同、金融支持、科技转化、鼓励创新与加强监管等。各地出台的生物医药发展政策不一，没有延续性，有些是一事一议，政策实施难以到位。目前，湖南大健康产业深度融合仍要积累沉淀，产业融合还停留在"健康+其他产业"的层面，还没有形成产业深度融合发展机制。大健康产业整合的资源还很有限，资源整合效应不足。科技创新链不优，政产学研有效联动不足。大健康融合旅游、体育、文化等关联行业的大格局逐渐显现，但高端健康产业明显供给不足。中医药健康文化旅游产业中，产品研发模式单一，难以形成全产业链活动，中医药养生保健机构参差不齐，市场规范和准入制度不完善。产业链条短、产业集聚度偏低，服务延伸链不够，缺乏示范基地和品牌特色。缺乏有影响力和吸引力的中医药康养文旅示范基地；中医药文旅产业链不健全，中医养生保健产品研发生产水平不高。

（六）大健康人才存在瓶颈，钳制产业创新开拓

做优大健康产业链需要人才支撑。湖南大健康产业体系的高端医疗保健人才、复合型管理人才和专业技能人才有效供给不足。生物经济创新人才供给不足。生物经济大部分高层次人才集中在医疗机构和高等院校，企业占比仅13.2%。生物医药研发人员占从业人员比重仅为9%，硕士及以上学历占比仅为1.7%。缺乏自主研发技术平台及专业人才，中药大健康产品研发投入少，存在产品低水平重复等问题。中药大健康产品以短平快、低附加值的产品为主，缺乏严格的质量控制，产品科技含量低。药企人才缺乏决定创新能力薄弱，使得省重点的医药企业每年的新药研发投入没有超过10%。临床营养学专业人才短缺。目前我国为每30万~40万人共用1名营养师。湖南省

---

① 唐亚新：《农工党湖南省委会：培育大健康产业　构建新增长引擎》，《湖南日报》2024年1月17日，第2版。

不少医护人员没有系统学习过营养学课程，全省营养科临床营养医技护专业人员仅167人。

四 湖南加快发展大健康产业的对策建议

基于大健康产业发展规律，按照省委、省政府的"4×4"战略部署构建现代化产业体系的要求，贯彻新发展理念，立足健康消费升级，结合湖南大健康产业发展实际，提出立足大健康产业布局重点；强化基础保障，厚植发展动能；增强核心链、做活供应链、拓展产业链，优化产业生态，推动大健康产业高质量发展。

（一）确定产业发展重点，强化核心增长点

一是打造"湘九味"道地药材、高端化学原料药与药用辅料、基因检测医疗器械和细胞治疗技术及应用等4个标志性产业链，实施一批具有集群化发展示范带动效应的医药重点项目。推动创新药、罕见病药、短缺药、重大传染病特效药、疫苗等研发和产业化，积极开发重大疾病治疗首仿药和生物类似药。推广新型高端制剂技术、酶催化等化学药先进技术及生产装备。打造高端产业链，推进生物医药产业不断强链、补链、延链，推动化学药、生物制品及技术等重点产业领域链式发展，形成产业集群。推动制剂企业与化学原料药、药用辅料企业强强联合，深度合作，推进"原辅料+制剂"一体化发展，提升省内自给配套产业化水平。加快中医药循证医学研究，形成一批中医药防治重大疾病和治未病的重大产品和技术成果。二是推动"生物+"的融合发展。加快生物技术广泛赋能现代种业、新材料、节能环保等优势产业，提升生物产业多样化水平。构建区域性良种繁育基地，建立品种测试、种子检验、质量认证、信息服务等服务平台。发展可降解材料、人体组织器官修复再生等生物医用材料，支持在生物基新型仿生结构材料、生物基高分子材料、生物基材料助剂、生物基复合材料、天然生物材料创新型增效利用等领域实施研发产业化创新项目。三是重视美妆产业发展，打造一批在全国有影响的中医药美妆。利用中药、植物提取物，发展功效性护肤品、洗护产品等，引导生物制药、精细化工等人才和装备进入化妆品制造领域。加快美妆产业链建设，形成涵盖原料种植、植物提取与基质原料辅料开发、化妆品制造、末端市场开发的产业体系。

鼓励支持美妆企业和湖南农科院、中南林业科技大学、湖南中医药大学等省内外高校开展合作，围绕化妆品原料、产品配方、生产工艺、安全评价等方面开展科技攻关。四是推动医疗器械及健康装备制造业振兴发展。发挥湖南制造业的基础优势，大力培育中医优势产品，在高端医疗器械等细分领域提高自主知识产权，打造具有韧性的产业链。重点培育打造体外诊断试剂、高性能医疗影像设备及核心零部件（元器件）、医用材料和植（介）入类医疗器械、可穿戴智能诊疗设备、新型防护用品、基因检测、生物制品等七大健康制造产业链的产品开发与产业化。推进智能手术机器人、人工智能辅助诊治、个体化诊疗分子诊断、生物增材制造等产品以及相关配套原料、检测设备、管理软件和数据分析系统等研发、升级和产业化。拓展健身器材、智能康养设备制造。推进省内医疗健康装备制造企业与高水平医疗卫生机构、养老托育服务机构深度合作，深入梳理临床诊疗、养老托育服务等医疗器械、康复辅助器具产品的重点品种培育目录，推进共同探索高精尖医疗健康设备使用场景和技术规范，提升医疗健康装备临床转化和应用能力。引导医疗器械中小企业"专精特新"发展，加快培育一批医械龙头企业、隐形冠军，建立健全配套产业集群。

（二）优化空间产业布局，增进集聚发展

促进梯度与错位发展，打造大健康产业功能区。依托优越的地理区位和坚实的产业链基础，聚焦区域特色，培育优势产业集群。一是以长株潭为核心构建大健康核心区。该区建设具有国内较大影响力的中医医养和制药相结合的大健康中心。长沙以建设全球研发中心城市为契机，打造大健康研发制造核心区，建设国际生物医药智造高地和企业总部基地，重点招引中药、化学药、生物药、医药物流等全产业链上企业。在湘江新区、湘潭经开区等园区打造先进智能制造基地，布局高端医疗器械，重点招引大型医学诊断、先进诊疗、新型植入介入、应急防护、家用医疗等设备及核心零部件研发制造企业，以及体外诊断试剂与设备研发制造企业。在中国（湖南）自贸试验区长沙片区等地区重点招引医疗器械技术创新研发企业和进出口贸易企业。以"湘江新区""浏阳经开区"两大生物经济产业集聚区，打造"种业硅谷""细胞—基因谷"两大生物经济特色谷，形成"生物服务西翼""生物物流东翼"两大配套发展翼的全省生物经济协同发展体系。推动长沙争创国家级生物经济先导区。二是环

湖、环核心区做优专业健康制造。支持宁乡经开区湖南化妆品产业园、湘潭经开区、安乡高新区等园区加快承接粤港澳大湾区美妆产业转移，做强美妆产品龙头企业，重点引进化工原料、生产、研发、包装、检测等上下游企业，加速构建美妆产业闭环。在浏阳经开区、常德经开区、汉寿高新区等园区布局现代医药。重点招引抗感染抗肿瘤、糖尿病、心脑血管及精神类疾病用药等创新药研制企业，以及改良新药、首仿药、高端原料、关键药物中间体等化学药研制企业。常德市依托环洞庭湖优势，发展原料药生产基地，支持对创新药、改良型新药、原辅料研制生产，培育特色化学药制剂、生物酶制剂等产业生态链。三是重要节点市州发展其优势的融合产业。郴州充分发挥地理区位优势及本地中药资源优势和产业基础，深入推进中药全产业链开发，承接珠三角生物医药及医疗器械产业转移。在邵阳经开区、桃源高新区等园区重点布局助行器、感官辅助器、智能穿戴等康复训练及健康促进辅助设备领域企业，以及健身设备器材、户外装备等体育用品领域企业。在永州经开区、隆回高新区、靖州产业开发区等园区重点招引道地药材良种繁育、生态种植和初精深加工、趁鲜加工环节企业，经典名方转化研发、中药创新研究企业，建设龙山、永顺、邵东等21个中药材特色产业园，重点布局招引保健食品、药食同源产品、特医食品研发制造企业，以及功能性药膳、药饮、药浴、药妆等健康产品研发制造企业。在长株潭绿心、张家界堡子界森林康养基地等区域重点布局中医康养、森林康养、温泉养生、运动健身等健康服务企业。

（三）打造科技创新平台，完善创新支持体系

一是推进各类平台建设。高水平建设大健康实验室、技术研发中心，包括院士实验室，医美、化妆品、护肤品、抗衰老等专业的研发中心，安全检验检测平台，用户体验中心等。建设一批医学、高端医疗器械领域关键技术攻关、创新成果转化、公共技术服务和资源共享平台，打造"全过程"创新平台。聚焦"精准医学"建设芙蓉实验室，在精准监测与诊断、精准药物与治疗、精准器械与干预三大方向集中发力。搭建公共服务平台。围绕孵化、中试到产业化的全过程，培育引入检测认证以及CRO、CMO/CDMO等第三方服务机构，提供药学研究、安全性评价、有效性评价、生物提取、质量检测以及研发外包等服务。完善临床试验平台。建设湖南省临床生物样本库，试点推动临床

数据向企业有序开放。支持高等院校联合国际科研机构建设临床转化中心，开展诊疗新技术等临床转化研究。二是建立和优化科技成果转化机制，深构大健康生态圈。依托医药领域各类平台中心或机构，打造与健康相关的科技创新生态圈。推进跨界产业整合，打破大健康产业链上各环节的界限，形成多种产业共创共赢的大健康产业生态圈。鼓励政企、校企、院企合作建立省级工程联合研究中心、产业链协同创新平台，建立医药产业技术创新联盟。支持生物医药龙头企业联合高校院所和行业上下游企业共建国家产业创新中心。设立大健康产业专项基金，充分优化大健康产业相关基金的作用，强化金融支持等，助推大健康产业开辟新赛道。按照《健康湖南"十四五"建设规划》《湖南省生物医药产业链重点品种培育办法》《湖南省培育大健康产业工作方案》等规划要求，建立科技、医疗、中医药等部门推荐符合条件的中药新药进入快速审评审批通道的有效机制。支持开展中成药上市后的循证研究和再评价，遴选推荐中成药品种进入医保和基本药物目录。[①] 引导企业投入新药研发，规避重复仿制，完善仿制药质量和疗效一致性评价的药品上市机制，优化创新药械产品入院流程，鼓励支持医疗机构加大对省产药械产品的临床运用，加强医保体系对创新产品应用的支撑。加速创新中成药、经典名方制剂的研制在湖南的转化，企业与科研院所创新合作成果孵化，传统中医药经方的产业化转化，助力中药大品种二次开发和医药制剂的产业化。推行医养和制药相结合，以医带药带动医药全产业链发展。

（四）推行质量标准体系建设，提升健康产品品质

出台大健康产业的规范化管理办法，完善监管制度，确保高质量发展。加快建立中药质量标准体系。制定中药材质量、考核评价、准入等各类标准，建立湖南道地中药材种子种苗、种植技术、产地加工、质量检验等关键环节的技术标准体系和评价制度，规范关键环节生产技术标准。建立中药材质量分级标准体系，建立健全质量安全追溯系统。建设湖湘中药材产业互联网，实现中药材的基地标准化种植和加工全程可追溯信息服务平台。建设公共检测服务中心，开展湖南中药材有效成分研究。通过质量标准规范重点中

---

① 源自《健康湖南"十四五"建设规划》。

药材流通链条。对进入市场的中药材实行药材质量检测，并进行分级认证。严格市场准入。通过打造"湘九味"省级区域公用品牌推行中药材全产业链标准化体系，实行道地中药材大品种生态种养与标准化生产。创新合作发展模式，鼓励药企以订单形式稳定生态种植基地，推进省级野生药材资源保护区建设，制定中药材保护目录，开展珍稀濒危中药材的生物转化和人工替代品研究，为中药资源产业化提供技术支撑。积极加强与港澳科研机构共同建立国际认可的中医药产品质量标准。推进先进的医食同源功能性食品行业标准制定。构建中药保健食品功能品质评估体系，准确评价中药保健食品的实际功效，推进保健功能食品细分为特定保健食品、营养机能食品和功能性标示食品三类，实施分类分级管理。建立医用营养食品产业标准体系。制定医用营养食品的相关地方和企业标准，为医用营养产品在医疗机构的流通提供标准支撑。以及推进大健康服务细分行业标准建设，如健康保健、医疗美容、健康养生等行业的标准。

（五）强化产业与部门间协同，优化制度与市场环境

一是构建多元化主体协同支持体系。发挥链长作用组织协调科技、卫健、工信、发改、药监等部门协同配合，解决大健康产业创新发展中的诸如研发方向、产业化及产品上市流通的重大问题。建立和完善大健康产业联席会议制度，发挥行业协会组织的桥梁和智库作用，建立产业园协作发展机制，引导大健康产业良性竞争、健康发展。各地方政府要协同建立对外开放、公平竞争的市场环境；各部门要协同优化服务，持续优化营商环境。建立健全中西医结合服务体系，创新中西医结合诊疗服务模式，完善中西医协同医疗服务机制。二是成立多方参与的生物经济发展联盟。整合生物医药、生物科技、生物种业、生物安全等领域的协会、龙头企业、高校院所等优势资源，打造涵盖相关部门、医院、企业、高校、科研机构、金融机构等在内的跨区域跨部门的湖南生物经济发展联盟。构建"政产学研用融"联动机制，推动生物经济技术创新、示范应用和产业发展。推广本地药企备案即可挂网、备案即可销售等制度，支持本地产药品，特别是大品种和新获批药品直接挂网采购，缩短挂网周期，保持挂网价格的竞争优势。争取国家在湖南自贸区设立药品和医疗器械审批中心，争取新药、新器械、新疫苗、新品种试行特殊审批权限。与北京、上海、

深圳、海南等先行开放区域搭建产业合作、信用信息共享等平台，争取将特许医疗、特许研究等政策辐射范围延伸至湖南，联动参与重大制度创新成果的应用推广。三是制定和活用特殊制度试行方案。推进营养创新平台和国家中医药综合改革示范区试点建设，用活用足平台先创先试政策，给予授权许可。加强多部门协同联动，统筹协调推进营养健康产业发展，利用湖南省区域营养创新平台试点契机，试行"医用营养食品进医院流通"政策，推进医用营养食品院内流通。出台医疗机构医用营养食品临床应用管理规范等的配套制度，使其像药品一样合理、合法、合规地在医院运营。

（六）培育大健康品牌旗舰企业，发挥链主带动

推动企业梯度发展。培育一批具有竞争力的高能级旗舰大企业。建立龙头企业培育名录和拟上市重点企业库，推动骨干创新型企业开展跨区域重组和海外投资并购上下游企业等建立生物医药集团，培育行业龙头企业。吸引国内外领军企业在湘设立区域总部、区域性制造中心、研发中心、跨国贸易中心等功能性总部，打造行业"领头雁"。鼓励企业开拓市场，向高端延伸产业链、价值链。促进九芝堂、千金药业、启迪古汉、汉森制药、方盛制药、九典制药等龙头企业加强产品研发、品牌化运营等；整合春光九汇等国企资源，提升国有医药企业影响力；培育一批"专精特新"企业、单项冠军企业和独角兽企业，支持上市制药企业发展壮大形成龙头；支持九芝堂等"中华老字号"发展，弘扬国家非物质文化遗产，构建"种子、种苗、种植、加工、制药、销售、研发、物流、培训、旅游、文化"的中药全产业链，发展成为现代化大型医药企业。整合现有中药健康产业资源，搭建省属中药健康产业集团。建立大品种动态培育机制，推动大品种规模发展。建立拳头品种和优势品种培育目录，将年销售收入过5亿元的大品种、过1亿元的优势品种和年销售收入过5000万元的全国独家品种及独家剂型、省独家品种、国家中药保护品种、国家医保或基药品种，纳入省医药大品种培育计划，从市场准入、采购价格、终端销售、医保政策等方面给予精准扶持。实施"一品一策"定向精准培育，通过优化组方、运用新技术新工艺等方式重点扶持产品的二次开发，开拓市场。遴选一批中药大健康产品、新型饮片以及创新性强、惠民价值显著的中成药目标对象给予重点支持，打造一批亿元大健康产品品牌。

（七）做活供应链流通环节，促进产业链协同发展

构建大健康产业链体系，加强多功能协同运作，对从要素源头到产出终端的每个环节进行有效管理，引导产业链各环节相互衔接，消除产业链各环节的短板。做活中药"大市场"、做强"大流通"，建设"南国药都"，以供应链带动产业链。做大邵东廉桥市场，推行"互联网+中药产业+金融服务+现代物流"现代化商业服务模式，形成遍布全国的线上、线下药材物流网络；促进龙头企业建设中药材仓库和产地加工基地，形成全国性中药材集聚效应。以怀化为中心，打造"西部药谷"。组建湘赣粤港澳中医药全产业链协同发展联盟，合作开展中医药产品国际注册和研究开发。依托湖南廉桥中药材专业市场，建设粤港澳大湾区中药产品交易中心，对接粤港澳大湾区中药供应。通过湖南中医药服务出口基地，推动中医药产品在共建"一带一路"国家注册，扩大品牌国际影响。依托老百姓大药房和益丰大药房、湖南楚济堂等医药连锁店的布局带动湘药走向全国市场。

（八）融合延伸链条，开拓优化大健康产业生态

一是药食同源开发，拓宽大健康产品应用面。利用中药生物工程等新兴技术，加强对中药资源的综合开发利用，由中药原料向中药饮片、中药提取物、中成药、保健品、药食同源产品、生物酶、中兽药与饲用添加剂等全产业链延伸，形成科技含量高、附加值高、产业后劲足的新兴产业链。培育新型中药产业，拓展中药植物提取物用途，推进中药新药创新及老品种升级开发，促进经典名方产品化产业化，发展中医药养生保健产品。依托省药食同源功能食品工程技术研究中心、省中药提取工程研究中心，联合省级制药龙头企业，整合百草制药的植物提取技术、德海制药的保健食品开发能力和湖南春光九汇的超微食品、保健食品的技术等，加强药企跨界入局特医食品赛道，延伸产业链条，培育一批健康食品品牌。抓住发展医用营养食品产业的新机遇，实施营养大健康蓝海战略，布局医用营养食品产业新赛道。二是融合延伸链条，优化大健康产业生态。遵循融合发展思路，推动产业链条前延后伸、高位嫁接、跨界发展，以融合发展带动地方经济。充分利用好资源优势，推动产业衍生性发展。推进健康产业三产融合发展，带动区域经济增长、乡村经济发展。完善大健康

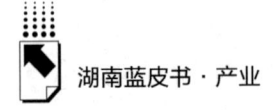

产业供应链，健全以"医、药、养、健、管"为核心的大健康产业体系。推动跨界融合发展中医药大健康新业态。实施医养结合示范工程和示范项目。建设中医药康养示范基地，推进中药材种植养殖、药膳相结合，依托中医养生、足浴按摩等养生保健企业，研发推广药膳、药妆、药浴、药食同源等中医药大健康产品，形成"大健康产品—大健康机构、企业—大健康基地"全链条。推动康旅康养融合型产业发展。推动中医药与养生保健、健康养老、休闲旅游深度融合，鼓励优质医疗机构、旅游服务机构和旅游休闲基地深度合作，推进国家中医药健康旅游示范区（基地）建设。推动中医药康养文旅产业融合发展，推动康养文旅产业一体化，有效带动关联产业发展。推进中医药健康旅游示范区（基地）建设，推出40个中医药特色体验基地。打造中医药特色小镇，构建全国中医药康养文旅高地。以健康小镇为核心整合旅游、康养等上下游大健康产业。

B.13
湖南争创世界一流空天海洋产业集群研究[*]

王 凡[**]

摘 要： 空天海洋产业是我国战略性新兴产业前沿技术研发的重点布局领域，已经成为培育发展新质生产力的重要方向。湖南空天海洋产业正处于争创世界一流产业集群的关键时期，包含航空航天产业、北斗卫星导航产业、通航产业和海洋工程装备特色产业。尽管在产业集聚、创新能力、政策支持等方面优势较为明显，但也面临关键核心技术和零部件不足、产品配套体系尚不健全、技术转移转化渠道不畅、专业高端人才缺失、工业制造基础有待加强等短板问题。建议一是突出科技创新引领，提升产业发展能级；二是突出主导产业带动，促进链群集聚发展；三是突出配套保障支撑，打造全产业链优势；四是突出应用场景牵引，助力产品迭代升级。

关键词： 空天海洋产业 产业集群 低空经济 湖南省

空天海洋产业是我国战略性新兴产业前沿技术研发的重点布局领域，已经成为培育发展新质生产力的重要方向。作为湖南构建"4×4"现代化产业体系中着力培育壮大的新兴产业之一，课题组以习近平总书记考察湖南提出的"聚焦优势产业，继续做大做强先进制造业，打造国家级产业集群"等一系列重要讲话精神为指引，聚焦争创世界一流空天海洋产业集群主题，深入长沙、

---

[*] 本研究系湖南省社会科学院（湖南省人民政府发展研究中心）哲学社会科学创新工程重点项目"产业链协同创新下湖南先进制造业资源配置有效组态及对策研究"（项目编号：23ZDB14）的阶段性成果。
[**] 王凡，博士，湖南省社会科学院（湖南省人民政府发展研究中心）产业经济研究所副研究员，湖南省创新创业园区经济研究会副会长，主要研究方向为产业经济、文化产业。

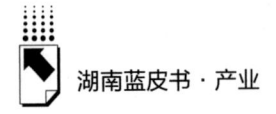

株洲、岳阳等地调研，对比分析山东、深圳等地的先进经验，结合湖南空天海洋产业的基础现状、面临问题及未来发展方向，从若干维度提出对策建议，供决策参考。

一 湖南空天海洋产业现状及亮点

湖南空天海洋产业包含航空航天产业、北斗卫星导航产业、通航产业和海洋工程装备特色产业。近年来，湖南依托其独特的区位优势和坚实的产业基础，大力发展通航整机、中小航空发动机、起降系统和辅助动力系统，加快推动北斗规模应用，培育壮大低空经济，积极发展商用航天，推进深海资源开发装备产业化，推动空天海洋产业向智能化、绿色化、高端化、服务化、自主化方向发展，力争在全球产业链、价值链中占据更加有利的位置，争创具有国际竞争力的世界一流产业集群。

（一）发展基础不断夯实

1.产业规模增长迅速

湖南上下以链长制为牵引，实施重点产业倍增计划，推动空天海洋产业发展取得新突破。2023年，湖南北斗产业实现总产值450亿元，同比增长18%。湖南船舶制造业实现营业收入157亿元，同比增长20%。2024年1~6月，湖南航空航天及北斗产业实现营业收入460亿元、利润总额58亿元，分别同比增长4.5%、8.5%。[①]

2.空间分布多点协同

湖南空天海洋产业已形成以长株潭为核心，岳阳、益阳、郴州、永州、常德、娄底、邵阳等多地协同发展格局。在航空航天装备方面，株洲依托中国航发南方、中国航发动研所、航空工业起落架等企业，以航空动力及整机制造为核心，培育壮大通航整机、大飞机机载系统、航空航天新材料等标志性产业集群；长沙以飞机起降系统和航空航天"五基"研制为重点，岳阳、湘潭、衡

---

① 刘志雄：《湖南力争2027年北斗产业规模突破1000亿元》，红网，https：//moment.rednet.cn/pc/content/646854/55/14347706.html，2024年10月11日。黄炜信、许文佩：《蓄势空天产业，湖南逐梦蓝天向未来》，《湖南日报》2024年8月12日。

阳、常德、郴州、娄底等多地协同发展。在北斗产业方面，以国家（长沙）北斗专业特色示范园、株洲北斗产业园、岳阳北斗卫星导航应用产业园为核心，集聚了全省近70%的北斗卫星导航企业。在通用航空方面，形成了益阳、永州、郴州等多个聚集性产业区域。海洋工程装备产业已初步形成了以湘电集团为核心的湘潭海洋工程装备集聚区，以太阳鸟、金航、海荃等为龙头的沅江船舶制造产业园。

3. 产业竞争优势明显

湖南是我国航空工业产业布局的重点省份，是全国唯一的中小型航空发动机研制基地、飞机起降系统研制基地，中小航空发动机产业集群规模和竞争能力居全国第一位，主导产品在国内市场占有率达75%以上，其研制的第四代民用涡轴、第三代民用涡桨发动机填补了国内相关领域空白；飞机起降系统技术水平全国领先，并已配套国产大飞机C919，飞机起落架在国内市场占有率达70%以上；航天磁性材料、碳化硅纤维、铝锂合金等航空航天材料以及激光/光纤惯导组件、高精度北斗芯片、机载计算机及显控设备、轻型运动飞机与旋翼机整机研制、商业微小卫星整体研制与测控等多项航空航天技术产品处于国内先进水平，已应用于军用四代飞机、探月工程、载人航天工程等航空航天重点型号和重大专项。湖南集聚了国内北斗产业80%以上的核心技术资源，突破了以信号快捕、卫星抗干扰、核心芯片、高精度测量、高精度时频、系统仿真等为代表的系列关键核心技术。

（二）产业链条日益完善

1. 产业体系较为完整

目前，湖南航空航天产业已形成较为完整的现代制造体系，构建了以碳纤维、碳/碳复合材料、聚酰亚胺、耐高温合金材料、高强轻质合金材料、磁性材料、陶瓷复合材料、机载计算机及显控设备、北斗芯片等航空航天材料、机载设备及零部件为主的上游产业；以中小航空发动机、直升机减速传动系统、飞机起降系统、通用飞机、商业微小卫星等航空关键分系统和航空航天器总体为核心的中游产业；以北斗卫星导航应用、航空维修保障、通航运营服务为主的下游产业。北斗产业也已基本涵盖空间段、地面段和用户段形成覆盖卫星平台和卫星载荷、北斗芯片、模块板卡、终端集成、仿真测试、导航平台与时空

上游：基础产品

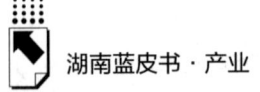

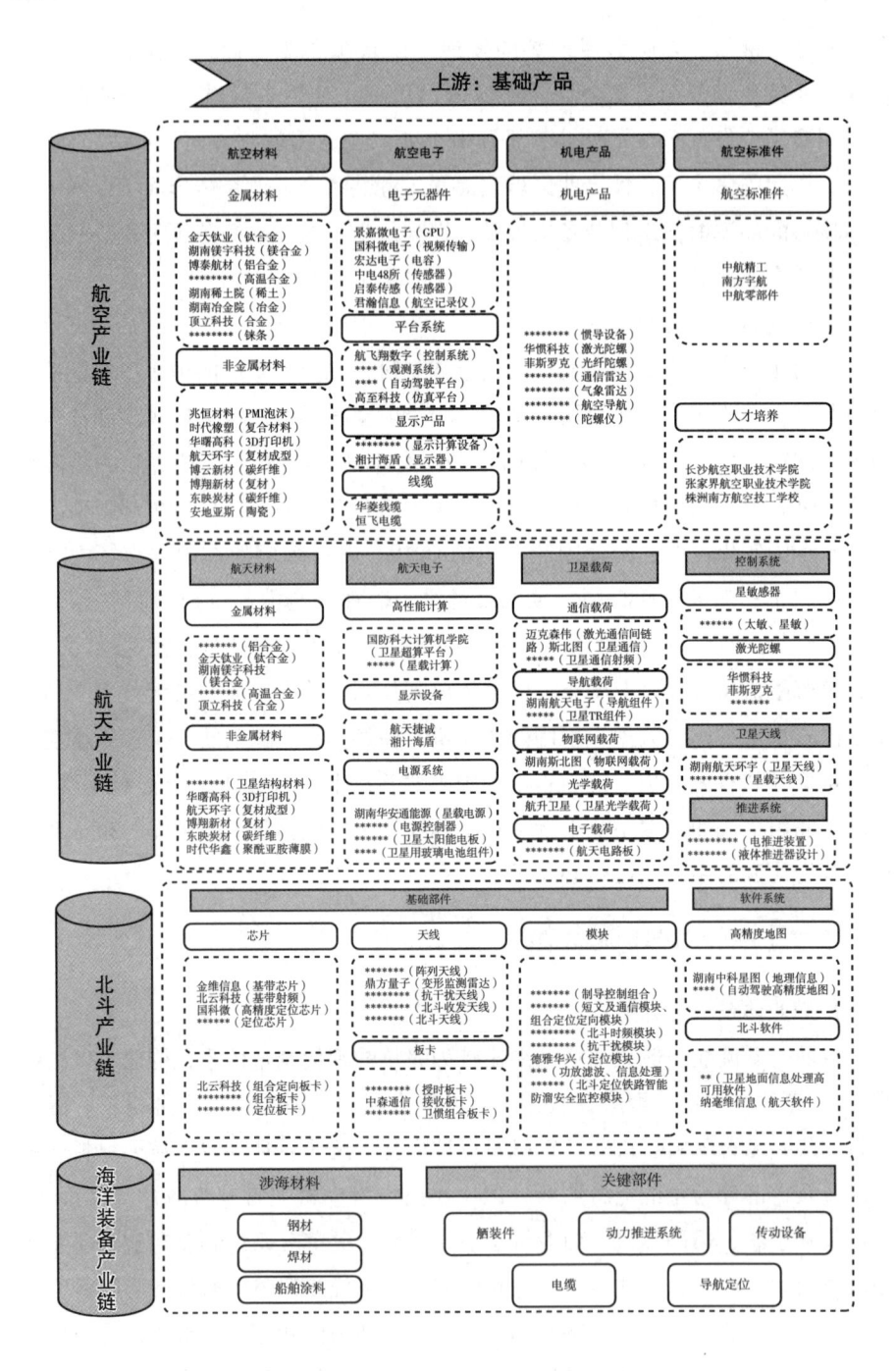

航空产业链

航空材料
- 金属材料
  - 金天钛业（钛合金）
  - 湖南镁宇科技（镁合金）
  - 博泰航材（铝合金）
  - ********（高温合金）
  - 湖南稀土院（稀土）
  - 湖南冶金院（冶金）
  - 顶立科技（合金）
  - ********（铼条）
- 非金属材料
  - 兆恒材料（PMI泡沫）
  - 时代橡塑（复合材料）
  - 华曙高科（3D打印机）
  - 航天环宇（复材成型）
  - 博云新材（碳纤维）
  - 博翔新材（碳纤维）
  - 东映炭材（碳纤维）
  - 安地亚斯（陶瓷）

航空电子
- 电子元器件
  - 景嘉微电子（GPU）
  - 国科微电子（视频传输）
  - 宏达电子（电容）
  - 中电48所（传感器）
  - 启泰传感（传感器）
  - 君黼信息（航空记录仪）
- 平台系统
  - 航飞翔数字（控制系统）
  - ****（观测系统）
  - ********（自动驾驶平台）
  - 高至科技（仿真平台）
- 显示产品
  - ********（显示计算设备）
  - 湘计海盾（显示器）
- 线缆
  - 华菱线缆
  - 恒飞电缆

机电产品
- 机电产品
  - ********（惯导设备）
  - 华铁科技（激光陀螺）
  - 菲斯罗克（光纤陀螺）
  - ********（通信雷达）
  - ********（气象雷达）
  - ********（航空导航）
  - ********（陀螺仪）

航空标准件
- 航空标准件
  - 中航精工
  - 南方宇航
  - 中航零部件
- 人才培养
  - 长沙航空职业技术学院
  - 张家界航空职业技术学院
  - 株洲南方航空技工学校

航天产业链

航天材料
- 金属材料
  - ******（铝合金）
  - 金天钛业（钛合金）
  - 湖南镁宇科技（镁合金）
  - ********（高温合金）
  - 顶立科技（合金）
- 非金属材料
  - ********（卫星结构材料）
  - 华曙高科（3D打印机）
  - 航天环宇（复材）
  - 博翔新材（碳纤维）
  - 东映炭材（碳纤维）
  - 时代华鑫（聚酰亚胺薄膜）

航天电子
- 高性能计算
  - 国防科大计算机学院（卫星超算平台）
  - ******（星载计算）
- 显示设备
- 航天捷诚 湘计海盾
- 电源系统
  - 湖南华安通能源（星载电源）
  - ********（电源控制器）
  - ********（卫星太阳能电板）
  - ********（卫星用玻璃电池组件）

卫星载荷
- 通信载荷
  - 迈克伟伟（激光通信向链路）斯北图（卫星通信）
  - ******（卫星通信射频）
- 导航载荷
  - 湖南航天电子（导航组件）
  - ******（卫星TR组件）
- 物联网载荷
  - 湖南斯北图（物联网载荷）
- 光学载荷
  - 航升卫星（卫星光学载荷）
- 电子载荷
  - ********（航天电路板）

控制系统
- 星敏感器
  - ******（太敏、星敏）
- 激光陀螺
  - 华惯科技
  - 菲斯罗克
  - *******
- 卫星天线
  - 湖南航天环宇（星载天线）
- 推进系统
  - ********（电推进装置）
  - ********（液体推进器设计）

北斗产业链

基础部件
- 芯片
  - 金维信息（基带芯片）
  - 北云科技（基带射频）
  - 国科微（高精度定位芯片）
  - ******（定位芯片）
- 天线
  - ********（阵列天线）
  - 鼎方量子（变形监测雷达）
  - ********（抗干扰天线）
  - ********（北斗收发天线）
  - ********（北斗天线）
- 板卡
  - ********（授时板卡）
  - 中森通信（接收板卡）
  - ********（卫惯组合板卡）
- 模块
  - ********（制导控制组合）
  - ********（短文及通信模块）
  - ********（组合定位定向模块）
  - ********（北斗时频模块）
  - ********（抗干扰模块）
  - 德雅华兴（定位模块）
  - ***（功放滤波、信息处理）
  - ********（北斗定位铁路智能防灾安全监控模块）

软件系统
- 高精度地图
  - 湖南中科星图（地理信息）
  - ****（自动驾驶高精度地图）
- 北斗软件
  - ** 卫星地面信息处理高可用软件
  - 纳毫维信息（航天软件）
- 北云科技（组合定向板卡）
- ********（组合板卡）
- ********（定位板卡）

海洋装备产业链

涉海材料
- 钢材
- 焊材
- 船舶涂料

关键部件
- 舾装件
- 动力推进系统
- 传动设备
- 电缆
- 导航定位

湖南争创世界一流空天海洋产业集群研究

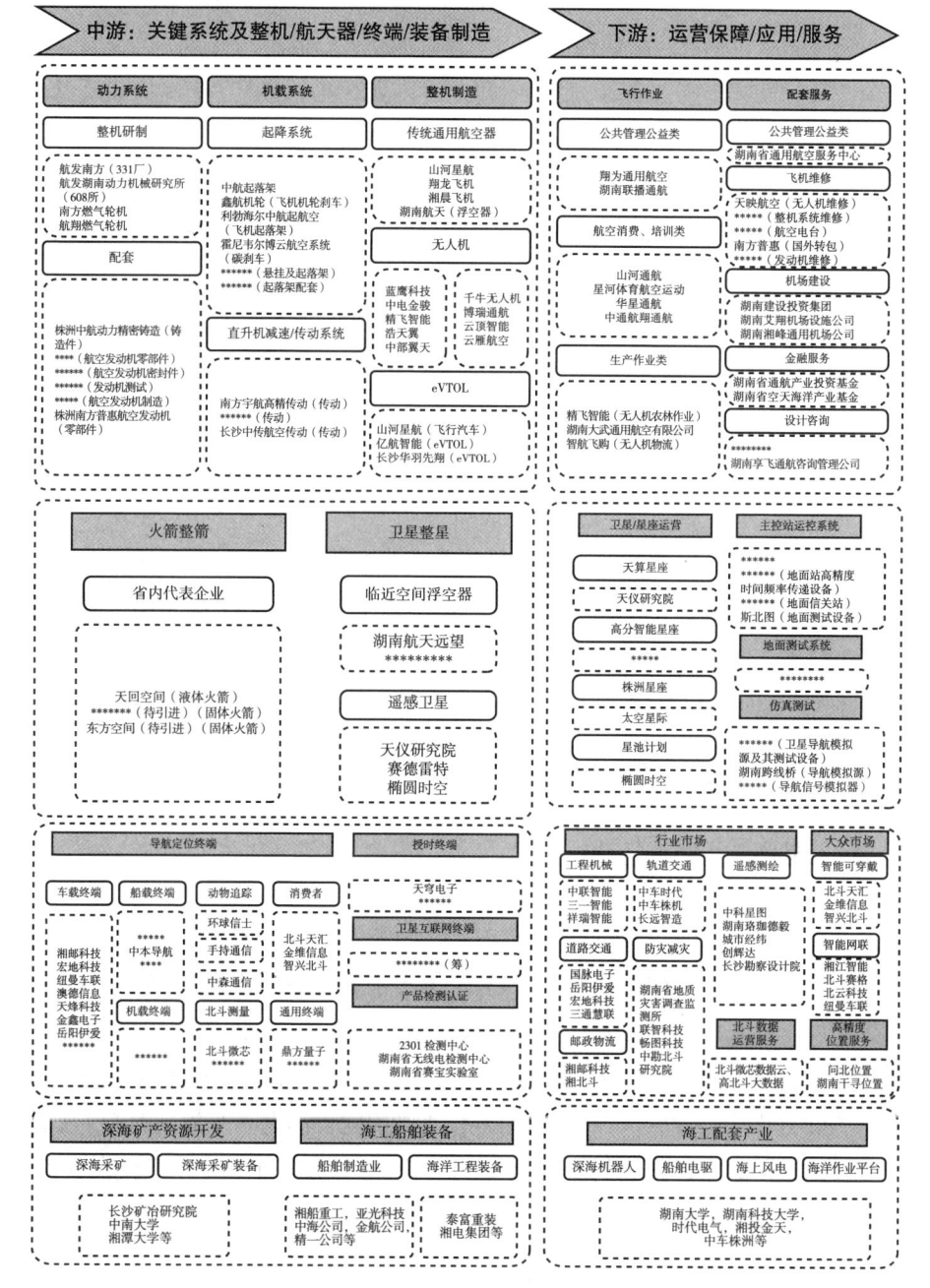

中游：关键系统及整机/航天器/终端/装备制造

动力系统	机载系统	整机制造

- 整机研制
  - 航发南方（331厂）
  - 航发湖南动力机械研究所（608所）
  - 南方燃气轮机
  - 航翔燃气轮机
- 配套
  - 株洲中航动力精密铸造（铸造件）
  - ****（航空发动机零部件）
  - ******（航空发动机密封件）
  - ******（航空发动机测试）
  - *****（航空发动机制造）
  - 株洲南方普惠航空发动机（零部件）

- 起降系统
  - 中航起落架
  - 鑫航机轮（飞机机轮刹车）
  - 利勃海尔中航起落架（飞机起落架）
  - 霍尼韦尔博云航空系统（碳刹车）
  - ******（悬挂起落架）
  - ******（起落架配套）
- 直升机减速/传动系统
- 南方宇航高精传动（传动）
- 长沙中传航空传动（传动）

- 传统通用航空器
  - 山河星航
  - 翔龙飞机
  - 湘晨飞机
  - 湖南航天（浮空器）
- 无人机
  - 蓝鹰科技   千牛无人机
  - 中电金骏   博瑞通航
  - 精飞智能   云顶智航
  - 浩天翼   云雁航空
  - 中部翼天
- eVTOL
  - 山河星航（飞行汽车）
  - 亿航智能（eVTOL）
  - 长沙华羽先鸣（eVTOL）

火箭整箭	卫星整星

- 省内代表企业
  - 天回空间（液体火箭）
  - ********（待引进）（固体火箭）
  - 东方空间（待引进）（固体火箭）

- 临近空间浮空器
- 湖南航天远望 **********
- 遥感卫星
  - 天仪研究院
  - 赛德雷特
  - 椭圆时空

导航定位终端	授时终端

- 车载终端 船载终端 动物追踪 消费者
  - 环球信士
  - 湘邮科技   中本导航   手持通信
  - 宏地科技   ****   中森通信
  - 纽曼车联
  - 澳德信息   机载终端   北斗测量
  - 天烽科技
  - 金鑫电子   ******   北斗微芯
  - 岳阳伊爱
  - ******

- 天穹电子
- 卫星互联网终端
  - 北斗天汇
  - 金维信息
  - 智兴北斗
  - *********（等）
- 产品检测认证
  - 2301检测中心
  - 湖南省无线电检测中心
  - 湖南省赛宝实验室

下游：运营保障/应用/服务

飞行作业	配套服务

- 公共管理公益类
  - 翔为通用航空
  - 湖南联播通航
- 航空消费、培训类
  - 山河星航
  - 星河体育航空运动
  - 华星通航
  - 中通航翔通航
- 生产作业类
  - 精飞智能（无人机农林作业）
  - 湖南大试通航空有限公司
  - 智航飞购（无人机物流）

- 公共管理公益类
  - 湖南省通用航空服务中心
- 飞机维修
  - 天映航空（无人机维修）
  - *****（整机系统维修）
  - *****（航空电台）
  - 南方世博（国外转包）
  - *****（发动机维修）
- 机场建设
  - 湖南建设投资集团
  - 湖南艾斯机场设施公司
  - 湖南湘峰通用机场公司
- 金融服务
  - 湖南省通航产业投资基金
  - 湖南省空天海洋产业基金
- 设计咨询
  - ********
  - 湖南享飞通航咨询管理公司

卫星/星座运营	主控站运控系统

- 天算星座
- 天仪研究院
- 高分智能星座 *****
- 株洲星座
- 太空星际
- 星池计划
- 椭圆时空

- ******
- ******（地面站高精度时间频率传递设备）
- ******（地面信关站）
- 斯北图（地面测试设备）
- 地面测试系统
  - ********
- 仿真测试
  - ******（卫星导航模拟源及其测试设备）
  - 湖南跨境桥（导航模拟源）
  - *****（导航信号模拟器）

行业市场	大众市场

- 工程机械 轨道交通 遥感测绘 智能可穿戴
  - 中联智能 中车时代 中科星图   北斗天汇
  - 三一智能 中车株洲 湖南洛珈德毅 金维信息
  - 祥瑞智能 长远智造 城市经纬创辉达 智兴北斗
  -                     长沙勘察设计院
- 道路交通 防灾减灾   智能网联
  - 国脉电子 湖南地质   湘江智能
  - 岳阳伊爱 灾害调查监   北斗赛格
  - 宏地科技 测院   纽曼车联
  - 三通慧联
  -           湖南通航
  - 邮政物流 畅图科技   北斗数据运营服务 高精度位置服务
  -           中勘北斗
  -           研究院   北斗感应数据云、高北斗大数据 同北位盈、湖南干涉位置
  - 北斗科技
  - 湘北

深海矿产资源开发 | **海工船舶装备** | **海工配套产业**

- 深海采矿 深海采矿装备
  - 长沙矿冶研究院
  - 中南大学
  - 湘潭大学 等

- 船舶制造业 海洋工程装备
  - 湘船重工、亚光科技 泰富重装
  - 中海公司、金航公司 湘电集团 等
  - 精一公司

- 深海机器人 船舶电驱 海上风电 海洋作业平台
  - 湖南大学、湖南科技大学、时代电气、湘投金天、中车株洲

图1 湖南空天海洋产业图谱

注：由于军工和保密要求，部分企业用******表示。

服务、行业应用、地理信息等上中下游的完整全产业链条。海洋装备产业中，船用及海洋平台钢材、舾装件、船用工程机械设备、船用动力推进系统、船用传动设备、导航定位、电缆、涂料、焊材，多点开花，其中，中车株洲所风电产业已形成从芯片、器件、部件到整机，从新造到运维的完整产业链。

2. 企业能级大幅提升

2023年，空天海洋产业链上重点企业产值增速超20%。其中，航空航天配套产业园所在的株洲芦淞区，涉航企业51家；长沙市70%的航空航天企业聚集在湘江新区，相关企事业单位达300余家。全省培育了500多家北斗相关企业，形成了以湖南湘江新区、株洲经开区和岳阳城陵矶新港区为核心的北斗产业集聚区。2023年，湘江新区航空航天及北斗核心企业产业规模超200亿元，同比增长15%。① 鑫航机轮等8家企业获批国家级"专精特新"小巨人企业，景嘉微电子有望成为首个突破10亿元产值的航空航天企业，航天环宇、华曙高科成功上市，星河电子、揽月机电、斯北图等企业产值倍增，企业"百花齐放"，助推了航空航天及北斗产业发展。船舶制造产业方面，全省80%以上聚集在益阳沅江船舶制造特色产业园，现有船舶及配套企业近百家，其中规模企业26家，经认定的高新技术企业有12家，总产值保持年均20%以上的增速。

（三）创新能力有效提升

1. 创新平台支撑有力

湖南拥有国防科技大学、中南大学、湖南大学、湘潭大学等一批在航空航天产业领域具有较强实力的高校创新平台和长沙航院、张家界航院两大航空航天技能型人才培养基地。建有国家碳/碳复合材料工程技术研究中心、608所尹泽勇院士工作站等一批创新平台，创新能力首屈一指。湖南已建立航空航天产业相关科研机构89家、国家和省重点实验室106个、工程技术（研究）中心和企业技术中心39个，产学研用融合不断深化。湖南北斗领域拥有4个院士工作站和国家级、省级创新平台64个，打造了全国首个北斗开放实验室、首个高精度导航定位精准服务平台。其中，卫星导航与时空技术国家工程研究

---

① 王茜：《湘江新区航空航天产业规模超200亿元》，华声在线，https://baijiahao.baidu.com/s?id=18046086981287817778&wfr=spider&for=pc，2024年7月15日。

中心、卫星导航重点实验室、测控与导航技术国家地方联合工程研究中心、卫星应用技术交通运输行业研发中心、自主卫星导航定位技术教育部工程研究中心等国家级平台10个，居全国前列。

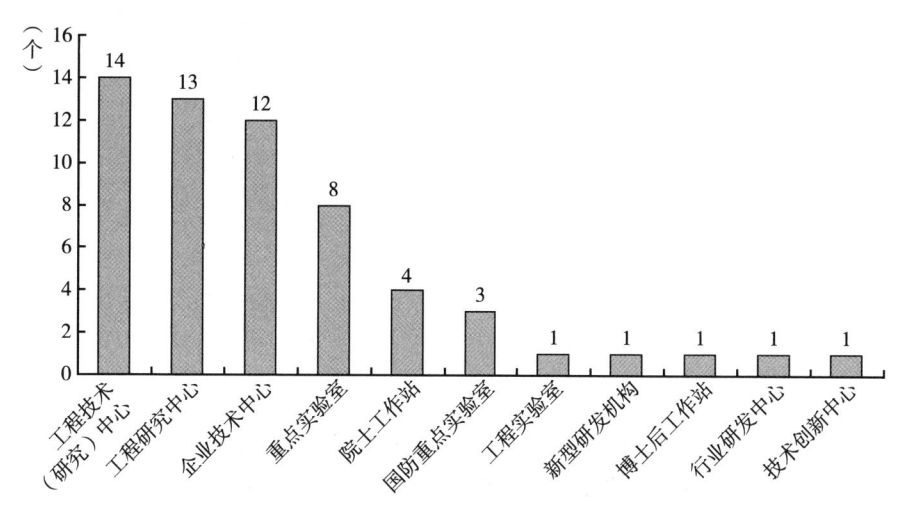

图2 湖南北斗产业领域创新平台类型及数量

（图表数据：工程技术（研究）中心 14；工程研究中心 13；企业技术中心 12；重点实验室 8；院士工作站 4；国防重点实验室 3；工程实验室 1；新型研发机构 1；博士后工作站 1；行业研发中心 1；技术创新中心 1）

2. 科技成果不断涌现

湖南是北斗技术创新策源地。2023年，湖南北斗领域发明专利累计授权量达777件。湖南骨干北斗企业自主研制国内首款支持100Hz的高精度解算基带芯片，全国性能比测第一，获评卫星导航定位科学技术进步"特等奖"，阵列天线抗干扰导航终端测试系统获卫星导航定位科技进步一等奖；复杂电磁环境卫星导航模拟测试系统获卫星导航定位科技进步二等奖。航空航天产业方面，山河星航研发制造了我国首款混合电推进系统的"阿若拉SA60L"轻型飞机，并成功实现首飞；掌握碳碳刹车材料、碳化硅纤维、硬质合金等研制核心技术和关键基础材料；激光/光纤惯导组件、机载计算机及显控设备、商业微小卫星整体研制与测控等多项航空航天技术产品填补国内空白。深海矿产资源开采关键装备技术方面，研制了全球首台智能电驱动深海重载采矿车辆平台、多点位移动式钻探取样装备、光纤地震拖缆系统，以及海洋地震电磁联合勘探装备、沉积物原位测试装备、多级输送泵管、深海采矿智能作业与运维系统装备等，部分成果国际领先，并突破新技术14项，申请发明专利94件，已授权45件。

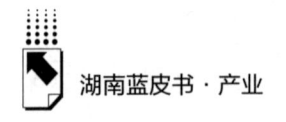

（四）产业生态加速形成

1. 政策措施密集出台

湖南高度重视空天海洋产业发展，出台《湖南省通航制造业"十四五"发展规划》《关于支持通用航空产业发展的若干政策》《湖南省"十四五"战略性新兴产业发展规划》《湖南省培育通用航空产业工作方案》《湖南省北斗产业发展规划（2023—2027年）》《湖南省加快推进北斗规模应用若干政策措施》等十几项有关空天海洋产业政策，每部政策都针对相关产业进行了详细的规定，为产业后续发展提供了政策支持。

作为全国第一个全域低空空域管理改革试点拓展省份，湖南先后出台全国第一部地方性通航法规，建立了全国第一个覆盖全省的低空监视网。在全省全域低空划设了171个空域及97条航线，实现了湖南"全域低空开放"。通过与军民航联合制定或自主探索制定相关法规、规划、政策、办法等配套政策法规文件13项。通航用户申报周期从提前15天缩短至提前1天，最短30分钟内获批，实现通航飞行"一窗受理一网通办"。

表1 国内主要地市低空经济规划政策

城市	出台时间及政策
深圳	2022年12月《深圳市低空经济产业创新发展实施方案（2022-2025年）》 2023年12月《深圳市支持低空经济高质量发展的若干措施》 2024年2月《深圳经济特区低空经济产业促进条例》 2024年8月《深圳市培育发展低空经济与空天产业集群行动计划（2024-2025年）》
北京	2024年5月《北京市促进低空经济产业高质量发展行动方案（2024-2027年）（征求意见稿）》
上海	2024年7月《上海市低空经济产业高质量发展行动方案（2024-2027年）》
杭州市	2024年9月《杭州市支持低空经济高质量发展的若干措施》
苏州市	2024年4月《苏州市低空经济发展体系与愿景》《苏州市低空经济高质量发展实施方案（2024-2026年）》《苏州市支持低空经济高质量发展的若干措施（试行）》
合肥市	2024年1月《合肥市低空经济发展行动计划（2023—2025年）》
芜湖市	2023年10月《芜湖市低空经济高质量发展行动方案（2023—2025年）》
成都市	2024年4月《成都市促进工业无人机产业高质量发展的专项政策》《成都市产业建圈强链2024年工作要点》

续表

城市	出台时间及政策
沈阳市	2024年4月《沈阳市低空经济高质量发展行动计划（2024-2026年）》
珠海市	2024年3月《珠海市支持低空经济高质量发展的若干措施（征求意见稿）》
福州市	2023年1月《福州市人民政府关于推进民用无人驾驶航空器产业高质量发展的若干意见》
武汉市	2023年6月《推进武汉市无人机产业发展实施方案》 2024年3月《武汉市支持低空经济高质量发展的若干措施（征求意见稿）》
广州市	2023年12月《广州开发区（黄埔区）促进低空经济高质量发展的若干措施实施细则（征求意见稿）》《广州市汽车产业中长期发展规划（2023—2035年）》 2024年5月《广州市低空经济发展实施方案》
无锡市	2024年4月《无锡市低空经济高质量发展三年行动方案（2024—2026年）》，正在修订完善《无锡市民用无人驾驶航空器管理办法》

资料来源：根据政府公开网站整理。

2.配套基金扶持得力

做优做强空天海洋相关产业发展基金、行业协会等产业平台，推动技术链协同攻关、产业链联合协作、生态链共享共建。如组建省通航发展公司，设立湖南省通航产业投资基金；建立湖南省卫星应用协会、长沙市北斗导航产业技术创新战略联盟等行业组织；与长沙银行签订全面战略合作协议，推动银行和重点企业无缝对接；推动北斗产业园尖山园、湖南航天麓谷产业园、航天环宇航空产业园竣工等（见表2）。

表2 空天海洋产业相关基金

序号	基金名称	主要投向领域	组建年份	基金规模	备注
1	湖南省产业引导基金空天海洋产业子基金	省内航空航天及北斗产业链	2024	不低于35亿元	由湖南省财信产业基金管理有限公司管理
2	湖南省通航产业投资基金	通航全产业链	2022	目标规模不低于10亿元，首期5亿元	湖南省财政厅牵头，会同湖南省通用航空发展有限公司及相关单位组建

续表

序号	基金名称	主要投向领域	组建年份	基金规模	备注
3	株洲市先进产业集群发展母基金	航空动力、信息技术与北斗应用等13条标志性产业链	2022	首期规模50亿元	由株洲市政府牵头,湖南财信金融控股集团有限公司、株洲市属国有企业共同发起设立
4	湖南航空航天产业基金	航空、商业航天等领域	2019	首期规模30亿元	由株洲国投集团联合中国航发集团、湖南省高新创投集团等机构在株洲共同发起成立
5	衡阳市产业投资基金	航空航天装备和其他领域	2018	总规模60亿元以上	政府出资15亿元作为产业引导基金,通过与其他社会资本合作设立子基金

资料来源:根据政府公开网站信息整理。

3. 公共服务平台能级提升

技术平台方面,湖南建设了国内首个北斗开放实验室——长沙北斗开放实验室;国内首个北斗时空信息安全协同创新平台——长沙北斗研究院;中南六省唯一北斗导航应用装备监测能力和资质检测平台——2301检测中心;中部地区最大的无线电检测平台——湖南省无线电检测中心;全国第一个覆盖全省的低空监视网,综合运用"北斗+ADS-B+5G"三模技术,建成53个地面监视站,实现了全域低空监视全覆盖。以湖南科技大学为依托单位的海洋矿产资源探采装备与安全技术国家地方联合工程实验室,以长沙矿冶院为依托单位的深海矿产资源开发利用技术国家重点实验室,构建湖南海洋科技创新的引领性平台。

交流平台方面,湖南承办或举办了中国先进技术转化应用大赛、"中国航天日"主场活动、"走进中国商飞"、"三航"高层座谈会、首届北斗规模应用国际峰会、湖南(国际)通用航空产业博览会等产业合作专项对接会,全面搭建推动航空航天北斗规模应用市场化、国际化的展示及交流平台。2023年湖南(国际)通用航空产业博览会3天展期吸引3万多名专业观众，共24.1万人次观展，现场成交量超4亿元，合同签约金额110亿元①。

二 湖南空天海洋产业面临的几大短板

湖南空天海洋产业加快发展的进程中，还存在关键核心技术和零部件不足、产品配套体系不健全、技术转移转化渠道不畅、专业高端人才缺失、工业制造基础有待加强等短板问题，必须予以高度重视。

（一）关键技术和零部件受制于人，配套体系不健全

在科技创新方面，中小航空发动机领域部分基础研究仍有差距，中小航空发动机产业链上游所需的关键成附件、核心设备、关键材料和大型软件部分依赖国外技术，产业链中游的分系统和整机关键技术指标与国外领先水平尚有差距。核心零部件进口受限、先进合金制造与交付等原料供应链衔接不畅问题一定程度上仍然存在。在产业配套能力方面，通航整机制造企业的示范与牵引作用有限，飞机整机生产基地"国家队"未在湖南省布局。核心零部件的本地配套率低，附加价值高、技术要求高的部分材料和零件需要从长三角、珠三角等地区采购，本地配套产业带动能力弱。此外，由于军工行业的特殊性，配套企业数量不多，存在缺乏整机制造牵引、轻量化研制能力有待加强、适航认证能力欠缺等短板。同时受军工体制和保密制度的约束，军民技术标准互通性不足，高端技术难以向普通制造业扩散，很多有市场、有前景的技术和科研成果转化率低，严重制约了市场化发展。

（二）产业集聚化程度不高，产业链耦合不紧密

围绕中小航空发动机、飞机起降系统等航空航天关键分系统研制布局的配套企业群有待进一步发展，民机重大型号研制中承担的任务仍以发动机、辅助动力装置、起降系统等传统优势配套产品为主，在液压、航电、燃油、飞控等

---

① 黄婷婷、何彪：《湖南通航博览会"飞"出新高》，湖南省人民政府门户网站，www.hunan.gov.cn，2023年9月25日。

领域配套任务不多、作为不大，尚未形成拥有核心竞争力的优势配套企业集群。部分园区尚处在初级的企业集聚阶段，且多为同类企业的靠拢、集聚，企业间关联度较小，不仅在业务上难以形成合作，信息、技术等资源的共享程度也不高，龙头企业联动上下游企业的功能未得到充分发挥，与中小配套企业间协同发展的良好生态尚未形成，区域内产业配套网络存在若干"断""堵"环节。

（三）市场内生动力不足，发展生态薄弱

整机制造牵引不足，缺乏航空航天军机整机制造布点，民营企业整机制造规模较小，产品售价不高，生产局限于机身、组装等方面。产业链亟待补强，通航产业优势侧重于传统通航研发制造，研发、制造、运营、服务等全产业链存在较多短板空白，90%的传统通航运营企业处于亏损状态，亟待形成成熟的商业模式和盈利模式。同时，受江浙沿海等地企业提供的高薪、行业本身工作强度大、区位优势不明显等影响，产业面临高端人才引入困难、紧缺专业人才不足、技能人才成本提升等问题。

（四）制造工业基础薄弱，产业竞争激烈

在通航整机制造、无人机制造、滑翔伞、三角翼、动力伞、热气球等民用领域基础相对薄弱，难以与沿海以及西部地区的通航制造基地形成竞争，民用轻型运动型飞机发动机大部分仍然依赖国外进口，导致生产商、维修商利润空间遭受挤压，难以维持继续投入研发创新和国产自主替代。而中小航空发动机优势未能军转民，无法通过国际认证，难以争取大量订单。海洋工程装备方面的技术积累和产业基础缺乏关键技术引进和消化吸收再创新的能力。

现阶段湖南所处的境遇是前有堵截，后有追兵，全国其他省份在空天海洋领域都出台了产业促进政策，对湖南构成巨大的压力。截至2024年4月，共有27个省份将"低空经济""通用航空"有关内容写入政府工作报告，以中南和华东为政策最密集地区，普遍涉及基础设施建设（如通航机场、起降平台）、下游应用场景拓展（开设物流、载人航线）、产业链培育和产业化、企业投资项目落地方面的支持和补助。

三 湖南争创世界一流空天海洋产业集群的对策建议

湖南空天海洋产业正处于争创世界一流产业集群的关键时期，需要进一步推进空天海洋产业集群发展，扩大市场需求，推动关键技术突破，推进产业基础高级化、产业链现代化，持续延链补链强链，加快形成新质生产力，促进空天海洋产业高质量发展。

（一）突出科技创新引领，提升产业发展能级

1. 加快关键技术突破

加强航空发动机全权限电子控制、高分遥感、功能材料等关键核心技术攻关。通过"揭榜挂帅""协同攻关"等方式，突破高性能抗干扰、高完好性导航增强、北斗时空同步、多源信号融合等"卡脖子"技术。围绕电磁推射微小卫星技术、通用飞机试验装置、飞发一体设计、适航技术攻关，提升空域保持能力。着力深挖深海矿物切削与采集、海底集矿车行走、深海钻机等技术，用好"揭榜挂帅"等新型科研组织形式，推动科技创新与产业创新深度融合，突破一批制约产业发展的关键技术。

2. 搭建产业创新平台

推进国家级创新中心、博士后科研工作站、院士专家工作站、产业创新共享平台和产业创新联盟等高层次创新平台建设，完善平台科研试验条件，支持有条件的企业申报省级及以上创新平台，设立企业研究院。大力推进国家超算长沙中心升级平台、大飞机地面动力学试验平台、航空发动机冰风洞实验装置等重大创新平台建设。鼓励优质平台科技资源有偿开放共享，进一步打破部门和行业壁垒，加强各类平台资源整合和数据共建共享共用，着力打造一批标志性产业创新平台。同时，在加强科技成果的培育和转化方面，还要积极探索设置国资创投容错机制，建立完善容亏容错机制，激励科学家大胆干、资本大胆投、企业大胆闯、政府大胆支持，营造良性的创新生态。

3. 加强产业前沿布局

瞄准新一代通用航空装备产品发展方向，加快布局 eVTOL（电动垂直起降航空器）、高性能航空器、核心零部件等前沿领域；重点围绕航空航天"五

基"［核心基础零部件、基础元器件、关键基础材料、先进基础工艺和产业技术基础］关键技术、"两机"专项、机载提升计划、大飞机专项、高分遥感专项、北斗信息安全及应用等国家战略性领域，前瞻布局漂浮式风电技术研发，加强吸力桩、漂浮式海上风电吸力锚等关键技术的研究和应用，开展关键、共性技术和工程技术攻关，推动全产业链向高端化跃升。加强5G、工业互联网、人工智能等新一代信息技术赋能应用，推动通用航空装备、深海资源开发装备与新能源、新材料等融合创新，促进产业提质增效。

（二）突出主导产业带动，促进链群集聚发展

1.培育招引优势企业

继续推动建立"一图四库"（即产业全景图和现有企业库、拟引进企业库、在建项目库、拟建项目库），坚持以整机制造、总装交付为牵引，积极招引新型飞行器及发动机整机、通航整机、无人机、中小航空发动机、起降系统和辅助动力系统等领域企业。重点支持331厂、608所、572厂、国信军创六九零六、中创空天、湖南航天、景嘉微、北云科技、山河科技、天仪研究院等企业加快做优做强做大。争取中国电子、中国星网、航天科技、兵器集团等大型央企在湘布局，央地协同打造北斗产业龙头企业，培育星河电子将其打造成卫星、芯片、终端、系统等全产业链龙头企业。大力推进延链补链强链，鼓励企业向通用航空装备和深海资源开发装备高端领域延伸，引导船舶和配套零部件生产企业等企业向关键零部件配套升级，着力培育一批世界先进和国内一流航空航天产业标志性领军企业、细分领域的"单项冠军示范企业（产品）"和"专精特新"小巨人企业。

2.推动特色产业基地（园区）建设

园区是争创世界级产业集群的主要载体。要以"五好"园区建设为契机，统筹推进中小航空发动机及航空航天装备产业园区发展，加快发展董家塅高科园、长沙高新区、望城经开区、中电软件园、湖南城陵矶新港区、郴州通航文化产业园等专业化园区，积极引导湘潭、衡阳、常德、娄底等地市产业聚集入园，发展专业化基地，承接总装制造、技术成果产业化项目，提高园区产业服务水平，健全政策指导、展会服务、投融资等公共服务体系，着力打造一批服务功能强、产业集聚力强、具有鲜明竞争优势的中小航空发动机及航空航天装

备产业园区。重点发展壮大中小航空发动机产业基地、先进飞机起降系统科研生产基地、北斗地面设备制造及应用产业基地、北斗卫星示范应用产业基地等特色产业基地，提高创新水平和产业发展质量，提升国内影响力，形成10家左右标志性特色产业基地（园区）。

3. 推进产业加速集聚

充分发挥中小航空发动机核心优势，不断拉长产业链条，全面推进国家航空发动机及燃气轮机重大专项有关研制项目的实施，提升航空发动机研发、设计、试验、适航、制造、维修、服务及转包等产业链各环节的整体技术和规模水平，加快产业集聚提升，争创世界一流的中小航空发动机产业集群；培育壮大通航整机、大飞机机载系统、航空航天新材料等标志性产业集群，支持在株洲高新区、岳阳经开区、邵阳经开区等建设专业产业园区，鼓励产业集聚区加强与龙头企业、专业高校院所对接合作，建立新产品新技术演示验证中心、技术转化平台等，推进产业集群集聚发展。支持在湘江新区、株洲经开区、岳阳经开区等有基础有条件的园区招引商业航天、北斗卫星导航专用芯片、高精度时频、卫星地面站与系统增强、高精度接收与仿真测试等领域企业，构建集芯片、模块、板卡、终端和运营服务于一体的完整产业链。

（三）突出配套保障支撑，打造全产业链优势

1. 抓好重点项目建设

树立大抓项目、抓大项目思维，重点抓好高超声速飞行器产业化基地、"两机"专项在湘研制项目、湖南航天环宇航空产业园、高性能变形镁合金产业化、"SA750"多用途轻型运输机等一批重大项目建设，争取"两机"专项二期、重型直升机发动机产业化、海底管线项目、深海勘探开发设备、深海信息设备和深海采矿回收等一批新项目布局。同时，将湖南省军民融合产业专项资金聚焦产业链重点企业和重点项目，不断增强产业发展后劲。实施"北斗+低空产业链应用"，完成建设北斗低空综合应用示范项目，加速布局低空经济产业。成立未来产业基金，研究设立深海采矿装备产业发展子基金，推进深海采矿装备产业发展。

2. 深化产业链融合

加大产业链内配套协作，着重引导航空航天材料供应商、制造商各个环节

之间以及工艺装备和生产制造企业之间形成生产供应协同关系。充分利用国家高分湖南数据中心、国家超级计算长沙中心等平台，促进"高分遥感+北斗导航"数据应用融合，开发环境监测、智慧城市等解决方案，加强链间技术融合。促进气源系统、液压系统、精密齿轮传动、微波通信、先进碳基材料、高分子材料、轻质合金材料等成熟先进技术向轨道交通、工程机械、汽车、电子信息、电力、环保等行业扩散，提升航空航天（含北斗）产业融合发展水平。

3. 健全基础设施建设

坚持适度超前的原则，充分利用湖南获批61个通用机场的先发优势，加快推进通用机场建设。立足省内空运、产业配套等基础条件，积极争取空域资源，加快形成净空优势。积极布局中小型起降设施建设，大力推进市州建设通用航空运行基地、无人机测试场与eVTOL起降枢纽，鼓励企业建设无人机小型起降平台、智能起降柜机等基础设施，简化审批手续，出台税收优惠、财政补贴等政策，对于投入使用的项目给予企业一定补助，推动地方政府配合做好起降点选址、征地拆迁等工作，加快构建湖南低空出行网络。

4. 培养多层次人才队伍

支持相关高校、科研机构和企业依托学科专业和科研任务设立优化空天海洋领域博士后科研流动站（工作站）和院士工作站，组建完善实验室、研究所（院）、工程技术（研究）中心、企业技术中心等创新载体，吸引培养一批空天、电子、通信、材料、控制、交叉学科等领域领军人才、基础研究和应用研究人才，建设一批补短板技术团队。推动株洲南方航空职业技术学院、长沙航空职业技术学院、张家界航空职业技术学院等职业院校建设，紧密结合企业需求优化学科专业设置，加大产教融合、校企合作力度，开展订单式人才培养。建立空天海洋领域"高精尖缺"人才需求目录和专家库，加强高技术人才精准引进和运用。鼓励优势企业建立和申报企业人才培训示范基地，实施柔性引才用才制度，完善人才晋升通道。全面优化人才发展环境，为空天海洋产业发展提供坚实的人才保障。

（四）突出应用场景牵引，助力产品迭代升级

1. 促进农业服务规模化应用

支持通用航空装备融入现代农业机械化作业体系，实现"通航+农林作

业",提高农业航空作业精细化、智慧化水平。加强农机购置与应用补贴政策支持,促进植保无人机规模化应用,更好满足农业生产对新型农机装备日益增长的需要。结合新型职业农民培训等,加强飞防关键技术和标准化施药作业的培训指导。将北斗全面应用于农业生产各环节,大力推进在农业精准作业、社会化服务、农机管理应用等方面的运用。

2. 开发工业领域场景

充分利用低空无人智能、5G 高速通信、大数据分析以及 AI 图像识别故障诊断等技术手段,在工程施工空中吊装、电力输配线清洗、管道巡检、航空物探等领域,引导加快通用航空装备和北斗的应用,有效满足多样化工业作业需求,推动形成支撑先进制造业发展的通用航空装备服务作业体系。

3. 丰富行业应用场景

聚焦行业应用和公共服务,加大空天海洋产业在导航定位、气象预报、城市规划、资源勘探、环境监测、应急通信保障等多个领域的应用场景,拓宽市场边界。开拓无人机物流、直升机引航、通用航空短途运输以及融资租赁等"航空+"新业态。依托省内优质文旅资源,鼓励有条件的 4A 级及以上旅游景区在其辐射区域内建设航空飞行营地,开展航空运动、航空研学和低空娱乐飞行等项目,壮大通用航空消费市场。在防灾减灾、智能网联汽车、野生动物保护等重点领域实现北斗特色示范应用。

4. 拓展国际应用

鼓励空天海洋产业企业开拓共建"一带一路"、非洲等海外市场,创建海外研发基地、技术支持中心、营销服务网络等,推广通航、北斗在基础设施建设、新能源汽车、智能交通、智慧工地、短报文通信等海外市场应用。通过省内企业海外投资、承建重大项目,争创空天海洋产业国际示范应用。

参考文献

中国社会科学院工业经济研究所课题组:《世界主要经济体未来产业的战略布局》,

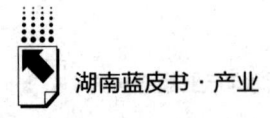

《新经济导刊》2023年第2期。

马衍伟:《统筹发展陆域经济、海洋经济和空天经济的战略思考》,《财政研究》2011年第10期。

刘经南:《"5G+北斗"的意义、路径和愿景》,《网信军民融合》2019年第11期。

未来产业篇

B.14
湖南发展人工智能产业研究

廖卓娴

摘　要： 人工智能产业发挥着重塑生产方式、优化经济结构、推动社会进步的重要作用，代表着新质生产力的方向。湖南把人工智能作为大力培育的新兴产业之首进行谋划，产业实力拔节成长，产业规模效益加速提升，但要成为新质生产力的主阵地、主引擎，还需进一步优结构、调路径、培主体、强保障。

关键词： 人工智能产业　新质生产力　产业链　创新链　湖南省

人工智能产业发挥着重塑生产方式、优化经济结构、推动社会进步的重要作用，正成为催生新质生产力的头雁产业。习近平总书记指出："人工智能是新一轮科技革命和产业变革的重要驱动力量，加快发展新一代人工智能是事关

---

* 本研究为湖南省哲学社会科学基金课题"湖南数字文化产业集聚发展研究"（编号：23JD069）的阶段性成果。
** 廖卓娴，湖南省社会科学院（湖南省人民政府发展研究中心）产业经济研究所助理研究员，主要研究方向为湖南文化产业研究、文化与科技融合研究。

我国能否抓住新一轮科技革命和产业变革机遇的战略问题。"① 党的二十届三中全会明确指出：加强新领域新赛道制度供给，建立未来产业投入增长机制。湖南省委十二届四次全会明确了"4×4"现代化产业体系建设，把人工智能作为大力培育的新兴产业之首进行谋划，为培育新质生产力，大力推进湖南具有核心竞争力的科技创新高地建设提供重要支撑。

一 湖南人工智能产业基础好、潜力大

（一）产业实力拔节成长

抢占市场先机，湖南结合自身实际，加速入场人工智能产业，大力发展人工智能新业态、新模式、新产业，加快产业培育集聚。

1. 产业规模效益加速提升

近年来在国家"新基建"战略的推动下，湖南人工智能产业实现了快速增长。2020~2023年，核心产业产值从100亿元增至189亿元，年均增长率为23.6%，显示出强劲的发展势头（见图1）。2024年上半年，湖南人工智能核心产业产值达到127亿元，同比增长17%。

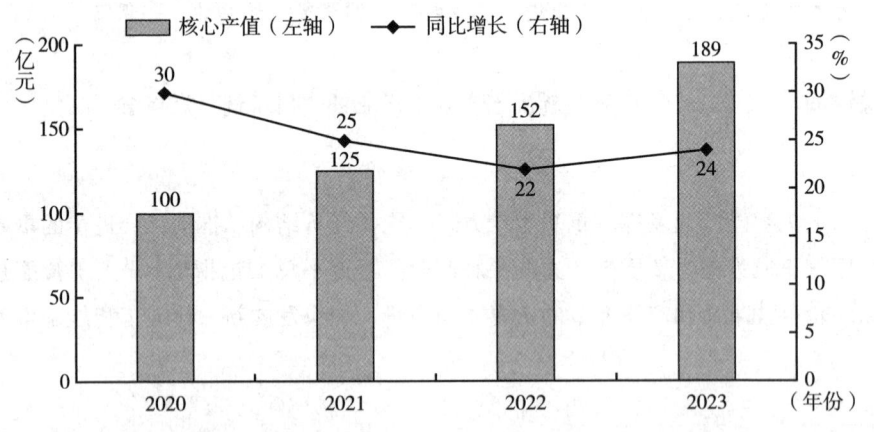

图1 2020~2023年湖南省人工智能核心产业产值及同比增长

---

① 周灵：《新一代人工智能赋能数字文化产业发展》，中国社会科学网，https://baijiahao.baidu.com/s?id=1794477938713909688&wfr=spider&for=pc。

2. 重点项目示范效应明显

17个重点新型数据中心加快建设，建成标准机架4.9万架。组织实施了制造业领域146个智能化升级重点项目，完成总投资超72亿元，打造了一批制造业领域智能化升级标杆。长沙昇腾人工智能创新中心上线运营，中国电信中南智能算力中心投产运营，全球第一台"视频超算"在长沙马栏山建成。大族激光智能装备集团中西南总部基地在长沙雨花经开区智能制造产业园建成投产，将月产能由原来的55台套提升至130台套，同比增长136%。中科云谷、湖南大唐先一、长城信息、中电互联、铁建重工成功入选工信部2023年大数据产业发展示范项目名单。

3. 产业集聚发展势头良好

"世界计算·长沙智谷"项目超额完成年度投资，重点布局人工智能、大数据、基础软件、应用软件及集成运营服务企业，中科曙光、朗源电子、易净科技、中云图、安智科技等一批人工智能相关领域企业意向入驻。马栏山文创视频产业园区紧盯当前人工智能技术重构内容生产全链条的趋势，全力抓好"云网算"新基础建设，推动音视频产业数字化转型和智能化升级。湖南与中国电子、华为共建"鹏腾"生态，做强全国首个自主可控计算产业集群。千亿级产业园区——湘江智能网联产业园加速建设，聚焦人工智能、智能汽车、智慧工业等产业及相关细分赛道，由人工智能科技园、智联创新园、智联加速园、智联制造园、智联服务园、智慧农业科技园、数字融城示范园七个"园中园"组成。

（二）产业赛道全链布局

湖南人工智能产业链日趋完善，已形成从软件模型到智能终端、从基础研究到应用创新的全产业链布局，人工智能产业链场景丰富（见图2）。

1. 上游基础层：算力、算法、数据有效支撑

算力支撑能力显著增强，全省算力规模超6000PFlops，其中智能算力超1600PF，占比达27%。智能计算产业产值达7150亿元，占全国市场份额的7.3%。自主研发的图形处理芯片填补了国内空白，市场占有率达到60%以上。同时，湖南也是银河和天河超级计算机的发源地，超算算力达200PF，走在了全国和全球前列。

图2　湖南人工智能产业链主要企业及场景

资料来源：笔者根据网络查询相关人工智能企业信息制作而成。

电力、算力、动力体系化布局。以电力保障算力、算力加速动力、"三力"一体发力，为人工智能产业发展提供了基础支撑。电力保障显著，推进宁电入湘、抽水蓄能电站等工程，新型储能装机居全国第二位，清洁能源已经超过了传统能源。动力发展迅猛，湖南国产计算机本地配套率达到90%，实现了电脑整机"湖南造"、关键零部件"湖南产"、核心元器件"湖南芯"。

算力、算法、算据、算网"四算一体"融合发展。完成国家超算长沙中心升级，长沙人工智能创新中心、马栏山视频超算中心等加快建设；开通运行国家级互联网骨干直联点,省内网间访问时延降低 80%以上。加快建设湖南省算力调度和综合管理平台,该平台已接入超算长沙中心、长沙证通云谷数据中心、湘潭市大数据中心、湘谷大数据中心等重点算力平台,完成测试运行,具备算力调度、资源管理、交易结算等功能,实现多元异构算力互联互通和统一服务的加速。

数据要素价值加速释放。长沙入选首批国家级数据标注基地,聚焦智能制造、医疗健康、教育等七大优势领域建立行业高质量数据集。湖南省大数据交易所"以点拓面"探索数据资产化服务,截至 2023 年底,已上架数据产品 4166 个。持续推进数据管理能力成熟度(DCMM)认证工作,截至 2023 年底,全省通过数据管理能力成熟度认证的企业达到 13 家。

2. 中游技术层:核心技术取得突破,大模型创新能力显著增强

前沿技术与创新产品取得突破。湖南在机器学习、知识图谱、类脑算法、计算机视觉、智能语音、生物特征识别等技术方面已具备一定基础。音视频产业标准工业镜头、图像处理芯片、超高清视频解码芯片、显示面板等产品市场占有率全国第一,85 寸以上超高清显示面板出货量全球第一。

产业大模型落地提速。全省大模型能力建设趋向通用化、泛化、垂直化,与具体业务需求深度融合。中联重科打造基于人工智能大模型的工业互联网平台,让机器变为有认知能力的生产合作伙伴,运营成本降低 10%,设备维护效率提升 50%。拓维信息发布交通 CV 大模型,成为华为盘古大模型首批生态合作伙伴。万兴科技研发的"天幕",是国内首个 AI 赋能音视频多媒体大模型,可为全球音视频创作者提供从模型到应用场景的全链路创作支持。湖南钢铁集团携手移动、华为,发布全球首个钢铁行业人工智能大模型,促使皮带智能检测精度提升至 98%,实现视觉、预测两大类共 23 个智能化应用场景落地。

产学研加速融合。高校、科研院所与企业机构联合开展数学基础、核心算法、通用模型等基础研究开发,突破了一批高端通用传统算法和人工智能算法。湖南大学、中南大学等高校新建了一批人工智能相关学科专业,在权威期刊发表的新增论文数保持快速增长,有力推动了人工智能产业创新能力提升和专业人才供给。高校与企业开展协同创新,推动人工智能芯片、传感器等计算硬件研发取得突破,计算机视觉、自然语言处理、机器学习等应用技术日渐成

熟，人工智能技术商业化落地能力进一步提升。主攻人工智能技术创新的湘江实验室揭牌成立，首批19个院士专家团队入驻并开展科技创新工作。北京大学计算与数字经济研究院在长沙注册成立，深入开展先进计算、大数据等领域基础研究和应用研究。

3. 下游应用层：场景赋能全面拓展，新兴领域激发活力

在全面数字化和人工智能发展等政策的推动下，重点行业转型升级，人工智能赋能千行百业。智能制造全国领先，2022年以来，全省新认定省级智能制造标杆企业29家、智能制造标杆车间89个，10家企业的11个项目入选国家智能制造系统解决方案"揭榜挂帅"项目，入选数量居全国第四位、中部第一位。抢占智能网联汽车产业赛道。省工信厅遴选发布了7个智能网联汽车典型示范应用场景，涵盖智慧物流、智慧环卫、智慧巡逻等五大场景类别。长沙是全国唯一获得4块智能网联汽车领域国家级牌照的城市，部署了车联网路侧单元（RSU）486套，建设车联网C-V2X直连通信网联化道路里程392公里，打造智能网联云控平台，实现百万辆级车联网互联互通。湖南阿波罗智行科技有限公司运营的Robotaxi是国内首批量产L4级别自动驾驶出租车。湘江鲲鹏推出的兆瀚RA2300-A系列AI推理服务器在算力、精度、计算效率等方面处于国内领先水平，广泛应用于OCR识别、搜索推荐、智慧城市等诸多中心侧大模型推理场景。智慧矿山、智慧矿卡等企业抱团取暖，推动产业链上下游企业加强合作对接。全省梳理智慧矿山建设解决方案100余个，打造了周源山5G+智慧矿山、江苏句容台泥矿山自动驾驶项目等典型案例。现代石化产业利用数字技术驱动全产业链业务变革，聚仁化工建设的绿色生物降解材料己内酯智能制造示范场景，实现危化品全生命周期管控、智能在线检测等应用，设备故障率下降95%、资源综合利用率提升15%。

（三）产业生态聚能蓄势

湖南围绕人工智能的产业布局迅速铺开，从数据和算力基础夯实到快速对生成式AI进行规范化引导，再到产业扶持，形成一套强有力的组合拳。政策赋能，《湖南省"智赋万企"行动方案（2023—2025年）》《湖南省人工智能产业发展三年行动计划（2024—2026年）》等一系列规划推进人工

智能产业健康发展。平台赋力,长沙成功创建国家新一代人工智能创新发展试验区和国家人工智能创新应用先导区,累计培育34个新一代人工智能开放创新平台。长沙成功召开2023世界计算大会、2024年岳麓峰会和2024世界计算大会,推进了以计算创新技术及成果落地为目标的产业化进程。"智赋万企"人工智能产业创新与应用大赛连续举办五届,遴选发布了一批人工智能领域标志性创新产品和示范性应用场景。合作赋势,外地巨头和本土企业一道加快构建起了较为完善的人工智能产业生态体系,商汤科技、科大讯飞、海康威视等人工智能领域头部企业,阿里巴巴、腾讯、百度、京东等互联网企业纷纷加大在湘投入,华为湖南区域总部、华为长沙研究所落户马栏山。中国信通院中南研究院、中国联通中南研究院等国家级智库落地湖南。

二 湖南省人工智能产业发展仍有诸多短板

(一)产业竞争优势不明显

湖南人工智能产业在全国居第二梯队,与北京、广东、上海、浙江、江苏等第一梯队地区相比,在产业规模、效益以及企业实力等方面存在显著差距。

一是核心产业规模偏小。人工智能推动产业高值化攀升效应不明显。2023年,北京人工智能产业核心产值突破2500亿元,[①] 广东人工智能核心产业规模近1800亿元,[②] 湖北人工智能核心产业规模约700亿元。[③] 湖南2023年核心产值仅189亿元,与这些地区相比,存在明显的差距。二是缺大企业大项目。相比北京1298家人工智能企业、上海785家人工智能企业、广东1040家人工智能企业,[④] 湖南人工智能、大数据企业普遍存在体量小、技术力量薄

[①] 李贞:《北京抢抓数字经济发展先机》,《人民日报海外版》2024年4月26日,第8版。
[②] 《广东人工智能核心产业规模1800亿元推动建设粤港澳大湾区"数据特区"》,《深圳特区报》2024年8月11日。
[③] 《湖北省人工智能产业高质量发展推进会在汉举行》,中华人民共和国科学技术部,https://www.most.gov.cn/dfkj/hub/zxdt/202404/t20240418_190353.html,2024年4月18日。
[④] 赛迪顾问发布《中国人工智能区域竞争力研究(2024)》,无锡软件资讯发布,https://mp.weixin.qq.com/s?__biz=MzIyNzk1ODM1NA==&mid=2247580994&idx=6&sn=d2c627c9f6585aa510fe6df2916289af&chksm=e85ab67fdf2d3f696f4996a72cc29fb27263447dd2fe97a81efdb029d7bcc9d33ec1f79d931d&scene=27,2024年5月20日。

弱、产品单一等问题，缺少具有全国代表性的龙头企业，仅有拓维信息、景嘉微、国科微和湖南麒麟信安科技股份有限公司4家人工智能上市公司，三一重卡、希迪智驾2家独角兽企业（见图3）。三是产业投入不足。北京、上海为促进人工智能产业发展，均在市级层面设立了人工智能投资产业基金。湖南尚未建立人工智能专项基金。四是投融资市场不够活跃。2024年上半年，上海、北京、深圳、苏州、杭州、成都人工智能赛道发生融资事件超118起，共涉及金额超215亿元。① 长沙远落后于上述城市，在2024年"产业链+资金链"人工智能·数据服务专场产融对接会上发布融资需求仅3.35亿元。

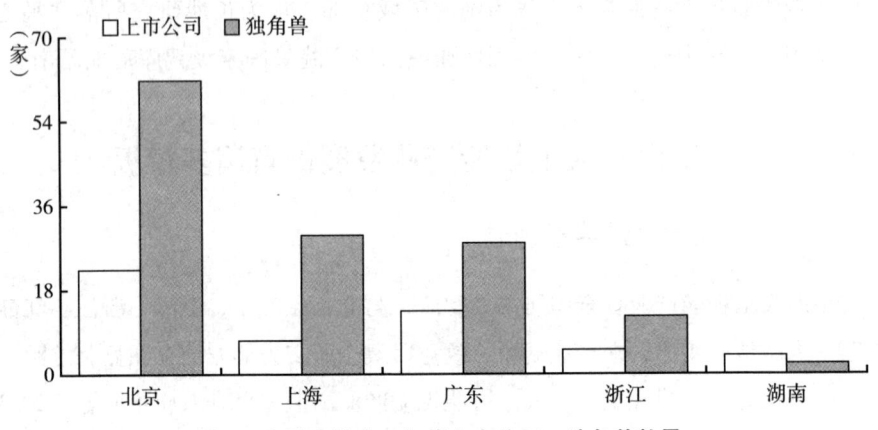

图3 主要省份人工智能上市公司、独角兽数量

本图根据赛迪顾问发布的《中国人工智能区域竞争力研究（2024）》绘制。

（二）产业结构不优

产业结构存在"头重脚轻"问题，应用层多，框架层、大模型层技术类企业相对较少。从基础层、技术层到应用层，还存在发展的薄弱环节。

一是算力支撑有待提升。湖南未参与国家"东数西算"工程，未进入全国一体化算力网络国家枢纽节点布局范围。算力设施电力成本偏高，湖南大工业综合电价（0.77元/千瓦时）在全国处于较高水平。人工智能算力等先进算

---

① 《盘点 | 2024上半年成都人工智能赛道融资事件分析》，《封面新闻》，https://baijiahao.baidu.com/s?id=1804327125355726170&wfr=spider&for=pc，2024年7月12日。

力供给能力不足。人工智能等先进算力项目布局建设不够，与经济社会高质量发展不相匹配。算力资源利用率有待提高，湖南规模以上数据中心上架率（58%）低于全国平均水平（66%）。超算生态有待进一步完善。超算中心企业客户较少，算力算法供给与应用之间缺乏关键纽带，计算架构与芯片、算法软件等适配体系尚不完善。算力企业/机构"地租"运营模式，只提供服务器上的运营和处理，没能提供其他更高价值的增值服务，阻碍人工智能产业赋能和运用。

二是高质量数据集相对匮乏，高性能芯片和先进算力短缺。湖南数据量虽大，但高质量中文语料明显短缺，产业数据标准化和互联互通水平不足，导致数据共享不畅。同时，尽管湖南通用算力规模跃居全国前列，但智能算力相对不够，特别是基础软硬件、核心元器件芯片要靠进口，英伟达GPU芯片一卡难求。算法方面，缺乏原创性颠覆性创新，着重于对行业内主流算法模型的吸收改造嫁接较多。基础大模型研发缺乏核心技术，还没有产生先进可用、自主可控的产品。

三是场景应用范围不广、规模不大。商业化应用还处于小规模试点，大模型应用技术案例在湖南优势制造业尚显不足，在农业、轻工业更少。训练和推理成本高昂，也使得企业在AI模型的开发和部署上面临压力。

（三）产业生态活力不够

湖南存在人工智能产业高端人才缺乏、产业协同不够、空间联动不足等挑战。

一是高端人才缺乏，湖南现有人工智能人才主要聚集在产业应用端，技术研发端的后备人才偏少，人才结构的偏颇使得核心技术领域落后。高精尖人才招聘难，人才制约因素明显。从事人工智能领域研究和开发技术人员虽然数量规模较大，论文和专利成果数量较多，但基础研究和原创性成果不多，亟待加大对人工智能基础研究和平台构架领域高水平人才的吸引和培育。

二是产业协同不够，产业链上下游企业、科研机构等直接创新主体，与政府、金融、科技中介等间接参与主体，发展重心相距较远。以高校/科研院所为代表的基础研发端重视人工智能底层平台开发与深度技术训练，而以企业为代表的产业应用端更重视人工智能技术应用场景的部署，期望短期内就可兑现人工智能技术的经济价值,这就导致了人工智能研发端与应用端存在界限,技术研发与市场应用需求未必匹配,人工智能技术赋能效应难以得到充分发挥。跨界协同与资源整合不紧密,各产业间及产学研用之间深度融合与协同创新还不够充分,资源共享和利益分配机制尚待完善。湖南智能驾驶具有全国领先的技术,但是缺乏与汽车制造业的融入与合作,在汽车整机生产中没有在设计环节将智能驾驶技术集成。

三是空间联动不足,长沙集中了全省大部分人工智能产业,株洲、湘潭、郴州也积极布局,但各地区发展较为分散,缺乏有效的区域协同创新机制,"雁形方阵"效应不明显。目前,国内人工智能的区域协同已呈明显趋势。浙江已初步形成以杭州为核心,向宁波、绍兴、嘉兴等环杭州湾地区集聚发展态势。安徽从省会合肥到芜湖、宿州、马鞍山、安庆等多地,全面布局人工智能产业,各类科创、人才资源加速汇聚。

三 纵向深耕,链式发力,提升人工智能产业链韧性

(一)基础层聚力,高水平发展数据、算力、算法"铁三角",跑好产业发展"第一棒"

一是夯实算力底座。以"东数西算"工程和全国一体化算力网建设为契机,积极参与国家和省之间算力级联调度。用好湖南省算力调度和综合管理平台,筹建省级算力运营公司,加快算力互联互通,提高算力资源利用率。争取全国一体化算力网络国家枢纽节点、区块链超级节点等布局落地湖南,打造全国先进绿色算力枢纽。加快普惠算力供给,分步骤推进智能算力布局,提升高性能计算平台的自主可控能力。

二是提供高效数据要素。全面摸清湖南数据中心存量底数,围绕数据采集、数据标注,加快推动存量低效数据中心提升改造。充分发挥全省重点推进的17个新型数据中心在促进新型工业化进程中的关键作用。加强数据开放共享,强化数据分类分级管理,加快公共数据开放标准和范围,探索建立分行业、分场景的可控数据开放机制,推进行业数据资源和基础科学数据集共享共用。提升以"芯片+云服务"为核心的数据计算能力,以"数据+算法"为核

心的数据产品力,以"平台+用户"为核心的数据服务力。

三是加速人工智能基础设施建设。大力推动5G、大数据、高效能计算等基础设施建设,加快推动数字化、网络化信息基础设施向智能化信息基础设施转变,推进建设长沙人工智能创新中心、马栏山视频文创园视频超算中心、中国电信天翼云中南数字产业园、中国联通中南研究院数据中心、国家工业互联网大数据中心湖南分中心、星火·链网长沙经开区骨干节点等一批先进算力机构和设施,逐步形成"整体统筹、多级联动"的算力发展格局,为人工智能产业发展构筑坚实基础。建设"软硬耦合、规模互联、能源提供、清洁环保、集约高效"的算力基础设施,注重硬件性能、网络带宽、算力规模等硬实力特征,更是要注重与智算中心的硬件设施能力融合,结合产业需求及地域业务,以低成本、高效能、定制适配的软件平台完成客户场景需求的软实力发展。

(二)技术层聚能,布局前沿、优势领域,推动产业发展驶入"快车道"

一是在国家发展的前沿方向抓紧布局。强化大模型原始技术创新,在建好垂类大模型基础上,加强源头核心技术创新,提升学术和开源影响力。整合资源和加紧布局"人形机器人"研发生产,大力发展脑机接口、3D打印和工业母机,重点突破计算机视觉、机器学习、人机协同、群体智能等核心技术研发及产业化。聚焦关键核心技术攻关,合理规划建设人工智能产业创新中心,以技术开发促创新研发。推进人机交互、人工神经网络等关键技术攻关,做强人工智能和智能传感器产品产业链。在类脑计算、知识计算、存算一体等领域突破一批关键技术。加快实施高端智能芯片重大专项,推动关键技术攻关重大项目,提升智能芯片设计能力和制造水平,打造自主可控的智能算力硬件基础。推动人工智能芯片产业发展。加大对通用人工智能芯片GPU设计制造,以及针对应用场景的专业芯片设计和研发力度,推动智能芯片全产业链发展。与高端AI芯片相关替代厂商合作,引育并举,搭上算力相关产业的快车,开展计算、安全、存储等芯片技术攻关。

二是推动算法创新发展。依托高校和科研院所,在混合增强智能、群体智能、自主协同控制与优化、知识图谱、决策智能等通用技术领域突破一批关键算法。聚焦工业、农业、交通、医疗、金融、商贸、政务等领域，开展算法应用转化，探索发展大模型算法。不断探索量子技术、光子技术为人工智能算力新的突破开展前瞻性研究，抢占产业竞争制高点。支持科学家勇闯人工智能科技前沿的"无人区"，努力在人工智能发展方向和理论、方法、工具、系统等方面取得变革性、颠覆性突破，争取湖南在人工智能这个重要领域的理论研究走在前面、关键核心技术占领制高点。

三是在优势领域倒逼技术创新。扩大湖南具身机器人、智能网联车、无人矿卡等发展优势的同时，聚焦绿色智能制造的核心技术，联合2024年度14家湖南省智能制造标杆企业，加快推进智能传感器、图像识别技术，智能化改造和绿色转型。聚焦文化和科技融合的核心技术，围绕"人工智能+文创"，开展类脑智能、具身智能、多模态智能等前沿基础研究，着力推进大模型基础架构、人机交互、人工神经网络等关键技术突破。聚焦未来产业的核心技术，加强机器学习算法、智算芯片、核心软件等关键核心技术攻关，实现脑科学与类脑智能、量子计算和人工智能领域交叉学科协同突破。

（三）应用层聚势，赋能千行百业，跑出产业发展"新高度"

一是全面赋能新型工业化。坚持"技术找场景，场景反哺技术"两条腿走路。聚焦4个国家先进制造业集群和11个重点产业，"一企一策"推动建设智能应用场景，实现重点行业规模以上制造企业智能应用场景全覆盖。加快信息基础设施建设和工业互联网规模化应用，发挥工业体系完备的优势，推动传统产业智能化升级，提升研发设计、中试检验、生产制造、经营管理、市场服务等环节全方位全链条智能化水平。加强芯机联动、整零对接，促进工业母机、类脑智能等产业链发展。

二是重塑千行百业。构建数据驱动、人机协同、跨界融合、共创分享的智能经济形态，促进技术创新、应用创新和业态创新的良性循环。探索行业大模型与行业场景的特殊需求有机结合模式，围绕政府治理、社会民生、产业升级、科技创新以及重大项目活动等场景，实施创设行动。构建"人工智能+"场景创新矩阵，持续推动购物消费、居家生活、旅游休闲、交通出行等各类人工智能应用场景的开发、开放和创新。继续深化在智慧农业、智能交通、智慧医疗和智慧城市等领域的应用创新。

三是跟进"大炼大模型"发展趋势。鼓励湘江实验室、视觉感知与人工智能湖南省重点实验室、湖南省自兴人工智能研究院等创新主体打造业内领先大模型，支持大模型应用在动漫游戏、音视频产业、智能交通、智能制造、电商零售等领域多点开花。拓展人工智能在音视频、工程机械、轨道交通、深海空天等重点领域的应用，打造全国领先的音视频AI大模型，形成一批智能应用标杆案例。探索生成式人工智能在智能终端、元宇宙两大新赛道的创新应用，力促智能政务等人工智能落地场景。加快重点行业赋能，构建一批产业多模态优质数据集，打造从基础设施、算法工具、智能平台到解决方案的大模型赋能产业生态。加强在大模型核心环节和相关技术上的知识产权布局，鼓励科研机构、龙头企业积极争取参与大模型旗舰项目。推进AI大模型技术攻关，推动大中小企业融通创新发展，推进国产AI大模型技术研发和应用落地。建设人工智能开源社区，打造人工智能开源开放生态。

四 握指成拳，用好用足政策"工具箱"，促进创新链与产业链、人才链深度融合

以政策工具撬动产业发展，完善产品研发、成果转化、产业应用的创新链，促进人才链、产业链、创新链深度融合。

（一）下好谋篇布局的"先手棋"，掌握发展主动权

一是实施"强智"行动。以创建"人工智能创新策源地和应用高地"为发展新目标，瞄向通用智能、人形机器人、脑机接口3个重点方向，突破瓶颈打造一批标志性技术产品，加速新技术、新产品落地应用。鼓励国资央企挺进人工智能主战场，发挥需求规模大、产业配套全、应用场景多的优势，带头抢抓人工智能赋能传统产业，加快构建数据驱动、人机协同、跨界融合、共创分享的智能经济形态。在招投标和政府采购中，对通用人工智能产品采用首购和订购方式，促进产品研发和示范应用。

二是开展创智行动。依托长沙全球研发中心，不断强化企业科技创新主体地位，调动"政产学研金服用"全方位资源，努力在人工智能更多细分领域实现更大突破。支持国家超算长沙中心等机构拓展数字经济、社会管理、精准

医学、高端装备、国土资源等领域应用，满足科研机构、中小企业算法开发、迭代优化和测试等需求。加快发展多种形式的科技中介服务机构，加强产学研用结合，大力发展高新技术、专业性技术领域的中介服务机构，促进企业之间、企业与大学和科研院所之间的知识流动和技术转移转化，真正建立以市场化应用为导向的科技成果转移、扩散机制。

三是开展"聚智"行动。打造具有国际影响力的人工智能产业集群，推进高水平人工智能产业园区规划和建设，打造行业共性技术平台，培育高性能芯片、高速光网络、感知器件、人工智能算法、多模态数据集等一批细分领域产业集群。培育引进一批掌握关键核心技术、具有核心竞争力的生态主导型企业，龙头企业引领行业方向，"专精特新"小企业补链强链固链。

（二）下好研发转化的"关键棋"，提升产业竞争力

一是协同研发力量，实现创新主体"遥相呼应"。依托湖南大学、湘江实验室等高校/机构布局建设高能级产教融合创新平台，为高校和企业协同开展人才培养、科学研究、学科建设提供支撑。发挥人工智能产业联盟的作用，在重大基础研究和关键核心技术突破等方面形成联合攻关机制。

二是畅通转化渠道，实现科技成果"落地开花"。开展科研成果"先用后付"试点，畅通人才、数据、技术等资源的流动渠道，发挥"沿途下蛋"的转化作用。动态更新湖南省制造业数字化转型生态供给资源池服务机构名单，建立更为专业化的服务体系，为人工智能企业提供咨询、技术评估和定制化解决方案，为中小企业提供高效获取符合其需求的技术资源。加快发展多种形式的科技中介服务机构，发挥技术经济（经理）人在产业科技成果转移转化过程中的作用，力促全省特别是高校和实验室科技成果转化。

三是摸清市场需求，提升产业应用水平。紧密贴合市场需求，实现人工智能技术在满足市场需求上的横向延展，打造开放、共享的人工智能产业链创新发展模式。强化企业在人工智能创新活动、技术路线选择和行业产品标准制定中的主体作用，促进技术成果商业化应用。推动各类创新主体开放场景机会，围绕场景创新加快资本、人才、技术、数据、算力等要素汇聚，促进人工智能创新链、产业链深度融合。推进"机器换人、数据换脑"制造业全流程智能化，加快生产绿色转型，强化钢铁、有色金属、建材等高能耗重点行业节能降

碳。打造现代运输体系，推进智能网联汽车"车路云"一体化应用，鼓励有条件的城市搭建智慧物流"大脑"。多方融合共建智慧能源，构建适应大规模新能源接入并满足分布式能源"即插即用"要求的全省智能化电网。

（三）下好人才、金融要素保障的"制胜棋"，夯实产业发展生态

一是引育用留构建"近悦远来"人才生态。加强人才储备，瞄准理论、算法、平台、芯片和应用等急、断、缺的短板领域，构建基础理论人才与"人工智能+X"复合型人才并重的培养体系。加强校企联合培养紧缺人才，鼓励高校设立交叉学科，增设人工智能急需的数学、物理、电子信息、脑神经学科等专业。加大高端人才引进力度，重点引进神经认知、机器学习、自动驾驶、智能机器人等领域人才。鼓励采取项目合作、技术咨询等方式柔性引进人才。发挥人才"强磁场"效应，引进国内顶尖机构和院士团队在湘设立研发机构。发挥湘籍校友在人工智能领域上的人才优势。拓宽国际人才交流和招揽渠道，鼓励高校、企业团队赴国外合作交流。

二是多措并举构建"筑巢引凤"的投融资生态。资本的集聚和流动是推动人工智能产业发展的关键因素。在省金芙蓉投资基金中设立人工智能产业子基金，鼓励国有资本参与人工智能投资，充分发挥财政资金引导、撬动作用。鼓励支持各类社会资本积极参与投资、建设和运营服务，推动符合条件的企业上市融资。量身定制金融服务，支持金融机构为种子期、初创期人工智能企业提供纯信用贷款，引导鼓励银行利用专利、知识产权、商标等对企业进行精准风险评估。创新科技金融授信试点模式，下放审批权限至市级分行。优化完善投入机制和尽职免责制度，鼓励国有资本参与人工智能产业投资，鼓励高层次人才参与市场，支持技术入股。

（四）下好统筹协同的"长远棋"，营造开放、合作、共赢氛围

一是加强央地合作。积极争取国家发展改革委、国家数据局支持，在湖南布局全国一体化算力网络国家枢纽节点，适当向湖南倾斜重大算力基础设施项目。融入国家战略布局，推进算力互联，争取将东江湖大数据产业园纳入粤港澳大湾区国家算力枢纽节点范围，借鉴成渝枢纽、长三角枢纽双集群模式，在粤港澳大湾区枢纽已有韶关集群的基础上增设东江湖数据中心集群，拓展粤港澳大湾区枢纽节点范围。争取国家大基金对湖南省人工智能深度学习相关企业的投向。二是做大朋友圈。省内协同，加强顶层设计，对产业目标、重点任务、规划布局等资源进行统筹，打造从长沙"极核"走向全省"扩散"的产业版图，发挥长沙、株洲人工智能价值网络核心节点的作用，推动岳阳临港智能传感器产业基地等建设。省外合作，与京津冀、长三角等东部地区开展算力资源互补合作。依托湖南省在清洁能源供给方面的天然优势，建设绿色算力基地，承接东部地区的中高时延业务，推动业务有序转移，并承担本地实时性数据处理任务。三是建好产业屏障网。健全人工智能的法律保障，加强知识产权保护，推动创新成果的知识产权化和技术标准化。支持将人工智能领域相关专利申请列入专利快速审查与确权服务范围，加强知识产权的协同保护。鼓励企业参与国际标准、国家标准、行业标准等制定。加强安全和伦理治理，尊重人工智能产业发展规律，保障个人隐私和数据安全。加强人工智能伦理安全规范及社会治理实践研究，面向重点领域开展伦理审查和安全评估，推动相关高校院所、企业等按规定设立人工智能伦理（审查）委员会。

表1 湖南人工智能产业链、创新链与人才链

分类	细类	上游基础层			中游框架层、模型层		下游应用层		
		数据	硬件平台	软件平台	深度学习框架和工具	大模型技术和产品	智能产品与服务	赋能新型工业化	行业应用
产业链		基础数据服务	智能芯片、智能传感器、计算设备、算力中心	系统软件、开发框架、软硬件协同	机器学习、知识图谱、自然语言处理、智能语音、计算机视觉等	模型设计、训练和推理、多模态合成数据	智能机器人、智能运载工具、智能移动终端、数字人、智能服务	研发设计、中试验证、生产制造、营销服务、运营管理制造业全流程。轨道交通、高端制造业等重点行业	智能制造、智能交通、智能金融、智能矿山、智能农业、智能文旅等

续表

分类	细类	上游基础层			中游框架层、模型层		下游应用层		
		数据	硬件平台	软件平台	深度学习框架和工具	大模型技术和产品	智能产品与服务	赋能新型工业化	行业应用
创新链	关键核心技术	高效的数据采集、清洗、标注、质检工具,智能计算集群和敏捷开发工具等	算力与架构优化、分布式计算和并行计算的能力、容器化和微服务架构、基于知识的系统、模糊逻辑等	开发框架、大规模分布式训练和推理、单一语言描述等	流体、遥感、多模态	深度神经网络架构、标注数据集和基于梯度的优化算法、处理文本数据、处理图像等			
	创新平台	算力:国家超级计算长沙中心、长沙人工智能创新中心、马栏山视频超算中心、中国电信中南智能算力中心等 数据:长沙证通云谷数据中心、长沙经开区星沙区块链产业园、中国移动(湖南长沙)数据中心、中国移动(湖南株洲)数据中心、湘潭市大数据和产业创新发展中心、湘谷大数据中心、东江湖大数据产业园			国家超级计算长沙中心、长沙人工智能创新中心、马栏山视频超算中心、长沙昇腾人工智能创新中心、长沙市鲲鹏计算产业创新中心、岳麓山工业创新中心、中南大学智能交通研究中心、长沙半导体技术与应用创新研究院		国家超级计算长沙中心、长沙人工智能创新中心、马栏山视频超算中心、长沙昇腾人工智能创新中心、长沙市鲲鹏计算产业创新中心、中南大学智能交通研究中心、长沙半导体技术与应用创新研究院		

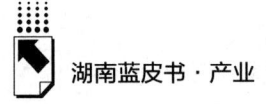

续表

分类	细类	上游基础层			中游框架层、模型层		下游应用层		
		数据	硬件平台	软件平台	深度学习框架和工具	大模型技术和产品	智能产品与服务	赋能新型工业化	行业应用
创新链	主要研究机构	北京大学长沙计算与数字经济研究院、国家超级计算长沙中心、湘江实验室、湖南省鲲鹏生态创新中心、长沙人工智能创新中心等			北京大学长沙计算与数字经济研究院、国家超级计算长沙中心、湘江实验室、湖南省鲲鹏生态创新中心、湖南大学、湖南商学院、马栏山计算媒体研究院、湘江时代机器人研究院等		北京大学长沙计算与数字经济研究院、湘江时代机器人研究院、国家超级计算长沙中心、湘江实验室、湖南省鲲鹏生态创新中心、视觉感知与人工智能湖南省重点实验室、湖南省自兴人工智能研究院、马栏山计算媒体研究院、湘江时代机器人研究院、人工智能各企业实验室等		
人才链		国防科技大学： 1. 王怀民 2 智能科学学院吴美平团队 3. 国防科技大学超算团队 湘江实验室：陈晓红团队、卢锡城 湖南大学： 1. 机器人视觉感知与控制技术国家工程王耀兰团队 2. 信息科学与工程学院张子兴团队 3. 计算机科学与电子工程学院肖正团队 中南大学计算机学院：李敏团队 湘潭大学：湖南国家应用数学中心黄云清团队			国防科技大学： 1. 王怀民 2 智能科学学院吴美平团队 3. 国防科技大学超算团队 湘江实验室：陈晓红团队、卢锡城 湖南大学： 1. 机器人视觉感知与控制技术国家工程王耀兰团队 2. 信息科学与工程学院张子兴团队 3. 计算机科学与电子工程学院肖正团队 中南大学计算机学院：李敏团队 湘潭大学： 1. 湖南国家应用数学中心黄云清团队 2. 工程训练中心彭锐涛团队 3. 株洲智能科学研究院王彧弋博士团队		万兴科技：齐镗泉 银河麒麟：魏立峰 超能机器人：肖湘江 中车智能：彭忠红 自兴智能医疗：彭伟雄 行深智能：薛宏涛 安牧泉智能：李刚龙 深信服：邓得敏、易佳 智能驾驶研究院：万波 宏达威爱：吕云 中联重科：付玲 中科云谷：曾光 等等		

260

B.15
加快培育和发展湖南生命工程产业

黄永忠*

摘　要： 生命工程产业是湖南加快构建"4×4"现代化产业体系前瞻布局的四大未来产业之一，对培育未来竞争新优势具有重要战略意义。课题组在调研分析湖南生命工程产业发展现状的基础上，提出了"系统谋划：聚焦优势细分领域；推动转化：高效搭建融合通路；梯度培育：全面壮大产业主体；智力引领：广泛集聚产业人才；政策扶持：形成长效引导机制；安全治理：加强监管防范风险"等六个方面对策建议，为加快培育和发展湖南生命工程产业提供参考。

关键词： 生命工程产业　高质量发展　湖南省

生命工程是以生命科学和生物技术的发展进步及应用为动力，以广泛深度融合医药、健康、农业、能源、环保材料以及人工智能、大数据等产业为特征的新经济形态，是加快培育新质生产力的未来产业，对湖南构建现代化产业体系未来竞争新优势具有重要战略意义。基于此，课题组在比较分析国内外生命工程产业发展情况及调研部分园区和企业的基础上，梳理了湖南生命工程产业发展现状，对加快培育和发展生命工程产业提出了对策建议。

一　全球生命工程产业发展趋势

（一）生命科学和生物技术演进展现生命工程产业广阔前景

科技创新是推动人类社会发展的核心引擎，推动着人类经济增长与生活方

---

* 黄永忠，湖南省社会科学院（湖南省人民政府发展研究中心）产业经济研究所副研究员，主要研究方向为产业经济、园区发展。

式变革。进入21世纪，生命科学与数学、物理学、化学、工程学、信息科学等多学科加速交叉融合，不断催生生命科学领域颠覆性技术革命，推动生命科学成为最具变革性的前沿领域，从基础研究到应用开发全面进步。生物学与工程学结合，特别是合成生物学作为融合生物学、工程学、化学和信息技术等学科的新兴领域，是21世纪生物学领域催动颠覆性创新的前沿代表，也是带动未来生物经济发展的关键力量，正在开辟新生产方式与创新路径。

一是推动"医学革命"，为延长人类预期寿命、提高人类生活质量带来机遇。继"DNA双螺旋发现"和"人类基因组测序计划"之后，合成生物学将带来生命科学领域的第三次革命。[1] 生物技术新科技革命从认识自然、改造自然转向认识生物、改造生物、创造生物；从增强人类体力、增强人类脑力转向直接延长人类寿命、延长健康工作时间，促进人类健康已成为新科技革命的主要目标（见图1）。[2]

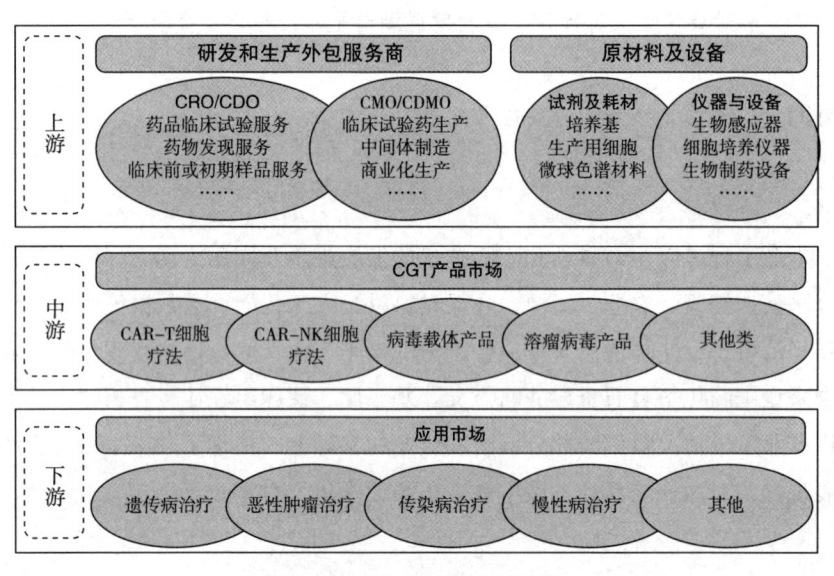

图1 细胞与基因产业链图谱

资料来源：前瞻产业研究院：《2023年中国细胞与基因治疗（CGT）行业全景图谱》，https://www.qianzhan.com/analyst/detail/220/231101-a30d2fb0.html。

---

[1] 劳慧敏、田甜、冯瑞等：《合成生物学赋能生物经济高质量发展的对策研究——以浙江为例》，《科技通报》2024年第4期，第114~118页。
[2] 王宏广、朱姝、葛晓月等：《国际生物经济回顾与展望》，《世界科技研究与发展》2022年第6期，第746~754页。

随着生命科学与健康科技的不断进步与广泛应用，人均预期寿命还会不断增加。未来生物技术将推动第四次医学科技革命，将大幅度提高疾病治愈率、减少病死率，降低医疗成本，延长人类预期寿命。一些疾病特别是传染病得到控制甚至被消灭；基因编辑等技术有望对近1000多种单基因控制的疾病、遗传性疾病进行治疗；干细胞技术则可定向生产人类所需要的器官等。①

二是推进"绿色革命"，为人类彻底告别饥饿、实现绿色制造、改善生态环境提供有效途径。困扰人类数千年的粮食安全、食物安全问题有望在生物技术发展中得到最终解决，利用基因编辑等技术培育新的农作物品种，能够大幅度提高农产品产量（见图2）。开发利用生物肥料、生物农药不仅能减少化肥、

	技术跨越阶段（2020~2025年）	产业跨越阶段（2026~2030年）	整体跨越阶段（2031~2035年）
中国阶段特点	光合作用、生物固氮、生物抗逆、生物催化等相关的人工元器件和功能模块在底盘生物中适配提升； 新型高效智能产品的设计与装配方面实现技术突破； 农业合成生物技术整体研发水平处于发展中国家领先地位	人工固氮和部分抗逆品种、新一代酶制剂与农药等实现产业化； 农业合成生物技术研发水平跻身世界先进行列	中国农业合成生物技术研究开发与产业化整体达到世界先进水平
相关目标展望	2025年建立标准化、规模化、智能化的人工模块和回路设计以及高适配底盘细胞改造。创制新一代高效根际固氮微生物产品，在田间示范条件下替代化学氮肥25%； 光合效率提升30%，生物量提升20%； 农作物耐受中度盐碱化、耐旱节水15%，开发非常规蛋白资源，主要霉菌毒素的生物降解率达到90%以上； 人造淀粉完成中试试验； 人造肉奶规模化生产工艺基本成熟	2030年建立蛋白质智能设计与定向进化等技术平台，开发新一代生物农药、饲用抗生素替代品等产品。扩大根瘤菌宿主范围，构建非豆科作物结瘤固氮的新体系，减少化学氮肥用量50%； 光合效率进一步提升，产量提升10%； 农作物耐受中度盐碱化并增产5%~10%、耐旱节水20%； 建立人造淀粉工厂化车间模式、人造肉奶实现商品化生产	2035年减少化学农药和肥料用量30%以上，光合效率提升50%，产量提升10%~20%，饲用抗生素替代率达80%以上； 打通以二氧化碳和氢气为原料直接合成淀粉和蛋白的高效生物途径； 人造淀粉实现商品化生产，植物和微生物源蛋白质替代率达30%

图2　农业合成生物学中国发展目标

资料来源：波士顿咨询公司、上海合成生物学创新中心与B Capital联合研究：《中国合成生物学产业白皮书2024》。

---

① 王宏广：《我国生物经济发展现状与前景研判》，《人民论坛》2022年第17期，第22~24页。

农药对环境与食物的污染,还能大幅度降低农业生产成本。开发应用动物胚胎移植、克隆等技术培育出动物新品种,提高动物产品的数量与质量。同时,现代生物催化正在逐步取代化学催化,能够大幅度减少工业废水、废气、废渣的排放,减少资源消耗。利用发酵技术以生物质为原料研发的新型材料,如手术线、人工骨骼等高端材料,加速工业材料进入生物时代,进一步推动工业革命走向绿色化。此外,生物技术为改善生态环境提供了有效途径。生物技术能够减少资源消耗、防止环境污染,特别是在解决土地沙化、草地退化等问题中具有独特作用。种植抗旱、抗盐植物能够防风固沙,防止沙尘暴、水土流失,提高旱地、盐碱地的利用效率。利用生物技术还能够吸收污水中的营养物质,大幅度降低水体富营养化造成的污染问题。①

三是催生"安全革命",赋予国家安全新的内涵和使命。随着基因编辑、合成生物、神经科学等技术前沿拓展,转基因生物普及、生物多样性下降等现象,以及生物资源跨境流动、生物技术跨境开发应用的争端,甚至基因编辑胚胎等技术带来的伦理问题,都已经引起国际社会的广泛关注。特别是近年来新冠疫情在全球蔓延,疫情起源和病毒源头追溯都难有定论,生物危害及演变逻辑更为复杂难测,无论是发展中国家还是发达国家,都暴露出生物安全和公共卫生应急体制机制方面的许多短板,都面临从生物恐怖活动、生物武器威胁,到重大传染病、微生物耐药和生物入侵等更大的生物安全威胁,保障生命安全、生态安全,亟待生物技术的重大突破与广泛使用,全面提升生物领域的国家安全保障能力。②

(二)世界各国竞相抢占生命工程产业前沿高地

未来产业由前沿技术驱动,具有显著战略性、引领性、颠覆性和不确定性。生命工程因其所具有的革命性和颠覆性创新潜力,已成为世界各国抢占的新科技战略制高点。特别是合成生物学被称作以工程化的手段设计合成基因组为标志的第三次生物技术革命。目前,全球已有50多个国家和地区发布合成

---

① 王宏广:《我国生物经济发展现状与前景研判》,《人民论坛》2022年第17期,第22~24页。
② 李晓嘉:《我国生物经济高质量发展路径研究》,《人民论坛》2022年第7期,第61~67页。

生物学相关战略部署和支持计划,纷纷通过加大投入、完善设施、创新监管等具体举措,加快抢占未来经济发展制高点。

一是以底层平台通用前沿技术为重点,积极抢占生物经济领域战略制高点。基因组学、合成生物学、计算生物学等生物经济的前沿技术都是生物质相关产业的共性技术,可以作为平台技术支撑其他生物技术的发展和应用。全球主要国家均在不断布局前沿引领技术,增强颠覆性创新,积极抢占生物经济领域战略制高点。早在2006年美国农业部就启动了合成生物学项目研究,2018年以来,陆续发布了《半导体合成生物学路线图》《微生物组工程:下一代生物经济研究路线图》《工程生物学与材料科学:跨学科创新研究路线图》等系列政策文件,为合成生物学发展明确了技术路径。英国是首个在国家层面通过路线图方式推动合成生物学发展的国家,自2009年开始,先后发布《合成生物学蓝皮书》《合成生物学路线图》等重大战略部署。2018年发布《2030年国家生物经济战略》,明确将合成生物学的转化应用作为重点发展方向,建立和完善合成生物技术产业创新网络。①

从研发投入来看,全球主要国家生物技术领域的支出逐年增加,研发强度处于较高水平。根据经济合作与发展组织(OECD)的数据,2011年以来,美国、法国、韩国等国家的企业对生物技术的研发投入持续上升,研发强度维持在较高水平(见表1)。

表1 2011~2019年美国、法国、韩国生物技术研发投入情况

单位:百万美元

国家\年度	2011年	2012年	2013年	2014年	2015年	2016年	2017年	2018年	2019年	研发强度
美国	26138.0	26893.0	—	38565.3	39795.2	44793.0	51637.0	62862.0	77792.0	0.577
法国	3081.1	3434.2	3660.4	2912.5	3023.4	3660.3	3840.0	3941.9	3977.9	0.209
韩国	1088.5	1178.9	1331.3	1434.4	1526.3	1636.8	1717.6	1960.7	2118.1	0.139

注:美国2013年数据缺失。
资料来源:陈曦、卞靖:《全球生物经济发展现状与趋势研究》,《全球化》2023年第3期,第49~57页。

---

① 劳慧敏、田甜、冯瑞等:《合成生物学赋能生物经济高质量发展的对策研究——以浙江为例》,《科技通报》2024年第4期,第114~118页。

二是强化政府整合统筹协调能力,确保占据生命工程产业领先地位。因生物经济具有涵盖领域众多、涉及扶持和监管部门复杂、对公共政策以及体制机制协调性依赖程度高等特点,各国都高度重视通过增强部门间统筹协调来确保相关政策措施的顺畅实施。例如,2020年5月,美国国会关于工程生物学研究的新提案指出,联邦政府部门要持续加强与国防部、农业部、卫生和公众服务部等部门的协调。英国由商务、能源、工业部门联合发布报告,由政府、产业和研究部门共同推进生物经济转型。民间智库、金融机构等产学研单位也是积极构建完善生物经济体制机制的重要参与者。如2022年4月发布《美国生物经济:为灵活和竞争性的未来规划路线》报告的美国施密特未来智库(Schmidt Futures),即由美国国家安全委员会人工智能和国防创新委员会主席、前谷歌首席执行官EricSchmidt发起。这一智库于2021年10月成立合成生物和生物经济工作组,成员主要由物理、伦理、合成生物学等领域的专家,以及创新型公司的风险投资家、行业领导人和生物技术联盟的领导者等组成。①

三是持续加强生命工程产业相关决策的公众参与和舆论引导,使全社会了解并支持生命工程领域的研究和创新。生物经济领域的产品和服务尚属于新兴事物,一方面消费者了解不足,尚未形成对相关产品的消费习惯;另一方面成本相对较高,且在转基因食品、基因编辑等领域存在争议。提升公众对生物经济类产品的接受度,培养相应消费理念和习惯是拓展市场需求的关键一环。加强与公众的沟通,通过宣传活动引导消费倾向等前期工作越来越受到各国的重视。例如,英国研究与创新署支持企业和学术界以透明及负责任的方式运作,以增强公众信任,公开有效地宣传创新生物基产品,提升公众对新产品的认知;《意大利的生物经济:为了可持续意大利的新生物经济战略》提出,要从消费者的角度促进对生物基产品包容性的商业解决方案。

与工业经济、信息经济不同,生物经济的发展不仅仅是一场效率革命,更事关人类生命本体的改造进化,与自然万物密切相关,因此有关决策部署需要引入公众参与机制。例如,在公众较关注的转基因产品开发和推广问题上,无论是积极主推的美国,还是相对谨慎的欧盟,都想方设法将转基因审批过程中

---

① 姜江:《全球生物经济演进规律和发展布局》,《人民论坛》2022年第17期,第12~16页。

的信息公开并邀请公众参与。此外，针对生物技术产品和服务的新兴产业属性，以及关乎公众"医""食""美""安"等方面的重要性，一些国家和地区着力就提升公众对生物技术产品和服务的接受度、培养相应消费理念和习惯等方面进行积极引导。

（三）国内各地纷纷布局培育生命工程产业新蓝海

近年来，我国逐步加强生物经济领域的顶层战略规划，并作出发展底层技术研究和产业化规模应用的宏观部署。2022年，我国发布《"十四五"生物经济发展规划》，提出推动合成生物学技术创新，突破生物制造菌种计算设计、高通量筛选、高效表达、精准调控等关键技术，有序推动合成生物学在新药开发、疾病治疗、农业生产、物质合成、环境保护、能源供应和新材料开发等领域的应用。2024年，工信部等七部门发布《关于推动未来产业创新发展的实施意见》，提出加快细胞和基因技术、合成生物、生物育种等前沿技术产业化。国内多地抢抓国家政策支持的重大机遇，积极出台支持生命工程产业发展的相关政策，培育布局新赛道、新引擎。

一是以全产业链生态优势，打造具有全球影响力的高端生物制造产业集群。国内合成生物学的技术源头和产业聚集地主要集中在京津冀、长三角和大湾区三大地区。其中，上海是合成生物学和相关产业的"发源地"，具备了良好的合成生物学发展基础，拥有全产业链生态优势。张江作为全国生物医药创新高地和上海生命科学产业集聚区域，依托上海、浦东合成生物学产业基础，已具备基本齐全的合成生物产业要素，涉及产品型、平台型、技术型、科研型等不同类型的企业、机构，形成了较完整的生态产业链，在合成生物学大数据系统、合成基因线路与精准治疗、智能细胞药物工厂等领域取得了重大标志性成果。

二是以专业化共享创新平台打造原始创新主要策源地，推进合成生物学在工农医等各领域的成果转化应用。天津作为合成生物学研究的重要前沿阵地，在打造合成生物技术和产业发展的自主创新重要源头和原始创新主要策源地方面具有代表性。天津合成生物学海河实验室以项目为牵引，统筹调度领域内在天津各国家级创新平台资源，推动实现重大理论创新、重大科研突破、重要平台搭建、重要成果转化。实现从基础研究、技术创新、成果转化到产业培育的一体化布局，上下游贯通，以全流程"专业化"的众创体系，助力科技成果转化和高成长企业在津落地。

三是"从无到有"超前布局，构建"科研—转化—产业"发展未来产业新模式。深圳细胞和基因产业起步早、产业基础较好，培育出华大基因、北科生物、科诺医学等行业龙头企业。深圳的基因检测设备、基因检测服务、免疫细胞治疗、分子育种等领域创新能力也处于全国前列。而生命科学、合成生物研究可以说在"一张白纸"上描绘产业。2018年，深圳依托中国科学院深圳先进技术研究院成立合成生物学研究所，2021年，光明区政府和中国科学院深圳先进技术研究院合作、合成生物学研究所具体牵头建设"合成生物研究重大科技基础设施"——深圳市工程生物产业创新中心，在合成生物学、脑科学等生命科学前沿领域，建立了科技成果"沿途下蛋"高效转化机制，首创"楼上楼下"创新创业综合体模式，"楼上"，科研人员开展原始创新活动；"楼下"，创业人员对原始创新进行工程技术开发和中试转化，推动更多科技成果沿途转化，并开展技术成果商业化应用，从而缩短从原始创新到成果转化再到产业化的时间周期，突破了从基础研究到产业转化的周期"瓶颈"和空间"瓶颈"，有效解决了初创企业缺乏设施和技术平台的技术"瓶颈"，形成"科研—转化—产业"的全链条企业培育模式，实现了科学与产业一体设计、一体推进。①

二 湖南生命工程产业发展现状

作为未来产业前瞻布局的生命工程尚处于探索起步发展阶段，在部分细分领域具备良好基础和优势，为培育和发展生命工程产业打下了坚实基础。

（一）顶层设计已作部署，产业基础相对较好

一是省级层面出台指导意见及实施方案。2023年10月出台《关于加快建设现代化产业体系的指导意见》（湘发〔2023〕8号），12月，省政府印发

---

① 樊建平：《蝴蝶模式：大科学时代科研范式的创新探索——基于中国科学院深圳先进技术研究院15年科学与产业融合发展的实践》，《中国科学院院刊》2022年第5期，第708~716页。

《湖南省现代化产业体系建设实施方案》（湘政办发〔2023〕54号），明确前瞻布局生命工程等未来产业领域，并对发展目标、重点产品方向、关键技术攻关及重点支撑企业作出明确部署。

二是科创资源优势突出。湖南拥有中南大学、湖南大学、湖南中医药大学、湖南农业大学、湖南中医药研究院等高校和科研机构的学科优势，医药领域现有国家级和省级创新平台463个，院士和博士后工作站37个，药物研究机构22个，国家临床医学研究中心3个，国家药物临床试验机构32个。聚集了夏家辉、周宏灏、卢光琇等一批院士和领军人才，构建了以院士领衔、科技领军人才担纲、青年人才梯次成长的高层次医学人才队伍。

三是市场主体初具规模。大量的创新和市场主体是未来产业成功的保障，而市场规模也是决定未来产业发展的重要因素。湖南生物医药及医疗器械产业发展持续向好，产业规模不断扩大，产业链日趋完善，创新能力持续提升。截至2024年6月底，全省共有药品生产企业249家、药品批发企业（零售连锁总部）668家、医疗器械生产企业1300家、化妆品生产企业68家。

（二）产业处于起步期，细分领域具备优势

一是在生物技术及应用方面：如津市市酶制剂产业集群在2024年入围湖南省中小企业特色产业集群，是全国最大的生物酶制剂、甾体原料药和医药中间体生产出口基地。2023年，酶制剂产值达9.55亿元，合成生物产值达9.15亿元。其中，湖南新合新生物的倍他米松、地塞米松、氢化可的松、泼尼松龙皮质激素系列产品占据全球市场半壁江山，高端性激素中间体和原料药占据全球市场70%的份额，皮质激素占据全球市场的70%，具有垄断地位。新合新生物的倍他米松环氧水解物（BD11）入选湖南省制造业单项冠军产品。

二是在生物医疗方面：在干细胞与再生医学领域拥有目前干细胞领域唯一的国家级工程研究中心（湖南光琇高新生命科技有限公司），以及我国首家干细胞产业"干细胞制剂制备质量管理"和"细胞库质量管理"双认证企业（源品生物），是湖南省细胞组织库、湖南省细胞制备中心、干细胞与再生医学湖南省工程研究中心的建设运营单位。此外，获得科技部人类遗传资源保藏行政许可的南华生物医药股份有限公司生产的人脐带间充质干细胞注射液成功通过中国食品药品检定研究院权威认定（见图3）。

图3 湖南生命工程产业主要企业示意

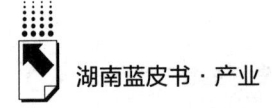

（三）产业集聚态势呈现，部分企业竞争力强

与生命工程相关的企业主要集聚在湖南湘江新区、浏阳经开区和津市高新区，呈现了链群发展态势。其中，生物医疗和生物药物方面的企业主要集中在湖南湘江新区、浏阳经开区和岳塘经开区。如圣湘生物研发了一系列精准诊疗核心技术和创新产品，形成集试剂、仪器、第三方医学检验服务、分子实验室共建等于一体的全产业链系统整体解决方案，拥有1300余项全球权威认证，产品与服务覆盖全球160多个国家和地区的1万余家医院和实验室。从中国血糖仪普及推动者到全球领先的糖尿病数字管理专家的三诺生物，在全球建设了以长沙为创新总部的7大研发基地、8大生产中心，在全球拥有超过2500万用户，业务涉及135个国家和地区。此外，南华生物医药股份有限公司作为国内唯一一家国资控股的干细胞、免疫细胞及组织工程产业主板上市公司在免疫细胞储存及技术服务、干细胞应用研究等多个细分领域形成了良好的业务布局。

与工业菌种迭代、化学原料药生物合成等生物技术及应用相关的企业主要集聚在津市高新区。如利尔生物重点发展酶法L-草铵膦和L-高丝氨酸产品，其L-草铵膦大规模生物合成技术属国内首创，是合成生物学与传统产业合作的典型代表企业。新合新生物的"功能性维生素绿色生物制造关键技术研究项目"获得1965.57万元国家重点研发计划专项资金支持。

（四）园区建设加快布局，专业特色不断提升

与生命工程产业相关的园区主要分布在湘江新区、浏阳经开区、中国（湖南）自贸试验区长沙片区、津市高新区和岳塘经开区等生物经济集聚区。

湖南湘江新区已聚集生物医药与大健康相关企业2093家，培育了包括三诺生物、圣湘生物、楚天科技等在内的9家上市企业，规上企业109家，以及重点实验室、工程技术中心等创新平台62个。

浏阳经开区作为中西部首个国家生物产业基地、湖南最大的生物医药生产集聚区，集聚了九典制药、安邦制药等180余家骨干医药企业和普瑞玛检测、湖南辐照中心等专业平台。浏阳经开区高端化学原料药产业集群入选全国中小企业特色产业集群。该园区已集聚生物医药企业280余家，其中制药类企业涵盖药用辅料、化学原料药及制剂、中药、诊断试剂、生物制品等多个领域，培育上市企业4家、上市后备企业10家，产值过亿元的企业13家、过5亿元的9家。

津市高新区2020年获批湖南省生物医药特色产业园。该园区聚焦酶制剂、甾体药物、医疗器械、植物提取四大细分领域并突出发展合成生物学，已形成以溢多利、新合新两个企业集团为龙头，引航生物、鸿健生物等多个高新技术企业为支撑的产业布局，建成了"微生物发酵—甾体激素中间体—高端原料药—高端药物制剂"的甾体药完整产业链，是全国最大的生物酶制剂、甾体原料药和医药中间体生产出口基地。

中国（湖南）自贸试验区长沙片区创新出台生物医药产业改革试点专项政策，着力打造生物医药现代化产业集群。成立了湖南省（自贸试验区长沙片区）生物医药创新服务站，将大力开展细胞与基因治疗技术临床应用试点，加大引进生物医药、细胞治疗和医疗器械CDMO、检验检测等专业服务机构，在生物医药产业赛道拓宽新领域、打造新高地、作出新贡献。

（五）创新要素资源丰富，创新成果走在前列

湖南医疗资源丰富、创新实力雄厚，获批建设首批国家医学中心，建设国家中医药综合改革示范区，拥有3个国家临床医学研究中心、67个国家临床重点专科，拥有26个国家级科技创新平台、290个省级科技创新平台。新成立的芙蓉实验室，由中南大学牵头组建，集聚国防科技大学、湖南大学、湖南

师范大学、南华大学、湖南中医药大学、湖南省中医药研究院等高校院所、医疗和疾控机构的创新资源，联合三诺生物、圣湘生物等生命健康领域相关知名企业，充分发挥国家医学中心、国家区域医疗中心和国家中医药传承创新中心等重大创新优势平台的支撑作用，集聚精准医学领域的优势科研力量，以院士、国医大师和战略科学家为核心团队，在精准检测与诊断、精准药物与治疗、精准器械与干预三大研究方向上集中发力，2023年在肿瘤免疫治疗、慢性肾病创新药物成果转化、肝癌防治新技术等方面已取得突破。

2023年6月，依托湖南省药品检验检测研究院成立了细胞治疗产品关键质量属性湖南省重点实验室。重点实验室获批以来，在细胞治疗产品检验检测质量管理体系、临床研究、科研创新等方面取得新成效。已获得国家CNAS资质959项，CMA资质认证727项，其中生物制品领域资质67项，主持和参与制订行业标准2项，细胞实验室技术规程5项，该重点实验室团队在研创新药品种8个，均为生物药。实验室共建单位湖南远泰生物技术有限公司获批湘江新区抗体与免疫治疗成果转化中试基地。在科技部主办的2022年全国颠覆性技术创新大赛总决赛中，湖南远泰生物"基于CD3靶向慢病毒载体的In-Vivo CAR-T细胞技术平台"项目，获得"优胜项目奖"。

在具备良好的基础和优势的同时，也面临一系列瓶颈和问题。

一是法规和监管有待完善和规范。细胞和基因治疗企业是非常创新的企业，他们的技术往往超越了法律法规的完善程度，需要创新的政策加持。目前，国家对干细胞实行药品、技术管理"双轨制"监管。干细胞产品被纳入药品管理，由药监部门负责；而干细胞临床研究被视为医疗技术进行管理，由卫健部门负责。细胞治疗除造血干细胞移植治疗血液系统疾病外，均不属于可开展的医疗技术临床应用项目，只能被纳入临床研究管理。这就需要结合湖南实际，根据国家细胞治疗政策进一步完善，尽快出台可以执行的实施细则，推动逐步构建集细胞储存—细胞生产制备—细胞药物研发与临床技术研究—细胞临床治疗于一体的创新链和产业链。

二是资金投入压力大与临床试验难并存。生命工程产业具有资金密集型、知识密集型、服务密集型等特点，且药物研发投入高、上市周期慢、成果产出慢、回报周期长。为此，企业现金流压力较大，存在较大资金需求。同时，临床研究与临床试验对整个产业发展具有十分重要的促进作用。调研中部分企业反映,湖南省现有临床试验资源分散、临床试验要求各异、探索性临床研究难以实施,导致企业几乎所有临床研究均在外省开展,在增加费用投入的同时,也减缓了药物研究进展。

三是"全过程"公共服务平台仍然缺乏。调研发现,生命工程相关公共检测平台、服务平台、中试基地和专业孵化器等覆盖产业链全过程的公共服务平台相当匮乏,比如,基于不同细胞来源、细胞代次、处理方法、给药剂量、给药途径、临床方案等,都可能产生不同的疗效和风险,亟须尽快建立一个涵盖指导干细胞从获取、存储、制备、扩增、生产、运输到治疗全过程的行业标准体系。此外,细胞药物研发过程中临床级细胞制备、细胞药物安全性有效性评价、细胞示踪、细胞药物临床研究及临床试验方案设计与实施、专利规划等配套服务平台尚未建立,也制约了细胞药物开发进程。

四是关键核心技术有待突破。生命健康领域创新活跃,是全球科学和技术竞争的重要领域。虽然湖南在干细胞治疗银屑病和肝衰竭、基因编辑治疗儿童地中海贫血等方面,取得了一批国际、国内领先的突破性技术成果,但在可再生化工材料等生物制造技术,人工生物设计、脑机接口、类脑光子芯片等领域的关键技术仍然有待突破。

三 加快培育和发展生命工程产业的对策建议

未来产业代表着新一轮科技革命和产业变革方向,是发展新质生产力的先导力量。湖南应全力推进生命工程产业发展,抢占未来产业新赛道,塑造产业发展新方向,为湖南经济的未来增长提供坚实支撑。

(一)系统谋划:聚焦优势细分领域

一是加强顶层设计规划引领。在省生物医药及医疗器械产业链下设置生命工程产业发展工作专班,加强对全省生命工程产业发展的组织领导和统筹协调,推动生命工程产业发展的政策制定和平台建设,在《湖南省现代化产业体系建设实施方案》的基础上,出台《湖南省生命工程产业发展规划》。

二是精准错位布局生命工程产业细分领域专业园区。按照"三生融合、三态协同"理念,以发展生物技术及应用和生物医疗等生命工程产业为要求,整体规划、集中布局、合理选址、边界明确、留足空间,从空间、产业、功能等方面适度超前高起点规划建设一批生命工程产业专业园区,同时加大对现有特色园区的支持力度,比如津市市高新区酶制剂产业集群。

三是筹办高端论坛及展会。借鉴湖南举办"世界计算大会"培育一个国家级先进制造业集群(长沙新一代自主安全计算系统集群)的成功经验,举办生命工程(生命科学或合成生物学)产业论坛及展会,以此促进生命工程产业前沿技术发展潮流的专业化交流、高端化对接和深层次合作,同时可以展示湖南企业和产品在生命工程领域的知名度。

(二)推动转化:高效搭建融合通路

科技成果产业化是培育和发展未来产业的必然要求,探索更加通畅的科技成果转化路径,及时把科技成果应用到具体产业和产业链上,更快更好实现科技成果的价值。

一是打造关键核心技术创新平台。着力提升芙蓉实验室(精准医学)、岳麓山实验室(生物种业)、人类干细胞国家工程研究中心等重大创新研发平台的源头创新能级,聚焦前沿引领技术、颠覆性技术,在工业菌种创新迭代、细胞治疗、合成生物学、类脑光子芯片与脑机接口等领域,开展更多有组织的关键核心技术攻关。

二是落实企业科技创新主体地位。探索建立企业项目上升为国家项目的新机制,支持有能力的企业牵头承担国家重大技术攻关任务,支持企业与高校、科研院所共同组建创新联合体,促进产业链上下游融通创新。

三是促进"政产学研医融"多方联动。组建由行业部门、科研学者、产业专家、企业高管等组成的生命工程产业发展咨询委员会,围绕湖南生命工程产业发展需求,聚焦优势细分领域,加强战略研究和顶层谋划,为湖南生命工程产业发展提供决策咨询和技术支持。

四是推动研发与应用"双向奔赴"。探索建立一个集企业家、科学家、技术经理人资源以及专利和需求信息于一体的信息化运营平台,以专业化平台和高效机制有效打通转化痛点和难点,提供从科技成果的对接、转移到样品化、产品化、商业化等一系列链条式服务,让更多科技成果敢转、想转,也有钱转。

（三）梯度培育：全面壮大产业主体

培育未来产业需要壮大产业主体，打好梯度培育"组合拳"，梯度培育"专精特新"中小企业、高新技术企业和"小巨人"企业，壮大市场主体，激发市场主体活力。

一是支持引进生命工程领域头部企业、高端研发机构和重大产业项目。按照湖南《重点产业倍增计划推进机制方案》《关于加强统筹联动构建大招商格局工作方案》的要求，建立生命工程产业链全景图、招商线路图和产业链客商库、招商项目库，聚焦合成生物技术应用、工业菌种创新迭代、干细胞与再生医学、精准医疗等重点领域开展精准招商，争取招引落地一批科技含量高、产业链条长、带动能力强的重大生命工程产业项目。

二是打造细分领域标杆企业。重点在酶制剂、合成生物技术，在农业、化工、环保等领域，在细胞产业链和基因产业链等细分领域，加强政策引导激励，打造一批自主创新能力强、产品应用前景好、产业支撑作用大的标杆企业。在企业上市"金芙蓉"跃升行动计划遴选中重点培育生命工程产业链企业。

三是培育创新型初创企业。前瞻布局和发展未来产业，离不开大力培育科技初创企业。落实《长沙市全力建设全球研发中心城市的若干政策》，发挥湖南省金芙蓉投资基金、湖南湘江新区30亿元科创引导基金的重要作用，聚焦于投早、投小、投科技，强化产业政策、资金、人才引入等方面对生命工程产业初创企业的投资孵化。

（四）智力引领：广泛集聚产业人才

人才是产业发展的基础性、战略性支撑。应大力优化引才、育才、聚才、用才的体制和政策环境，充分调动创新创业人才培育和发展生命工程产业的积极性、主动性。

一是以创新平台"链接人"。加大各类"高精尖缺"人才的引进力度。充分发挥高端科技人才在技术、理念和人脉等方面的辐射带动作用。依托芙蓉实验室（精准医学）、岳麓山实验室（生物种业）、人类干细胞国家工程研究中心等创新研发平台，加强与全球顶尖生命工程企业的高管与技术人才的沟通联系，探索建立顾问指导、短期兼职、退休返聘、旅居服务、技术入股等柔性引才制度，着力吸引一批企业高管与技术人才来湘创业。探索推行领导联系高层次人才制度，加大对合成生物技术、生物医疗等领域的产业科学家、院士、跨学科交叉人才等顶尖人才引进的支持力度。

二是以产学协同"培养人"。发挥中南大学、湖南大学、湖南中医药大学、湖南农业大学、湖南中医药研究院等高校和科研机构的学科优势，以与企业、产业基地合作等形式，建立人才培养基地、博士后科研工作站等，联合培养一批专业技能过硬、有创新活力与能力的生命工程产业综合人才。探索办学体制、投入机制、培养模式等改革创新，形成"大学（研究机构）+企业+科研团队"深度融合的新型产学研协同育人模式，为湖南生命工程产业持续创新和长期发展提供人才支撑。

三是以更优服务"吸引人"。建议积极借鉴上海张江高科技园区、深圳光明区支持合成生物产业发展的做法和经验，完善人才政策体系，优化人才入户机制，健全更加适应人才需求的服务体系，为生命科学和生物技术领域高端人才提供包括"薪酬包"、住房、子女教育等在内的保障性激励。

（五）政策扶持：形成长效引导机制

加大生命工程产业的政策支持力度，强化部门协作及省市联动，形成工作合力，切实推动技术突破、创新成果产业化和场景应用部署，形成支撑生命工程产业发展的长效机制。

一是研究制定专项支持政策。强化部门协作及省市联动，借鉴上海、深圳等经验，研究制定湖南生命工程产业发展专项政策，加大在研发、临床试验、成果转化及产业化、公共服务平台建设、项目引进等方面的支持力度。

二是探索监管政策创新。发挥"细胞治疗产品关键质量属性湖南省重点实验室"的重要作用，建立细胞全周期质量标准体系及细胞药物转化公共服务平台。探索建立细胞治疗分级分类管理制度，如适度向高龄老人、危急重症患者和长期服药的慢性病患者这三类人群开放细胞药物的治疗。

三是开展新技术新产品应用先行先试。依据《关于推动未来产业创新发展的实施意见》，在湖南湘江新区创建生命工程产业先导区，开展一批新技术、新产品、新业态、新模式的先行先试，力争在前沿关键核心技术、标志性产品、领军企业、典型应用场景等方面实现新突破。

（六）安全治理：加强监管防范风险

统筹发展和安全，健全防控机制、细化防范举措、强化安全预警是发展生命工程产业的必然要求。

一是探索跨部门联合治理模式。发挥湖南省科技伦理治理委员会的重要作用，构建多方参与、有效协同的生命工程伦理审查体系，加强科技伦理审查质量的源头管理，搭建全省统一的科技伦理管理监督平台。引导企业建立数据管理、产品开发等自律机制，防范生物特征数据安全风险，完善安全监测、预警分析和应急处置手段，防范前沿技术应用风险。

二是发挥行业协会等社会组织作用。鼓励行业协会、学会、科研机构、龙头企业等参与主体，联合制定生命工程科研与产业化行为指南、准则，加强行业自律。同时，加强生命工程科普宣传，通过出版物、信息发布平台、论坛等推广先进的典型案例，形成向大众宣传，促进公众对合成生物技术、基因编辑、干细胞与再生医学、基因药物等技术、产品和服务的理性认识，使全社会充分了解并支持生命工程领域的研究和创新。

B.16
以量子科技开辟湖南省未来产业发展新赛道

湖南省社会科学院（湖南省人民政府发展研究中心）调研组*

摘　要： 近年来，量子科技发展突飞猛进，已成为新一轮科技革命和产业变革的前沿领域。现阶段，湖南在量子精密测量与传感等领域已形成一定先发优势，但与北京、安徽等先进地区的差距还较为明显，产业引导带动作用不够、核心技术转化不力、应用场景配套不足等问题较为突出。建议聚焦顶层设计，加快形成量子科技发展"路线图"；聚焦创新协同，强化量子科技发展动力源；聚焦引培结合，打造量子科技产业集聚区；聚焦平台赋能，建设量子科技发展强载体；聚焦场景再造，拓展量子科技应用新场景；聚焦要素保障，优化量子科技融合新生态。

关键词： 量子科技　未来产业　湖南省

近年来，量子科技发展突飞猛进，已成为新一轮科技革命和产业变革的前沿领域。习近平总书记在中央政治局第二十四次集体学习时强调："量子科技发展具有重大科学意义和战略价值，是一项对传统技术体系产生冲击、进行重构的重大颠覆性技术创新，将引领新一轮科技革命和产业变革方向。要充分认

---

* 调研组组长：钟君，湖南省社会科学院（湖南省政府发展研究中心）党组书记、院长（主任），研究员，主要研究方向为马克思主义大众化、中国特色社会主义、公共服务；副组长：侯喜保，湖南省社会科学院（湖南省政府发展研究中心）党组成员、副院长（副主任），研究员，主要研究方向为宏观政策、区域发展、产业经济；执行组长：邓子纲，湖南省社会科学院（湖南省政府发展研究中心）产业经济研究所所长，研究员，主要研究方向为工业经济、文化产业、工商管理；成员：高立龙，湖南省社会科学院（湖南省政府发展研究中心）区域经济与绿色发展研究所助理研究员，主要研究方向为区域经济、产业经济。

识推动量子科技发展的重要性和紧迫性,加强量子科技发展战略谋划和系统布局,把握大趋势,下好先手棋。"《中共中央关于进一步全面深化改革、推进中国式现代化的决定》提出:完善推动新一代信息技术、人工智能、航空航天、新能源、新材料、高端装备、生物医药、量子科技等战略性产业发展政策和治理体系,引导新兴产业健康有序发展。①《中共湖南省委 湖南省人民政府关于加快建设现代化产业体系的指导意见》提出前瞻布局人工智能、生命工程、量子科技、前沿材料四大未来产业,打造湖南发展新优势。湖南省量子科技产业起步较早,在量子精密测量等领域已经形成了一定的先发优势,但总体相较于北京、上海、安徽等先进地区仍有较为明显的差距,存在诸如发展紧迫性不强、产业引导带动作用不够、核心技术转化不力、应用场景配套不足等问题,亟须下好先手棋,探索以"点"带"面"的产业发展之路,加快形成彰显湖南特色的新质生产力,开辟湖南省未来产业发展新赛道。

一 量子科技产业发展概况

量子科技是指以量子力学基本原理为基础、通过量子系统的各种相干特性(如量子并行、量子纠缠和量子不可克隆等),进行计算、编码和信息传输的全新信息方式,是新一轮科技革命和产业变革的前沿领域,主要分为量子计算、量子通信、量子精密测量三大细分领域。其中,量子计算具有超强并行处理能力,未来可能产生颠覆性影响;量子通信提供绝对安全性保证,包括量子密钥分发和量子隐形传态;量子精密测量利用量子资源实现高精度测量,应用于多个领域。当前,量子计算已经进入样机研发攻关和应用场景探索的关键期,但商业化应用尚远,通用型量子计算机还有相当长的路要走;量子通信商业化时代即将来临,产业链基本成型,但整体应用还处于早期阶段;量子测量已进入实用化阶段,量子传感器等商业化产品不断出现,但短期内难以完全取代经典测量。②

---

① 新华社:《中共中央关于进一步全面深化改革、推进中国式现代化的决定》,新华社北京,2024年7月21日。
② 中国电信股份有限公司上海分公司、上海中创产业创新研究院编制《上海量子科技产业发展白皮书(2024)》,第5页。

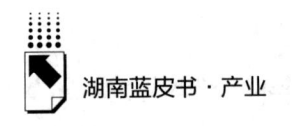

二 湖南省量子科技产业发展的基本现状与主要问题

（一）湖南省量子科技产业发展的基本现状

1. 已出台量子科技发展相关政策

近年来，湖南先后发布《湖南省计量事业"十四五"发展规划和二〇三五年远景目标》《湖南省人民政府关于推进计量事业高质量发展的实施意见》《关于加快建设现代化产业体系的指导意见》等若干政策，提出重点部署量子测量相关研究项目，以快速推进量子测量技术的发展。其中，《关于加快建设现代化产业体系的指导意见》提出：突破量子时间测量、量子重力测量等技术，逐步推进产业化应用。开展量子编程、量子密码学、量子机器学习、量子感知等前沿技术研究，推动量子计算、量子通信等领域部分研究成果向实用化、工程化发展。

2. 产业发展已具备一定比较优势

湖南在量子计算、量子材料、量子器件、量子测量产业化方面有着广阔的应用场景和产学研合作基础，具有一批承接能力较强的应用企业，如自主可控计算机及信息安全领域，形成了集计算机核心部件、整机系统、系统软件与中间件、应用软件等于一体的全产业链，拥有长城科技、长城银河、麒麟信息、中车时代通信等一批骨干企业；北斗应用领域，时空安全装备在智慧城市、公共安全等典型场景应用稳步推进；医疗器械领域，形成了三诺生物等龙头企业，在血糖检测、生物传感领域国内领先。

3. 科技研发和创新能力相对较强

湖南在量子科学技术创新、成果转化和人才储备等方面均有较好基础。在技术基础方面，国防科技大学前瞻布局量子测量技术，已完成量子信息湖南省重点实验室建设，攻克了量子传感芯片等关键技术，解决了量子测量领域"卡脖子"关键技术问题。在创新成果方面，湖南有"银河鲲腾系列"光量子计算系统、PT光力量子精密测量、病毒原子结构解析等多项国际先进成果。在平台搭建方面，建立了近十个国家级、省部级科技创新平台，在量子相干性及其调控、量子结构制备自组装与量子输运等方面取得优异成绩。在人才团队方面，湖南省已有一批在精密测量方面有专业研究基础的专家团队，聚焦量子测量技术研究；与此同时，国防科技大学、湖南师范大学、中南大学等重点高校也都逐步形成了比较健全的量子人才培养体系，部分高校还建有科教融合协同创新的育人平台，建立了充足的量子储备人才梯队。

4. 逐步推进相关科研成果产业化

在湖南省科技厅支持下，测控与导航技术国家地方联合工程研究中心搭建了高校科技创新成果转化桥梁与纽带，并完成了国防科技大学多项科技成果转化，涵盖了量子测量、自主导航、空间仪器等13项技术成果。长沙量子测量产业技术研究院聚焦国家量子测量基础仪器"卡脖子"现状及紧迫需求，联合相关高校、科技企业和科研院所，积极布局绝对重力测量、新制自主导航、冷原子钟以及量子教学仪器等关键技术和核心产品，开展量子测量应用技术创新及其产业化应用，其研制的QS-AG系列量子绝对重力仪，具备测量精度高、环境适应性好、可长时间连续运行以及无零点漂移等优势，可实现复杂环境下重力加速度绝对值的直接测量，广泛应用于重力辅助导航、重力基准网建设、大地测量、资源勘探、地质灾害预警等领域。

（二）湖南省量子科技产业发展的问题与堵点

1. 产业发展缺乏顶层规划设计

当前，国内不少省区市已经出台了量子科技产业的专项行动计划或实施方案，积极抢占未来竞争新优势。如湖北制定实施了《湖北省加快发展量子科技产业三年行动方案（2023—2025年）》，提出要依托"链长—链主—链创"融合发展机制，以超常规行动和创新性举措，加快推进全省量子科技产业跨越式发展。合肥以综合性国家科学中心建设为契机，制定了《合肥市量子信息产业发展规划（2020—2030年）》，在创新支持、成果转化、试点工程、场景建设方面多管齐下，加速量子科技成果从"落地生根"到"开花结果"。湖南虽然在以往多个政策文件中对量子科技发展均有提及，但迄今为止，尚未出台量子科技产业的专项行动计划或行动方案。顶层设计的缺失，导致产业发展缺乏系统规划布局、目标牵引和应用场景导向，难以整体性、系统化推进。

2. 市场主体发展水平相对较低

湖南省量子科技产业发展整体处于初期阶段，龙头企业及上下游配套企业数量较少，龙头企业对配套企业的带动和集聚能力不足，产业链建设还有待进一步加强。根据中国信通院的报告，我国量子信息企业主要分布在京津冀、长三角等地，其中北京是全国最多的量子企业或企业总部所在地，涵盖了量子计算、量子通信与安全、量子传感等多个领域，代表性企业和机构有中科国盾（北京）量子技术有限公司、中国科学技术大学中国科学院量子信息重点实验室等。安徽是国内最早布局量子科技与产业的少数几个省份之一，已经聚集量子产业上下游企业70余家，数量居全国前列，代表性企业有国盾量子、本源量子、国仪量子等。但目前湖南量子科技企业仅有中国长城科技集团股份有限公司湖南分公司、湖南国科微电子股份有限公司、中国电子科技集团公司第四十八研究所等10余家，数量和规模明显落后于先进地区，整体呈现"少、小、散"等特点。

3. 专业研发机构和成果转化平台建设有待加强

湖南量子科技研究成果主要集中于国防科技大学、湖南师范大学等高校团队，专业化研发机构建设相对滞后，如安徽早在2016年就成立了中国科学院量子信息与量子科技创新研究院，北京于2017年设立量子信息科学研究院，但长沙量子测量产业技术研究院2024年4月刚刚揭牌，无论是时间还是规模上，都落后于先进地区。同时，湖南量子科技产学研用主体之间缺乏沟通合作平台，技术成果的转化应用机制不成熟，不少有应用价值的科研成果并没有实现快速转化。在长沙量子测量产业技术研究院调研时发现，湖南量子科技企业的主体创新地位不突出，未能充分发挥应用需求牵引和市场竞争的作用，相关成果产业化面临落地技术壁垒高、投入产出比偏低、商业模式不成熟等困难与堵点。

4. 相关应用场景有待进一步拓展

随着量子科技的不断突破，应用场景逐渐向纵深拓展，如长三角G60科创走廊率先在全国启动建设量子城域网跨省市互通、推进主要QKD设备异构组网、推进"产业+量子"场景应用。安徽的量子科技企业已逐步服务于金融、化工、生物医药、电力等领域，应用场景不断拓展。无锡围绕量子科技产业搭建了完善的产业链结构，通过支持技术突破、建立全链条人才培育机制、设立产业投资基金等措施，加快了产业的发展和场景应用。与之相比，目前湖南仅在量子精密测量和量子通信方面实现了一定程度的场景应用，在"量子+重点产业""量子+城域网""量子+安全通话""量子+安全办公""量子+物联网"等领域的应用亟待深化。

5. 产业发展生态尚需进一步优化

人才方面，虽然国防科技大学、湖南师范大学等开设了量子信息相关课程，但量子科技专业型、技能型人才仍显不足，难以满足未来产业发展的需求；同时在人才引进、人才选拔和人才激励等方面尚未形成灵活高效的管理机制，一定程度上限制了人才团队建设。资金方面，目前湖南量子科技发展仍以政府投入为主，经费主要投向大学和科研院所的基础设施和人才学科建设，对企业的支持力度相对薄弱。同时，政府资金投入带动社会资本投资效应不足，风险投资机构大多并未践行"投早投小"的逻辑，而是将项目回报的可实现性或稳定性作为重要决策因素，失去了所能调动的市场积极性。在长沙量子测量产业技术研究院调研时发现，受量子科技自身商业化应用不足以及风投机构认可度不高等因素影响，目前全院仅完成一笔风险投资。

三 构建湖南省量子科技产业未来竞争新优势的对策举措

量子科技是未来产业发展的"新蓝海"，也是湖南为数不多与发达地区处于同一起跑线的产业，给予了湖南"换道超车"的机遇。需要保持"不进则退、慢进亦退"的战略紧迫感，从顶层设计、创新协同、企业引培、平台搭建、场景再造、发展生态等方面系统谋划、整体推进，以超常规行动和创新性举措，推动湖南量子科技产业跨越式发展，构筑未来竞争新优势，形成对现代化产业体系的有力支撑。

（一）聚焦顶层设计，加快形成量子科技发展"路线图"

一是加快制定实施行业发展行动计划。加快制定实施《湖南省量子科技产业三年行动计划》，从产业融合发展、创新协同突破、科技成果转化、场景应用示范、产业人才集聚、相关政策保障等方面战略谋划、系统布局，加快形成量子科技发展的"路线图"和"时间表"。在行动计划中，可根据量子科技应用基础研究、量子技术研发、量子产品应用示范等不同阶段，分别制定相应的支持政策。集合先进制造业高地、科技创新等现有政策，加大对量子科技领域基础研究、技术创新、产品攻关、企业培育等方面的支持力度。二是进一步明确产业发展方向与重点。从上游基础层、中游技术层、下游应用层全产业链推动量子科技快速发展。上游基础层以量子精密测量产业生态建设为重点，同时积极布局量子计算、量子通信技术，加强政府、高校、企业三方合作，大力引进国内外一流研发机构，加快基础研究向产业应用转化进程。中游技术层聚焦量子计算系统、大规模数据处理、量子人工智能、量子路由、量子密钥分发、量子网络、量子精密测量设备等领域，推进关键装备与核心器件研发，加快量子重力仪、量子通信北斗车载导航、光电量子传感器件的研制生产，支持量子科技企业做大做强。下游应用层聚焦军事国防、生物医疗、能源勘探、电信网络、人工智能、智慧城市等应用领域，推动研究成果向实用化、工程化发展。三是协调多方力量形成发展合力。建议由新一代信息技术产业链链长统筹协调省工信厅、省发改委等政府部门、高校科研院所、企业、平台、金融机构等，推进行动计划的组织实施落实。发挥新一代信息技术产业链工作专班机制，积极推动量子科技领域核心技术攻关、重点项目建设、龙头企业引培等重大事项，形成量子科技快速发展的合力。

（二）聚焦创新协同，加快强化量子科技发展动力源

一是编制量子科技产业技术创新"三张图"。科学编制湖南量子科技产业创新链全景图、技术攻关布局图、产业技术路线图"三张图"。在湖南量子科技企业、平台、人才、成果和政策等调研分析基础上，形成量子科技产业链优势环节、薄弱环节及空白环节，编制产业创新链全景图。根据量子科技产业创新链全景图，围绕解决产业链提升当务之急，按照"强链""补链""延链"原则，编制技术攻关布局图，其中"强链"重点攻关量子传感、量子计算环节，"补链"重点攻破量子人工智能、量子网络技术环节，"延链"重点攻破敏感元器件、量子存储等环节。围绕量子科技亟待突破的产业关键技术，预测和描绘技术创新发展路径，按照重要度、难易度、成熟度进行分类，布局未来3~5年技术攻关内容，编制产业技术路线图，近期重点攻关量子精密测量与量子传感、量子成像技术设备，长期重点关注超导量子计算、量子调控技术设备等。二是建立量子科技关键前沿技术"三张清单"。根据湖南量子科技产业攻关布局及技术路线图，形成前沿技术、关键共性技术、"卡脖子"技术三张清单。上游基础层，前沿技术重点布局量子操控、量子探测器、量子传感器等基础研究，关键共性技术突破量子传输效率、保真度、研发高效算法和协议，"卡脖子"技术布局灵敏度、快速响应以及新型探测器研发等。中游技术层，前沿技术布局研究量子计算、量子通信、量子精密测量，关键共性技术突破量

子信息传输、量子纠缠、改进量子算法,"卡脖子"技术布局提升微腔非厄米器件、高保真度量子态调制、量子信号处理与分析、抗干扰能力等。下游应用层,前沿技术布局军事国防、量化金融等基础研究,关键共性技术突破确保信息安全、模拟技术和预测能力以及无延迟信息传递等技术,"卡脖子"技术布局加强加密安全以及优化算法交易等。三是创新重大科技项目组织管理模式。以重大项目为牵引,加快构建以企业为主导、产学研用深度融合的创新体系。支持高校院所、领军企业申报科技创新2030重大项目、重点研发计划等国家重大攻关任务。布局一批重大技术攻关、"揭榜挂帅"、重点研发计划等项目,加强超低温、冷原子、量子光学等基础研究,加快突破光量子传感、量子重力测量、超导量子计算等领域关键器件与核心算法。创新重大科技项目组织管理模式,坚持以贡献为核心的评价激励导向,采取"里程碑式"管理方式,赋予科学家更大技术路线决定权。探索以"研究院(所)+运营公司+产业园+基金"科创新模式,促进产学研深度融合和协同创新,提升研究院(所)项目攻关能力与攻关效率。四是加快打通创新成果产业化堵点。加大力度支持高校、科研院所开展以市场需求、成果转化为导向的产业技术研发,不断以新技术引领产业升级。支持龙头企业牵头建立量子领域创新联合体,以重大科技项目为纽带,联合高校、科研院所和产业链上下游配套企业开展前沿技术攻关和孵化,加快推动重大原创成果转化为现实生产力。积极支持将量子科技创新产品列入省级创新产品应用示范推荐目录,加快量子科技创新成果转化应用。

(三)聚焦引培结合,加快打造量子科技产业集聚区

一是加快建设量子科技产业园。结合湖南未来产业先导区建设,以国家网络安全产业园区(长沙)为核心,支持"世界计算·长沙智谷"、中电软件园等规划建设量子科技产业园中园,依托"两图两库两队三池",开展建链、补链、延链、扩链、强链、优链招商,持续优化产业生态,打造产业集群。依托园区创建国家(级别)新型工业化基地、中小微企业创新创业基地,谋划建设量子科技全球研发中心。推动量子科技企业逐步向园区集聚,形成龙头企业汇集、配套企业相依、创新主体协作的良好生态。二是加大量子科技企业培育力度。积极培育市场主体,引导各类资本投资量子科技企业。基础层方面,重点培育发展中国长城科技集团股份有限公司湖南分公司、湖南国科微电子股份

有限公司、湖南汇思光电科技有限公司等，加快湖南在量子芯片、量子计算软件等领域的发展。技术层方面，重点培育中国电子科技集团公司第四十八研究所、湖南省导航仪器工程研究中心有限公司、湖南长城银河科技有限公司等企业，加快在量子精密测量、量子计算、量子导航/QKD等领域的发展。应用层方面，聚焦量子精密测量、量子导航、集成电路设计、能源勘探、电信网络、军事国防等应用场景，重点培育长沙量子测量产业技术研究院有限公司、中国电信股份有限公司湖南分公司、长沙景嘉微电子股份有限公司等企业。三是加大量子科技企业招引力度。建立量子科技产业招商清单和关键企业名录，加大产业链招商力度。基础层面，聚焦量子计算、量子通信与安全，重点引进本源量子计算科技（合肥）股份有限公司、科大国盾量子技术股份有限公司等企业。技术层面，聚焦量子网络、通信安全、量子测量、量子导航等领域，重点招引中兴通讯股份有限公司、上海图灵智算量子科技有限公司、国科量子通信网络有限公司、国耀量子雷达科技有限公司等企业。应用层面，聚焦量子通信与安全、量子测量/传感/成像等领域，重点引进国仪量子技术（合肥）股份有限公司、山东国迅量子芯科技有限公司等企业。

（四）聚焦平台赋能，加快建设量子科技发展强载体

一是升级建设科技创新平台。建立量子科技创新平台培养清单，加快长沙全球量子研发中心、中国长城量子实验室等平台建设，支持长沙量子测量产业技术研究院高标准建设一流量子科技战略发展平台，通过"政府支持、企业主导、市场化运作"模式，打造省内首个量子测量领域集人才集聚、协同创新、成果转化于一体的新型研发机构，牵引产业发展。在基础层的量子精密测量与传感领域新建布局省部级平台，将国防科大量子信息机理与技术湖南省重点实验室、湖南师大低维量子结构与调控教育部重点实验室等加快培育为国家级平台。在技术层的量子网络、量子通信方向新建布局省部级平台，将国防科大量子信息学科交叉中心、湖南大学微纳光电器件及应用教育部重点实验室等培育成国家级平台。在应用层，聚焦量子计算、量子精密测量器件，将中南大学纳米光子学与器件湖南省重点实验室、长沙理工大学柔性电子材料基因工程湖南省重点实验室等培育为国家级平台。二是建设量子科技初创企业孵化平台。依托量子科技产业相关机构和平台，引入社会资本和专业力量，建设高标

准孵化器，依托孵化器提供资金支持、法律咨询、市场推广等一站式服务，助力初创企业成长，探索基础研究—技术开发—成果转化与孵化产业化的量子产业培育路径。加强对初创企业的服务、培训和扶植，优化创业经营环境，推进量子科技自主创新产品应用。三是建设研用一体的公共服务平台。以测控与导航技术国家地方联合工程研究中心、长沙全球量子研发中心及中试基地为重点，加快建设一批量子科技研发与转化平台，开展共性关键技术和产品攻关及应用，提供检验检测、中试实验等服务支撑，提高量子科技理论研究成果向实用化、工程化转化的速度和效率。支持量子科技企业布局量子计算、量子通信、量子传感计算测评平台。支持中国长城科技集团、国防科技大学与国家超算长沙中心合作开展"量超协同"先行试点，打造国内领先的经典计算——量子计算服务平台。建立量子科技创新资源开放共享协作机制，推进国防科技大学、长沙量子测量产业技术研究院等机构科研基础设施，以及高性能计算国家重点实验室等产业技术支撑平台资源，向产业链企业开放共享。

（五）聚焦场景再造，加快拓展量子科技应用新场景

一是推动量子科技与重点产业深度融合。强化量子科技在先进计算、智能制造、金融等领域的应用场景建设。重点推进"量子+北斗""量子+高端装备""量子+新能源与智能网联汽车""量子+生命健康"等优势产业融合发展，不断拓展量子科技应用领域。在新材料模拟、量子启发式人工智能等领域建设示范性应用场景，带动新一代储能电池、人工智能、信息安全、靶向药物和新型疫苗等领域产业升级。制定未来产业场景建设清单，遴选发布"北斗+""量子+""AI+"等融合示范应用场景，促进数字技术与实体经济深度融合。二是推动量子科技与相关行业深度融合。加强量子时间测量、量子重力测量等成熟技术转移承接和测试中试，逐步推进在国防军工、石油探测、工程勘探、防震减灾、智慧城市等领域的产业化应用。支持量子保密通信在政务信息保护、通信业务数据传输、金融业务加密、能源安全保障、工业互联网和车联网信息安全等领域应用，依托国家量子通信骨干网建设全省量子保密通信骨干网。积极支持量子计算硬件研发，探索量子计算与传统高性能计算的融合，研究量子计算解决金融工程、生物医药、气象预测、密码破译、人工智能等领域问题的加速算法。支持有条件的单位面向社会提供量子计算云服务。

（六）聚焦要素保障，加快优化量子科技融合新生态

一是强化多层次人才队伍建设。根据湖南量子科技人才需求实际，建立人才引培清单，加大量子科技人才和团队引进力度，重点引进中国科学院院士、国家杰青等高精尖人才与团队。基础层面重点引进量子存储、量子操控、量子传感等领域人才，不断强化量子传感器优势环节，持续巩固湖南量子精密测量核心竞争力；技术层面重点引进量子网络、量子密钥分发、量子路由等领域人才，提升量子通信技术水平。加大本土人才培育力度，实施"青年拔尖人才培养计划""科技创新人才团队计划"，基础层面重点培育量子计算、量子传感、量子操控、量子探测等领域人才，加强量子计算、量子精密测量的核心竞争力；技术层面重点培育量子密钥分发、量子网络、量子路由等领域人才；应用层面重点培育量子计算、量子金融、地质勘探、电信网络等领域人才。拓宽量子科技顶尖人才"一事一议"引进通道，将符合条件的量子科技高层人才纳入"人才绿卡"优享范围，为关键人才提供"量身定制、一人一策"的个性化服务。推广"首席科学家负责制"，提供科研项目资助以及自由宽松的基础研究环境，完善人才激励机制，在科研管理、考核评价、利益分配等方面创新探索。加强专业人才培养，支持校企合作组建量子科技未来学院或产业学院，培养量子科技基础科研人才、青年科学家人才以及实验室工程师。完善量子科技和光电通信、人工智能等交叉学科课程体系建设，培育创新型、复合型和应用型产业人才。二是加强多元化金融服务支撑。由省财政厅牵头，设立湖南省产业引导基金量子科技子基金用于支持产业发展。充分发挥产业引导基金撬动作用，联动相关产业母基金，吸引社会资本投入，加快量子科技产业投资布局。鼓励银行制定金融服务方案，设立量子科技专项金融产品，支持知识产权质押，改革信贷审批流程，推动金融信贷与产业创新深度融合。鼓励引导形成市场主导的新型金融产品体系，加快组建覆盖天使孵化、风险投资、成长加速、产业并购、跨境投资各阶段的量子科技产业投资基金。全力支持有条件的量子科技企业上市融资。搭建科技成果与产业资本融通对接桥梁，成立量子科技成果转化引导基金，促进科技成果和产业技术转化应用。三是深化国际国内开放交流合作。搭建量子科技交流平台，持续办好湖南量子科技高地论坛，加强量子科技领域的国际国内交流合作，充分利用国际国内两种资源，提升量子

科技发展层次与水平。牵头组织国际大科学计划，参与国际、国内标准制定和技术规范建设，提高在全球、全国量子科技创新中的影响力与话语权。定期组织相关部门负责人及专业人员赴北京、合肥等地调研考察取经。深化长沙与合肥、济南、上海、北京等地协同开展量子科技重大项目和前沿技术联合攻关，实现产业错位竞争、融合发展。

表1　湖南省量子科技产业链创新图谱

		上游基础层			中游技术层							下游应用层				
		量子计算	量子通信	量子精密测量	量子计算系统	大规模数据处理	量子人工智能	量子路由	量子密钥分发	量子网络	量子精密测量设备	量子传感	量子测控系统	军事国防	量化金融	生物医疗	能源勘探	电信网络	人工智能
产业链		主要企业:中国长城科技集团湖南分公司、湖南汇思光电科技有限公司、湖南省导航仪器工程研究中心有限公司、湖南长城银河科技有限公司、湖南国科微电子股份有限公司等			主要企业:中国电子科技集团公司第四十八研究所、湖南省导航仪器工程研究中心有限公司、湖南省国科通导时空科技有限公司、长沙量子测量产业技术研究院有限公司等									主要企业:长沙量子测量产业技术研究院有限公司、长沙北斗产业安全技术研究院股份有限公司、中国电信股份湖南分公司、湖南省国科通导时空科技有限公司、湖南汇思光电科技有限公司等				
		目标招引企业:安徽鲲鹏量子科研装备有限公司、本源量子计算科技(合肥)股份有限公司分公司、科大国盾量子技术股份有限公司等			目标招引企业:中兴通讯股份有限公司、上海图灵智算量子科技有限公司、国科量子通信网络有限公司、国耀量子雷达科技有限公司等									目标招引企业:国仪量子技术(合肥)股份有限公司、山东国讯盘子芯科技有限公司、合肥量芯科技有限公司等				
创新链	创新平台	国家级:高性能计算国家重点实验室、合肥国家实验室的多比特离子逻辑处理研究室			国家级:高性能计算国家重点实验室、合肥国家实验室的多比特离子逻辑处理研究室									国家级:物质微结构与功能湖南省重点实验室、合肥国家实验室的多比特离子逻辑处理研究室				

续表

创新链	创新平台	省级：中国长城量子实验室、国防科技大学量子信息学科交叉中心、低维量子结构与调控教育部重点实验室等	校级：湖南师范大学交叉研究院、国防科大量子信息研究所、量子信息机理与技术湖南省重点实验室、低维量子结构与调控教育部重点实验室等	校级：物质微结构与功能湖南省重点实验室
	创新主体	院校：湖南大学、中南大学、国防科技大学、湖南师范大学	院校：湖南大学、中南大学、国防科技大学、湖南师范大学	院校：国防科技大学、湖南大学、湖南师范大学、中南大学
		企业：中国长城科技集团股份有限公司湖南分公司、湖南国科微电子股份有限公司、湖南汇思光电科技、中国电信股份有限公司湖南分公司等	企业：长沙量子测量产业技术研究院有限公司、中国长城科技集团股份有限公司湖南分公司、湖南省国科通导时空科技有限公司、中国电子科技集团公司第四十八研究所、湖南天衡导航仪器工程研究有限公司等	企业：湖南省国科通导时空科技有限公司等
人才链		陈平行团队、匡乐满团队、何军团队、孟建桥和束传存团队等	李福祥团队、陈平行团队、廖洁桥团队、周兰团队等	刘伟涛团队、刘红荣团队等

B.17
以前沿新材料构建湖南省科技版图的新引擎

陈旺民*

摘　要： 湖南是全国重要的新材料产业发展聚集地，在多个细分领域形成了特色和优势，但产业竞争力不强、科技创新动能不足、要素保障不实、产业发展生态不优等问题突出，创新主体、平台数量和质量不能有效满足高质量发展的要求。为此，本报告在"发挥集群作用，提升核心竞争力；提高创新能力，补足发展短板；加强要素建设，优化产业发展环境；培育优秀平台，打造湖南前沿新材料全产业链"等四个方面提出一些见解，为推动湖南省新材料产业发展提供参考。

关键词： 前沿新材料　高质量发展　湖南省

习近平总书记指出，新材料是制造业的基础，新材料产业是战略性、基础性产业，也是高技术竞争的关键领域，具有重大战略作用。加快先进材料产业发展，是党中央、国务院着眼建设制造强国、科技强国作出的重要战略部署。湖南要认真贯彻落实习近平总书记考察湖南重要讲话和指示精神，充分认识"三大现状"，破解"四大困局"、点燃"四味真火"，抢抓新一轮科技革命和产业革命趋势，加快壮大新材料产业，为推动传统产业转型升级和战略性新兴产业发展提供有力支撑，构建湖南省科技版图新引擎。

一　聚"新"成材，前沿新材料发展实力硬核

湖南省新材料产业的总量规模、市场规模在全国处于领先地位，并呈现快

---

* 陈旺民，湖南省社会科学院（湖南省人民政府发展研究中心）高级经济师，主要研究方向为区域经济。

速增长的态势，已形成7条特色鲜明的产业链、10个以新材料产业为优势的特色园区（基地），拥有多个国家级创新平台和省级创新平台，细分领域优势及产业集群效应显著，是全国重要的新材料产业发展聚集地。

（一）区域品牌好、创新能力强、市场规模大，总体发展迈出坚实步伐

一是因地制宜，区域"品牌好"。以先进储能材料、新型轻合金材料、先进硬质材料、碳基材料为重点，根据长沙、株洲、湘潭等城市自身优势发展特色前沿材料，围绕长沙碳材料与半导体材料、株洲硬质合金等，形成特色鲜明的新材料产业集群，在新材料领域培育了5家国家制造业单项冠军企业、10项单项冠军产品，126家国家级专精特新"小巨人"企业，构筑区域品牌和竞争力。2023年，全省被纳入统计的新材料企业实现全口径营业收入7700亿元，成为全国重要的新材料产业发展聚集地。预计到2025年，新材料产业营业收入达到8000亿元，年均增长率10%左右，培育年产值100亿元的企业10家以上，千亿园区达3个以上[①]。二是众星云集，创新"能力强"。依托湖南大学、中南大学等高等学府和众多国家级科研平台，发挥粉末冶金国家重点实验室、极端服役性能精准制造全国重点实验室、国家能源金属资源与新材料重点实验室等创新平台优势，在全国率先实施重大应用基础研究"揭榜挂帅"项目8个，精准靶向布局高新技术产业引领计划项目128项、重点研发计划项目620个，累计突破重大关键核心技术500余项。三是多点开花，市场"规模大"。明确先进钢铁材料、先进储能材料及动力电池、碳基材料等7条特色鲜明的新材料产业链，先进储能材料品种最齐全、产业规模和市场占有率全国第一，硬质合金产量全国第一、世界第二。新材料产业拥有高新技术企业2400家，国家高新技术产业化基地6个，实现高新技术产业增加值2700亿元，占全省高新技术产业增加值比重达到22.18%。

---

① 资料来源：《长株潭郴新型能源材料产业集群发展规划（2024-2028年）》。

（二）细分领域强、产品结构优、产业生态新，发展道路螺旋式上升

一是细分领域优势明显。湖南省培育了5个国家制造业单项冠军企业，10项单项冠军产品，126家国家级专精特新"小巨人"企业，6家科创板上市企业。部分新材料细分领域企业在国内外具有重要地位，产品市场占有率较高。湖南钢铁集团在海工、工程机械、油气管线、核电等领域树立多个国内第一技术门槛；株硬集团是亚洲最大的硬质合金产业基地；巴陵石化是亚洲最大的锂系合成橡胶生产企业；湘江涂料的汽车涂料、聚脲涂料处于全国领先地位；博云新材研制开发的粉末冶金复合材料和碳/碳复合材料及其制备技术填补了国内空白；蓝思科技成为全球消费电子产品防护玻璃行业领导者；岳阳东方雨虹是全国最大的高分子材料生产发运基地；美程陶瓷在细分领域温控器陶瓷开关盒成功替代德国EJO，国内市场份额在70%以上，新能源陶瓷密封圈成功替代日本京瓷，国内市场份额在50%以上。二是产品结构不断优化。积极落实工信部重点新材料首批次应用保险补偿机制，累计争取工信部支持企业50家次，项目246个，获得补贴金额25676万元，5年来累计获得工信部新材料保险补偿资金项目数量居全国第1位，资金额度居全国第3位。通过促进新材料产品推广应用，在部分细分领域涌现出一批具有显著优势的新材料产品。造船板、海洋平台用钢、极限薄规格耐磨钢等先进钢铁材料国内市场占有率第1；硬质合金材料在全国硬质合金产业中占据半壁江山；先进储能材料产业正极材料、前驱体等领域全国领先；锂系聚合物、己内酰胺、高分子复合材料等化工新材料产品优势突出；大飞机起落系统、装备大尺寸合金材料、高性能碳化硅纤维、芳纶材料、聚酰亚胺薄膜材料等取得突破性进展并进入产业化进程；高性能钛材、特种线缆、碳/碳复合材料、高性能难熔金属基复合材料、结构承载吸波复合材料等一批重点材料在航空航天、国防装备、核电等重要领域发挥关键作用。三是产业生态不断构建。国家新材料测试评价平台湖南区域中心落户长沙（全国1个主中心，四川、浙江、湖南3个区域中心），为中部地区新材料测试和评价提供了有力支撑，也为湖南省建设国家级新材料产业集群打下了坚实的基础。编制印发《湖南省新材料中试平台（基地）建设实施方案》《湖南省新材料中试平台（基地）认定管理办法》，将新材料中试平台（基地）纳

入《湖南省打造国家重要先进制造业高地若干财政支持政策》的支持范围，对通过认定授牌并投入运行的湖南省新材料中试平台（基地）给予补助。2023年5月，湖南省工信厅发布通知认定湖南师范大学先进化工材料中试平台等18个平台为省级新材料中试平台。

（三）有底气、迈豪气、彰朝气，产业发展势头曲折性前进

一是以碳基材料产业链为"底气"。湖南省在碳材料领域具有较强的研发基础，如中南大学、湖南大学、国防科大、湖南师大在碳材料领域都积累了很多先进成果；同时也拥有较好的产业基础，如顶立科技、博翔新材、金博科技、东映碳材、新锋科技等，具备把碳基材料产业链做大做强的产业基础和科研、人才基础。二是以先进金属产业链为"豪气"。湖南省金属材料生产企业的生产规模要向大迈进，加工精度高、含有专利技术的高端产品向高产迈进，综合成品率向高质量迈进，前沿研究领域还有很大空间。亟须发展集成电路引线框架、特高压输变电开关、高强高导铜基合金等高端铜合金材料。三是以先进能源材料产业链为"朝气"。目前，湖南省建立了具有中部领先水平的新能源产业链，兆瓦级风电整机年产能达到1000套以上，稳居全国前列，形成中部六省综合配套能力最强的风电产业集群；高效太阳能电池制造产能超过1GW，CVD、PVD及扩散氧化类设备具备较高的自主研发能力，产品达到行业一流水平；先进能源材料产业规模不断壮大，仅长株潭地区2023年产值就已突破1800亿元，形成了从前驱体、正极材料、负极材料、隔膜、电解液、电芯、储能系统到废旧动力电池回收的完整产业链条。

二 逐"新"前行，仍要破解新材料发展困局

（一）产业竞争力仍不强

湖南省新材料产业每年增速在10%左右，迎来加速发展期，产业规模不断扩大，产业化发展需求旺盛。与国内领先地区相比，湖南省新材料企业多，但普遍规模较小且分布散乱，产业整体规模仍不够大，龙头企业数量不多，深加工程度不足，多处于产业价值链的低端。一是产品结构性矛盾突出。资源主

导型、粗放型的产业多，大部分新材料产品档次偏低，高附加值的高端产品不多且规模化生产能力不强，部分中低端产品产能过剩。例如，化工新材料产业的中下游，一些国内紧缺的特种工程塑料、高性能聚烯烃树脂、高强度纤维、功能性膜材料、高端电子化学品供给不足。先进储能材料上游产业多分布在低附加值的"前驱体、正负极材料、电解液、隔膜"等环节，而江苏常州发力动力电池等高附加值领域，早先布局了储能技术研究院，引进了动力与储能电池生产及配套企业。二是产业上下游融合发展不够。部分新材料产品省内配套不足，与省内工程机械、轨道交通、航空航天、汽车、电子信息、新能源、生物医药、节能环保等新兴产业的对接不足，例如在钢铁材料上，湖南省在大型家用电器、新型互联网电器、新能源设备、高端汽车等产业上几乎处于空白水平，工程机械等优势产业也因近几年房地产、基建市场的低迷，需求量大幅下滑，导致湖南省高端钢材料产品在本地配套率较低，难以形成产业链上下游的联动与互补。如2023年WAMA公司生产的高端汽车板产品在省内销售量很少。铅锌钨主要原料产品省内仅能供应20%~30%，而铜铝镁等原料产品则基本依赖省外，除硬质合金精深加工技术比较领先外，铅锌锑铋等产品加工技术薄弱。三是骨干企业示范带动效应不够。湖南省在国内有较大影响的新材料企业不多，能够进入全国前500强的企业屈指可数，主营业务收入超10亿元的新材料企业不多，对产业链的带动作用不够。而江苏常州在动力电池领域已有300多家新能源汽车及核心零部件企业集聚，在理想汽车等头部企业带动下，2023年上半年常州税收收入超19亿元。

（二）科技创新动能不足

行业终端要求性价比高，而企业创新主体作用发挥不明显，企业自主研发、原始创新及成套技术开发能力不强，工程化能力较差。一是成果转化不畅。新材料技术实现商业化的时间平均在10年以上，R&D开销约为软件技术的数倍到数十倍；其商业模型更倾向于传统制造业，在产业化初期需要较大的固定资产投入，在中期需要建立稳定的渠道，进入供应链以获得市场的认可，后期需要在细分领域形成竞争优势以获得更好的议价能力和更好的利润水平。例如，湖南省钛带卷产业从2007年生产出中国第一卷大卷重宽幅钛带卷到2020年能参与国际钛带市场竞争用了十多年，且由于技术转化前期投入大及产品应用领域市场容量限制，行业整体盈利能力较弱。二是核心技术受制于人。部分新材料产品的关键核心技术受制于人，关键领域存在不少短板，高端新材料生产设备和检测仪器主要依赖进口，成套核心装备缺乏有效自主保障，关键核心设备、核心技术、核心零部件仍然以进口为主，高品质产品生产所需的工艺、装备和控制系统配套支撑能力不足，存在断供、断链风险。以高温合金制造装备为例，真空感应、保护电渣、真空自耗等冶炼装备均为德国、美国进口。超高温钐钴永磁和热压磁体技术及装备被美国等国外公司封锁。三是创新生态还需提高。苏州盛虹科技旗下的国家先进功能纤维创新中心，是全国第一家由民营企业牵头建设的国家级创新中心，采用"公司+联盟"的模式组建，拥有股东单位15家、联盟单位150余家，汇聚了聚酯纤维、聚酰胺纤维、高性能纤维产业链的众多领军企业和知名高校院所，在高端纤维材料、功能纤维材料等方向上取得重要突破，通过创新中心实现了技术突破向产业提升的无缝衔接①。湖南省产业集群内企业的关联度不高，没有形成完整的产业链上下游配套关系，同时企业与高校、科研院所之间"产学研"合作深度不够、产业链协同创新不足，集群内的创新平台未能及时充分发挥作用。

（三）要素保障不实

虽然湖南省新材料产业已具备良好基础，但与兄弟省份相比仍有差距，查找湖南前沿新材料发展的差距弱项，有助于为下一步湖南加快高地建设把脉问诊、寻标定向。一是用能成本居高不下。湖南省新材料企业大多属于高耗能企业，企业用电成本占总制造成本比重较高，以碳基材料产业为例，碳基材料中能耗成本约占产品售价的40%~60%，其中石墨提纯的电力成本占整个生产成本比重高达60%以上。湖南工业电价处于全国省（区市）前10位，在"双碳"战略之下，新材料企业新建项目选址将更加倾向于清洁能源资源、用电量充足、电价控制较低的地区，湖南省将面临新项目落地难、已有项目流失风险。二是金融成本持续走高。湖南省部分企业尤其是初创期的高科技企业，规模、信用级别低，可抵押资产少，从银行机构获得贷款的难度较大，多数企业依靠自有资金，市场渗透率低。省内上市公司占比不足5%，发行债券、融资租赁等新兴融资方式也

---

① 资料来源：《2024中国战略前沿新材料发展研究报告》。

存在较高门槛及成本，进一步提高了金融成本。三是原材料成本不断攀升。湖南省原料配套率仅为10%左右，湖南裕能等一批龙头企业主要锂矿资源依赖从江西宜丰外购，而相比之下江西锂矿电池原料配套率已达近100%。例如，锂矿资源本土企业控制和获得比例明显偏低，部分矿产资源被省外企业控制，导致资源和利润外溢，部分企业"炒矿"行为也严重制约全产业链构建。

（四）产业发展生态不优

产业服务体系、产业凝聚力及产业融合发展存在脱节现象，制约了新材料产业的高质量发展。一是产业服务体系还不完善，风险投资、金融体系等要素供给碎片化，不能有效地向新材料企业传导，上中下游企业间缺乏社会化专业协作，供需互动性不强，没有形成很好的协同创新生态。部分集聚区内主导产业与其他相关产业关联度低，未形成密切配合、上下游协作的专业化生产网络。二是产业凝聚力不够充足。新材料企业小而分散，大多集中在中下游环节，产业配套能力不强。江苏锚定"1650"不动摇，集中资源要素突破新兴产业，实施"筑峰强链"企业培育支持计划，建立5000家左右重点企业库，整合多方资源强化对重点企业的政策、人才、资金支持。而湖南省尚未形成合力，"孤岛现象"仍然存在，尚未形成科技、产业、组织、服务全方位思维。三是产业融合发展仍有障碍。多数先进能源材料企业原创性成果和颠覆性产品较少，拥挤在传统发展模式赛道，导致发展不平衡不充分。新材料产业研发与省内工程机械、轨道交通等优势产业匹配度不高，集群与其他产业发展有所割裂。资源分布与负荷极不平衡，风电、光伏等资源主要集中在湘西南等偏远地区，而负荷则主要集中在长株潭地区。

三 革故鼎"新"，形成湖南省新材料产业燎原之势

（一）点燃集群之"火"，提升核心竞争力

一是凝血脉，加快产业结构转型升级。实施锻长板材料"领军能力建设行动"，支持产业链重点企业面向国内外市场需求，巩固和强化竞争优势，打造一批重点产品，实施湘钢宽厚板技改和先进金属材料精深加工等项目，扩大海工、船舶用钢等领域的竞争优势。立足湖南省在己内酰胺及高强度橡塑复合材料、高

功能绿色环保涂料、高性能催化材料、高效能农用化学品等细分领域的比较优势，开发一批前沿技术，抢占一批科技制高点，不断提升生产技术水平和优势产品供给能力，进一步提升新材料产业发展层次。二是壮筋骨，补齐产业链发展短板。重点聚焦航空航天、轨道交通、工程机械、国防装备、集成电路等应用领域，滚动制定关键材料产品目录，实施"短板材料攻关行动"，增强产业链供应链自主可控能力。围绕产业链的"卡链处""断链点"，支持龙头企业、链主企业牵头组建创新联合体，加快天辰工程新材料、时代华鑫高端PI膜等重大项目建设，进一步招引高分子新材料、化纤新材料等龙头企业，推动基础化工原料向化工新材料延伸发展，有针对性地实施一批强链补链项目，加快实现所需原辅材料、生产设备的国产化替代和就近配套。三是强根基，推动产业融合发展。鼓励产业链领航企业开展供应链创新与应用示范，带动上下游企业加强研发设计合作，联合提升材料的性能和质量稳定水平。加强省内石化化工企业上下游对接合作，强化乙烯、己内酰胺产业链与省内轻工纺织、工程机械、轨道交通、汽车等行业联动发展。推动新材料企业与下游用户耦合协同发展，由材料供给向零部件开发延伸，提供一体化的材料系统化解决方案，促进生产型制造向服务型制造转变。

（二）点燃创新之"火"，补足发展短板

一是重点突破，加强核心技术攻关。加快在先进储能材料、先进硬质材料、高能量密度电池材料、医用高分子材料、高性能纤维及复合材料等方面实现突破，推动新技术、新工艺、新产品的产业化应用，增加高性能、功能化、差别化产品供给。开展以产业需求为导向的应用基础研究和关键核心技术攻关，以中车为牵头单位成立湖南省氮化硅陶瓷基板研发中心，从原材料到陶瓷覆铜板以及蚀刻、IGBT模块全产业链开发，重点加快工程塑料、特种橡胶、高性能纤维等高端化工新材料、特种新型专用化学品在汽车、航空、电器、通信、生命科学、环保和能源等领域的应用，打通关键核心技术，从需求侧引导企业加快向中高端产品制造转型，向价值链中高端转移。二是融会贯通，推动产学研一体化。整合省内科技资源，主动对接国家创新体系，构建以企业为主体、市场需求为导向的产学研合作机制，以国防科大、中南大学、湖南大学等为依托，加强跨学科、跨领域的技术攻关和创新团队建设，促进基础研究与应

用开发紧密结合。借助长沙建设全球研发中心城市契机，围绕高温合金、超导材料、生物医用材料、3D打印材料等前沿材料的人才和产业化项目，利用中南大学、湖南大学、国防科技大学等人才和专业优势，与新材料研发生产及应用的龙头企业合作。三是引凤筑巢，加强人才引育。充分利用湖南省强大的院校科研力量，深入落实"芙蓉人才行动计划"，加大高层次团队、人才引进和服务保障力度，构建和完善以政府引导、前沿材料企业为主体、高校和科研机构为基础的开放式人才培养和梯队建设体系。瞄准国内外高端前沿材料领域顶尖人才，柔性引进国际一流前沿材料领域科学家、工程技术专家。加大技能人才培养力度，支持职业院校优化相关学科设置，推进材料专业向应用技术延伸。健全前沿材料科技人才评价体系，推动人才制度国际化发展，建立与国际接轨的人才引进、评价和服务保障机制。

（三）点燃要素之"火"，优化产业发展环境

一是起好头，当好产业用能"护航员"。抓好以电力为基础的能源支撑，加快推进宁电入湘等重大项目建设及湘粤"背靠背"联网工程、疆电入湘前期工作，建立用能白名单制度，优先保障先进能源材料产业集群重点企业用电用气供应，给予一定价格补贴；抓好以算力为代表的新基建支撑，推动5G基站在先进能源材料产业重点园区、重点工业企业布局，加快建设数据中心和智能计算中心。二是开好局，做好企业金融"管理员"。按照"存量调整、增量增加"原则，设立先进能源材料产业集群发展专项资金，建立风险补偿机制，与中央、省相关资金配套。推动金融机构加大对先进能源材料高新技术企业、专精特新企业的信贷投放额度和减费让利幅度，发挥国家重大产业基金、政府投资基金、国企投资基金作用，投资优质储能电站资产项目和储能产业链股权项目，带动市场化基金投入，更好投早、投小、投长、投科技。三是迈好步，成为企业合作"沟通者"。支持与鼓励省内重点钢铁企业"走出去"，参照湖南钢铁集团与FMG公司的合作模式，加大对海外矿产资源的投资力度，提高铁矿原材料的自主可控能力。同时，全力推进"宁电入湘"工程，弥补湖南高峰用电缺口，降低企业用电成本。引导三一集团、中联重科、山河智能、星邦重工等企业加强协同合作，共同参与供应链标准体系的建设，探索企业共性原材料及共性技术的资源共享，推动各主机企业进一步通过对非核心的共性原

材料及共性技术进行标准化、模块化升级，形成湖南工程机械全行业、全产业链的统一标准，实现统一配套，形成合理配套半径。

（四）点燃平台之"火"，打造湖南前沿新材料全产业链

一是"定向培养"，积极培育"链主"企业。支持龙头企业湖南钢铁集团加快智能化、自动化、绿色化发展，优化产品结构，大力发展取向硅钢、超薄规格耐磨钢、特厚临氢压容板、海工用管等中高端产品，稳定对外出口规模，大力拓展国内市场。巩固湖南省硬质合金在国内规模最大的产业优势和行业领导地位，不断提升高端硬质合金产品供给能力，打造具有国际竞争力的硬质合金、超硬材料产业链，构建以株硬集团为"链主"企业的高性能硬质合金材料产业链。依托全国领先的汽车涂料、聚脲涂料龙头企业湘江涂料，整合上下游产业链，扩大功能高分子材料、石化合成先进化工材料、轻量化材料、功能性涂料、绿色环保涂料等产能规模，打造具有较强国际竞争力的先进化工材料产业集群。二是"重点捕捞"，培育壮大优势企业。鼓励引导企业与资本强强联合、兼并重组和投资，培育一批"单项冠军"企业，以商引商、补链强链促进新材料行业集聚发展。培育新材料行业"独角兽"企业，建立重点新材料企业库，鼓励入库企业通过兼并重组、国家重大项目布局等方式，实现跨越式发展。推动德赛、中伟、长远锂科、邦盛、湖南海利等企业发展和项目达产达效，加快湖南邦普循环等一批电池循环利用项目建设，进一步巩固扩大新材料产业集群规模优势。参照湖南钢铁集团与FMG公司的合作模式，加大对海外矿产资源的投资力度，提高铁矿原材料的自主可控能力。三是"全面撒网"，推进市场主体"化学融合"。发挥龙头企业示范作用，重点围绕工程机械、轨道交通装备、中小航空发动机、人工智能、量子科技等领域对关键支撑及配套材料的应用需求，依托中车株机、株硬集团、时代新材、晟通科技、湘投金天等一批龙头骨干企业以及相关高校重点实验室、有关科研机构，建立网络化组织，促进要素、信息的交流、互动和共享，加快不同主体间的"化学融合"。鼓励三一重工、中联重科等龙头企业关键配套技术向外扩散，引导中小企业积极承接配套技术，培育一批特色新材料中小企业，构建大中小企业有效配套与协作、共生共赢的产业发展生态。

表1 湖南前沿新材料产业图谱

序号	前沿新材料	部分代表企业名称	行业领军人物	备注
1	石化化工前沿材料	1. 岳阳兴长石化股份有限公司 2. 邦弗特新材料股份有限公司 3. 湖南丽臣实业股份有限公司	1. 王基铭（中国工程院院士，现任中国石化集团公司科学技术委员会资深委员） 2. 舒兴田（现任石油化工科学研究院学术委员会副主任，中国石化集团公司科学技术委员会资深委员，中国工程院院士） 3. 李大东（中国工程院院士，石油化工科学研究院学术委员会主任，北京大学兼职教授）	人才团队为在湘行业代表人物、与建议强化对接推进实质合作的行业专家
2	金属前沿材料	1. 株洲硬质合金集团有限公司 2. 湖南有色金属控股集团有限公司 3. 湖南黄金股份有限公司	1. 赵中伟（中国工程院院士，中南大学教授，博/硕士生导师，中原关键金属实验室常务副主任） 2. 邢丽英（航空结构功能一体化复合材料技术专家，中国工程院院士，中国航空制造技术研究院科技委副主任，中国航空制造技术研究院复合材料技术中心首席科学家） 3. 吴爱祥（中国工程院院士，北京科技大学教授、校务委员会副主任/原副校长，现任国务院学位委员会学科评议组成员、教育部矿业类专业教指委副主任、中国矿山安全学会副会长、中国金属学会采矿分会主任）	人才团队为在湘行业代表人物、与建议强化对接推进实质合作的行业专家
3	非金属前沿材料	1. 湖南博云东方粉末冶金有限公司 2. 中材高新材料股份有限公司 3. 醴陵华鑫电瓷科技股份有限公司	1. 黄伯云（中国工程院院士，中南大学教授，"高性能炭/炭航空制动材料的制备技术"的发明人） 2. 余永富（中国工程院院士，长沙矿冶研究院教授级高工、博士生导师） 3. 南策文［中国科学院院士，清华大学材料科学与工程研究院院长、教授、博士生导师，国际陶瓷联盟（ICF）理事长、中国硅酸盐学会副理事长等，曾任亚洲电子陶瓷协会主席］	人才团队为在湘行业代表人物、与建议强化对接推进实质合作的行业专家
4	先进能源材料	1. 湖南湘投新能源有限公司 2. 湖南科力远新能源股份有限公司 3. 湖南中伟新能源科技有限公司	1. 丁荣军（电力电子及控制技术专家，中国工程院院士，教授级高级工程师，国务院政府特殊津贴获得者） 2. 顾国彪（电机学专家，中国工程院院士，中国科学院电工研究所研究员、博士生导师，电力设备新技术实验室主任）	人才团队为在湘行业代表人物、与建议强化对接推进实质合作的行业专家

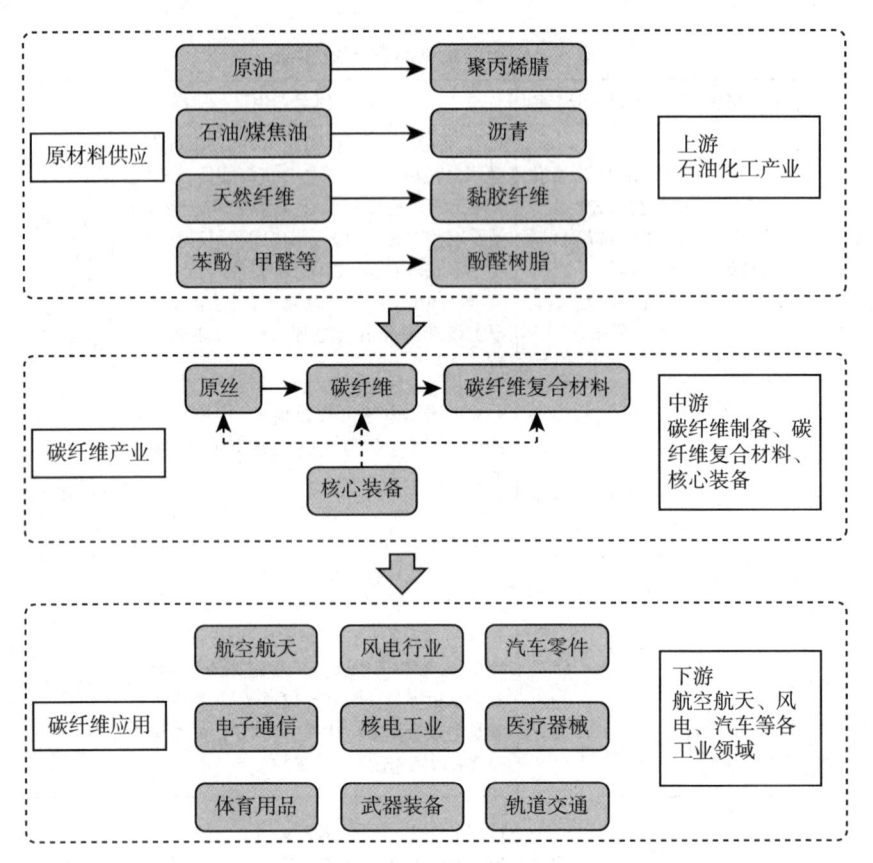

图1　碳纤维产业链

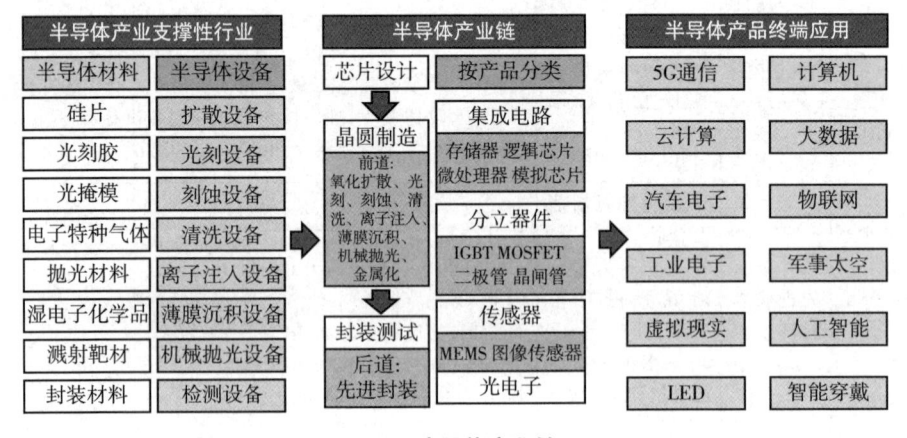

图2　半导体产业链

图 3 先进金属产业链

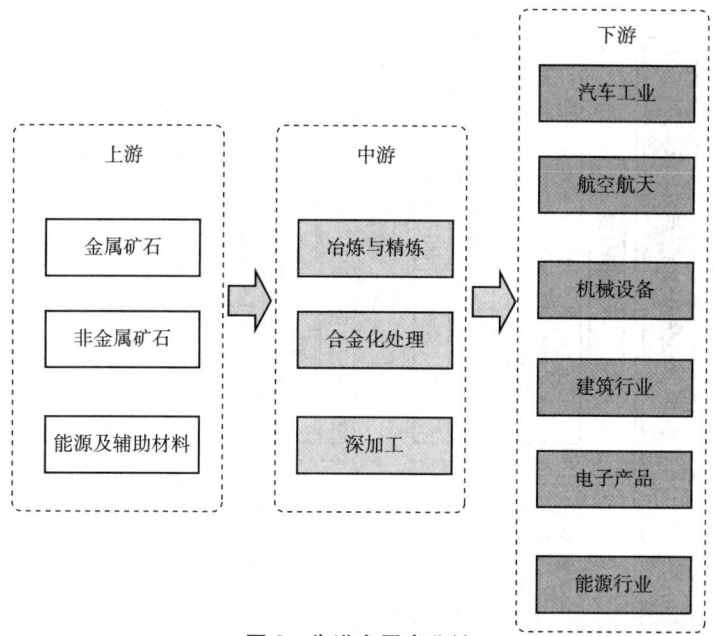

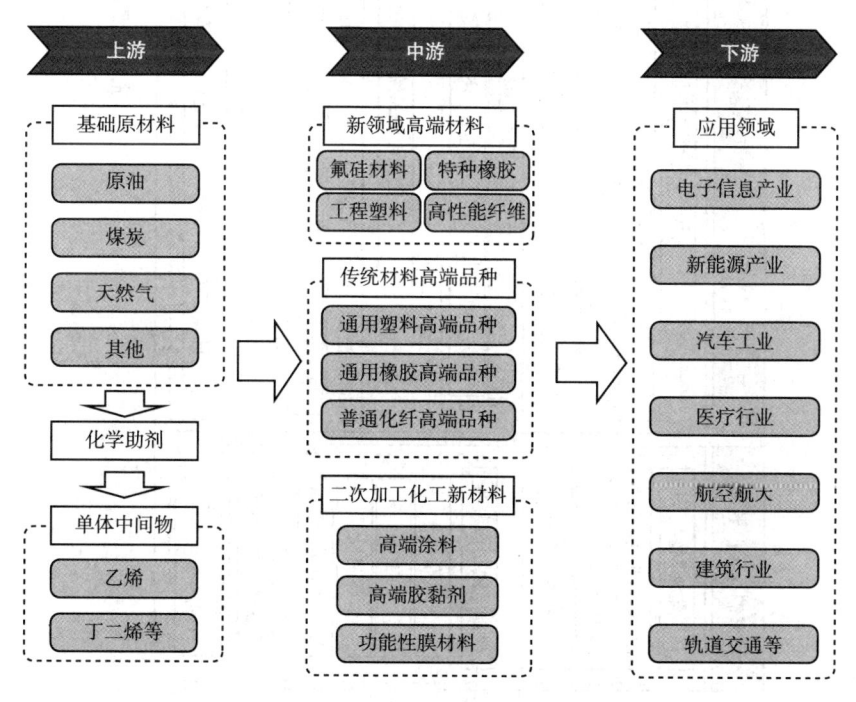

图 4 现代化工材料产业链

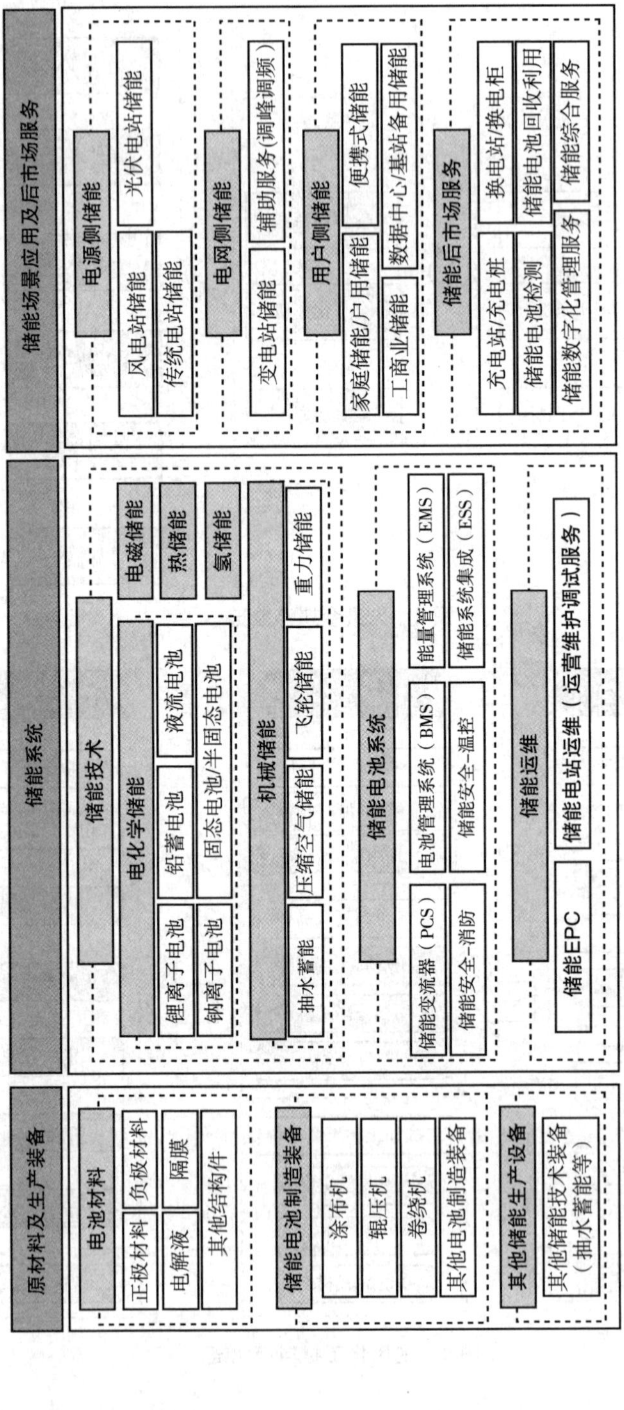

图 5 先进能源材料产业链

参考文献

黄伟、苏晓丽、赵江宁等:《基于 Cite Space 的严重创伤患者低体温研究的可视化分析》,《临床医学研究与实践》2023 年第 4 期。

HONG G, DIAO S, ANTARIS AL, et al. Carbon nanomaterials for biological imaging and nanomedicinal therapy. Chem Rev. 2015; 115 (19SI): 10816-10906.

杨丽萍、段培蓓、杨玲等:《肿瘤患者疼痛疲乏睡眠障碍症状群的研究现状及热点可视化分析》,《中华全科医学》2023 年第 1 期。

田娇、赵锡丽、冉倩:《基于 Web of Science 数据库的糖尿病饮食研究的可视化分析》,《循证护理》2023 年第 21 期。

邹婧、楚尧娟、杜秋争等:《酪氨酸激酶抑制剂在 HER2 阳性乳腺癌中应用的可视化分析》,《中国药房》2023 年第 24 期。

王嘉昀、吴俏兰、高祖等:《基于科学知识图谱的桔梗研究热点与趋势分析》,《中医药导报》2023 年第 10 期。

张春婷、李波、谢立国等:《温泉微生物合成的碳纳米材料在生物成像方面的应用》,《材料科学与工程学报》2023 年第 4 期。

创新篇

B.18 湖南科创平台建设的现状分析及对策建议

郑自立*

摘 要： 建设一批高水平科创平台是培育和发展新质生产力的重要基础，是现代化产业体系建设的重要战略支撑和引擎动力，是当前奋力谱写中国式现代化湖南篇章进程中亟须完成的一项重要现实课题。报告从基础设施建设、创新平台建设、科技创新成果、科技创新生态等方面回顾和总结了近年来湖南在科创平台建设方面取得的重要成绩，基于较为充分的比较分析，发现湖南在科创平台建设方面还存在科创平台建设的空间布局与区域协同创新不优、科创平台建设的创新要素供给不足、科创平台建设的创新环境支持不力以及科创平台建设的管理体制不顺等问题，有针对性地从重"整合"、做好"引领"大文章，明"需求"、做优"协同"大文章，畅"渠道"、做实"转化"大文章，精"施策"、做强"保障"大文章等方面提出了系列对策建议。

关键词： 科创平台 要素供给 创新生态 湖南省

---

* 郑自立，法学博士，湖南省社会科学院（湖南省人民政府发展研究中心）研究员，主要研究方向为马克思主义理论与文化产业发展。

习近平总书记强调：推进中国式现代化必须"深入实施创新驱动发展战略"，"加快实现高水平科技自立自强"。① 《中国共产党湖南省第十二届委员会第六次全体会议决议》强调："要着力做好科技创新这篇大文章"，"因地制宜培育和发展新质生产力"。科技创新平台是科技创新的主要阵地，是产业发展的重要创新策源点。建设一批高水平科创平台是抢占事关长远和全局的科技战略制高点、培育和发展新质生产力的重要基础，是现代化产业体系建设的重要战略支撑和引擎动力，这也成为当前奋力谱写中国式现代化湖南篇章进程中亟须解决的一项重要现实课题。

一 湖南科创平台建设取得的进展

近年来，湖南陆续出台了《湖南省打造具有核心竞争力的科技创新高地规划——湖南省"十四五"科技创新规划》《湖南省技术转移示范机构认定管理办法》《湖南省新型研发机构管理办法》等政策文件，加快科技创新平台建设，成效不俗，以高质量创新供给不断增强经济竞争力。

（一）基础设施建设卓有成效

电力设施、算力设施、动力设施是科创平台建设的重要基础设施。近几年，湖南省"三力"体系化建设成效显著，为科创平台建设提供了有力支撑。从算力设施建设来看，目前，湖南省的人工智能算力已经达到了1200PF，走在了全国前列。同时，湖南省也是银河和天河超级计算机的发源地，超算算力达到200PF，走在了全球和全国前列。建成和在建数据中心51个、标准机架17.2万架，5G基站数量居全国第八位。长沙新一代自主安全计算系统产业集群成为计算领域唯一的国家级先进制造业集群。从电力设施建设来看。大力推进"宁电入湘"，每年可从宁夏向湖南输送电量超360亿千瓦时。湖南省的抽水蓄能电站等工程、新型储能装机居全国第2位，可再生能源电力消纳量占全社会用电量比重超过50%，居全国第5位、中东部第1位。从动力设施建设来

---

① 《中国共产党第二十届中央委员会第三次全体会议文件汇编》，人民出版社，2024，第30页。

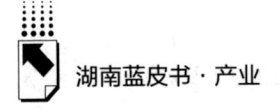

看，湖南省国产计算机本地配套率达到90%，实现了电脑整机"湖南造"、关键零部件"湖南产"、核心元器件"湖南芯"。

（二）创新平台建设行稳致远

近些年，省委、省政府坚持高位推进创新平台建设工作，创新平台建设呈现出涵盖领域较广、服务主体较为多元等特点，建设稳步推进。截至2023年末，全省累计布局建设国家科技创新平台151家，其中科技序列51家、发改序列85家、工信序列1家、军民融合序列14家，排名均居全国前列、中部前3位（军民融合序列平台数量居全国前列、中部第1位），省级科技创新平台1478家。特别是在优势产业领域和新兴产业领域的创新平台建设上都有一些惊艳表现（见表1）。比如，在优势产业领域，杂交水稻全国重点实验室为全国首批完成优化重组的20家标杆实验室之一，水稻育种、木本油料、淡水鱼等领域会聚一批享誉全国的院士专家。在新兴产业领域，湘雅医院牵头组建国家代谢疾病、精神疾病和老年临床医学研究中心，在中部地区居领先地位；国防科技大学北斗团队聚集了国内北斗产业80%以上的核心技术资源；长沙天仪空间科技研究院打造了全球领先的卫星数据一体化服务平台，等等。

表1　湖南科技创新平台的行业分布

单位：家

行业	工程机械	轨道交通装备	现代农业	数字产业	新能源	大健康	现代石化
国家级平台数量	22	9	13	9	13	16	18
省级平台数量	143	29	130	155	78	162	99

资料来源：作者根据官方数据整理。

（三）科技创新成果硕果累累

得益于湖南科技创新平台建设的增能增效，近几年是湖南创新态势最活跃、创新综合实力提升最快、支撑引领作用更强劲的时期。2023年，湖南企业创新综合指标在全国排第8位，在湘高校经认定登记技术合同在本省转化占比50%以上，全省创新综合实力连续进位到全国第9。2023年，湖南"十大技术攻关项目"累计突破关键核心技术147项,取得"首"字"最"字号成果17项,涌现了铁建重工世界首台可变径斜井岩石隧道掘进机、中国电子科技集团公司第四十八研究所8英寸碳化硅外延设备、衡变深远海风电输变电装备等国际领先技术成果,为攻克制约产业发展的关键核心"卡脖子"技术难题补链强链。2024年以来,长沙全球研发中心城市建设硕果累累,十个重大科技创新项目完成投资17.94亿元,在研科技重大专项项目突破关键技术89项。

(四)科技创新生态持续优化

创新环境是新质生产力和新动能发展的基础,近些年,省委、省政府从加强顶层设计、优化政策环境、提升服务科技创新的城市品质等方面着力,推动湖南省科技创新环境不断优化。从加强顶层设计方面来看,湖南省委十二届四次全会提出实施"4+4科创工程"、建设长沙全球研发中心城市等"五大标志性工程",为湖南省科技创新发展指明了方向、明确了抓手、坚定了信心。从优化政策环境方面来看,制定出台《湖南省加快高等院校科技成果转化的若干措施》,推动高校科技成果实现科研价值向商业价值的转化。近几年,湖南省高校技术合同成交额年均增长36%,在湘转化占比由42%上升到51%,对全省经济发展的贡献稳步提升。制定出台《全方位培养引进用好青年科技人才 奋力打造青年科技湘军的若干措施》,支持青年人才勇闯"从0到1"的"无人区"。近两年,湖南免于评审、直接遴选40岁以下科技人才项目达277项。2023年,湖南创新实行专家荐才机制,47名"拔尖""荷尖"人才通过院士专家直接推荐、免于评审产生,占该年度立项总数的11%。从提升服务科技创新的城市品质方面来看,目前长沙房价成为全国过万亿的大城市中最低的房价,再加上教育、医疗改革成效突出,使得长沙连续15年获得中国最具幸福感城市称号,实现"三线城市的生活成本、一线城市的生活品质"。

二 湖南科创平台建设存在的问题

目前,湖南科创平台在带动区域科技创新能力的实际绩效上与一些兄弟省份相比仍然存在不小的差距。据《中国区域科技创新评价报告2023》,尽管相比2012年,湖南的综合科技创新水平指数排名提升了3位,但与江西、安徽、广西、贵州、重庆、河南等中西部省份相比，上升势头仍显得滞后，像江西的排名上升了9位，安徽的排名上升了8位，广西和贵州的排名上升了6位，重庆和河南的排名上升了5位。具体来看，湖南省在科创平台建设上主要存在以下几个方面的问题。

（一）科创平台建设的空间布局与区域协同创新不优

总的来看，目前湖南省科创平台建设呈现不均衡的空间布局状态，是一种以长株潭为"核心增长极"，以岳阳、益阳、常德、衡阳为"次级增长极"的点极分布态势。高能级的科创平台主要集中在长株潭地区，占比接近七成，而湘南、湘西地区的科创平台建设相对滞后，呈零星式点状分布。这种布局显然不利于科技创新资源的集约、互补，影响科技创新的可持续发展能力。在目前这种空间布局状态下，长株潭城市群成为湖南省科创平台建设的核心支撑区，这三市之间的协同性情况具有典型意义。据《2023"中国100城"城市创新生态指数报告》，长沙市的"创新协同互动"指数排名第37位，不在第一方阵，这就在一定程度上反映出目前长株潭三市在创新协同方面还不顺畅。而相比较而言，京津冀地区、长三角地区的区域创新共同体建设取得了长足进展，效果较佳。据《京津冀协同创新指数（2022）》，2013~2020年，京津冀地区协同创新指数从100增长到417.27，年均增速达22.6%；据《长三角区域协同创新指数（2023）》，长三角地区区域协同创新指数从2011年的100增长至2021年的262.48。

（二）科创平台建设的创新要素供给不足

从研发投入水平来看，2022年湖南研发经费投入突破1100亿元，但与广东、江苏、北京、浙江等省市相比仍有较大的差距（见表2）。从研发主体来看，据《中国区域科技创新评价报告2023》，每万名就业人口中R&D人员数上，湖南落后于同属于中部地区的湖北、安徽，湖北排名第10位，安徽排名第11位，湖南排名第12位；在规上工业企业中有研发机构的企业占比上，湖南落后于同属于中部地区的安徽、江西、湖北、山西、河南，安徽排名第3位，江西排名第4位，湖北排名第7位，山西排名第11位，河南排名第12位，湖南排名第13位。从城市创新力来看，2022年，长沙研发投入约为深圳的1/5，杭州、成都、重庆、南京、西安的1/2，成果转化率也面临"三个1/3"的现象，即1/3科研成果能够实现转化，能够实现转化的成果当中只有1/3落在长株潭都市圈，落在长株潭都市圈中的只有1/3能够成长为市场主体。此外，据《中国创新人才指数2023暨核心指标走势2021—2023三年对比分析》报告，在中国创新人才指数2023（城市）综合排名榜单，长沙列第15名，排名低于武汉（列第7名）、成都（列第11名）、西安（列第12名）等中西部城市。

表2 2022年部分省市研究与试验发展（R&D）经费情况

单位：亿元，%

地区	R&D经费	R&D经费投入强度
广东	4411.9	3.42
江苏	3835.4	3.12
北京	2843.3	6.83
浙江	2416.8	3.11
山东	2180.4	2.49
上海	1981.6	4.44
湖北	1254.7	2.33
四川	1215.0	2.14
湖南	1175.3	2.41

资料来源：作者根据官方数据整理。

（三）科创平台建设的创新环境支持不力

据《中国区域科技创新评价报告2023》，在创新环境支持的综合指数值上，湖南要低于同属于中部地区的湖北、安徽，安徽的创新环境指数值为78.56，全国排名第3位，湖北创新环境指数值为76.19，全国排名第6位，湖南创新环境指数值为70.74，全国排名第11位，不在第一方阵。具体来看，在国家备案众创空间平均服务初创企业数方面，湖南低于同属于中部地区的山西、湖北、河南，全国排名第14位，不在第一方阵；在科普活动参与率方面，湖南在中部六省中的排名仅高于山西，全国排名第26位，比较靠后。在知识产权拥有量方面，2023年，湖南万人发明专利拥有量达13.16件，而2023年江苏全省万人发明专利拥有量已突破60件，有较大差距。即使与同属于中部地区的安徽（28.2件）、湖北（24.78件）等省份相比亦有一定的差距。在经济对外开放度方面，2022年湖南实际使用外商直接投资额为24.1亿美元，而同年广东为254.66亿美元，上海为239.56亿美元，北京为174.1亿美元，与这些省份相比差距比较大。而2023年湖南实际使用外商直接投资额又有下降，仅有14.36亿美元。在公共财政投入方面，2022年湖南公共财政支出中科技支出占比为3.11%，而同年同属中部省份的安徽公共财政支出中科技支出占比高达6.1%，两者差距较大。

（四）科创平台建设的管理体制不顺

目前，湖南省一些地市在对科技创新平台建设的管理上存在缺乏统筹、多头管理的问题。调查发现，在株洲市的市级科技创新平台管理上，呈现"重挂牌、轻建设"的局面，在建设管理上，由市科技局、市工信局、市发改委等部门实行分散式考核管理，相互之间缺乏沟通联系，未能实现统一步调和协同推进，管理效能不高，导致科技创新平台建设未能顺应地方产业深度融合发展的需要。株洲市的市管科创平台存在粗放增长、交叉重叠、相互封闭的状况，一个单位存在同时取得多个部门或不同级别的科技创新平台立项建设情况，影响科技创新活动效率。类似的情况，在其他一些地市亦有不同程度地存在。

三 推进湖南省科创平台建设的对策建议

为加快构建"4×4"现代化产业体系，结合之前的分析和研究结论，借鉴国内外相关有益经验，未来几年湖南省在推进科创平台建设上，需要从以下几个方面发力。

（一）重"整合"，做好"引领"大文章

一是重视发挥长株潭都市圈在全省科创平台建设中的引领示范作用。大力支持长沙、湘潭、株洲打造引领全省创新发展的策源中心，引导其他地市根据自身特色优势找准创新定位，创建区域创新中心，形成科学合理、特色鲜明、优势互补的全省区域创新布局。积极对接国家有关部委在中部地区和粤港澳大

湾区的科技战略布局，以湘江科学城为核心打造沿江科技创新走廊。进一步加强整体谋划、完善空间布局，集成重大科技基础设施、国家级和省级科技创新基地平台和园区、重大科技项目等创新资源，支持省域内各大科技创新平台发挥自身优势、加强联动。二是加快构建创新要素全省统一大市场。进一步强化全省创新要素的协调管理和合理配置。鼓励和支持公共性质组织牵头，联手省内高校、科研院所、行业龙头企业，以合作共建、战略协议、互持股份等联结模式，打造具有国际竞争力的区域创新共同体，吸引省内外人才、资金、技术等创新要素的聚集和有效整合。三是注重推进跨学科、多层次的整合式科创研究。打造一批在全国有影响力的跨学科、多层次整合研究科创平台，构建从基础原理到实际应用的全链条资助模式，促进科技原创力、引领力的快速提升。

（二）明"需求"，做优"协同"大文章

一是促进不同类型的科创平台协同发展。紧紧围绕湖南省工程机械、先进轨道交通装备、航空动力、现代农业、文化旅游等优势产业发展需求，统筹国家实验室、省级重点实验室、大科学装置等重大科技科创平台，组建优势产业科创平台集群。与国家部委和北京、上海、深圳、安徽、武汉等科技强市加强合作，采取共建、设立分中心等形式争取更多技术领先的重大科创平台落地湖南。面向湖南科技领域的紧要需求和未来产业领域，鼓励和支持公益性质组织牵头，联手相关高校、科研院所和企业加快组建一批有核心竞争力的新型研发机构。二是建立健全以需求为导向的"虚拟大学园"引培机制。推动长沙市政府和长沙高校、研究所合作组建"长沙虚拟大学园"，根植于长沙、联络湘潭株洲、服务周边、辐射全国，吸引国内外顶尖高校、科研机构、央企和世界500强企业人才来湘发展，建立健全为企业量身定做的订单式人才培养体系。推动湖南工商大学、湖南科技大学、长沙学院加快建设特色优势学科，支持湖南师范大学、湘潭大学创"双一流"，集中各地优质科教资源打造若干具有知名度和辨识度的高职院校。三是大力提升源头创新能力。鼓励湖南优势产业的龙头企业采取灵活形式自建科研机构，进行源头性创新。构建适应新时代新要求的自然科学基金体系，优先支持源头性创新项目。引导科创企业与其契合度高的高校加强校企合作，共建需求方向明

确、特色鲜明的产学研联合科创平台。创新科研资产管理方式，推动平台开放共享，提高科创资源利用效率。

（三）畅"渠道"，做实"转化"大文章

一是构建线上线下融合技术转移服务体系。依托湖南科技大数据中心和湖南省中小企业公共服务平台、湖南科技成果转化公共服务平台、湖南省专利信息公共服务平台等公共服务平台，建立健全湖南科技成果信息采集汇交工作体系，促进形成科创资源池、线上平台和线下服务共同体。二是分类组建"传统产业、优势产业、新兴产业、未来产业"等4个科技成果转化工作专班。推动省属高校和科研院所联合建设湖南省技术转移学院和湖南技术经理人的资源共享平台，打造全国示范性、标杆性技术经理人培养基地，建设一支高水平的技术经理人队伍。建立科研成果沿途孵化机制，以四大实验室为试点设立成果转化运营公司，优化完善"研发机构+孵化公司+投资平台"转化模式，促进重大科技成果加速落地转化。三是推动科技企业孵化器（众创空间）管理和服务能力提升。建设集设计研发、检验检测、成果推广、创业孵化、投融资等功能于一体的产业创新服务综合体。

（四）精"施策"，做强"保障"大文章

一是加大科创平台建设的资金支持力度。设立长株潭科技创新专项基金。贯彻实施国家支持科技创新专项担保计划，发挥国家级、省级融资担保基金的体系引领作用，针对科学、技术、工程、产业等不同重大科创平台类型和阶段性特点，给予精准支持，撬动更多金融资源支持科创平台建设。鼓励和支持科创平台通过市场化运营方式吸引社会资本、金融资本等参与平台建设。二是压实高能级科创平台建设的主体责任。根据高能级科创平台建设运行规律和特点，制定出台新型研发机构审计办法，进一步明确新型研发机构的性质、功能定位、法律权利义务关系、审计监督办法等，为打破传统单位属性束缚、探索体制机制创新提供法治保障。完善科创平台绩效分类评价机制，聚焦重大成果产出和科技成果转化，建立经费支持、项目支持政策与科研绩效相挂钩的动态优化机制，切实提高财政资金投入绩效。三是提升科创平台的自主管理权。调整对事业单位性质的科创平台管理模式，对之实行企业化管理、市场化运营，

保证平台机构设置的灵活性。推动科创平台实行全员聘用制，自主开展职称评审、证书发放和评审结果使用，明确要求省内各级人事、组织部门认可平台的职称自主评审结果。赋予平台薪酬分配自主权，支持平台实行市场化的内部薪酬分配机制。

参考文献

《中国共产党第二十届中央委员会第三次全体会议文件汇编》，人民出版社，2024。

李飞等：《战略科创平台——建设逻辑、实践模式与发展框架》，浙江大学出版社，2024。

庄炜玮、张卫平、路文杰：《双链驱动下的河北省科技创新平台高质量建设研究》，经济管理出版社，2024。

中国科学技术发展战略研究院：《中国区域科技创新评价报告2023》，科学技术文献出版社，2023。

杜德斌：《全球科技创新中心：理论与实践》，上海科学技术出版社，2024。

B.19 用好供应链金融这一战略性工具的对策建议

湖南省社会科学院（湖南省人民政府发展研究中心）调研组*

摘　要： 供应链金融本质上是金融机构基于企业所处产业链供应链信息来评估企业信用，是对传统中小微企业融资模式的突破和创新。当前，湖南省供应链金融进入稳步发展期，如创新推出"一链一行、一链一策"服务模式，加快建设供应链金融服务平台，积极创新供应链金融产品等。但从湖南实践来看，供应链金融实际应用效果尚未达到预期，亟须进一步研究推动供应链金融数据采集、治理和使用相关标准及流程的统一，推动实现数据共治和信用传递，开发适应业务场景需要的金融产品和服务，试点建设供应链金融示范区或产业园，引导金融机构创新发展供应链金融。

关键词： 供应链金融　制造业　高质量发展　湖南省

金融是国民经济的血脉，是国家核心竞争力的重要组成部分。当前，湖南企业融资难、融资贵问题还比较突出，金融支撑打造国家重要先进制造业高地还存在不足。供应链金融本质上是金融机构基于企业所处产业链供应链信息来评估企业信用，是对传统中小微企业融资模式的突破和创新。因此，供应链金融被认为是解决中小微企业融资难融资贵问题的"破局点"，是促进制造业发展的战略性工具。大力发展供应链金融，对湖南现代化产业体系建设和实现"三高四新"美好蓝图具有重要支撑作用。

---

* 调研组组长：钟君，湖南省社会科学院（湖南省人民政府发展研究中心）党组书记、院长（主任），主要研究方向为马克思主义大众化、中国特色社会主义、公共服务；副组长：侯喜保，湖南省社会科学院（湖南省人民政府发展研究中心）党组成员、副院长（副主任），研究员，主要研究方向为宏观政策、区域发展、产业经济；成员：张鹏飞、刘琪、李学文，均系湖南省社会科学院（湖南省人民政府发展研究中心）研究人员，主要研究方向为宏观经济、财政政策、金融发展；于英杰，湖南工业大学讲师，主要研究方向为技术创新管理、企业知识管理。

一 湖南实践：稳步推进，亮点纷呈

近年来，国家高度重视供应链金融，相继出台多个文件促进供应链金融发展。自2021年4月出台《关于促进湖南省供应链金融规范发展的若干措施》以来，湖南供应链金融进入稳步发展期。截至2023年第三季度末，全省供应链融资余额同比增长13.4%，增速高于各项平均贷款2.3个百分点；供应链综合融资利率较一般贷款利率低97个BP[①]。

（一）立足产业链供应链，创新推出"一链一行、一链一策"服务模式

湖南立足产业特点，以工程机械、轨道交通等22条新兴优势产业链为基础，依托省委、省政府"一条产业链、一名省领导"的链长制，创新推出"一链一行、一链一策"的供应链金融服务模式。截至2023年第三季度，人民银行湖南省分行联合省工信厅分两批精心筛选头部、腰部等处于产业链关键环节、带动作用明显的核心企业745家，推动金融机构、第三方供应链平台上门走访，主动对接。2021年至2023年第三季度末，湖南省组织银企对接373次、达成签约1160亿元，组织平企对接47次、104家核心企业接入第三方供应链平台[②]。与此同时，根据金融机构与核心企业及产业链合作情况，确定22条产业链"一链一行"主办行。

（二）数字赋能，加快建设供应链金融服务平台

全省银行业金融机构积极发挥各类供应链服务平台作用，创新推出一系列供应链金融产品和业务模式。一是积极对接人民银行应收账款融资服务平台。截至2023年10月末，省内共有近6700家企业和银行机构在应收账款融资服务平台注册，累计开展应收账款融资4000多笔、融资金额超过2300亿元。二是自建供应链融资平台。如农业银行湖南省分行推出了"农银智链供应链平

---

① 资料来源：中国人民银行湖南省分行。
② 资料来源：中国人民银行湖南省分行、湖南省工信厅。

台"及供应链票据在线贴现产品"供票e融",中国银行湖南省分行推出了"中银智链"系统及在线供应链产品"融易信",民生银行长沙分行推出了"民信易链"供应链等。三是用好第三方供应链金融平台。如交通银行湖南省分行、招商银行长沙分行、民生银行长沙分行、三湘银行与中企云链、简单汇等第三方供应链平台合作,支持产业链企业签发供应链票据。

(三)主动探索,积极创新供应链金融产品

政府层面:人民银行湖南省分行开发上线企业收支流水大数据平台,将全省260余万家中小微企业收支流水大数据进行归集,从企业经营稳健性、收支流水可信度、关联交易情况等方面为企业精准画像。金融机构层面:全省多家金融机构依托核心企业,基于商流、物流、资金流、信息流等创新供应链金融产品,通过供应链金融把核心企业信用传递至整个链条,大幅提升了链属中小微企业融资的获得性。例如,国开行湖南省分行成立重点产业发展行动计划专项工作小组,积极开展投贷联动业务。农业银行湖南省分行按照"一家核心企业、一个服务方案""一条产业链、一个营销团队"的工作方式,积极对接产业链上下游企业。交通银行湖南省分行组织召开"产业链专项授权联席会议",成立产业链专项授权活动小组。邮储银行湖南省分行持续为三一重工等省内制造业核心企业做好供应链金融服务,累计发放工程机械行业贷款200多亿元。湖南银行与省新材料行业协会签订战略合作协议,"十四五"期间向湖南省新材料行业企业提供不低于500亿元的授信支持。招商银行长沙分行创新运用其总行推出的云证平台,提供供应链票据签发、贴现全流程业务。

二 面临困难:存在痛点,仍需探索

供应链金融在解决企业融资问题上具有独特优势。但从湖南实践来看,供应链金融仍处于初步发展阶段,实际应用效果尚未达到预期,还存在一些突出痛点,仍需要不断探索解决。

(一)供应链金融平台与产业链匹配度不高

产业链供应链本身是一个庞大的网链式结构,链接着供应商、制造商、分

销商、服务商等多重主体。各产业链又有不同的产业特性，产业链之间千差万别。当前，湖南供应链金融平台多为中企云链、简单汇等省外企业开发设计的平台，与产业链融资需求的适应度较低；全国性银行业金融机构的通用平台及模式与湖南省产业的匹配度也不高，难以有效适应产业发展方向；省内法人银行或企业集团开发的各种供应链金融平台规模小、应用场景有限。产业场景的复杂性和异质性，进一步制约了供应链金融模式的跨链条、跨生态和跨行业延伸发展。

（二）供应链金融信息协同共享较为困难

供应链金融交易的成功是基于商业银行对供应链上企业信息的全面掌握，而在这一信息收集过程中，需要对链上的企业进行穿透式了解。信息获取得越详细、越具体，金融决策就越准确。一方面，很多大型核心企业业务遍布全国，导致供应商的分布广泛，银行机构在对异地上下游客户开展供应链金融业务时，涉及异地授信、异地服务等问题，由此带来信息共享难度增大、业务成本增高。另一方面，由于缺乏行业普遍遵守的数据保密规则而担心商业秘密泄露，供应链上的核心企业、相关主体，可能有意识屏蔽相关重要信息，从而导致银行难以判断企业的信用情况。

（三）核心企业参与配合度亟待提高

供应链金融交易能否成功，核心企业的资质及能否为上下游企业主体信用背书至关重要。现实情况是，一方面，部分核心企业基于自身体系及天然的优势，对供应链的认知和重视程度不高，导致符合条件的核心企业没有参与供应链金融发展。另一方面，一些核心企业因为管理上内部环节较多、业务相对保守等，对供应链金融所需的应收账款确权工作等积极性不高而推进业务困难。

（四）金融服务难以触及更长链条上的中小微企业

一方面，当前供应链金融主要依赖核心企业提供的关键运营信息，而核心企业往往只提供其上下游一级、二级企业的交易结构和业务信息，导致金融机构难以触及更长链条上面临更大资金压力的大量中小微企业。另一方面，单个核心企业所在的供应链网络主体及其运营关系十分有限，具有金融服务需求的

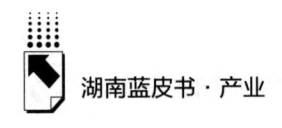

小微企业的交易、运营行为多碎片化地分布在多个核心企业的供应链网络之中，使得借贷双方之间的信息壁垒和信息鸿沟进一步增大。此外，由中小微企业组成的产业集群，由于缺乏具有强资信状况的核心企业作为主体信用依托，也难以获得传统供应链金融服务的支持。

三 对策建议：以制度集成创新推进供应链金融高质量发展

金融服务实体经济的堵点、难点和痛点，就是供应链金融创新的突破点、创新点和发力点。针对当前供应链金融存在的不足，结合外省份的先进经验，推进供应链金融高质量发展，要加快制度集成创新，高起点、高标准打造供应链金融发展的湖南样本，为谱写中国式现代化湖南篇章提供强力支撑。

（一）开展供应链金融标准前瞻性研究

供应链金融标准体系缺乏是供应链金融发展较慢的重要原因。建议湖南省委金融委组织省内金融机构、行业协会、专家学者等，围绕产业链上下游企业、银行、相关职能部门数据信息共享等制约供应链金融发展的问题，开展前瞻性技术攻关。一是依托研究成果及供应链发展现实需求，研究制定与供应链金融相关的产品服务、数据采集、指标口径、交换接口以及仓储物流管理体系、交易单证流转体系、数据使用范围及保密要求等行业共性标准，推动供应链金融数据采集、治理和使用相关标准及流程的统一，确保数据流转的安全、高效、合规。二是研究制定供应链金融专业信用评级参考模型、风控管理参考模型等，并开展供应链金融数据统计工作。

（二）以高水平供应链金融公共服务平台推进产业链与资金链深度融合

一是结合数字湖南建设，充分运用互联网及区块链等技术，探索建立链接供应链金融领域各类主体和供应链核心企业的供应链金融服务平台，打造集信息在线共享、产品在线服务、金融纠纷快速处理、政策发布、非现场监管等功能于一体的金融基础设施平台，提高金融服务获得便利度，推动金融与实体经济深度融合。二是推进供应链核心企业、供应链管理企业、金融机构、配套服务机构等积极对接供应链金融服务平台，在风险可控、合规经营的前提下，实现数据共治和信用传递。三是发挥供应链核心企业的基础性带动作用，鼓励平台上核心企业加强对供应链上下游中小企业的信用赋能，为供应链上下游企业及时确权确真，并协同金融机构开发适应业务场景需要的金融产品和服务。四是推进供应链金融资产证券化，开发非标资产交易市场，促进非标资产在线高效流转和高效交易。

（三）探索创建供应链金融示范区

一是有序在全省国家级和有条件的省级园区试点建设供应链金融示范区或产业园，围绕"4×4"现代化产业体系以及园区主导产业，打造供应链金融生态。二是吸引制造业核心企业、供应链金融企业及其配套服务机构集聚，可考虑对入驻供应链金融示范区或产业园的金融机构、制造业核心企业及供应链金融配套服务机构，根据其综合贡献给予一定政策支持。三是积极探索上下游链式承保，推动供应商、支付平台、仓储物流等多主体风险保障全覆盖。四是探索出台风险补偿等政策，引导银行业金融机构结合供应链上下游企业经营情况、贷款方式、融资期限等因素，清理不必要的资金通道和过桥环节，构建差异化、精细化的供应链金融贷款利率定价体系，促进融资价格稳中有降。五是推动供应链金融示范点内大企业通过订单牵引、技术扩散、资源共享等方式，赋能供应链上下游中小企业数字化转型，带动产业集群数字化转型，以供应链数字化转型推进产业链、创新链与资金链融合发展。

（四）引导金融机构创新发展供应链金融

一是引导银行业金融机构探索设立供应链金融专营机构、事业部或特色分支机构，在产品创新、授信决策、业绩考核、不良容忍度及风险责任等方面实施差异化管理。二是鼓励金融机构联合供应链核心企业、配套服务机构、专业研究机构等优化供应链融资授信模式和信用评价模型，丰富标准化的线上产品，探索弱确权的信用类产品，推动跨主体、跨区域、跨系统的模式创新。三是统筹推动投资、信贷、保险、担保等金融工具在供应链金融领域协调联动，引导商业保理公司、融资租赁公司、小额贷款公司、融资担保公司等机构在供

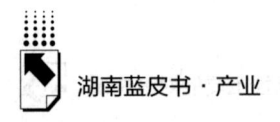

应链金融领域发挥差异化作用，引导政府性融资担保机构为供应链金融场景下的中小微企业融资提供特色融资担保服务。

（五）探索建立供应链金融全链条的风险控制体系

一是加强对核心企业经营状况、核心企业与上下游交易的监控，明确核心企业准入标准和名单动态管理机制，加强行业前景研判，及时开展风险预警、核查与处置。二是推动金融机构、供应链核心企业建立科学的供应链金融风险控制体系，加强对供应链金融的风险监控，以及贷前、贷中、贷后监督审查，防止重复质押和空单质押，防范无真实贸易背景的票据贴现等风险。三是推动金融机构等资金提供方充分利用动产融资统一登记系统查询和登记应收账款、存货仓单和租赁标的物等动产权属情况，提高动产权属信息透明度。四是研究利用区块链、人工智能等新兴技术强化动态监管，依法加强对信用评级、信用记录、风险预警、违法失信行为等信息的披露和共享，探索建立供应链金融领域骗贷、骗补等违法失信黑名单。

B.20
湖南有效降低全社会物流成本对策研究

湖南省社会科学院（湖南省人民政府发展研究中心）调研组*

摘　要： 从区域看，湖南社会物流总费用占 GDP 比重逐年下降，已连续 3 年低于全国平均水平；从总额看，湖南物流需求稳步增长，工业品运输仍是重点；从结构看，湖南物流费用结构总体稳定，货物运输以公路运输为主，运输费用占社会物流费用半壁江山。现阶段，湖南省物流降成本在物流运输结构、物流基础设施、物流信息化标准化和物流企业发展营商环境等方面亟待提质增效。建议从优化运输结构着手，推动"公转铁""公转水"；以信息化标准化为抓手，实施多式联运"一单制"；紧紧抓住网络货运、低空物流风口，合力降低全社会物流成本。

关键词： 物流成本　高质量发展　湖南省

推进物流业高质量发展是降低实体经济成本、建设现代化产业体系的重要举措，降低物流成本是经济高质量发展和综合竞争力提升的集中体现。习近平总书记在中央财经委员会第四次会议上提出有效降低全社会物流成本，并强调物流降成本的出发点和落脚点是服务实体经济和人民群众，基本前提是保持制造业比重基本稳定，主要途径是调结构、促改革，有效降低运输成本、仓储成本、管理成本。这为推进我国物流业高质量发展提供了指导思想和实施路径。湖南作为物流大省，在疫情冲击、需求不足和成本上升多重压力下，物流成本

---

* 课题组组长：钟君，湖南省社会科学院（湖南省人民政府发展研究中心）党组书记、院长（主任），主要研究方向为马克思主义大众化、中国特色社会主义、公共服务。副组长：侯喜保，湖南省社会科学院（湖南省人民政府发展研究中心）党组成员、副院长（副主任），研究员，主要研究方向为宏观政策、区域发展、产业经济。课题组成员：袁建四、李银霞、刘海涛、周亚兰，系湖南省社会科学院（湖南省人民政府发展研究中心）研究人员，主要研究方向为区域经济、产业经济、政策评估。

持续下降，但仍存在运输结构不优、基础设施滞后等问题，亟须立足实际，提升经济整体运行效率，进一步有效降低全社会物流成本。

一 湖南物流成本概况

物流业是支撑国民经济发展的先导性、基础性、战略性产业，是构建新发展格局的重要支撑。有效降低全社会物流成本，对促进产业结构调整和区域协调发展、培育经济发展新动能具有重要意义。目前，国际上普遍以社会物流总费用占GDP比重来衡量物流业成本水平。近年来，湖南加快发展现代化物流体系，物流运行效率持续提升，社会物流总费用占GDP比重持续下降，物流业高质量发展成效明显。

1. 从区域发展来看，湖南社会物流总费用占GDP比重稳步下降，自2021年起已连续3年低于全国平均水平

2015年以来，湖南省社会物流费用占GDP比重稳步下降，占比由2015年的17.5%下降至2023年的14.2%。其中，2016年、2017年下降较快，较上年分别降低1.5个、0.7个百分点。2018~2023年，下降速度明显趋缓，年均降幅不足0.2个百分点。2021年起，湖南社会物流总费用占GDP比重降至全国平均水平以下。2023年，全省社会物流总费用7121.8亿元，占GDP比重为14.2%，低于当年全国平均水平0.2个百分点（见图1）。

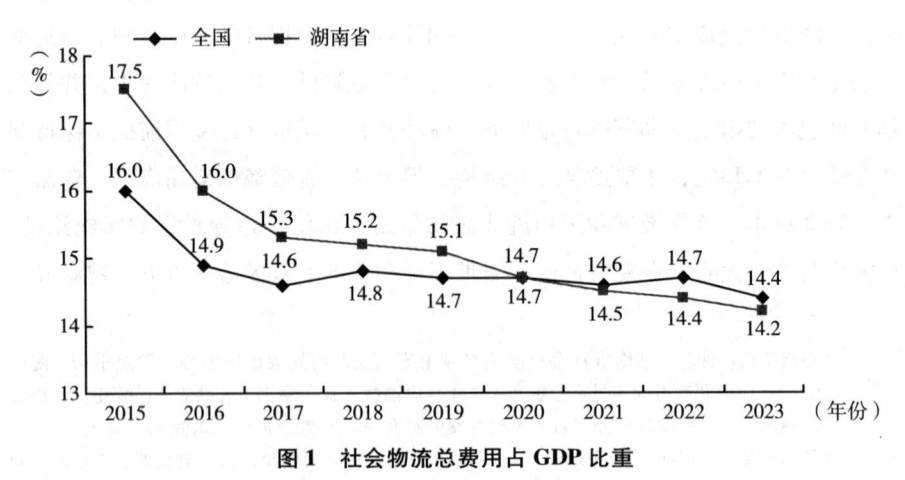

图1 社会物流总费用占GDP比重

资料来源：中国物流与采购联合会、湖南省物流与采购联合会。

与中部省份比，2022年湖南社会物流总费用占GDP比重在中部六省中排位第四，分别高出湖北、河南、安徽1.4个、1.0个、0.5个百分点。2022年，江西社会物流总费用占GDP比重虽高于湖南，但比上年同期下降0.3个百分点，与湖南差距进一步缩小（见表1）。

表1 中部六省社会物流总费用占GDP比重情况表

单位：%

省份	2019年	2020年	2021年	2022年
湖南	15.1	14.7	14.5	14.4
湖北	14.3	12.3	13.5	13.0
江西	16.3	15.7	15.3	15.0
河南	13.6	13.5	13.4	13.4
安徽	14.9	14.7	14.0	13.9
山西	17.8	17.3	—	约17%

资料来源：根据中国物流与采购联合会和中部六省公开资料整理。

2. 从货物构成来看，湖南物流需求增长快于全国，工业品运输是物流运输重点

一是社会物流总额呈上升态势，平均增速高于全国。2017~2023年，湖南社会物流总额从9.85万亿元增长到14.68万亿元，年均增速6.87%（见表2），高出全国平均水平（5.69%）1.18个百分点。二是从需求增速来看，单位与居民物品、进口货物物流总额增长相对较快。2022年，全省工业品物流总额88019.1亿元，同比增长6.7%；外省流入物品物流总额41894.5亿元，同比增长2.4%；进口货物物流总额1903.6亿元，同比增长8.3%；农产品物流总额7886.7亿元，同比增长3.7%；再生资源物流总额196.3亿元，同比增长4.5%；单位与居民物品物流总额293.4亿元，同比增长10.1%。三是从需求结构来看，工业品物流总额占比大。2022年，全省社会物流总额140193.6亿元，其中，工业品物流总额占比62.78%，外省流入物品物流总额占比29.88%，二者合计占全省社会物流总额比重达92.66%；进口货物物流总额占比1.36%；农产品物流总额占比5.63%；再生资源物流总额占比0.14%；单位与居民物品物流总额占比0.21%（见图2）。

表 2 2017~2023 年湖南物流总额情况

单位：万亿元

年份	2017年	2018年	2019年	2020年	2021年	2022年	2023年
物流总额	9.85	10.86	11.85	12.28	13.25	14.02	14.68

资料来源：根据湖南省物流与采购联合会提供资料整理。

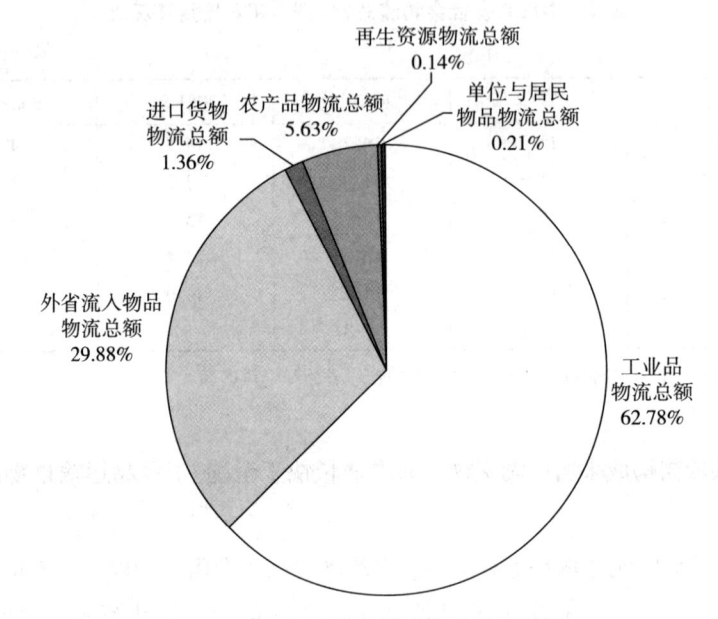

图 2 2022 年湖南省社会物流总额情况

- 再生资源物流总额 0.14%
- 单位与居民物品物流总额 0.21%
- 农产品物流总额 5.63%
- 进口货物物流总额 1.36%
- 外省流入物品物流总额 29.88%
- 工业品物流总额 62.78%

资料来源：根据湖南省物流与采购联合会提供资料整理。

3. 从三大费用构成看，湖南社会物流费用呈现"一低两高"特征

根据《社会物流统计调查制度》，社会物流费用由运输费用、保管费用和管理费用三部分构成①。从 2022 年湖南社会物流费用构成来看，运输费用占

---

① 运输费用是指社会物流活动中，由于物品运输而支付的全部费用，包括承运费、运输附加费（过路过桥费）、运输代理服务费。管理费用是指社会物流活动中，因组织和管理各项物流活动所发生的费用，主要包括管理人员报酬、办公费用、教育培训、劳动保障、车船使用等各种属于管理费用科目的费用。保管费用是指物品流动过程中，所发生的除运输费用和管理费用之外的全部费用，主要包括利息费用、装卸转运费用、仓储费用、信息服务费用、配送费用、其他保管费用等。

比48.3%，保管费用35.9%，管理费用15.8%，呈现出"一低两高"特征，即运输费用占比相对较低①，低于全国平均水平5.5个百分点。在中部六省中，仅比湖北高0.97个百分点，分别低于江西、山西、河南、安徽等省14.13、12.7、7.79、5.3个百分点；保管费用和管理费用占比相对较高。其中，保管费用仅比湖北低0.23个百分点，分别高出江西、山西、河南、安徽等省8.42、5.9、4.42、1.6个百分点。管理费用仅比湖北低0.74个百分点，分别高出山西、江西、安徽、河南等省6.8、5.71、3.7、3.36个百分点（见表3）。

运输费用中，燃油费和高速公路过路费是重点。据省物流与采购联合会测算，运输费用中燃油费用占30%～35%，高速公路过路费占25%～30%。

表3 2022年中部六省社会物流成本结构情况

单位：亿元

省份	总计	社会物流成本					
		运输费用		保管费用		管理费用	
		费用	占比	费用	占比	费用	占比
湖北	6972.0	3300.0	47.33%	2519.0	36.13%	1153.0	16.54%
河南	8250.5	4627.6	56.09%	2596.9	31.48%	1026.0	12.44%
湖南	7028.1	3394.8	48.30%	2523.1	35.90%	1110.2	15.80%
安徽	6248.8	3349.4	53.60%	2143.3	34.30%	756.1	12.10%
江西	4807.0	3001.0	62.43%	1321.0	27.48%	485.0	10.09%
山西	3769.5	2299.4	61.00%	1130.8	30.00%	339.3	9.00%

资料来源：湖南省交通运输厅。

4. 从运输方式来看，公路运输"一家独大"，铁路、水运占比较低

一般而言，当运距小于170公里时，公路运输的平均运价最低。运距大于170公里时，水路平均运价低于公路。运距大于200公里时，铁路平

---

① 省交通运输厅调研显示，湖南运输费用占比较低的主要原因是公路承运费和运输附加费（过路过桥费）低。2023年，湖南高速公路货车通行费平均收费价格为1.695元/车公里，居全国29个联网收费省（区市）中第20位，为中部地区最低，同时还辅以政策减免（2023年累计减免53.4亿元）。相对较低的高速公路收费标准以及政策减免大幅降低了湖南公路运输成本。

均运价低于公路①。2023年，湖南铁路、公路、水路货运量分别为5091.5万吨、200673.9万吨、22732.1万吨，占比分别为2.7%、87.4%、9.9%，平均运距分别为1994.4公里、78.5公里、196.7公里，三种运输方式的平均运距均处于货物运输经济运距区间。其中，公路运输占比高出全国平均水平（73.72%）13.8个百分点，呈现公路运输"一家独大"的态势（见表4）。

省交通运输厅调研显示，湖南公路运输占比偏高，主要有四方面原因。一是重点产业消费市场聚集度高。湖南货运总量的40%集中在长株潭地区（超过8亿吨），中短距离运输需求旺盛，远距离运输需求相对较小。二是重点货品以省内运输为主。湖南省运输类货品以矿物性建筑材料、钢铁、水泥为主，货运总量占比超过50%，该类货品主要服务省内各市州，省内运输占比多。三是大宗货物远距离运输需求小。湖南不是矿石、煤炭等资源大省，进出口贸易量近几年居全国第15~20位，大宗货物运输需求偏少。四是中心区位优势明显。湖南位于中部地区，"一带一部"区位优势显著，交通基础设施完善，与珠三角、成渝都市圈等重要经济区域的运输距离相对较短。

表4 2023年湖南省货物运输情况

运输方式	铁路	公路	水路	民航	管道	合计
货运量（万吨）	5091.5	200673.9	22732.1	9.1	1125.8	229632.4
货物周转量（亿吨公里）	1015.4	1574.4	447.1	1.3	19.3	3057.5
平均运距（公里）	1994.4	78.5	196.7	1460.2	171.4	133.2

资料来源：湖南省交通运输厅。

---

① 公路、水路、铁路运输均有其经济运距，一般分200公里以内、300~500公里、600公里以上，在经济运距内这三种运输方式各有成本优势，其中水运、铁运主要解决大宗货物的长距离运输。

二 湖南物流降成本存在诸多掣肘

调研发现,湖南降低物流成本还存在如下制约,如运输结构不够合理、物流基础设施较为滞后、物流监管服务信息化水平不高等。

(一)运输结构有待优化

一是公路货运占比过高,存在"一业独大"问题。从公路货运量占比来看,湖南省公路货运量占货运总量的比重长期在85%以上。2022年,全省公路货运量占比高达86.9%,高于全国公路货运量占比(73.3%)13.6个百分点,相比2013年仅下降了1.32个百分点,远低于全国同期降幅3.02个百分点。二是铁路、水运货运量占比低。2022年,全省铁路货运量占比为2.3%、水运货运量占比为10.4%,分别低于全国铁路货运量占比(9.8%)7.5个百分点、全国水运货运量占比(16.9%)6.5个百分点。三是铁水货运量与铁路航道里程倒挂。2022年,湖南铁路里程排名中部第三位,但铁路货运量排名中部第六位;全省内河航道里程排名中部第一位,但水运货运量排名第三位。铁水货运量与铁路航道里程之间存在倒挂问题,在一定程度上反映了全省铁路和航道利用效率不高(见表5)。

表5　2022年中部六省铁路航道里程和货运量比较

省份	铁路里程(公里)	排名	铁路货运量(万吨)	排名	航道里程(公里)	排名	水运货运量(万吨)	排名
湖南	6078.63	3	4826.68	6	11968	1	22301.13	3
湖北	5602.97	4	6278.85	4	8488.26	2	58216.72	2
河南	6719.32	1	12156.14	2	1491.05	5	17771.86	4
山西	6268.45	2	104514.47	1	467.07	6	1.46	6
安徽	5411.35	5	7911.94	3	5645.07	3	140167.11	1
江西	5112.67	6	5199.88	5	5637.85	4	13360.01	5

资料来源:万得数据库。

(二)物流基础设施发展水平滞后

一是基层物流园和分拨中心数量不足。如全省规模以上物流园区200个左右,但2022年全省被纳入政府规划的县市区快递物流园只1个,其他都是临时租赁建设。而2023年湖北省农村寄递物流体系全面建成,累计建成县级公共配送中心105个、乡镇服务站点3475个;贵州省2023年规划建设有156个县市区的物流分拨集散中心。二是全省港口密度低、权属分散。如岳阳港千吨级以上泊位仅54个,相比武汉港(114个)、九江港(102个),存在明显差距。且全省71家港口企业中59%为货主码头,总体竞争力不强、融合效益低。三是铁路物流基地建设滞后。如全省规划布局的"1+10"铁路物流基地,仍有7个二级基地尚未实质启动建设;铁路物流园专线仅占1%,铁路专用线运营率仅79%,114条厂矿企业铁路专用线开通协议共用式兼营公共货运业务的仅18条;云溪、铜官等主要港口港区铁路专用线"最后一公里"仍未打通。

(三)物流信息化、标准化水平有待提升

一是信息化大数据平台发展落后。湖南省网络货运平台高科技意识不强,资本、科技投入严重不足,在同货拉拉、货车帮等省外网络货运平台竞争中,显得信心和力量不足。如在物流平台、货运配货App等全国10强中,湖南省无一入围。湖南省建立的包括湖南省交通物流信息共享平台等一批货运物流信息平台,无一家用户有规模、成交量突出、行业内有影响。另湖南省货运业户货源信息调查显示,59.9%有固定货源,22.0%等货上门,11.5%通过个人中介,只有6.6%是网络平台;货源信息费用占销售额比例,低于5%的占61%,低于10%的占87%,高于10%的仅13%。二是省内货运标准化水平不高。集装箱的使用程度不高,省内货运标准不系统等问题,抬升了货运成本。如铁路物流新投入的50英尺集装箱,上汽车平板后,整车全长达到18米,超过高速公路限制标准0.4米。

(四)物流企业发展营商环境有待改善

一是监管相对较严,引发资源外流。据省物流协会反映,受湖南高速监管相对严格、超限商品运输缺乏可行预案等影响,2023年湖南高速仅因超限被劝返的外省货运车辆就有1万多台次。此外,湖南省近8万台大货车外流落户江西等省份,大货车注册数量也由40万辆下降至30万辆。二是税源流失明显,网络货运税收征管亟须优化。据省交通运输厅调研发现,多省市比湖南省

提前1年以上落实网络货运平台代开运输发票政策。湖北、江西、安徽等省网络货运平台企业可自行申报征税，江苏货运平台企业可为司机代开发票，代开发票个人所得税按2.5%缴纳。而湖南省目前对网络货运平台施行征税起征点10万元、税率8%的代扣代缴，税率大幅高于这些省份，致使税源外流。仅某地级市因此流失的网络货运业务交易量就达数十亿元、税源流失达数亿元。三是进项抵扣难，企业税负变相增加。个体运输户是目前物流企业的运输主力，却难以提供发票，物流企业的运输成本无法进行抵扣，从而变相提高了企业税负，导致成本增加。四是企业资金压力增大。受新冠疫情和经济下行压力加大等影响，物流企业与供应链上下游企业"三角债""连环债"增多，部分物流企业资金回流难，经营压力明显增加。此外，部分物流园区未按政策执行工业电价，也进一步增加了企业经营压力。

三　有效降低湖南省全社会物流成本的对策建议

习近平总书记在2024年2月23日召开的中央财经委员会第四次会议上指出，"物流降成本的出发点和落脚点是服务实体经济和人民群众，基本前提是保持制造业比重基本稳定，主要途径是调结构、促改革，有效降低运输成本、仓储成本、管理成本"[①]。为此，湖南有效降低物流成本应从优化运输结构着手，强化"公转铁""公转水"；以信息化标准化为抓手，深入实施多式联运"一单制"；积极发展网络货运、低空物流新模式；持续优化营商环境。

1. 优化铁路物流服务，着力推动"公转铁"

一是增加铁路运输供给。加强路地协同，推动京广线岳阳—衡阳段、沪昆线株洲—娄底段等通道能力紧张区段扩能改造，研究建设京广线长沙区段主城区绕行线的可行性，不断提升通道运能。加快长沙北（三期）和株洲、衡阳南、常德德山等7个二级铁路物流基地建设；支持对娄底东、望城西等铁路物流基地扩能改造；加快长沙东、湘潭、石门3个城市中心铁路货场土地置换还建。支持长沙开行往上海、广州方向的铁路白货班列。二是强化铁水、公铁衔

---

① 《习近平主持召开中央财经委员会第四次会议强调：推动新一轮大规模设备更新和消费品以旧换新 有效降低全社会物流成本》，《人民日报》2024年2月24日，第1版。

接，着力压缩铁路两端短驳运输成本。针对铁路货运两端短驳成本高的问题（铁路开展门对门全程物流，两端短驳运输的成本占比普遍超过30%，部分甚至超过50%），支持铁路开展全程物流总包业务，发展多式联运，压缩铁路全程物流两端短驳运输成本。加快铁路专用线建设改造。支持具备铁路运量支撑和接轨条件的物流园、港区和工矿企业引入铁路专用线，争取路方在专用线接驳手续上予以支持。加快建设湘阴虞公港等疏港专用线，株洲金山工业园等园区专用线，陕煤石门电厂、蓝伯新材料等工矿区专用线建设。加快铁水联运港口建设，推动铁路专用线与港口零距离接驳。加强短驳微循环公路建设，加快建设湘阴虞公港、湘潭铁牛埠等疏港公路。支持在铁路货场内建设海关监管场所，推进"港站一体化"。支持社会资本参与在铁路站场毗邻区域建设物流中转和分拨中心。三是培育铁路冷链物流增长点。尽快制定《湖南省铁路冷链物流发展规划》，以怀化、长沙国家骨干冷链物流基地为支点，构建专业化铁路冷链物流服务体系，探索铁路冷链物流绿色通道。

2. 打造港航物流全产业链，大力推动"公转水"

一是完善"一江一湖四水"高等级航道网。大力提升湘江、沅水通航等级，着力解决枯水期部分航段的碍航问题，打通核心通道瓶颈卡口，全面畅通"一纵一横"（湘江、沅水）水运"十字"大通道。加快湘江长沙至城陵矶3000吨级航道、沅水常德至鲶鱼口2000吨级航道建设，并推动骨干航道向"四水"上游延伸。复兴沅水黄金水道，升级改造沅水1000吨级航道，直达岳阳城陵矶港口，打造大湘西地区唯一的通江达海平台。二是不断优化港口功能布局。支持高等级航道沿线港口建设，加快建设城陵矶港区道仁矶码头工程、湘阴虞公港一期工程、城陵矶松阳湖码头三期工程等重点港口建设。统筹推进城陵矶、虞公港、铜官港等组合发展，明确港口功能定位，实现错位互补发展。加快构建以城陵矶港为枢纽、多个重点港口为支撑、向"四水"上游及重要支流延伸发展的"一枢纽、多重点、广延伸"港口体系。三是深化水运全产业链服务。以全省港航整合为契机，有序推进全省港口投建运一体化发展。支持湖南省港航水利集团等大型国企转型发展成运输物流的千亿产业集团、上市企业。合理配置水上运力，优化航线布局，提高船闸通行效率，推动多港联动，打通"海运+江运+港口+末端配送"全链条。充分激发城陵矶港得天独厚的区位优势，支持沿江货运铁路建设，推动港口疏港公路配套建设，打通铁路、高等级公路进港"最后一公里"。擦亮"城陵矶港"金字招牌，做强城陵矶新港集装箱装卸服务和老港干散货水铁联运服务等服务品牌。加快怀化沅陵港及配套物流园建设，主动融入怀化国际陆港建设，与怀化国际陆港实行货物同价到港、同价起运、同效通关。

3. 深化改革创新，推进多式联运"一单制""一票制"

一是加强国家、省级多式联运示范工程建设。加大力度建设城陵矶新港水公铁集装箱多式联运示范工程、武陵山片区集装箱公铁水联运示范工程、长株潭西部门户枢纽公铁空多式联运示范工程、衡阳铁路陆港集装箱铁公水多式联运示范工程等国家多式联运示范工程，力争获得更多国家多式联运示范工程。组织开展省级多式联运示范工程建设，围绕五大国际物流通道和集结中心①，组织建设一批"水铁公"多式联运项目，如长沙新港"水铁公"多式联运、长沙—岳阳铁水联运、株洲综合物流集散中心"湘粤非铁海联运"项目、怀化国际陆港多式联运等项目。二是深入推进多式联运"一单制""一票制"。实施多式联运"一单制"，实现"一次委托""一口保价""一单到底""一票结算"。针对多式联运数据难以打通共享、物流基础设施衔接不畅等问题，探索应用基于区块链技术的电子单证，解决数据中心化、协同性不高以及安全性弱等问题。成立多式联运一体化调度中心，出台合署办公方案，持续优化联运一体化作业流程。优化多式联运计费、保险、安检等衔接。协调不同运输方式，在分段计费制基础上，统筹确定"多式联运"综合运价。推行"一单制"保险服务，避免重复投保，实现"一次保险、全程责任"。制定装箱多式联运标准，推动货物禁限目录衔接互认，优化"全程不开箱"流程管理，确保实现"一箱到底"。三是优化整合物流分拨配送资源。加快构建以物流分拨中心、专业配送中心、末端配送网点三级网络为主导的城市配送体系。探索利用高速公路服务区及省界收费站等土地开发用于城市分拨配送。进一步优化地域末端配送网络布局，支持建设共配项目，鼓励共享配送模式，构建统一的物流

---

① 五大国际物流通道和集结中心：以长沙为集结中心，向北做强中欧班列对欧洲、中亚的国际物流通道；以岳阳为集结中心，以江海联运的方式，将货物从湖南及中西部地区运往长三角港口群出海；以株洲为主集结中心，衡阳为副集结中心，打造湘粤非铁海联运通道；以怀化为集结中心，对接国家西部陆海新通道战略；以长沙黄花国际机场为集结中心，联动张家界机场和常德机场，共同发展。

共配中心，有效解决末端配送效率和重复建设带来的资源浪费问题。加快推进农村客货邮融合发展，积极开展农村客货邮融合发展试点示范。全面融合客运、货运、邮政、电商、政务、便民缴费等综合服务功能，建设"多站合一、一点多能"的农村客货邮融合发展站点，推进农村物流统一仓储、统一分拣、统一配送。

4. 搭建智慧物流大数据平台，提升数字物流发展水平

一是推进物流基础设施标准化、数智化建设。分步骤实现运输、仓储等各环节的智能化改造和数字化应用。加快建立35吨宽体箱多式联运体系，发展定制化集装单元器皿，推动散货入箱；提升大宗货物车辆装备功能，推进铁路货车装卸、防撞、锁闭等配套功能装置与大宗货物车辆共用。推广长沙、株洲、衡阳等城市标准化及供应链体系建设试点经验，推动运输、仓储、装卸、包装、检测、监控等设备标准化、数字化改造。升级集装箱运输信息系统，依托一、二级物流基地打造数智化站场。引导邮政、供销社、快递企业等物流龙头企业率先开展物流标准化改造。支持物流园区充电桩、屋顶光伏发电等绿色低碳的配套设施建设。二是规划建设全省物流大数据中心，搭建全省物流服务"一张网"。做好智慧物流平台建设规划，推动综合运输平台衔接互通，开展智慧物流平台应用试点，鼓励企业建设高质量智慧物流平台。深入推动交通、海关、市场监管等部门信息有序衔接开放，在统筹省交通运输业经济统计专项调查平台、路网货车流量动态监测平台、网络货运监测平台、铁路货运95306平台等信息化平台的基础上，推动政府监管平台与物流行业协会、物流园区及企业信息平台互联互通、信息共享。支持以国有企业牵头成立全省物流大数据中心，搭建融合"公、铁、水"多种运输方式，汇集货代、托运、承运多方运营主体的物流信息综合服务平台，提高物流监管服务水平。

5. 抢抓平台经济、低空经济等风口，发展网络货运、低空物流新业态

习近平总书记在2024年2月23日召开的中央财经委员会第四次会议上强调，"鼓励发展与平台经济、低空经济、无人驾驶等结合的物流新模式"。一是优化网络货运支持政策。支持省内物流企业与国内知名电商平台合作对接，发展物流与平台经济融合新业态。鼓励和引导有资源整合能力的企业牵头组建班列运营平台公司，加大在运能、运价方面的支持力度。加强交通、税务等网络货运业务监管部门联动，尽快出台配套《国家税务总局关于开展网络平台道路货物运输企业代开增值税专用发票试点工作的通知》（税总函〔2019〕405号）文件关于开展网络货运平台代开增值税专用发票试点的政策，充分考虑网络货运平台跨区域经营和司机流动性特点，为平台司机报税开票提供线上便捷通道。二是试点低空物流新模式。湖南作为全国第一个全域低空空域管理改革试点拓展省份，要充分释放低空空域管理改革动能，不断壮大低空经济产业链条，有力推动物流与低空经济紧密结合，拓展低空经济物流配送的应用窗口。深化航空物流配送示范应用，支持开通高效物流低空航线，不断做大低空物流市场规模。创新无人机物流支持政策，协调指导企业申报无人机物流运行许可证。大力推动物流企业与无人机运营企业合作，发展无人机配送、城际运输等新型物流方式。整合长株潭三市资源，积极申报长株潭国家无人机物流试验区。

6. 优化物流业发展营商环境，降低政策成本

一是深化物流监管服务改革。推动交通、海关、商务、发改等部门衔接协调，在设施联通、网络共建、资源共享、标准统一、政策互通等方面加强合作。创新监管方式，更好地统筹发展与安全，强化信用监管，持续规范高速公路超速违法查处工作，避免出现指标性、任务性、趋利性执法现象；适当放宽对大件运输车辆"车证一致"等审查条件，不断优化货车登记服务，吸引运输车辆本地落户。深化综合交通运输体系改革，优化交通基础设施建设和重大生产力布局，大力发展临空经济、临港经济。围绕商贸流通、先进制造业等领域，将物流服务深度嵌入制造业供应链体系，创建一批省级供应链服务平台，培育扶持一批龙头物流供应链企业。支持引进国内外知名物流企业在湖南设立总部机构。二是探索物流投融资服务试点。进一步放宽市场准入，支持社会资本参与物流基础设施建设，支持社会物流企业积极参与物流市场业务经营。推行多元化的仓储物流不动产投资信托基金（REITs）投资组合，建立仓储物流并购基金，筛选和优化一批适合REITs投资的仓储物流项目。引导和鼓励社会资本牵头设立多式联运产业基金，市场化运作发展多式联运。加强物流企业与银行、保险、信托等金融机构合作，通过发展供应链金融的方式，鼓励金融机构通过运单、提单、货物质押、保函、应收账款等方式增信，减少中小企业融资难度。三是加强物流业发展的要素保障。坚持产教融合、校企合作，重点培养仓储、运输配送管理、货运代理、系统管理等物流管理人才。借鉴深圳市人民政府办公厅发布的《深圳市降低制造业企业成本的若干措施》（深府办规〔2023〕5号，2023年11月27日）中关于"降低仓储物流成本"的举措，加强重点产业链企业和项目物流仓储保障。明确在不改变物流仓储用途前提下，鼓励重点产业和项目周边的低效物流仓储扩建、改建、重建为高标准物流仓库。对需调整容积率的，经批准后增加建筑面积中不得转让的仓储部分不计收地价，可出租比例限制放宽至80%[①]。完善城市中心物流用地分步退出、同步置换政策，出台土地增值税减免优惠等政策。落实物流园区电价执行工业电价政策。深化高速公路差异化收费，利用公路运营数据和通行流量数据，对在国省道上通行的空车、大车队运输等采取优惠费率。

[①] 深圳市发展和改革委员会：《深圳市人民政府办公厅关于印发深圳市降低制造业企业成本若干措施的通知》，http://fgw.sz.gov.cn/zwgk/zcjzcjd/zc/content/post_11026621.html，最后检索时间：2024年6月28日。

B.21 湖南产业园区高质量发展：成效、挑战与应对

林杰辉*

摘　要： 湖南产业园区在高质量发展中的主阵地作用日益凸显。近年来，园区经济发展总体向好，综合实力不断增强，"五好"园区建设呈现加力加速的良好态势。目前园区发展面临五大挑战：对标先进存差距，目标实现有难度，区域发展不平衡，园区质效需提升，园区生态待改进。为实现发展新突破，建议从四个方面着力推动园区高质量发展：一是产城互促、融合发展，二是加快转型、运营主导，三是"高""新"牵引、能级提升，四是优化环境、强化支撑。

关键词： 产业园　高质量发展　园区经济　湖南省

湖南产业园区是全省经济高质量发展的主阵地、项目建设的主战场。截至2023年末①，湖南拥有省级及以上产业园区136家，园区面积占全省面积比例约0.5%，贡献的地区生产总值、税收和规模工业增加值分别为全省的36.3%、36.2%和74.2%。为更好推进湖南园区对标先进谋发展、奋起直追再进位，本报告对园区发展成效与挑战进行梳理分析，提出对策建议，助力园区经济高质量发展在新时代取得新突破、实现新跃迁。

---

* 林杰辉，管理学博士，湖南省社会科学院（湖南省人民政府发展研究中心）助理研究员，中国注册会计师，国际注册内部审计师，主要研究方向为企业经济、科技金融、公司治理。

① 截至2021年7月，湖南省共有省级及以上产业园区143家，其中国家级园区23家，省级园区120家，基本实现了县市区全覆盖。"十三五"期间，全省园区（不含综保区）实现生产总值1.46万亿元，较2015年年均增长9.83%；上缴税金年均增长10.45%，园区以占全省0.5%的国土面积，产出了34.5%的GDP、70%的规模工业增加值、65%的高新技术产值、50%的实际利用外资额。培育了工程机械、轨道交通设备、航空动力三大世界级产业集群，形成了装备制造、消费品、材料三个万亿级产业和电子信息、生物医药等15个千亿级产业。

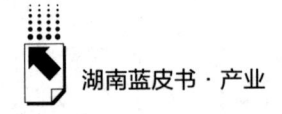

一 湖南产业园区发展现状与成效

近年来,湖南产业园区瞄准高质量发展制高点,不断提升园区经济贡献度和产业集聚度,持续塑造高质量发展新优势,已成为湖南经济增长的主引擎和高质量发展的重要载体。

(一)湖南各县市区基本实现园区平台全覆盖

截至2024年5月,湖南省级及以上产业园共135家,其中:高新区56家(含国家级9家),经开区42家(含国家级10家),综合保税区5家,产业开发区32家。全省工业园区数量超过200个,各市州至少拥有一个工业园区,涵盖了先进制造、新材料、电子信息、生物医药等多个重点产业集群,充分发挥园区作为产业发展主阵地的支撑作用。空间布局上突出长株潭园区引领作用和辐射带动功能,按照国家级园区"二主一特"、省级园区"一主一特"的原则,着力打造功能协调、错位发展、布局合理的产业园区集群,构建起较为完善的产业集群化、特色化和差异化园区发展格局。

(二)园区综合实力进一步增强

2024年4月,上奇研究院发布"专精特新"(截至2023年末企业数量)百强高新区排行榜,湖南8个园区上榜,数量居全国第四位。上榜园区分别为株洲高新区、长沙高新区、宁乡高新区、湘潭高新区、益阳高新区、郴州高新区、常德高新区、怀化高新区。其中,株洲高新区列第28位,在全省范围内领先。2024年8月,赛迪顾问发布《2024年中国园区经济高质量发展研究报告》,湖南有3家园区入选全国百强(见表1),且GDP均超千亿元。分别是:长沙高新区(第19位),长沙经开区(第35位),株洲高新区(第46位)。同期发布的《园区产业高质量发展(先进制造)百强》名单中,湖南有6家园区[①]上榜;《园区产业高质量发展(生物医药)百强》名单中,湖南有3家

[①] 分别是:长沙高新技术产业开发区(第15位)、长沙经济技术开发区(第26位)、株洲高新技术产业开发区(第58位)、宁乡经济技术开发区(第62位)、浏阳经济技术开发区(第90位)、衡阳高新技术产业开发区(第92位)。

园区上榜①。值得一提的是，长沙高新区综合排名第 19 位，较上年提升 1 位，蝉联湖南入围园区之首。在先进制造和生物医药"子榜单"中，长沙高新区分别以第 15 位、第 29 位领跑全省；在全国高新区"分榜"中，更是前进 8 位，跃升至第 12 位。

（三）园区规模工业企业发展势头良好

2024 年 1~8 月，全省省级及以上产业园区规模工业增加值增长 8.1%，较全部规模工业增加值增速高 0.9 个百分点，占全部规模工业增加值比重为 68.5%。2024 年 9 月，省工信厅首次对全省新型工业化产业示范基地（以下简称"示范基地"）进行星级评价。60 家示范基地②中的 56 家基地参与了评价认定（评价结果详见表 2），五星、四星、三星级示范基地分别占比 14.3%、50%、35.7%。其中，8 家五星基地③作为省级示范基地的先进代表，主导产业营收占比均超 90% 以上，规模以上工业增加值平均增速达 25%，规模以上工业企业研发费用平均占比达 4.92%，在稳定产业链供应链、提升协同创新能力、推动大中小企业融通发展等方面发挥了引领带动作用。

（四）"五好"园区建设加力提速

2021 年以来，全省着力强化"三生融合""三态协同"理念，扎实推进"五好"园区④建设，园区发展呈现加力加速的良好态势。2023 年，全省共有 133 家产业园区参与湖南省"五好"园区创建综合评价。从参评园区平均分数看，全省过半数园区得分超过均值，其中：国家级园区平均得分高出全省均值 11.41

---

① 分别是：长沙高新技术产业开发区（第 29 位）、浏阳经济技术开发区（第 40 位）、望城经济技术开发区（第 86 位）。
② 2023 年，全省示范基地规模以上工业总产值达 14455.66 亿元，同比增长 5.1%，占规模以上工业总产值的 28.9%；亩均实缴税收达 21.39 万元，同比增长 26.12%，高于全省平均水平 2.12%。
③ 长沙高新区（中电软件园）、宁乡经开区、岳麓高新区、湘潭经开区、邵阳经开区、常德经开区、郴州高新区、永州经开区。
④ "五好"指：（1）规划定位好，构建全省园区融合协同格局；（2）创新平台好，提升金融、科技、人才、物流平台的支撑作用，强化园区服务能力；（3）产业项目好，培育现代产业生态；（4）体制机制好，激发干事创业活力，实现园区机构简约化、团队专业化、运营市场化；（5）发展形象好，以企业形象塑造区域形象、以园区品牌奠定地方品牌。

分,彰显了头部园区引领示范作用。从总体排名及先进园区看,高新区发展稳定、继续向好,56家高新园区平均得分高出全省平均分3.49分;全省排名前30的园区中,有一半为高新区;在获得通报表扬的先进园区中,高新区占比48%。

二 湖南产业园区高质量发展面临的挑战

尽管园区发展与时俱进、项目建设持续向好,但仍存在一些不足。新时代园区发展面临的挑战主要表现在以下五个方面。

(一)对标全国先进差距尚存

跳出湖南看湖南,从全国各省区市经济实力和百强园区数量匹配度看,湖南园区综合实力总体不够强,存在"省强园不强"现象。在全国GDP前十的省份中,湖南与四川、河南持平,低于江苏(19席)、浙江(9席)、广东(9席)、山东(8席)、湖北(7席)、福建(4席)和安徽(4席)。从百强园区榜单看,中部六省共占有20席,湖南占3席,低于湖北(7席)、安徽(4席)。长沙高新区和株洲高新区虽然在全省园区排名中居前,但在2022年度国家评价排名中退位;2023年排名虽有所提高,却只分别上升了1位和2位。长沙经开区排名则保持不变,三个园区最终排名分别列第19、46、35位。相比而言,"六边形战士"苏州工业园,不仅在2023年综合榜单中名列第4,更在"先进制造"和"生物医药"两大细分领域中分别高居第3和第4位,展现出强大的综合实力和核心竞争力。

(二)部分园区目标实现难度较大

2021年6月,湖南省政府在《关于创建"五好"园区,推动新发展阶段园区高质量发展的指导意见》中提出:力争到2025年,进入全国综合排名前50的园区超过5家,进入全国综合排名前100的园区超过10家,打造3家五千亿级园区、20家千亿级园区,新增国家级园区3个以上。现阶段园区实际情况与发展目标存在一定差距,2025年能否达成目标存在较大不确定性。此外,根据《长沙市"十四五"产业园区发展规划》,到2025年,力争建成2个五千亿级园区(长沙高新区、长沙经开区),3个两千亿级园区(宁乡经开区、浏阳经开区、望城经开区),3个千亿级园区(金霞经开区、雨花经开区、宁乡高新区)。从 2023 年数据看,长沙高新区、长沙经开区不到两千亿元,两年内要达成五千亿级规模,存在较大挑战,其他园区也存在类似问题。

(三)区域发展不够平衡

各区域与省园区发展尚未形成优势互补、错位发展的良好格局。一方面,长株潭核心城市的园区发展较为成熟,园区数量、规模及效益均显著优于其他地区。如:长沙经开区 2023 年以全市 7%的建设用地,创造了全市 20%的规上工业值;吸引大量高质量项目入驻,在全省率先推进工业企业亩均效益改革举措,持续优化营商环境,不断提升资源配置效率,经济总量和经济效益远超部分市州园区。2023 年,长沙经开区、长沙县以占全省 0.8%的土地,贡献了湖南 4.8%的 GDP。另一方面,部分偏远地区园区发展相对滞后,资金、人才及土地等要素保障不足,缺乏产业和人口的支撑,导致园区、人口、产业、城市互动不够,产业园区与工业化、城市化脱节或匹配度不高;叠加园区招商、体制机制等问题制约,园区发展难以实现规模与效益双提升。

(四)园区发展质效需进一步提升

相当一部分园区未能充分利用资源禀赋、发挥自身优势,产业选择盲目跟风、项目重复建设和"内卷式"招商等问题依然存在,需要进一步提质增效。一些园区受创新平台不足、人才匮乏等条件制约,离真正的特色化、差异化发展存在较大差距,这一点在非核心城区表现得尤为明显。高新园区在"高质量发展引领区、改革开放新高地、城市建设新标杆"的目标达成上,成效参差不齐。如:长沙经开区以龙头引领园区发展模式尽管取得了一定成效,但是龙头带动效应还需要进一步增强,现有模式下绝大多数企业规模较小,竞争力较弱。2023 年,全省参评"五好"园区的高新区中,半数以上(30 家)园区排名较上一年下降,其中 4 家高新区下降了50 位次,另有 2 家排名倒数前十,2023 年全省先进园区中,省级高新园区数量较上年减少 3 家。

(五)要素供给与生态治理有待改进

一些园区建设用地指标不足,导致园区空间受限、发展受阻。部分园区基础配套（如电价过高等）和公共平台服务不能很好满足企业需求。由于历史债务等原因，有些园区自身建设面临较大资金压力；加上管委会与运营公司政企分离改革尚未完全到位，市场化机制不够灵活，一定程度影响了园区运营能力与综合实力，因此难以引进并留住优秀人才，引致恶性循环。很多园区尚未建立起集创新、生产、辅助、治理于一体的产业生态和治理机制。如：以"小管委会+大公司"等创新方式推动园区高效运作的模式没有全面推广；部分园区协调机制不够完善，园区"链长制""链主制"作用有限，实际运作效果与理想之间的差距较大。

三 湖南产业园区高质量发展的对策建议

新发展阶段，要在新质生产力、新型城镇化的时代背景下讨论如何应对产业园区高质量发展面临的问题与挑战。总体而言，要围绕"五好"园区与智慧园区建设，立足战略需求与区域特色，深化合作、加强联动，持续优化"4×4"现代化产业体系布局，推动园区高质量发展再上新台阶。

（一）以规划引领和制度创新促进产城互促融合发展

一方面，持续优化园区空间布局和产业结构。挖掘利用"一带一部"区位中承东启西、连南接北的桥梁优势，依托较为完善的产业链体系和雄厚的制造业基础，为湖南在战略腹地、产业备份基地建设等方面贡献更多力量。加强区域之间的有机衔接，实现错位发展，依托城市群、都市圈发展战略，加强腰部园区培育。充分发挥地区特色与资源优势，加快形成具有园区自身特点、能够辐射周边地区、带动相关产业发展的主导产业。另一方面，完善园区基础设施和各类配套，提升园区的核心功能，促进城乡一体化发展的同时，不断提升社会人文生态的协调发展水平。传统产业园区往往缺乏生产、生活和生态的整体规划，要统筹布局生产、生活、生态空间；推进规划形态、园区业态、产业生态"三态协同"发展，促进产城、产教、产金融合和跨界融合，打造研发、生产、服务一体化的产业综合体，不断增强园区产业创新力、竞争力和可持续发展力。

（二）以园区运营能力提升打造共生互补的产业生态体系

产业园区最终需要的是产业运营能力，长期以"招商"思维运作产业园区很可能面临无商可招的尴尬境地。过去长期以招商引资和基础设施建设为重点的园区运作思维，是产业发展与地区（城市）经济发展相对割裂的主要原因之一。尽管这一策略在产业园区初期建设中发挥了一定作用，但是随着经济发展和城市变化，传统的产业园区如果不进行转型，承载起新的使命，让园区充分融入地方发展与城市生活，成为区域生态的重要组成部分，则难以逃脱被时代淘汰的命运。要瞄准湖南高质量发展的现实需求和使命任务，精准化解园区建设问题，弥补运营短板，促进项目、资源要素耦合共生，推进特色产业集聚发展。以园区快速转型和高效运营提升园区竞争力和发展能级，保障实现《2024年湖南省政府工作报告》中各项园区发展指标。

（三）以"高""新"牵引促进园区加快形成新质生产力

一是以发展高科技、实现产业化为主线，切实做实做好"高""新"两篇大文章。加快推进科技创新和产业创新深度融合，以新技术培育新产业、引领产业升级为抓手，聚焦前端、尖端、高端产业，扩大开放的魄力和转型升级的毅力，推动园区发展提质增效。根据2024年全省科技创新工作会议要求，把科技创新引领产业创新、培育发展新质生产力作为首要任务，精准服务和支持永州培育国家高新区，积极协调推动岳阳临港、湘西州、娄底创建国家高新区，布局建设3个左右省级高新区，促进全域创新、开放创新，优化提升区域科技创新布局，加快推进全省高新园区提质增效。二是以标杆高新区引领加快园区科技创新步伐，构建起多层次产业科技创新平台。长沙高新区近年来不断提升园区"科技浓度"和"产业深度"[①]，集聚一批新型研发机构和高水平研发中心。可以充分发挥其示范引领作用，加大案例推广和经验宣传，在更多园区建设更高能级产业创新中心和技术创新中

---

① 园区规模工业占比达到74%以上、亩均税收增长10%以上、数字经济增长15%和生产性服务业占服务业比重超过42%。长沙高新区在科技创新方面走在全省前列，汇聚了5家全国重点实验室、8家国家工程技术研究中心，以及"四大实验室"和"四个重大科学装置"等创新平台。同时，作为火炬中心首批企业创新积分制试点园区之一，率先完成1700多家科技型企业数据集成，构建了覆盖企业全生命周期的基金生态和四大服务体系（金融、科技、人才、产业），为企业提供了全方位支持和保障。依托龙头企业产业覆盖面优势，积极引进"链上企业"，并着力攻克产业发展的"短板环节"。目前，辖区内聚集了5万余家企业和近百万名从业者，拥有中联重科、水羊股份、威胜集团等一批行业龙头企业。这些龙头企业不仅自身发展势头强劲，还带动了整个产业链的协同发展。

心。三是打造一批特色标杆高新园区。将长沙高新区建成具有世界影响力的高科技园区；株洲、湘潭、衡阳等高新区建成国家创新型科技园区；常德、益阳、郴州、怀化、宁乡等高新区建成国家创新型特色园区。争取到2025年，全省省级及以上园区实现高新技术产业营业收入达到4.8万亿元，占全省园区工业增加值比重超过70%。

（四）以体制机制改革优化环境强化支撑

一是持续深化园区体制机制改革，降低制度成本和交易费用。在继续夯实已有改革成效的基础上，大力推广"小管委+大公司"模式，从根本上化解园区人事管理与财权支配"放手"不够、"放水"不多的问题。进一步加大"五好"园区建设力度，让优质营商环境成为园区招商的最好名片。动态完善招商激励、考核评价制度体系，加强对园区运营管理和产业创新的培育评估，不断激发园区主体创新活力。二是以提升亩均效益为导向强化要素支撑，提高基础设施动态适配程度。根据产业导向和发展需要，建立特色园区土地储备库，探索政府、市场等多元主体参与的产业用地更新机制。推进重点产业项目标准厂房建设，提升重点项目承载能力和优质主体服务能力。可以推广长沙经开区成功经验，以亩均效益为导向，探索"园中园"新模式，借助"二次招商"盘活低效土地和存量资产，助力企业"腾笼换鸟"。通过一企一策、分类帮扶等方式，实现向存量要增量，助推市场主体提质扩量、园区经济扩能升级。三是建好用好园区各类平台载体。搭建更多服务平台，提升平台技术和数据服务能力，促进政产学研用深度融合、交流互动。发挥各类园区特色优势，搭建好人才、创新、金融、物流平台，精准开展产业、金融和现代服务业主题招商。如：有需求和条件的园区，可以参照长沙高新区[①]做法，打造支持园区企业发展的基金体系，专注陪伴项目成长和企业发展。四是加强对园区发展情况的统计分析。动态完善"五好"园区和特色园区等分类评价机制，及时跟进园区产业集聚度、创新力、成长性等情况，为精准评析、分类管理提供完整准确的基础信息。

---

① 2023年，长沙高新区发起设立总规模200亿元的五类引导基金，构建起"人才支持基金+科创引导基金+产业引导基金+上市企业投资并购基金+重大项目专项基金"五位一体、覆盖企业全生命周期的引导基金体系，支持项目发展。

表1 园区高质量发展百强（2024）

排名	园区名称	所在地	排名	园区名称	所在地
1	中关村科技园区	北京市	31	上海紫竹高新技术产业开发区	上海市
2	上海张江高新技术产业开发区	上海市	32	珠海高新技术产业开发区	广东省
3	深圳市高新技术产业园区	广东省	33	杭州经济技术开发区	浙江省
4	苏州工业园区	江苏省	34	苏州高新技术产业开发区	江苏省
5	广州高新技术产业开发区	广东省	35	长沙经济技术开发区	湖南省
6	广州经济技术开发区	广东省	36	武汉临空港经济技术开发区	湖北省
7	北京经济技术开发区	北京市	37	常州高新技术产业开发区	江苏省
8	成都高新技术产业开发区	四川省	38	天津滨海高新技术产业开发区	天津市
9	武汉东湖新技术开发区	湖北省	39	宁波经济技术开发区	浙江省
10	西安高新技术产业开发区	陕西省	40	芜湖经济技术开发区	安徽省
11	杭州高新技术产业开发区	浙江省	41	佛山高新技术产业开发区	广东省
12	合肥高新技术产业开发区	安徽省	42	大连经济技术开发区	辽宁省
13	昆山经济技术开发区	江苏省	43	郑州高新技术产业开发区	河南省
14	天津经济技术开发区	天津市	44	嘉兴经济技术开发区	浙江省
15	南京高新技术产业开发区	江苏省	45	成都经济技术开发区	四川省
16	广州南沙经济技术开发区	广东省	46	株洲高新技术产业开发区	湖南省
17	青岛经济技术开发区	山东省	47	南昌高新技术产业开发区	江西省
18	济南高新技术产业开发区	山东省	48	大连高新技术产业园区	辽宁省
19	长沙高新技术产业开发区	湖南省	49	潍坊高新技术产业开发区	山东省
20	合肥经济技术开发区	安徽省	50	东莞松山湖高新技术产业开发区	广东省
21	宁波高新技术产业开发区	浙江省	51	郑州经济技术开发区	河南省
22	江宁经济技术开发区	江苏省	52	昆山高新技术产业开发区	江苏省
23	无锡高新技术产业开发区	江苏省	53	重庆高新技术产业开发区	重庆市
24	青岛高新技术产业开发区	山东省	54	长春高新技术产业开发区	吉林省
25	厦门火炬高技术产业开发区	福建省	55	沈阳经济技术开发区	辽宁省
26	上海漕河泾新兴技术开发区	上海市	56	萧山经济技术开发区	浙江省
27	烟台经济技术开发区	山东省	57	襄阳高新技术产业开发区	湖北省
28	南京经济技术开发区	江苏省	58	常熟经济技术开发区	江苏省
29	西安经济技术开发区	陕西省	59	石家庄高新技术产业开发区	河北省
30	武汉经济技术开发区	湖北省	60	惠州仲恺高新技术产业开发区	广东省

续表

排名	园区名称	所在地	排名	园区名称	所在地
61	上海金桥经济技术开发区	上海市	80	绍兴柯桥经济技术开发区	浙江省
62	徐州经济技术开发区	江苏省	81	贵阳高新技术产业开发区	贵州省
63	太原高新技术产业开发区	山西省	82	长春经济技术开发区	吉林省
64	威海火炬高技术产业开发区	山东省	83	宜昌高新技术产业开发区	湖北省
65	松江经济技术开发区	上海市	84	厦门海沧台商投资区	福建省
66	杭州余杭经济技术开发区	浙江省	85	黄石经济技术开发区	湖北省
67	洛阳高新技术产业开发区	河南省	86	沈阳高新技术产业开发区	辽宁省
68	重庆经济技术开发区	重庆市	87	南通经济技术开发区	江苏省
69	南宁高新技术产业开发区	广西壮族自治区	88	南昌经济技术开发区	江西省
			89	宜宾临港经济技术开发区	四川省
70	淄博高新技术产业开发区	山东省	90	东侨经济技术开发区	福建省
71	武进高新技术产业开发区	江苏省	91	张家港经济技术开发区	江苏省
72	昆明高新技术产业开发区	云南省	92	江阴高新技术产业开发区	江苏省
73	乌鲁木齐高新技术产业开发区	新疆维吾尔自治区	93	衢州高新技术产业开发区	浙江省
			94	保定高新技术产业开发区	河北省
74	哈尔滨经济技术开发区	黑龙江省	95	镇江经济技术开发区	江苏省
75	吴中经济技术开发区	江苏省	96	福州高新技术产业开发区	福建省
76	柳州高新技术产业开发区	广西壮族自治区	97	济宁高新技术产业开发区	山东省
			98	荆门高新技术产业开发区	湖北省
77	锡山经济技术开发区	江苏省	99	中山火炬高技术产业开发区	广东省
78	吴江经济技术开发区	江苏省	100	包头稀土高新技术产业开发区	内蒙古自治区
79	芜湖高新技术产业开发区	安徽省			

资料来源：赛迪顾问。

表2 湖南省省级新型工业化产业示范基地发展质量评价结果

序号	示范基地名称	星级
1	长沙高新区（中电软件园）	五星级
2	宁乡经开区	五星级
3	岳麓高新区	五星级
4	湘潭经开区	五星级
5	邵阳经开区	五星级
6	常德经开区	五星级
7	郴州高新区	五星级

续表

序号	示范基地名称	星级
8	永州经开区	五星级
9	衡南高新区	四星级
10	常宁水口山经开区	四星级
11	松木经开区	四星级
12	荷塘高新区	四星级
13	天易经开区	四星级
14	邵东经济区	四星级
15	隆回高新区	四星级
16	岳阳高新区	四星级
17	华容高新区	四星级
18	湘阴高新区	四星级
19	临湘高新区	四星级
20	临港高新区	四星级
21	汉寿高新区	四星级
22	临澧高新区	四星级
23	澧县高新区	四星级
24	津市高新区	四星级
25	安化经开区	四星级
26	龙龄产业开发区	四星级
27	长春经开区	四星级
28	沅江高新区	四星级
29	郴州经开区	四星级
30	资兴经开区	四星级
31	桂阳高新区	四星级
32	永兴经开区	四星级
33	嘉禾高新区	四星级
34	临武高新区	四星级
35	娄底高新区	四星级
36	双峰高新区	四星级
37	西渡高新区	三星级
38	韶山高新区	三星级
39	汨罗高新区	三星级
40	桃源高新区	三星级
41	张家界高新区	三星级

续表

序号	示范基地名称	星级
42	桃江高新区	三星级
43	南县经开区	三星级
44	资兴市东江湖大数据产业园	三星级
45	零陵高新区	三星级
46	东安经开区	三星级
47	道县高新区	三星级
48	江华高新区	三星级
49	宁远高新区	三星级
50	蓝山经开区	三星级
51	顾溪产业开发区	三星级
52	洪江高新区（洪江区）	三星级
53	靖州产业开发区	三星级
54	新化高新区	三星级
55	湘西高新区	三星级
56	泸溪高新区	三星级

资料来源：湖南省工业和信息化厅。

社会科学文献出版社

皮 书
智库成果出版与传播平台

❖ 皮书定义 ❖

皮书是对中国与世界发展状况和热点问题进行年度监测，以专业的角度、专家的视野和实证研究方法，针对某一领域或区域现状与发展态势展开分析和预测，具备前沿性、原创性、实证性、连续性、时效性等特点的公开出版物，由一系列权威研究报告组成。

❖ 皮书作者 ❖

皮书系列报告作者以国内外一流研究机构、知名高校等重点智库的研究人员为主，多为相关领域一流专家学者，他们的观点代表了当下学界对中国与世界的现实和未来最高水平的解读与分析。

❖ 皮书荣誉 ❖

皮书作为中国社会科学院基础理论研究与应用对策研究融合发展的代表性成果，不仅是哲学社会科学工作者服务中国特色社会主义现代化建设的重要成果，更是助力中国特色新型智库建设、构建中国特色哲学社会科学"三大体系"的重要平台。皮书系列先后被列入"十二五""十三五""十四五"时期国家重点出版物出版专项规划项目；自2013年起，重点皮书被列入中国社会科学院国家哲学社会科学创新工程项目。

皮书网

（网址：www.pishu.cn）

发布皮书研创资讯，传播皮书精彩内容
引领皮书出版潮流，打造皮书服务平台

栏目设置

◆ 关于皮书
何谓皮书、皮书分类、皮书大事记、
皮书荣誉、皮书出版第一人、皮书编辑部

◆ 最新资讯
通知公告、新闻动态、媒体聚焦、
网站专题、视频直播、下载专区

◆ 皮书研创
皮书规范、皮书出版、
皮书研究、研创团队

◆ 皮书评奖评价
指标体系、皮书评价、皮书评奖

所获荣誉

◆ 2008年、2011年、2014年，皮书网均在全国新闻出版业网站荣誉评选中获得"最具商业价值网站"称号；

◆ 2012年，获得"出版业网站百强"称号。

网库合一

2014年，皮书网与皮书数据库端口合一，实现资源共享，搭建智库成果融合创新平台。

皮书网

"皮书说"
微信公众号

权威报告·连续出版·独家资源

皮书数据库
ANNUAL REPORT(YEARBOOK) DATABASE

分析解读当下中国发展变迁的高端智库平台

所获荣誉

- 2022年，入选技术赋能"新闻+"推荐案例
- 2020年，入选全国新闻出版深度融合发展创新案例
- 2019年，入选国家新闻出版署数字出版精品遴选推荐计划
- 2016年，入选"十三五"国家重点电子出版物出版规划骨干工程
- 2013年，荣获"中国出版政府奖·网络出版物奖"提名奖

皮书数据库　　"社科数托邦"微信公众号

成为用户

登录网址www.pishu.com.cn访问皮书数据库网站或下载皮书数据库APP，通过手机号码验证或邮箱验证即可成为皮书数据库用户。

用户福利

- 已注册用户购书后可免费获赠100元皮书数据库充值卡。刮开充值卡涂层获取充值密码，登录并进入"会员中心"—"在线充值"—"充值卡充值"，充值成功即可购买和查看数据库内容。
- 用户福利最终解释权归社会科学文献出版社所有。

数据库服务热线：010-59367265
数据库服务QQ：2475522410
数据库服务邮箱：database@ssap.cn
图书销售热线：010-59367070/7028
图书服务QQ：1265056568
图书服务邮箱：duzhe@ssap.cn

社会科学文献出版社　皮书系列
卡号：488743976969
密码：

S 基本子库
SUB DATABASE

中国社会发展数据库（下设12个专题子库）

紧扣人口、政治、外交、法律、教育、医疗卫生、资源环境等12个社会发展领域的前沿和热点，全面整合专业著作、智库报告、学术资讯、调研数据等类型资源，帮助用户追踪中国社会发展动态、研究社会发展战略与政策、了解社会热点问题、分析社会发展趋势。

中国经济发展数据库（下设12专题子库）

内容涵盖宏观经济、产业经济、工业经济、农业经济、财政金融、房地产经济、城市经济、商业贸易等12个重点经济领域，为把握经济运行态势、洞察经济发展规律、研判经济发展趋势、进行经济调控决策提供参考和依据。

中国行业发展数据库（下设17个专题子库）

以中国国民经济行业分类为依据，覆盖金融业、旅游业、交通运输业、能源矿产业、制造业等100多个行业，跟踪分析国民经济相关行业市场运行状况和政策导向，汇集行业发展前沿资讯，为投资、从业及各种经济决策提供理论支撑和实践指导。

中国区域发展数据库（下设4个专题子库）

对中国特定区域内的经济、社会、文化等领域现状与发展情况进行深度分析和预测，涉及省级行政区、城市群、城市、农村等不同维度，研究层级至县及县以下行政区，为学者研究地方经济社会宏观态势、经验模式、发展案例提供支撑，为地方政府决策提供参考。

中国文化传媒数据库（下设18个专题子库）

内容覆盖文化产业、新闻传播、电影娱乐、文学艺术、群众文化、图书情报等18个重点研究领域，聚焦文化传媒领域发展前沿、热点话题、行业实践，服务用户的教学科研、文化投资、企业规划等需要。

世界经济与国际关系数据库（下设6个专题子库）

整合世界经济、国际政治、世界文化与科技、全球性问题、国际组织与国际法、区域研究6大领域研究成果，对世界经济形势、国际形势进行连续性深度分析，对年度热点问题进行专题解读，为研判全球发展趋势提供事实和数据支持。

法律声明

"皮书系列"（含蓝皮书、绿皮书、黄皮书）之品牌由社会科学文献出版社最早使用并持续至今，现已被中国图书行业所熟知。"皮书系列"的相关商标已在国家商标管理部门商标局注册，包括但不限于LOGO（ ）、皮书、Pishu、经济蓝皮书、社会蓝皮书等。"皮书系列"图书的注册商标专用权及封面设计、版式设计的著作权均为社会科学文献出版社所有。未经社会科学文献出版社书面授权许可，任何使用与"皮书系列"图书注册商标、封面设计、版式设计相同或者近似的文字、图形或其组合的行为均系侵权行为。

经作者授权，本书的专有出版权及信息网络传播权等为社会科学文献出版社享有。未经社会科学文献出版社书面授权许可，任何就本书内容的复制、发行或以数字形式进行网络传播的行为均系侵权行为。

社会科学文献出版社将通过法律途径追究上述侵权行为的法律责任，维护自身合法权益。

欢迎社会各界人士对侵犯社会科学文献出版社上述权利的侵权行为进行举报。电话：010-59367121，电子邮箱：fawubu@ssap.cn。

社会科学文献出版社